DET ROMERSKA RIKET

HILDING THYLANDER (1907–1993)

HILDING THYLANDER

Det romerska riket

CKM FÖRLAG

FÖRFATTARENS UTGIVNING I URVAL:
Le prétendu Auditorium Mæcenatis (1938)
Les inscriptions du port d'Ostie (1952)
Etude sur l'épigraphie latine (gradualavhandling) (1952)
La dénomination chez Cicéron dans les lettres à Atticus (1954)
Litteræ Latinæ (1960)
Inscriptions latines de San Michele d'Axel Munthe (1962)
L'Étude des langues classiques en Suède (1962)
Vilken samhällsklass tillhörde Isis-anhängarna i Pompeji? (1973)
Det romerska riket (1973)
Senatum militia vetuit et adire exercitum (1973)
Om slaveriet i antiken (1978)
Inskrifterna i Pompeji (1979)
Den grekiska världen (1986)

Omslagsbild: Monte Solaro, Capri. Återges med tillstånd.

Grafisk form: Markus Nikula, Instant Book
Kartor: Franciska Sieurin-Lönnqvist, Arkeobild © 2008 CKM Förlag AB

© 1973 Hilding Thylander
© 2008 Hilding Thylanders arvingar, CKM Förlag AB

Andra upplagan

Tryck: Instant Book AB, Stockholm 2010

CKM Förlag, Box 49109, 100 28 Stockholm
info@ckm.se

ISBN 978-91-7040-094-0

FÖRORD

Det är omöjligt att på ett så begränsat sidoantal som det här måste bli fråga om ge lika utrymme åt alla aspekter av det romerska rikets mångskiftande historia. Man måste prioritera något och mera flyktigt behandla andra avsnitt. I denna bok har jag främst velat teckna de romerska rikets inre utveckling, dess författning och förvaltning, konst och litteratur, medan jag ganska flyktigt skildrat själva förloppet av de många krig som Rom var invecklat i.

Det romerska rikets historia är till stor del de ledande och styrande personernas historia. I all synnerhet gäller det under kejsartiden, då kejsaren inte endast var den högste politiske ledaren utan även den rikaste och på snart sagt alla områden den mest inflytelserika personen. Naturligtvis har vissa kejsare varit av större betydelse för riket än andra, såsom Augustus, Trajanus, Septimius Severus, Diocletianus och Konstantin, vilka på ett mer eller mindre genomgripande sätt har utformat det romerska rikets utveckling för flera århundraden framåt.

Det har varit nödvändigt att mera ingående behandla dem och deras tid som så att säga bildar en relief för stora epoker.

Arbetets handbokskaraktär understryks ytterligare genom den rikliga innehållsförteckningen och registren samt tabellerna av olika slag i slutet av boken.

Det är mig en kär plikt att uttala min tacksamhet till docent Jonas Crampa, som välvilligt genomläst mitt manuskript och givit mig många goda råd.

Hilding Thylander

INNEHÅLL

INLEDNING 9

I KARTOR 13

II DET FÖRHISTORISKA ITALIEN 27

III HISTORISK TID 35
    Greker 37
    Etrusker 40
    Det äldsta Rom 48
        Kullarna vid Tibern 49
    Den romerska republiken 57
        Roms utveckling under 400- och 300-talen f.Kr. 59
        Gallerna 65
        Roms författning 72
    Rom grundar sitt medelhavsvälde 76
        Det romerska Medelhavsväldet i öster grundas 91
        Västra Medelhavsområdet efter Hannibalskriget 99
    Revolutionstiden 106
        Utrikespolitiska förhållanden 112
        Rom skakas av inre stridigheter 118
        Intriger och konspiration 130
        Andlig odling under republikens sista århundrade 146
        Förhållandena i Rom och romerska riket efter mordet på Caesar 152

IV KEJSARTIDEN 161
    Principatet eller tidig kejsartid 163
        Materiell och andlig odling under Augustus 186
        Översikt över den julisk-claudiska perioden efter Augustus 213

INNEHÅLL

Flaviska kejsarna 69–96 222
Utrikespolitik 224

De goda kejsarna 117–180 239

Återblick på utvecklingen under andra århundradet 254

Övergång till militäranarki 288
Severerna 193–235 288
Militäranarkin 235–285 298

Tetrarkin 314

Konstantinska epoken 325
Arvet efter Konstantin 340
I väntan på rikets delning 364–395 345

V ROMERSKA RIKETS DELNING 353
Västrom 356
Östrom 362

Förvaltningen under sen kejsartid – återblick och sammanfattning 365

EPILOG 388

VI APPENDIX 391
De romerska kejsarna 393
Kronologisk översikt 400
Författare i romerska riket 431
Romerska provinser 445
Ordförklaringar 459
Romerska måttenheter 473
Litteraturlista 475
Personregister 483
Sak- och ortsregister 491

INLEDNING

Ingen annan stat spelar en så stor roll i världshistorien som Rom. Det var Roms verk att förena hela Medelhavsområdet till ett stort rike under en enda ledning. Under århundraden betalade människor från Skottland i väster till Persien i öster, från Tyskland i norr till Afrika i söder sina skatter till samma statskassa, dömdes enligt samma lagar och skyddades av samma härar.

Roms historia behandlar inte bara staden Roms utveckling utan den skildrar även hur ett litet folk, som tidigt självt varit beroende av ett annat härskarfolk, ändå skakat av sig det främmande oket och under hårda strider lagt under sig den ena grannstaten efter den andra. Den skildrar vidare hur detta folk erövrat hela den Apenninska halvön och även gjort sig till herre över större delen av Europa, över stora områden av norra Afrika och Asien samt grundat ett välde som omfattade nästan hela den då kända världen.

Detta var möjligt dels genom landets geografi, men främst tack vare diplomati, fältherretalang, en fast organisation och folkets förmåga att hålla ut under svåra och kritiska tider. Det antika Roms historia visar emellertid även hur samma folk bara ett par århundraden efter att ha stått på höjdpunkten av makt och ära råkade i vanmakt och slutligen förlorade sin politiska betydelse. Men romarriket fortsatte ändå att spela en dominerande roll för utvecklingen av språk, kultur och religion i västerlandet, samt påverkade samhällsutvecklingen i Europa genom sitt statsskick, så att dess historia och rättsväsen till stora delar är obegripliga utan kunskaper om det antika Rom. Ur resterna efter det romerska väldet växte så småningom fram stora moderna stater som England,

INLEDNING

Frankrike, Spanien och Italien och dess civilisation har i modifierad form gått över i gårdagens och i någon mån även dagens samhälle.

Geografi

Till det romerska väldets snabba utveckling bidrog i hög grad statens geografiska läge, varför detta kräver en kort introduktion.

Den Apenninska halvön är den mellersta av de tre halvöar som från Europas fastland skjuter ut i Medelhavet. Dess stränder sköljs i väster av Tyrrhenska och i öster av Adriatiska haven. I norr utgör Alpernas bergskammar en naturlig gräns, som bara kunde korsas genom vissa bergspass. Dessa naturliga gränser har i hög grad bidragit till att en stark stat har kunnat bildas på halvön. Men halvön utgör inte ett enda enhetligt naturområde. Norra delen är huvudsakligen en stor alluvialslätt mellan Alperna i norr och början av Apenninska bergskedjan. Söder om denna slätt löper de Apenninska bergen mitt genom halvön och delar denna i två hälfter. I den östra delen når bergen längre fram till havet än i den västra. Kustområdet i öster ger invånarna mindre möjligheter till jordbruk och sjöfart än i väster, eftersom floderna är mindre och naturliga landningsplatser (hamnar) är sällsynta. På den västra sidan är kusten mer tillgänglig, bergen stupar inte så brant och går inte heller ända fram till havet utan lämnar plats för ganska stora slättområden såsom i Latium och Kampanien, som tillhör Europas bördigaste och mest givande trädgårdsområden. Slätterna vattnas av floder som Arno, Tibern, Liris och Volturnus. Dessa floder som flyter mot väster var segelbara för mindre farkoster, deras dalgångar kunde invandrande folk lätt följa. Det var på denna av naturen bättre lottade västra sida med naturliga hamnar, som både greker och etrusker slog sig ned. Den västra sidan med angränsande öar har alltid varit utsatt för en stor vulkanisk aktivitet. Mellersta delen – omkring Tibern – har flera slocknade vulkaner och söderut finns tre av de mer kända av Europas aktiva vulkaner: Vesuvius, Etna och Stromboli. Även om vulkanutbrott både under antiken och senare åstadkommit väldiga skador, har deras verkan i det

INLEDNING

långa loppet varit fördelaktig för odlingen. Vulkanisk aska och söndervittrade vulkaniska block ger en särskilt lämplig jordmån för vinodling. Landets viktigaste naturtillgångar av metaller finns också här i väster: på Sardinien förekommer bly, zink, järn, koppar och även något silver; det mesta järnet finns på Elba, medan något tenn och koppar påträffas i Etrurien (nuv. Toscana).

Mitt på denna för odling lämpliga västra sida har staden Rom grundlagts vid floden Tibern och vid Saltvägen som gick från kusten upp till bergsområdena i det inre av halvön. Rom kunde lätt utsättas för anfall från såväl landets inre som från kusten. Läget kunde bara vara till fördel om stadens invånare fick en sådan sammanhållning och fast organisation att de kunde slå tillbaka eventuella angrepp. Det gällde för Rom att antingen gå under eller självt besegra angränsande folk, för vilka Saltvägen var av vital betydelse. När staden väl lyckats invadera dessa grannfolk, fortsatte romarna sina angrepp över hela halvön och vidare över hela Medelhavsområdet.

Klimat

Klimatet växlar kraftigt inom de olika områdena av den avlånga halvön. I norr, i Podalen, har klimatet en kontinental prägel. Vintrarna kan bli förhållandevis kalla med frost och snö. Regn faller ganska rikligt, särskilt vår och höst, men inte heller sommaren är torr i detta område. Regnmängderna varierar mycket från trakt till trakt; i väster är nederbörden mycket rikligare än i öster. I Genua, som ligger utsatt för de regnförande vindarna från havet, är årsnederbörden nästan dubbelt så stor som i Venedig.

Mellanitalien är betydligt varmare och regnfattigare. Där regnar det huvudsakligen på hösten och tidigt på året. Redan i antiken har oliv- och fikonträden samt vinrankan trivts i den vulkaniska jorden och i ett klimat där sommarsolen förmår driva frukterna till full mognad. I södra delen av halvön samt på Sicilien, närmar sig klimatet det subtropiska med heta somrar och milda vintrar. Särskilt i södra Italien faller ofta väldiga störtregn. Floderna som under sommaren varit helt uttorkade blir plötsligt strida strömmar. Från Sahara i söder blåser siroccovinden, som kan uppvisa två olika typer: en är het och fuktig som medför regn, samt en som är het och torr och som fyller luften med rött stoft inte bara i södra Italien utan över hela halvön.

Till ett bättre och jämnare klimat bidrog de stora skogarna som i antiken utbredde sig vida mer än i våra dagar. Alpsluttningarna var täckta med lärkträd och Podalen, liksom Apenninerna, Latium och södra Etrurien hade skogar av ek, bok och kastanj. Särskilt berömda var skogarna på Korsika och fastlandets "tåspets", som levererade virke vilket användes för skeppsbyggen både av romare, greker, etrusker och kartager. I övrigt användes skogen för tillverkning av möbler samt under slutet av republiken och under kejsartiden till träkol för de värmeslukande thermerna. Ännu i början av kejsartiden var Italien väl täckt av skog men den tilltagande avverkningen decimerade skogsbeståndet. Eftersom skogen inte återställdes av bönderna, vilka föredrog öppna betesmarker, spolades det tunna lagret av mylla bort från bergssluttningarna vid de häftiga regnen.

I
KARTOR

Italiens befolkning, kolonier och städer – 14
De större anlagda vägarna i romarrikets Italien – 15
Folkslag i romarrikets gränsområden – 16
Provinser under Trajanus – 18
Större städer i romarriket – 20
Romarrikets prefekturer, dioces, provinser och gränser – 22
Offentliga byggnader i Rom – 24
Roms kullar, större tillfartsvägar och försvarsmurar – 25

Karta I
Italiens befolkning, kolonier och städer vid 7:e–6:e århundradet f.Kr.

Etrusker
Storgrekland
Eryx Romerska och kartagiska kolonier
Kartager
Croton Grekiska kolonier

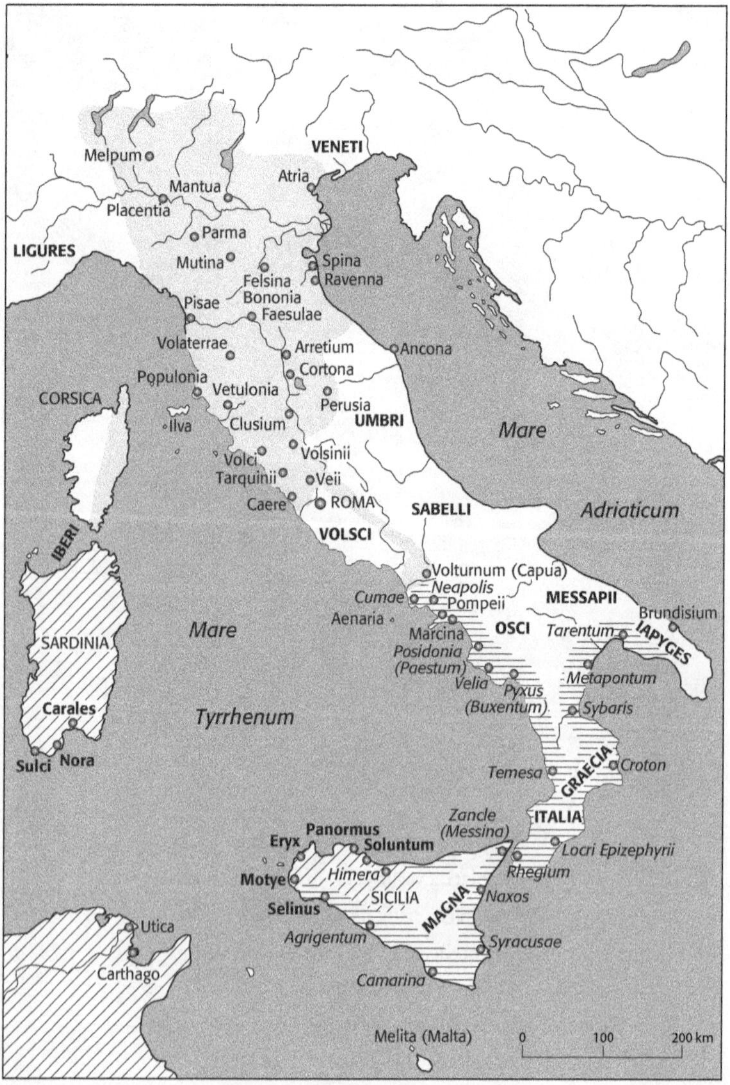

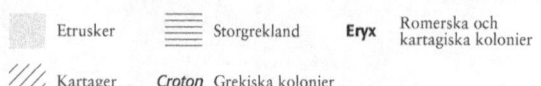

Karta II
Vägkarta över de större anlagda vägarna i romarrikets Italien.

Karta III
Folkslag i romarrikets gränsområden under Trajanus, andra århundradet e.Kr., samt namnen på de viktigare havsområdena.

DEL 1 – KARTOR

Karta IV
Provinser under Trajanus, andra århundradet e.Kr.
Förteckning med historik över romarrikets samtliga provinser genom århundradena finns på sid. 444.

DEL 1 – KARTOR

Karta V
Betydande städer i romarriket under Trajanus, andra århundradet e.Kr.

Karta VI
Romarrikets prefekturer, dioces, provinser och gränser omkr. 395 e.Kr.

Karta VII
Offentliga byggnader i Rom under kejsartiden.

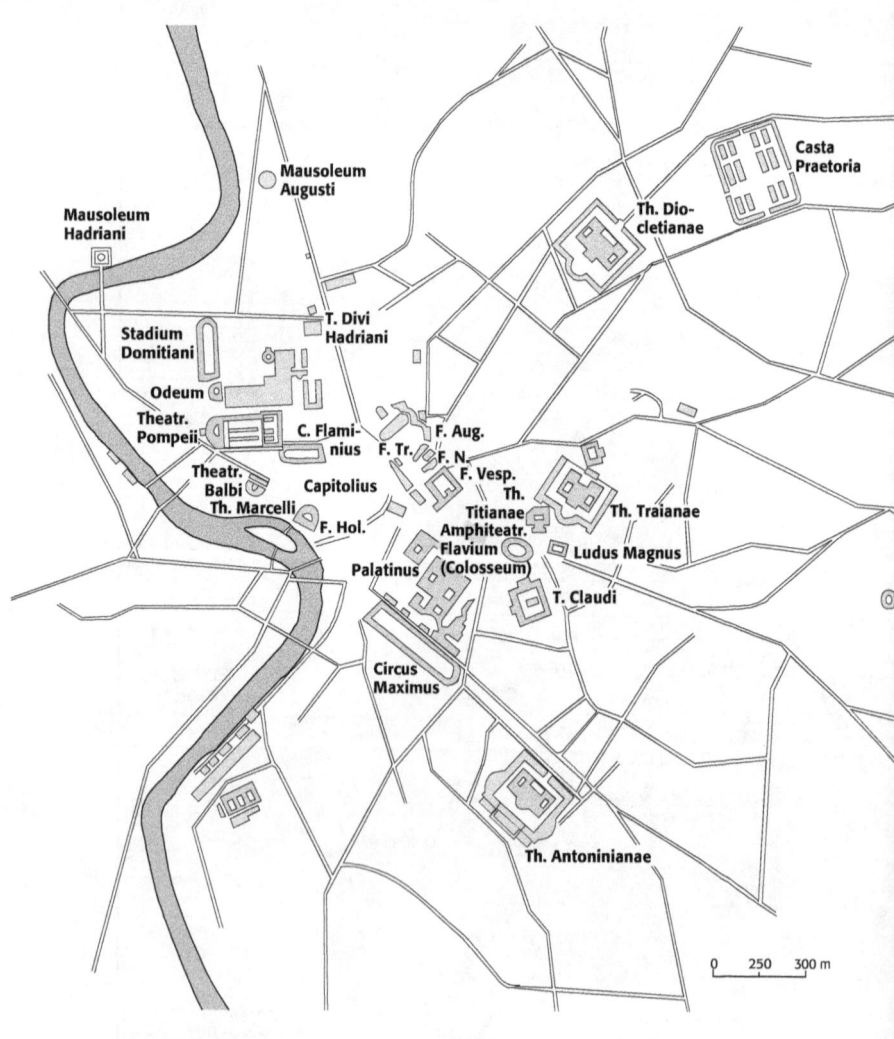

F.Aug.	Forum Augusti
F.Hol.	Forum Holitorium
F.N.	Forum Nervae
F.Tr.	Forum Traini
F.Vesp.	Forum Vespasiani
C.	Cirkus
T.	Templum
Th.	Thermae

Karta VIII
Roms sju kullar, större tillfartsvägar och försvarsmurar under kejsartiden.

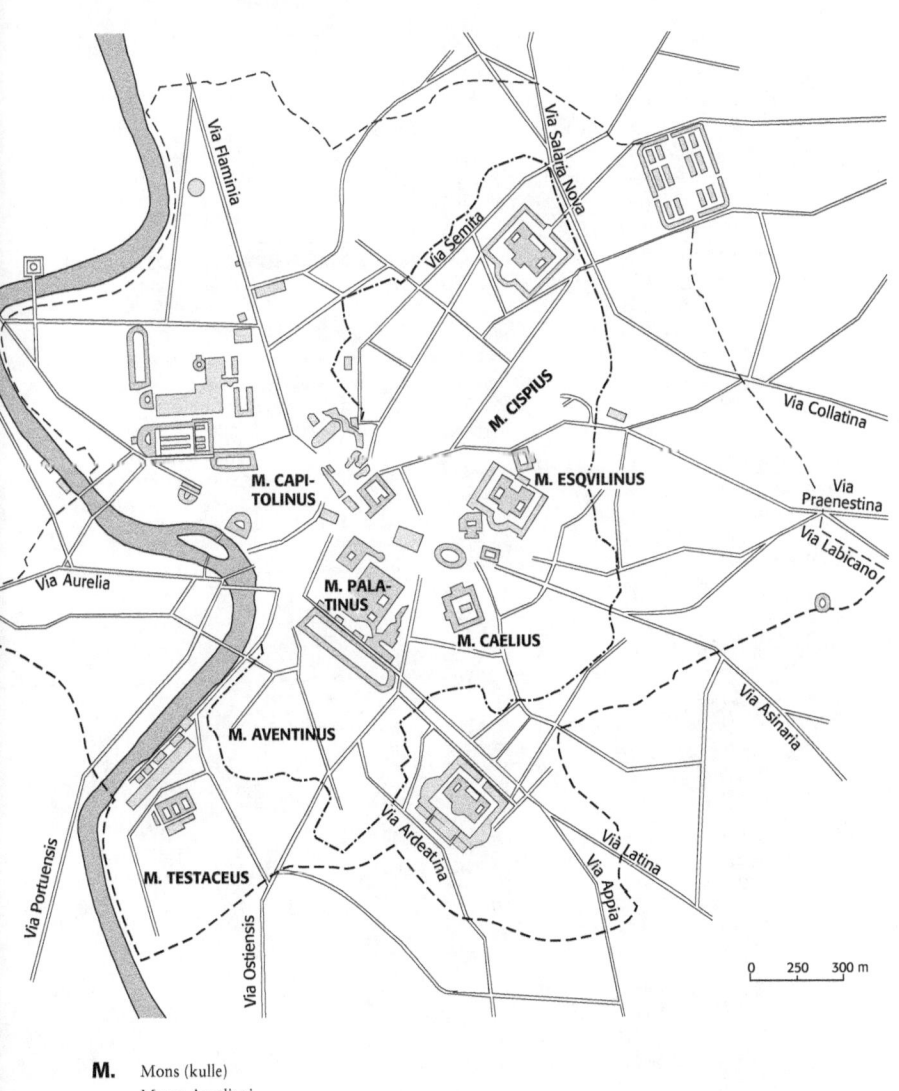

M. Mons (kulle)
– – – Murus Aureliani
–·–·– Murus Servi

DET FÖRHISTORISKA ITALIEN

Stenåldern – 29
Bronsåldern – 31
Järnåldern – 33

Det finns få skriftliga dokument kvar om den Apenninska halvöns historia från tiden före 500 f.Kr. Vår kunskap om landets tidigare befolkning och historia baseras huvudsakligen på arkeologiska fynd. I Italien tog den arkeologiska forskningen fart på 1850-talet och under mer än ett århundrade har ett intensivt forskningsarbete kastat nytt ljus över landets äldsta tidsskeden. Ännu i dag fortsätter man med oförminskad intensitet att klarlägga såväl de förhistoriska som de historiska skedena av detta gamla kulturland, tack vare vetenskapliga utgrävningar i hela landet från Podalen i norr till Reggio i söder samt på öarna Sicilien, Sardinien och Ischia. För järnåldern kompletteras det arkeologiska materialet med skriftliga källor om samhällsorgan och religion samt berättelser om ålderdomliga ceremonier.

Stenåldern

Den Appeninska halvön var befolkad redan under den äldre stenåldern, *paleoliticum*. I Latium nära Rom och vid Monte Circeo samt nyligen i Toscana i närheten av Florens har man funnit skallar och benrester efter den s.k. Neanderthalmänniskan. Denna människotyp har sitt namn efter den plats, Neanderthal nära Düsseldorff, där man 1856 först påträffade en skalle. Senare har fynd av samma typ gjorts på flera andra platser i Frankrike, Belgien, Spanien och f.d. Jugoslavien. Denna människa var ganska kortvuxen och har troligen till utseendet mer liknat en apa än en nutida människa. Under denna tid (170 000–35 000 f.Kr.) levde man av jakt och fiske samt vildfrukter och ätliga växter. Man ägnade sig ännu inte åt jordbruk eller boskapsskötsel.

För ungefär 35 000 år sedan utvecklades flera olika typer av *homo sapiens*. Den mest kända av dessa är Cro-Magnon-människan, uppkallad efter en grotta i Frankrike där man först fann spår efter henne. Det var en högvuxen, muskulös typ som vid denna tid var ett av de dominerande folken i sydvästra Europa och som man även funnit i Italien. Under senare skeden av den paleolitiska tiden ägnade sig människorna åt jakt på storvilt. Med harpun och bumerang nedlade de sitt villebråd såsom ren, bison och mammut. En del av dessa bytesdjur har de avbildat i sina grottor. Fler än fyrtio grottor med sådana målningar har påträffats i Frankrike och omkring trettiofem i norra Spanien. De mest kända är Altamiragrottan i Spanien och Lascauxgrottan i Frankrike. Den senare upptäcktes av några pojkar år 1940. Även i Italien har liknande fynd gjorts. År 1950 upptäcktes en sådan grotta på en liten ö, Levanzo, strax väster om Sicilien, med målningar av tjurar och hästar i en liknande realism som de i Spanien och Frankrike.

Omkring 3500 började en period i västra Medelhavsområdet som innebar ett stort framåtskridande av den mänskliga kulturen, då människorna övergick från samlandet till producerandet av sin föda, dvs. införandet av åkerbruk och boskapsskötsel. Dessa förändringar skedde först i Främre Orienten omkring 7000 f.Kr. efter vad vi nu vet. Därifrån spred sig åkerbruket sakta längs Medelhavets kuster och kom omkring 3500 från norra Afrika via Sicilien till Syditalien och nådde Podalen cirka tusen år senare. Under den senare stenåldern, *neoliticum*, har människorna lärt sig en bättre teknik vid tillverkningen av verktyg, som får lämpligare former och mer polerade ytor. Man kan tydligt följa hur den kulturella utvecklingen från den yngre stenåldern i Italien leder fram till den kommande romerska kulturen.

Från omkring 2000 f.Kr. uppträder många olika typer av neolitisk kultur i Italien. Några av halvöns invånare fortsatte att bo i grottor, andra har flyttat in i hyddor. De flesta grottinvånarna påträffas i Ligurien, Etrurien, Abruzzerna samt nordvästra delen av Sicilien och Sardinien. Dessa grottmänniskor levde till största delen av jakt och fiske samt boskapsskötsel. Boskapen förde de under nätterna in i grottorna där de själva levde och även begravdes. Hyddmänniskorna har bosatt sig i mer bördiga områden, särskilt i floddalarna. Dessa människor har inte övergivit jakt och fiske men de har även börjat ägna sig åt jordbruk. Handkvarnar som man påträffat på flera platser vittnar om att de odlat säd. Hyddorna var i regel runda eller ovala, men även rektangulära sådana har påträffats. Särskilt i södra Italien, i Apulien, har det förekommit en ganska stor tillverkning av vackert dekorerade vaser som exporterats norrut till Capri, Abruzzerna, Aemilien, ja in i Frankrike ända till Normandie.

Trots vissa lokala variationer är begravningssederna ganska enhetliga över hela Italien under den neolitiska tiden. De döda jordades med sammandragna kroppar tillsammans med sina kläder, prydnader och vapen.

Strax efter 2000 f.Kr. trängde ett nytt folk norrifrån in i Italien genom alppassen och slog sig ned nära de italienska sjöarna. Därifrån flyttade de sedan vidare till Etrurien och Latium. Ett nytt begravningssätt introduceras, nämligen likbränning. För denna Balkankultur finns karakteristiska redskap som stridsyxan av sten, bägare med höga handtag samt en keramik med bandformade dekorationer, vilket allt är gemensamma drag för indoeuropeernas kultur.

Bronsåldern

Under tredje årtusendet f.Kr. har man även i väster börjat ersätta stenredskap med verktyg av metaller, främst koppar. Denna metall fördes troligen sjövägen från Cypern via Kreta och Egeiska övärlden till södra Italien, Sicilien, Sardinien och Korsika. Stenredskap användes emellertid fortfarande, särskilt som tillgången på den nya metallen var begränsad. Därför kallas ofta denna period kopparstenåldern eller chalkoliticum. Framåtskridandet gick sakta, varför det ofta är svårt att skilja mellan den neolitiska och chalkolitiska kulturen. Man har inte funnit några spår av några större invandringar av nya folk till Italien under denna tid, och införandet av koppar har skett utan andra märkbara förändringar av kulturen.

En tydlig förändring i denna märks däremot i början av andra årtusendet, omkring 1800 f.Kr. i och med införandet av bronsen. Tekniken att smälta samman koppar med tenn var känd i Främre Orienten redan före 3000 f.Kr. och kom så småningom med nya invandrande folk från Centraleuropa. Redskap och vapen av brons blev överlägsna de i ren koppar, eftersom bronsen var hårdare och möjliggjorde skarpare egg.

DEL II – DET FÖRHISTORISKA ITALIEN

Även om man kan särskilja olika kulturer under bronsåldern, tillhör de olika folkelementen de mediterrana folken, som bodde vid Medelhavet före indoeuropeernas invandring. På den Apenninska halvön kan man särskilja tre huvudkulturer: pålbyggnadskulturen, terramarefolket samt den "Apenninska" kulturen. På öarna, Sicilien, Sardinien, Korsika och Malta fanns andra kulturer som var skilda från dessa tre och sinsemellan olika. Av dessa har tolkningar av de megalitiska tornen på Sardinien i de s.k. nuragherna länge orsakat forskarna en hel del problem. Dessa kägelformade torn, som uppförts av stora stenar utan murbruk för försvarsändamål, går tillbaka till slutet av yngre stenåldern.

Pålbyggnadskulturen i Italien uppstod redan under chalkolitisk tid vid de norditalienska sjöarna. Nära sjöstränderna slog människorna ned pålar, på vilka tvärbjälkar lades och ovanpå dessa ett golv av stockar. Däröver byggdes hyddorna av flätverk och lera, antingen i rektangulär eller rund form. Hyddorna förenades till byar. Till stor del levde människorna av jordbruk och boskapsskötsel. Fynd av kvarnar vittnar om att man malt säden till mjöl. Dylika pålbyggnader finns på många andra håll, t.ex. i Schweiz, Österrike, Frankrike och Skottland. I Schweiz och Italien har man funnit en enkel keramik som tyder på kontakt mellan dessa länders pålbyggnadsmänniskor.

Mer utvecklad än pålbyggnadskulturen var den s.k. terramarekulturen, som uppstått något senare men oberoende av pålbyggnadskulturen. Terramare (terra marna = den feta jorden) använde bönderna i Aemilien under 1800-talet (i modern tid) som gödning. Det var jord från flera kullar på slättlandet som vid närmare undersökning visade sig innehålla resterna av gamla boplatser. Förr ansågs dessa vara pålbyggnader på torra land, som byggts samman till städer med raka gator och omgivna av jordvallar och vallgravar fyllda med vatten. Denna uppfattning vilade emellertid på otillräckliga undersökningar. Terramarebyarna hade ingen enhetlig plan. De äldsta terramaremänniskorna, som uppträdde i Podalen omkring 1700 f.Kr., bodde i öppna byar med runda och senare ovala hyddor av det slag som var mycket vanligt i Italien. Först omkring 1000 f.Kr. har man på sanka ställen börjat bygga sina hyddor på pålar, som emellertid är sällsynt även i senare tid. Under tidigare skeden har terramarefolken framställt en fin keramik, grå- och svartdekorerade vaser. Under århundradet närmast före tusentalet f.Kr. stagnerade denna tillverkning och förlorade i originalitet. Terramarekulturen i Italien uppvisar starkt inflytande från bronsålderskulturen i Ungern.

Det tredje kulturområdet under bronsåldern omfattade större delen av den Apenninska halvön från Bologna i norr till Tarent i söder. Detta område uppvisar vissa olikheter i kulturen, men keramiken var i stort sett enhetlig varför man numer kallar hela detta område för det Apenninska kulturområdet, vilket bebotts av urinvånare tillhörande de mediterrana folken. De har emellertid sannolikt haft förbindelser med folken på andra sidan Adriatiska havet, framför allt med Thessalien och Mellangrekland.

Järnåldern

Omkring 800 f.Kr. har stora förändringar skett inom de olika kulturområdena på hela halvön. Förändringarna är så genomgripande, att de måste förknippas med invandringar av nya folk som bl.a. medförde järnet. De sätts i samband med den stora folkrörelse som resulterade i dorernas ankomst till Grekland och illyrernas framstöt mot söder. Till Italien skedde först inte någon invandring i stor skala, utan i stället ständig infiltration av smärre grupper från Donauområdet. De olika folkgrupperna medförde egna dialekter av ett indoeuropeiskt språk. En markant skillnad finner man i begravningssättet hos järnåldersmänniskorna i norra Italien jämfört med dem i södra, där man har övertagit den äldre befolkningens sed att jorda de döda medan man i norr har infört bränning, som ju där redan påbörjats under bronsåldern. Under en övergångstid förekommer bränning och jordande sida vid sida.

Efter en plats, Villanova nära Bologna, där man först påträffade spår av järnåldersmänniskor i Italien, kallas ännu den äldre järnålderskulturen Villanova, fastän den omfattar en lång tidsrymd och många olika folkelement. Villanovamänniskorna bodde i byar med runda hyddor, tillverkade fina vapen av både järn och brons, ringar och armband av guld. Även om man finner många olika lokala varianter av kultur hos de invandrade indoeuropeerna, kan man särskilja två större grupper skilda åt bl.a. genom olika dialekter. Den *latinsk-faliskiska* gruppen var ursprungligen begränsad till landskapet Latium och området kring staden Falerii, där faliskerna bodde. Detta var ursprungligen en liten folkgrupp, som ändå blev den mest betydelsefulla eftersom det blivande romerska härskarfolket tillhörde denna. Betydligt mer utbredd var den andra gruppen, den *oskisk-umbriska*. Till denna hörde först och främst oskerna samt samniterna, ur vilka kampaner, lukaner och bruttier utgått, vidare en del sabelliska stammar i södra Latium. Oskiska språket är känt genom ett ganska stort antal inskrifter som påträffats bl.a. i Capua och Pompeji. Umbrerna slutligen, vilkas språk är känt genom några inskrifter, behärskade landet öster om mellersta Tibern samt tidvis även Etrurien. Under århundradens lopp har dessa indoeuropeer blandats med den mediterrana befolkningen. De båda dialektgrupperna skilde sig kraftigt från varandra både i ljud- och formlära samt även i ordförråd.

Dessa båda folkgrupper kom med tiden att kallas *itali* eller *italici*, som ursprungligen bara var namnet för invånarna i södra delen av halvön. Under tredje århundradet f.Kr. blev *itali* (troligen av viteliu = kalvlandet) benämningen för alla folk på den Apenninska halvön söder om Po.

I norr i Podalen har en kraftig invasion av veneter kommit in från omkring 500 f.Kr., och under långa tider helt behärskat detta område. Inskrifter som funnits bl.a. i Padua och Trieste ger oss inblick i en ålderdomlig skrift som ursprungligen varit stavelseskrift. I öster längs Adriatiska havet har ett annat indoeuropeiskt folk, illyrerna, slagit sig ned, från vilka många illyriska namn ännu lever kvar. Även i Apulien i södra Italien har andra stammar av illyrer bosatt sig. Senare har de illyriska folken brett ut sig över stora delar av halvön och helt naturligt fått ett visst inflytande på den romerska kulturen, även om detta inte kan jämföras med den roll som greker och etrusker kom att spela.

HISTORISK TID

Greker – 37
Etrusker – 40
Det äldsta Rom – 48
Den romerska republiken – 57
Rom grundar sitt medelhavsvälde – 76
Revolutionstiden – 106

Greker

Under åttonde århundradet f.Kr. hade många olika omständigheter börjat tvinga grekerna såväl på fastlandet som på de egeiska öarna och vid Mindre Asiens kust att emigrera och söka sig nya boplatser. Dels hade en kraftig överbefolkning och brist på åkerjord blivit kännbar, dels var folket missnöjt med adelsväldet som nästan överallt ersatt kungadömet. I stora skaror utvandrade greker från fastlandet och öarna till de södra och västra delarna av Italien samt till Sicilien, där kolonier anlades främst utmed kusterna. Denna stora grekiska kolonisation är en av de märkligaste och mest intressanta händelserna i den antika historien. De talrika kolonierna blev inledningen till ett livligt utbyte av handel och kultur mellan östra och västra Medelhavet. Varje ny koloni blev en egen grekisk stat, *polis*, där grekisk odling, grekiskt tänkesätt och statsskick levde vidare på samma sätt som i moderlandet. Omkring år 750 f.Kr. grundade folk från Chalkis (på Eubea) den nordligaste av de nya grekiska kolonierna på det italienska fastlandet. Den kallades Cumae och blev en av de allra viktigaste utposterna för grekisk kultur på den Apenninska halvön och varifrån latinarna troligen fick det grekiska alfabetet. Förmodligen har – enligt en hypotes – denna koloni även varit förmedlaren av den grekiska gudavärlden till Rom och andra italiska samhällen. Före grundandet av Cumae hade grekerna skaffat sig en stödjepunkt på ön Ischia, det antika Pithecussae, varifrån en mycket tidig grekisk inskrift kommer.

Av det grekiska moderlandets städer var det framför allt Korint som deltog i kolonisationen. Genom att först etablera sig på ön Korkyra (nuv. Korfu) skaffade sig denna mäktiga handelsstad en stödjepunkt och mellanstation på vägen till Italien. På Siciliens ostkust grundade Korint senare staden Syracusae, som efter år 500 kom att spela en dominerande roll i Siciliens och södra Italiens historia.

På Siciliens sydkust grundade det doriska Megara en rad viktiga kolonier såsom Akragas (Agrigentum), Gela och Selinunt. Mitt i bukten på halvöns sydsida anlade Sparta staden Tarent, som blev en viktig handelsstad och centrum för de grekiska kolonierna i Syditalien, och senare gärna ville gälla för koloniernas överhuvud. Längs hela sydvästra Italiens kust anlades ett stort antal kolonier. Hela södra Italien blev grekiserat och kallades också för Storgrekland (*Magna Graecia*).

Grekerna utbredde sig även längre mot nordväst. Omkring år 600 f.Kr. grundade fokeerna från Mindre Asien kolonin *Massilia* (nuv. Marseille) inte långt från Rhônes mynning, som snart blev en viktig handelsmetropol och den ledande staten för de talrika kolonierna utmed franska och spanska Medelhavskusten, såsom Nikaia (nuv. Nice), Monoikos (nuv. Monaco), Antipolis (nuv. Antibes) samt Mainake och Emporiae. Få grekiska städer har spelat en så avgörande roll för spridningen av den grekiska kulturen och för handeln, som just Massilia kom att göra för hela det västra Medelhavsområdet.

Vid mitten av 500-talet f.Kr. var det västra Medelhavet på väg att helt enkelt bli ett grekiskt innanhav. För att hejda den grekiska invasionen gick de ledande inhemska folken, kartager och etrusker, samman när de kände sina intressen hotade. Redan omkring 1200 f.Kr. hade semitiska fenikier från Tyrus och Sidon sänt handelsskepp till västra Medelhavet och ganska tidigt grundlagt kolonier eller handelsstationer i Spanien och Nordafrika samt på öarna Korsika, Sardinien och västra delen av Sicilien. Kartago, som enligt traditionen grundlagts år 814 f.Kr. av Tyrus, hade blivit den ledande fenikiska staden i Medelhavet, när moderstaden försvagats under det assyriska herraväldet. Genom sjöslaget vid Alalia på Korsikas ostkust omkring år 540 f.Kr. stoppade kartagerna och etruskerna gemensamt grekernas fortsatta utbredning i väster.

Under femte århundradet började grekernas makt att avtaga i väster. I Italien utsattes många av deras städer för upprepade anfall av de krigiska samniterna. År 421 föll Cumae för ett samnitiskt anfall och därefter måste flera grekiska städer längre söderut utkämpa hårda försvarsstrider mot samniter, lukaner och bruttier. På Sicilien anfölls grekerna av kartagerna, som koloniserat den nordvästra delen av ön och strävade efter att utvidga sina områden.

Det skulle dröja till efter krigen mot Pyrrhus omkring år 265 f.Kr. innan romarna slutligen erövrade hela Syditalien och genom de puniska krigen även Sicilien. Som ett resultat av de romerska erövringarna kom emellertid de grekiska kolonierna att spela en ännu större roll än tidigare för spridningen av grekisk konst och litteratur, religion och mytologi över hela den Apenninska halvön. Först genom dessa erövringar kom romarna i närmare kontakt med den grekiska kulturen, som så småningom smälte samman med den gamla italiska och etruskiska. Denna "blandkultur" blev med tiden gemensam för invånarna på hela halvön. I Syditalien höll sig den rena grekiska kulturen och det grekiska språket länge opåverkat. Därför har i några byar i södra Bruttium en grekisk dialekt med spår av doriskt inslag kunnat överleva ända in i vår tid.

Etrusker

Ursprung och språk

Knappast något folk har i så hög grad fångat intresset hos senare tiders människor som etruskerna, som inte sällan kallas "det gåtfulla folket". Vad som har gjort detta folk så gåtfullt är väl främst en del ännu olösta problem, som är förknippade med det, samt folkets ursprung och språk. Om etruskernas historia kunde redan historielärans fader Herodotos berätta (Historia I:94), att etruskerna på grund av svår hungersnöd utvandrade från Lydien i Mindre Asien, dit de kommit från Mindre Asiens inre. Andra både grekiska och latinska författare vittnar om att etruskerna, som av grekerna kallades *tyrsenoi* och som själva kallade sig *rasenna*, kommit sjövägen från Mindre Asien och slagit sig ned i det bördiga och då för tiden skogklädda landet söder om Arno och väster om Tibern.

Villanovamänniskorna som redan bodde i området trängdes undan av de invandrande etruskerna. Att romarna själva trodde på denna östliga härkomst visas av många omständigheter. Under Augustus regering lanserade emellertid en grekisk författare, Dionysius från Halikarnassos, teorin att etruskerna alltid skulle ha bott i Italien och att de var en rest av de mediterrana folken som överallt annars på halvön blandats med de invandrade indoeuropeerna. Denna hypotes vann stark genklang hos en del forskare vid mitten av 1900-talet, särskilt bland italienarna med professor Massimo Pallottino i spetsen. I början av 1900-talet hade en tredje teori – som även den gick tillbaka till latinska författare – ganska många förespråkare, nämligen att etruskerna skulle ha kommit norrifrån över Alperna och först slagit sig ned i Podalen, där man också funnit många spår efter dem. Det visade sig emellertid att dessa rester är senare än de i Etrurien och Campanien.

Även om man alltså ännu inte med absolut säkerhet kan uttala sig om etruskernas ursprung, finns det många omständigheter som talar för att Herodotos uppgift är riktig om att de invandrat över havet från

Mindre Asien. Det har säkert inte varit en invasion i större skala vid ett enda tillfälle, utan smärre skaror som har kommit över efter hand. Både religion, bostäder och gravskick pekar på att något nytt har kommit in till Apenninska halvön omkring 700 f.Kr.

Ett annat olöst problem är etruskernas språk. Hittills har man funnit fler än 9 000 inskrifter och årligen påträffas nya sådana. De ger oss emellertid begränsad kunskap om folkets historia och samhällsskick, eftersom de flesta inskrifterna är korta. Bara omkring tio inskrifter består av fler än trettio ord. De allra flesta är gravinskrifter med korta upplysningar om de avlidna. Att läsa dessa inskrifter, som är skrivna med grekiskt alfabet, vållar inga svårigheter och man kan även tyda en hel del ord, främst släktskapsord (son, dotter, fader och moder).

Statsskick

Om man undantar ursprung och språk, är etruskerna inte längre så gåtfulla för oss, men de är inte mindre intressanta tack vare det vi nu känner till om dem. Denna kunskap har vi huvudsakligen fått genom de rika fynd som gjorts och fortfarande görs i tusentals gravar som är gömda i Etruriens mark, antingen kupolgravar som uppförts av stora block eller kammargravar som huggits in i tuffen. På senare tid har även etruskernas städer och bostäder börjat utforskas. Även svenskarna har lämnat ett värdefullt bidrag till kunskapen om etruskiska bostäder och stadsbebyggelse genom sina utgrävningar i San Giovenale och Acqua Rossa.

Omkring 700 f.Kr. var etruskerna bosatta i Etrurien, där de snart bildade stadssamhällen. De ursprungliga byasamhällena ersattes av städer som med tiden omgavs av starka murar. Traditionen talar om ett förbund av tolv ledande städer, däribland Caere (nuv. Cerveteri), Veii, Vulci och Tarquinia. Varje stad styrdes av en konung, *lucomo*, som var både överbefälhavare, överstepräst och domare. När han iklädd purpurdräkt färdades i vagn på gatorna föregicks han av härolder och följdes av liktorer som bar *fasces* och yxa. Den politiska makten övergick så småningom till några framstående familjer som bestod av jordägande bönder men också av rika köpmän och skickliga hantverkare. Städerna bildade ett ganska löst hopfogat tolvstadsförbund, som främst hade religiös betydelse och som inte gav folket någon politisk eller militär styrka. Å andra sidan förödde inte de etruskiska städerna sin kraft genom strider mot varandra på samma sätt som de grekiska kolonierna gjorde.

Expansion

I mitten av 600-talet hade etruskerna blivit tillräckligt hemmastadda i Etrurien, och så starka och talrika att de började utvidga sitt välde söderut. De gick över Tibern, erövrade Rom och större delen av Latium. Strax efter 600 bröt de in i Campanien, där Nola och Capua blev viktiga centra för dem och även Pompeji – troligen endast för en kort tid – spelade en viss roll som hamnstad. Omkring år 540 besegrade etruskerna tillsammans med kartagerna de invandrande grekerna vid Alalia på Korsika och 525 anföll de staden Cumae, men misslyckades i sina försök att bryta den grekiska makten i Campanien. Trots många försök under perioden 520–470 lyckades de inte erövra vare sig Cumae eller Neapel. Grekerna räddades av Hieron I från Syracusae, som slutgiltigt besegrade etruskerna i ett sjöslag vid Cumae 474. Detta nederlag fick avgörande betydelse för etruskerna och ledde på sikt till en avveckling av etruskerväldet i Campanien. Eftersom de ungefär samtidigt förlorade Latium blev etruskerna avskurna från förbindelserna med Campanien. År 428 tog samniterna Capua och gjorde därmed slut på det etruskiska inflytandet i detta landskap. Sedan expansionen söderut hade hejdats, vände etruskerna sina blickar norrut. Omkring år 525 blev staden Felsina norr om Bologna en stark och viktig etruskisk utpost och snart säkrade etruskerna hela Poslätten åt sig, där de grundade flera städer såsom Modena, Mantua och Placentia. Även i norr bildade de ett tolvstadsförbund på samma sätt som de gjort i Etrurien och säkerligen också i Campanien. Utmed kusten anlades städer, som Ravenna och Spina och Adria. Den senare blev snart den viktigaste hamnstaden för etruskerna och har gett namn åt Adriatiska havet. Spina har under senare decennier varit föremål för ytterst givande utgrävningar, vars rika fynd av bl.a. attiska svart- och rödfiguriga vaser klart visar på de livliga förbindelserna med Grekland, som man också kan sluta sig till av det faktum att Spina och Caere hade egna skattehus i Delfi.

Tillbakagång

Omkring år 500 stod etruskerna på höjdpunkten av sin makt, som därefter snabbt avtog. Norrifrån trängde gallerna in och söderifrån anföll Rom när det väl blivit fritt från det etruskiska herraväldet. År 396 f.Kr. föll den mäktiga staden Veji i södra Etrurien, som enligt traditionen belägrats av romarna i tio år och som inte fick undsättning från de andra etruskiska städerna eftersom gallerna hotade norrifrån. Från och med 350 förde etruskerna en förtvivlad kamp mot romarna för sin egen existens. Under tredje århundradet gjorde Rom slut på deras politiska välde. Men nedgången i deras politiska makt resulterade inte i undergång av den etruskiska kulturen. Etruskerna levde kvar i sitt gamla land, förde sitt eget liv och behöll sitt eget språk. Först sedan Sulla i början av första århundradet f.Kr. genom anläggandet av militärkolonier dödat de sista resterna av etruskernas självständighet, började deras språk, kultur och religion att sakta försvinna. Men först hade romarna under århundraden influerats av etruskisk konst och arkitektur, religion och samhällsskick.

Konst och religion

Sina viktigaste impulser fick konsten genom religionen. Liksom egypterna trodde etruskerna på ett liv efter döden och byggde därför varaktiga och ofta ståtliga monument åt sina döda, vilka försågs med gåvor av allehanda slag som både inhemsk och grekisk konst. Den tidiga inhemska keramiken var vackert svartgrå med helt glansig yta *(bucchero)*. Även i denna inhemska keramik har emellertid de etruskiska konstnärerna säkerligen påverkats av grekisk formgivning. Etruskerna har också importerat väldiga mängder svart- och rödfiguriga vaser främst från Athen, som de rika fynden från Caere och Spina visar. Helt naturligt kom därför också attiska vaser att kopieras i Etrurien.

DEL III – HISTORISK TID

Det är ganska påfallande att etruskerna, som var så flitiga importörer av grekiska vaser och grekiskinfluerad vasstil, inte varit intresserade av grekisk skulptur i sten eller marmor som praktiskt taget är okänt i de etruskiska gravarna. Inte heller har de själva arbetat i marmor trots att Italiens stora marmorbrott Luni ligger i just Etrurien. De etruskiska konstnärerna har undvikit det hårda materialet och i stället ägnat sig åt att modellera i lera eller tuff. Sina lermodeller kunde de bränna till terrakotta eller använda vid gjutning av bronsstatyer. Deras skicklighet att behandla den mjuka, plastiska leran ser man tydligt i ståtliga gudastatyer som prytt templen. Ett av de mest kända mästerverken är Apollon från Veji från omkring år 500. Denna stad hade en förnäm konstnärsskola, och det är troligen riktigt som traditionen berättar, att Tarquinius Priscus inkallade en känd konstnär Vulca från Veji till Rom för att pryda det stora Jupitertemplet på Capitolium. Etruskerna utmärkte sig även som bronsgjutare. Av större bronsstatyer, såsom den capitolinska varginnan och chimaeran från Arezzo, finns inte så många bevarade till våra dagar. Däremot har man funnit mängder av runda speglar, vars baksida oftast är smyckad med ciseleringar, samt rikt dekorerade oftast cylinderformade "cistor" (skrin) för förvaring av toalettartiklar.

På inget område framträder etruskernas konstskicklighet så tydligt som inom guldsmideskonsten. Guldet importerades troligen österifrån, och var av samma kvalitet, s.k. vitt guld eller elektron, som lydierna använde. De etruskiska guldsmederna specialiserade sig på filigran- och granuleringsarbete. Guldet spanns ut i fina trådar som placerades på kärlen, eller så förvandlade man det till ytterst små korn som löddes fast på den yta som skulle dekoreras. Många armband och örhängen samt fibulor, antikens säkerhetsnålar, som påträffats i etruskiska gravar kan nu beundras på europeiska och amerikanska museer.

Medan vasmåleriet kan studeras tack vare otaliga fynd från hela den antika världen, är det ytterst sällsynt att på andra håll finna så välbehållna väggmålningar från denna tidiga epok som dem man påträffat i Etruriens gravar, främst i Tarquinia. De vulkaniska bergens tuff var utmärkt material när det gällde att hugga in gravarna direkt i klippan. Tuffväggen gjordes slät genom ett lager av stuck, på vilket målningarna utfördes *al fresco*. Det vill säga, konstnärerna dekorerade väggarna medan rappningen ännu var fuktig.

Arkitektur

Den etruskiska bostadsarkitekturen har man tidigare känt till tack vare gravarna eftersom dessa ofta ger en bild av bostäderna. Dessa var av samma typ som det välkända romerska atriehuset. På senare tid har emellertid arkeologerna även börjat gräva fram och ordentligt undersöka de levandes hus och hela städer. Tidigare intresserade sig arkeologerna främst för gravar med deras rika innehåll, även om dessa inte sällan tömts antingen redan under antiken eller av senare tiders gravplundrare.

Etruskernas tempelarkitektur känner man väl till. Det etruskiska templet vilade på en grund av sten men var uppfört i tegel och hade tak och bjälkar av trä. Tegel och trävirke var i regel övertäckt med terrakotta. Jämfört med det grekiska templet var det etruskiska kortare och bredare. Cellan var delad med två innerväggar i tre avdelningar, för var och en av de tre gudomligheterna åt vilka templet var rest. Så var förhållandet t.ex. i Jupitertemplet på Capitolium. Detta tempel vittnar kanske mer än något annat om hur etruskisk religion och tänkesätt har påverkat den romerska världen. Med kulten av Jupiter Optimus Maximus på Capitolium fick Rom sin stads- och statsgud. Med denna kult förknippades också ett annat etruskiskt lån, triumfen, som hörde samman med festspelen på Cirkus. På dagen för Jupitertemplets invigning färdades triumfatorn iklädd purpurfärgade och guldstickade kläder med ett fyrspann till Jupitertemplet. Över triumfatorns huvud hölls Jupiters guldkrona och i ena handen höll han Jupiters spira, prydd med en örn. Denna sed lever kvar under hela det romerska imperiets existens. Efter offret på Capitolium fortsatte processionen till Circus, där de s.k. *ludi Romani* firades till Jupiters ära. I takt med att Rom utvidgade sin makt över Italien och den ena romerska kolonien uppstod efter den andra, uppfördes överallt i Italiens städer kopior av Jupitertemplet på Capitolium. Varje stad fick sitt eget Capitolium och sin borg, *arx*. Tack vare de rika gåvor som medföljt de döda i graven, mytologiska framställningar på väggmålningar samt speglar och cistor, så känner vi ganska väl till etruskernas religion och samhällsförhållanden, som dessutom beskrivs av en del latinska författare. De äldsta väggmålningarna har ytterst sällan hämtat motiv från mytologin. I stället skildrar dessa de avlidnas liv, spel och banketter. Det är glada fester som återges både i målningarna och i gravarnas reliefkonst. Senare kommer allvaret in och även de hemska demoner som man ofta förbinder med etruskerna. Det är dock först sent som etruskisk religion blev mer formell och lagbunden. Storhetstidens gravar uppvisar fest och glans vid begravningarna, medan de hemska dödsföreställningarna dominerar under senare tid, liksom själva färden till underjorden som samtidigt blev ett vanligt motiv. Detta är emellertid inte ett särdrag enbart för etruskerna utan det är gemensamt för hela den hellenistisk-orientaliska världen.

Mytologi

Den främste av de etruskiska gudarna var *Tinia*, som motsvarade romarnas Jupiter, åskans och blixtens gud, som även blev den högste ödesguden. Tillsammans med två andra gudomligheter, *Uni* och *Menerva* bildade han den treenighet av höga gudomligheter som man återfinner hos romarnas Jupiter, Juno och Minerva, åt vilka tempel uppfördes i de flesta romerska städer. Tillsammans med nio andra gudomligheter utgjorde dessa de tolv gudarnas församling, sex gudar och sex gudinnor. För de enskilda människorna och för samhället var det livsviktigt att utforska gudarnas vilja och att försöka följa den. Denna vilja yttrade sig i naturfenomen som en stab av präster (*haruspices*) försökte tolka. Viktigast var iakttagande av offerdjurens inälvor, främst levern, men även blixt och åska studerades noga, medan däremot fåglars flykt som spelade så stor roll för romarna, var av ganska underordnad betydelse för etruskerna. En hel vetenskap, *disciplina Etrusca*, utvecklades för att människorna på rätt sätt skulle kunna förstå och följa gudarnas vilja, ett ämnesområde som romarna senare också visade ett stort intresse för.

Jämställdhet

Det högt utvecklade familjelivet och kvinnans likaberättigade ställning med mannen är något karakteristiskt för etruskerna och nästan unikt i den antika världen. Fader och moder intog samma rättsliga och sociala ställning, mellan man och hustru rådde kamratskap och ömsesidig respekt. Kvinnan var mannens jämlike och kamrat, deltog med sin man i religiösa fester och på offentliga banketter och närvarade som åskådare vid offentliga spel. Därför är det helt naturligt att man och hustru också avbildas tillsammans på väggmålningar som illustrerar festspelen vid begravningarna.

DEL III – HISTORISK TID

Det äldsta Rom

Roms bebyggelse går minst tusen år längre tillbaka i tiden än man förut antagit. Inom gränserna för dagens moderna Rom finns rester från den äldre stenåldern och det är kanske bara en tillfällighet att man ännu inte funnit sådana rester på de områden som ingick i den antika staden. Från den yngre stenåldern med dess snabba framsteg då jordbruk och boskapsskötsel blev grund för den bofasta människans ekonomiska utveckling, finns rester på Esquilinen som kan dateras till mellan 2000 och 1500 f.Kr. Denna stenåldersbebyggelse fortsatte in i bronsåldern till dess slut omkring 800. Under senare tid har man diskuterat vilka folk som skapat de äldre kulturerna i Rom, utan att forskarna har kommit till något helt entydigt svar. Man kan konstatera att för närvarande finns det inte något som talar för att indoeuropeer har kommit in i Italien före bronsålderns slut. Både människotypen, de icke-indoeuropeiska ortnamnen och en del kulter och fester från förromerska tiden tyder på att dessa äldsta kulturmänniskor i Rom har tillhört de mediterrana folken.

Med järnålderns utveckling omkring 800-talet skedde en väsentlig förändring av den romerska kulturen utan att kontakten med det förflutna bröts. Indoeuropeiska folk strömmade i vågor in i Italien och av dessa slog sig latinarna ned i Latium, där de grundlade järnålderskulturen i Rom. De bosatte sig på kullarnas toppar, där de byggde sina enkla hyddor med lerklinade väggar av vass och levde på åkerbruk och boskapsskötsel. De olika kullarnas bysamhällen utvecklade ett hantverk som uppvisade särdrag inom de olika byarna, även om de allmänna stildragen är så stora att man kan konstatera att bebyggelsen på Roms kullar har tillkommit ungefär samtidigt.

Efter att inledningsvis endast ha bott uppe på kullarna under omkring ett århundrade, sökte man sig omkring 700 ned till dalarna, eftersom kullarna blev alltför små för den växande befolkningen. Till sänkan mellan Palatinen och Capitolium, som sedan blev staden Roms centrum, Forum Romanum, kom bebyggelsen omkring år 625 sedan detta ursprungliga träskområde först dränerats. Folken kom närmare varandra. De hantverksprodukter som tidigare huvudsakligen stannat kvar inom de egna bysamhällena började spridas och de gamla särmärkena i produktionen suddades ut. De ursprungliga småbyarna förenades till två större samhällen, varav det ena omfattade Quirinalen, Viminalen och Capitolium där det huvudsakligen bodde sabinare, och det andra som dominerades av latinare och omfattade Palatinen, Caelius och Esquilinen. Gränsen mellan dessa båda grupper har tydligen gått vid forumbäcken, som i historisk tid kallades Cloaca Maxima.

KULLARNA VID TIBERN

I slutet av 600-talet inledde etruskerna sin expansion från kusten inåt land över hela Latium och Kampanien. Genom utgrävningar har man kunnat följa deras erövringståg, man kan se hur det gamla bysamhället med hyddbebyggelse plötsligt har övergivits och efterträtts av en ny bostadstyp. I stället för vasshyddorna byggdes hus med flera rum och i två våningar med väggar av soltorkat tegel, som övertäckts med målad stuck, och taken täcktes av tegelpannor. Närliggande byar slogs samman och bildade städer. Liknande förändringar märker man överallt i Latium. I San Giovenale, som varit föremål för svenska utgrävningar under 1960-talet, har den ursprungliga befolkningen övergett sina hyddor omkring år 625 och istället har hus av den nya etruskiska typen uppförts. Ungefär samtidigt med San Giovenale har Veji upplevt samma förändring. Sedan kom turen till Praeneste, Ardea, Lavinium och Tusculum, vilka också i början av sjätte århundradet förvandlades från bygrupper till städer.

I Rom tycks enandet av de olika kullarna till ett stadsliknande samhälle ha skett omkring 575 f.Kr. Då har t.ex. den gamla begravningsplatsen på Forum Romanum övergivits, som använts av befolkningen uppe på Palatinen. Hyddorna har börjat ersättas av den nya hustypen och vid denna tid började handeln expandera starkt. Medan handeln tydligen har varit ytterst obetydlig under tiden före 575, vilket det begränsade antalet fynd av grekisk keramik som man hittills gjort i Rom tyder på, så ökas handeln oerhört snabbt vid denna tid. Fynden av importerad keramik från Grekland är tjugo gånger fler än före år 575. Liknande ökning av handeln finner man i flera etruskiska städer som Vulci, Tarquinia och Cerveteri. Den ökade handeln i Rom är ett av många kriterier på att etruskerna vid denna tid övertagit herraväldet över området. Staden Rom utvecklades snabbt liksom handeln som nådde sin höjdpunkt under perioden 530–500. Det var under denna tid som Jupitertemplet på Capitolium byggdes av den etruskiske kungen Tarquinius, med tillnamnet Priscus. Jupiter Optimus Maximus blev Roms stadsgud och hela den romerska statens gud. För att smycka detta tempel inkallade den romerske kungen enligt traditionen flera etruskiska konstnärer varav en, Vulca från Veii, fick i uppdrag att skapa den centrala kultbilden av Jupiter. Det blev Roms första gudabild i mänsklig gestalt.

Den här givna framställningen av *staden* Roms tillblivelse bygger huvudsakligen på professor Einar Gjerstads ingående undersökningar av utgrävningsmaterial från det äldsta Rom, vilka visserligen inte accepterats av alla forskare men som alltmer vinner terräng hos forskarna i skilda länder. Ibland finner man i äldre handböcker att Rom *enligt traditionen* grundlagts år 753 f.Kr. Någon verklig tradition angående Roms tillkomst existerar emellertid inte, då de romerska historikerna alltifrån Hannibals dagar har varierande dateringar, av vilka de vanligaste var åren 814, 748, 729 och 753. I mitten av första århundradet f.Kr. fastslog Varro det senare årtalet som den säkra utgångspunkt från vilken man skulle räkna Roms historia *(ab urbe condita)*. Det gemensamma för dessa varierande förslag är att de tillhör en period då hela Latium fick en ny blomstring, då järnet började användas och Roms kullar började befolkas av invandrande indoeuropeer. Dessa bodde emellertid fortfarande i samma slags vasshyddor som de tidigare folken gjort, isolerade på de olika kullarna. Först när dessa kullars befolkning förenats, vid övergång från by till stadsbebyggelse, kan staden Roms grundläggning anses ha inträffat, vilket således inte har skett förrän i början av 500-talet. I det avseendet skiljer sig inte Rom så mycket från andra städer i Latium, de förut nämnda Ardea, Lavinium etc. Det är helt säkert att denna förändring har kommit som en följd av den etruskiska expansionen och erövringen av Latium, vilket resulterade i en radikal förändring i fråga om handel och bebyggelse. Att förhållandena i Rom har blivit mer kända och diskuterade, beror ju på det faktum att denna stad blev den mäktigare och med tiden dominerande. Detta förhållande grundar sig i sin tur på dess läge vid Tibern och Saltvägen, samt på den styrka och fasta organisation som dess befolkning skapade. Tibern har spelat en viss roll för Roms handel, även om bara mindre båtar under ca. 30 ton kunde användas på den, och även om dess "hamnstad" Ostia inte fick någon ordentlig hamn förrän i början av kejsartiden. I äldre tid hade Saltvägen från Sabinerbergen ned till havet haft minst lika stor betydelse. Vid Tiberns mynning anlades tidigt saltdammar, dit befolkningen i bergen långt före Roms grundläggning begett sig för att hämta det i alla tider så nödvändiga saltet. Utmed Tiberns stränder hade stigar upptrampats. Denna Saltväg, *Via Salaria*, gick längs Tiberns vänstra strand just genom staden Rom; det blev en livsviktig angelägenhet för Rom att behärska denna transportled.

Vår kunskap om det äldsta Roms historia bygger således på ganska osäkra källor. De tidigaste bevarade litterära källorna är huvudsakligen Livius och Dionysius från Halicarnassus, vilka båda var verksamma under Augustus, alltså flera århundraden senare än den epok som de skildrar. Sina berättelser har de huvudsakligen byggt på ganska sena källor, av vilka de äldsta är från tredje århundradet, då de första romerska historikerna försökte skapa historia ur saga, och i viss mån tradition. De senare historikerna, de s.k. annalisterna, som under Graccherna och Sulla antecknade de viktigaste händelserna under varje år, förskönade sina berättelser genom att tillskriva den äldsta tiden sin egen epoks ideal, institutioner och händelser.

Den romerska familjen

Det samhälle som växte fram i staden på kullarna vid Tibern var i hög grad grundat på familjen och familjebandet. Till "familjen" räknades alla som bodde under samma tak och arbetade för en gemensam sak och ekonomi, stod under gemensam lag och förlitade sig på samma gudar och gudomligheter. Till familjen hörde därför också slavar men ofta även gifta söner med deras barn. Varje sådan familj bildade en liten stat för sig med gemensamt överhuvud, *pater familias*, som styrde med absolut oinskränkt makt. Han representerade familjen i dess förhållande till andra familjer, han var domare inom familjen och hans domslut kunde inte överklagas. Han hade rätt att döda, fördriva eller till och med sälja sina egna söner och övriga familjemedlemmar som slavar. Dessutom var han familjepräst, som varje morgon och kväll samlade familjen – även slavarna – till bön och offer. Dagligen offrades till förfäderna, vars kult var lika viktig som den till husfaderns egen Genius, vilket var den livgivande källan till hans styrka och auktoritet samt det band som förenade honom med förfäderna.

Med stigande nativitet har helt naturligt inte alla barn med hustrur och barnbarn kunnat stanna inom samma hus, utan någon eller några har måst bilda nya familjer. Dessa hörde dock samman med den ursprungliga familjen, med vilken de bildade en släkt, *gens*. Detta ords ursprung och betydelse är ofta diskuterad, men den vanliga och säkerligen riktiga uppfattningen är att *gens* bestod av en grupp familjer med samma namn.

I äldsta tider hade romerska manliga medborgare bara ett namn, ett släktnamn – i regel bildat av en adjektivform på -ius, som Iulius – som framgår av den kända Praenestefibulans inskrift från o. 600 f.Kr.: *Manios med fhephaked Numasioi* (= Manius me fecit Numerio = Manius gjorde mig åt Numerius). Ganska tidigt tillkom ett förnamn (praenomen), som skiljde de enskilda medlemmarna inom samma släkt från varandra och som alltså blev individnamnet. När antalet förnamn med tiden begränsades till bara ett tiotal samtidigt som medlemmarna inom samma släkt ökade i antal, så uppstod behovet av ett tredje namn, tillnamnet eller *cognomen*. Denna tradition växte fram inom vissa familjer under tredje århundradet, men blev allmänt först under första århundradet f.Kr. Detta cognomen, som under hela republiken var gemensamt för alla medlemmar inom samma släkt, liksom släktnamnet var, blev vid mitten av första århundradet e.Kr. det verkliga individnamnet, medan i stället förnamnet blev gemensamt. Som exempel på namnskicket hos romarna under senare delen av republiken kan man nämna M. Tullius Cicero vars både fader och son har exakt samma namn, medan hans yngre broder hette Quintus Tullius Cicero. Ända fram till vår tideräknings början hade emellertid den romerska kvinnan endast ett namn, släktnamnet; så hette dottern till M. Tullius Cicero endast Tullia. Detta släktnamn behöll kvinnan även efter sitt giftermål, och övertog således inte mannens namn.

På samma sätt som familjen, utgjorde också släkten (*gens*) en enhet med gemensamma kulter och fester, gemensam jurisdiktion och i äldsta tid även gemensam här. Redan från äldsta tid förekom dessutom en delning av det romerska folket i två samhällsklasser, patricier och plebejer. Medan patricierna helt säkert i allmänhet utgjordes av de jordägande, har man länge diskuterat uppkomsten och ursprunget till plebejerna. Några teorier har menat att plebejerna skulle ha varit de ursprungliga invånarna som besegrats av patricierna, andra teorier har förklarat plebejernas uppkomst med att de skulle vara de latinare som slagit sig ned på Aventinen och som senare förenats med de andra. Ingen av dessa förklaringar kan helt accepteras. Säkert är emellertid att klyftan mellan de båda samhällsklasserna ökade under en period och att det rådde strid mellan dem ända till omkring 300 f.Kr. Plebejerna hade rätt att idka handel och förvärva egendom, liksom att de hade rösträtt i folkförsamlingen, medan patricierna hade ensamrätt till politiska och prästerliga ämbeten. Till plebejerna hörde också de som kallades klienter vilka ursprungligen alltid stod i ett visst beroende till en släkt, men senare istället till enskilda patricier. Ursprunget till dessa klienter kunde växla: några var invånare i erövrade områden, andra kunde vara romare som av någon anledning föredrog att liera sig med någon adelsman. Varje klient hade sin skyddsherre, *patronus*, som kunde bevilja honom dispositionsrätten över landområden eller andra ekonomiska eller politiska fördelar och som skulle bistå honom i alla juridiska tvister. I gengäld skulle klienten följa sin *patronus* i krig, rösta på honom vid val etc. Det rådde således ett ömsesidigt beroendeförhållande mellan *patronus* och klient.

Kungen och hans råd

Det romerska samhällets högsta ledning innehades i äldsta tid av en kung, *rex*. Denne utsågs på livstid, men hans makt gick inte i arv till någon av hans efterkommande. Inte heller valdes han på folkförsamlingen. En hypotes är att företrädaren utsåg sin efterträdare. Troligare är att den romerska traditionen i denna fråga är riktig. Enligt denna övergick vid en kungs död hans makt automatiskt till senaten, som ur sitt led tillsatte en *interrex*, mellankung, som efter fem dagar skulle tillsätta en ny *interrex*, vilken i sin tur tillsatte en ny mellankung, tills man hade fått fram en kungakandidat som accepterades av såväl senaten som gudarna. Denne presenterades sedan för folkförsamlingen som bekräftade tillsättandet av den nye kungen.

Traditionen talar om sju kungar. Av dessa var Romulus den förste (säkerligen en helt uppdiktad person, liksom hans broder Remus och hans sabinske kollega Titus Tatius), medan de sex övriga kungarnas namn bör vara sanna. Den förste historiske kungen, Numa, var sabinare, den andre, Tullus, var son till en latinsk fader och en sabinsk moder och den tredje kungen, Ancus, var en dotterson till Numa. Det är tydligt att sabinarna har haft ett betydande politiskt inflytande i Rom under dess första period som självständig stad. Den fjärde samt den siste kungen var etrusker och båda tillhörde samma släkt och hade samma namn, Tarquinius, varför romarna i skiljande syfte senare tilldelat dem cognomina Priscus (den gamle), resp. Superbus (den övermodige). Den näst siste kungen var enligt traditionen latinaren Servius Tullius, som emellertid var gift med en dotter till den äldre Tarquinius. Det är således inget tvivel om att etruskerna har varit dominerande i Rom under sista hälften av kungatiden.

Liksom hos etruskerna var kungen i Rom högste militäre befälhavare, domare och präst. Han hade makt att börja krig och sluta fred samt ingå avtal med främmande makter. Som överhuvud för den statliga religionen var hans person *sacrosanct*, dvs. ingen kunde utan stränga straff använda våld mot hans person. Genom auspicier skulle han tolka gudarnas vilja. Dessa auspicier måste nämligen rådfrågas före varje viktig handling. Under kungens ledning skulle vidare prästerna förrätta offer, fastställa kalendern och tolka gudarnas vilja. Sedan kungadömet avskaffats och kungens världsliga makt övertagits av andra, överfördes hans religiösa makt till en offerkonung, *rex sacrorum*, och senare till den högsta av prästerna, *pontifex maximus*, som under kejsartiden alltid var kejsaren själv.

Vid sin sida hade kungen ett råd, senat, som inte ägde någon lagstiftande makt och som bara rådfrågades när kungen så önskade. Enligt traditionen skall redan den förste kungen ha tillsatt en senat på 100 medlemmar. Det är möjligt att dessa utgjorts av familjernas överhuvud, *patres familias*. Senatsmedlemmarna kallades senare oftast *patres*. Det var till denna församling som makten övergick när en kung avlidit.

Folkförsamlingen

Folket kunde göra sin röst hörd på folkförsamlingen. Den äldsta folkförsamlingen var indelad efter släkterna, *curiae*, varför den kallas *comitia curiata*. Medborgarna var åtminstone under kungatidens sista hälft indelad i tre *tribus*, som i sin tur sönderföll vardera i tio curior, som utgjorde såväl den politiska som den militära och religiösa indelningen av folket. Curiorna hade gemensamma samlingslokaler. Romarna hade samma indelning av folket för deltagande i landets försvar som i utövande av de civila rättigheterna i folkförsamlingen. En *curia* ställde upp 100 man fotfolk, *centuria*, under ledning av en *centurion*, samt 10 man ryttare av patrisisk börd. Det är troligt – men inte helt säkert – att även plebejerna var indelade i dessa curior och därmed också fick deltaga i folkförsamlingarna, som emellertid inte hade någon beslutande befogenhet utan bara rådgivande och hade mer civilrättsliga funktioner.

Religionen

Den romerska religionen var en blandreligion, som i sig upptagit mycket från gamla italiska kulter men också påverkats starkt av etruskernas och inte minst grekernas religioner.

Den gammalromerska religionen hade inga gudar i mänsklig gestalt. Varje gud hade en noga bestämd makt, *numen*, ett ord som sedan också användes om gudomen själv. Sådana makter och gudomligheter hade sina avgränsade verksamhetsområden. Guden Vesta företrädde härden(eldstaden), Saturnus sådden, Ceres växandet, både Consus och Ops skörden. Varje hus hade sina gudar, *penaterna*, som vakade över husets förråd (*penus*) samt *larerna* som vakade över själva bostaden och därför hade sitt altare i eller utanför atriet. Romarna anade högre makters ingripande i allt och gav därför noga akt på gudarnas vilja. Förhållandet mellan gudar och människor bestämdes genom ett nästan rent juridiskt kontrakt: om människorna iakttog och utförde gudarnas vilja, skulle dessa uppfylla människornas önskningar. Dessutom kunde både staten och de enskilda förbinda sig till att offra vissa gåvor, under förutsättning att gudarna först presterade dem några tjänster. Först genom etruskiskt och ännu mer genom grekiskt inflytande byggde romarna tempel och reste statyer till gudarnas ära. Gudarna började betraktas som människoliknande väsen och avbildades som människor. Samtidigt tillkom många grekiska gudar: Apollon från Cumae och i spåret efter denne infördes också de sibyllinska böckerna, en samling orakelspråk som ofta tillfrågades vid införandet av nya gudar.

Den romerska republiken

KÄLLOR

Knappast någon period av Roms historia är så oklar och har blivit så mycket omdiskuterad som dess kungatid och övergången från denna till republik. Som källor för denna period finns bl.a. den litterära skildringen av exempelvis Titus Livius och Dionysius från Halicarnassus, som sammanflätat äldre och nyare muntlig och skriftlig tradition. För rekonstruktionen av denna tids historia är emellertid *fasti* en viktig källa. I antiken hade man i äldsta tid inte någon kronologi efter en fast utgångspunkt utan man namngav året efter den förnämste ämbetsmannen, vilka dessutom växlade varje år. Därför räknade man i Athen året efter förste arkonten och i Rom efter konsulerna. För varje år förde prästerna anteckningar över främst namnen på de båda konsulerna, vidare andra viktigare ämbetsmän och präster. Därefter följde en lista över vanliga arbetsdagar (*dies fasti*) och över helgdagar (*dies nefasti*). För varje dag fanns dessutom utrymme för anteckning om ovanliga händelser, järtecken, tempelinvigningar, triumfer etc. Utöver ett stort antal lokala *fasti* antecknade i inskrifter som påträffats i Ostia, Antium och på många andra platser, så är *Fasti Capitolini* det viktigaste skrivna materialet. Dessa *fasti*, som har redigerats först under Augustus tid, innehåller en förteckning över alla högre ämbetsmän, även diktatorer, censorer och decemvirer. *Fasti consulares* börjar sin förteckning av konsuler med år 509 f.Kr. och tycks därför vara ett stöd för den antika traditionen att den siste kungen fördrivits detta år och ersatts med två konsuler. Även dessa *fasti* har emellertid redigerats under långt senare tid och det är ett mycket omdiskuterat problem vilket historiskt värde dessa *fasti* kan ha. Säkert är att de cognomina som där förekommer redan under femte århundradet inte kan vara historiskt riktiga utan måste vara senare tillägg, eftersom cognomina från den tiden inte var vanliga och inte heller förekommer i andra litterära eller epigrafiska källor.

KUNGADÖMETS AVSKAFFANDE

Enligt den antika traditionen fördrevs den siste kungen Tarquinius Superbus år 509 f.Kr. på grund av sitt tyranniska ledarskap och därför att hans son hade skändat en förnäm adelsmans dotter. Detta utlöste ett våldsamt uppror som fördrev Tarquinierna och till och med avskaffade kungadömet, som ersattes med två av folket årligen valda ämbetsmän som kallades konsuler. Denna tradition är säkerligen i många stycken felaktig. Det är knappast troligt att ett plötsligt uppror omedelbart har kunnat skapa ett nytt styrelsesätt, som sedan kom att behållas under ett halvt årtusende även om man kan peka på att liknande styrelsesätt med två ledare redan fanns i andra italiska städer. Det är emellertid tydligt att förändringen har genomförts vid en tidpunkt då etruskernas makt försvagats söder om Etrurien. Påtagliga och säkert daterade nedgångsperioder infaller dels efter det misslyckade försöket att erövra Cumae år 525, dels efter deras definitiva nederlag vid samma stad år 474. Ungefär samtidigt med det första nederlaget gick stora delar av Samnium förlorade. Dessa för etruskerna olyckliga händelser *kan* mycket väl förklara traditionens uppgift, att de förlorade sin makt i Rom år 509 och följande år, till vilken tid även *fasti* förlägger kungadömets avskaffande och republikens införande.

Å andra sidan hävdar en del historiker att detta inte har skett förrän under tiden 475–450 f.Kr., alltså efter etruskernas nederlag i sjöslaget vid Cumae 474. Det slutliga svaret på denna fråga har ännu inte getts. Det är emellertid helt säkert att kungadömets avskaffande var en följd inte endast av etruskernas tillbakagång, utan även av de romerska patriciernas tilltagande makt och styrka. Kungarnas fördrivande innebar en seger och framgång för patricierna, som därefter hade makten över en befolkning som huvudsakligen levde av åkerbruk. Under etruskernas ledning hade staden blivit större och starkare och medelpunkt för den växande handeln. Striden mellan patricier och plebejer hårdnade alltmer under tiden närmast efter kungarnas fördrivande. Detta innebar emellertid också en försvagning av staden Roms makt. Under kungatiden hade Rom blivit stort och mäktigt och utvidgat sitt område på grannarnas bekostnad. Tiden efter fördrivandet gjorde dessa tidigare grannfolk uppror, och angrepp kom främst från volsker och sabinare. Under sådana förhållanden blev det nödvändigt för de ledande patricierna, som inte ensamma var tillräckligt starka för att slå tillbaka angreppen, att söka hjälp hos plebejerna till stadens försvar. Dessa lyckades på detta sätt tillkämpa sig den ena framgången efter den andra i sin kamp för politisk jämställdhet med patricierna.

Fördrag som romarna påstås ha ingått med Kartago vid denna tid visar att Rom visserligen har haft en viss överhöghet över Latium men inte i sådan utsträckning som tidigare under kungatiden. Det bildades även ett latinskt förbund som starkt rivaliserade med Rom. Även enskilda städer uppges ha varit mäktiga vid sidan av Rom, så t.ex. Praeneste och Tibur (nuv. Tivoli). En strid mellan Rom och latinarna påstås ha slutat med romersk seger och fredsfördrag, i vilket de båda parterna förband sig att hjälpa varandra vid eventuella angrepp.

ROMS UTVECKLING UNDER 400- OCH 300-TALEN f.Kr.

FOLKTRIBUNER

Rom lyckades dels avvärja försök från etruskerna att återta makten, dels slå ner angrepp från andra av Latiums städer. Efter etruskernas fall märks i Rom och Latium en tillbakagång i handel och industri, som mest drabbade småbönderna och det lägre folket, plebejerna. För att skaffa sig bättre ekonomiska och sociala villkor genomförde dessa en oblodig revolution och utvandrade till det Heliga berget, enligt traditionen redan år 494 f.Kr. Man har betvivlat att denna utvandring skulle ha ägt rum så tidigt, och i stället har man velat förlägga den till år 471. Enligt några forskare kan emellertid traditionens fakta bekräftas med hjälp av invigningen av ett tempel åt Ceres, Liber och Libera år 493. Detta tempel, som låg på Aventinen, den av Roms sju kullar som blev plebejernas samlingsplats under hela republiken, och användes snart också som förvaring av den plebejiska församlingens arkiv och kassa. Antingen utvandringen skedde 494 eller först 471 så blev resultatet att plebejerna fick sina egna ämbetsmän, *tribuni plebis,* troligen i början fyra till antalet, vilket motsvarade de fyra *tribus,* rotar, i vilka staden indelats, men vid mitten av 400-talet utökades folktribunerna till tio, ett antal som bibehölls under hela republiken. Dessa valdes årligen vid plebejernas egen församling och valbara var endast plebejer. Deras uppgift var att skydda folket och tillvarata dess intressen i striden mot patricierna. För att ständigt kunna vara till hjälp var folktribunernas hus öppna både natt och dag, och de var under sitt ämbetsår förbjudna att lämna sitt ämbetsområde, som sträckte sig en romersk mil utanför Roms gränser. För att de utan fruktan skulle våga ingripa mot övergrepp från ämbetsmännen förklarades de av plebejerna för *sacrosancti,* dvs. var och en som använde våld mot eller hindrade en folktribun i hans ämbetsutövning skulle straffas med döden och förövarens familj skulle säljas som slavar. Folktribunerna hade rätt att ingripa mot en ämbetsman som med orätt bestraffade en plebej, och de fick vetorätt mot ämbetsmännens lagförslag och senatens beslut.

Inrättandet av detta folktribunat innebar att plebejerna fick en egen organisation och att de blev en klass med politisk makt vid sidan av patriciernas. Som medhjälpare fick folktribunerna två plebejiska ediler, som troligen ursprungligen varit förvaltare av plebejernas arkiv och kassa i Cerestemplet på Aventinen. Senare fick dessa fler skiftande uppgifter, som kontroll över mått och vikt samt över ordningen på gator och torg, vidare skulle de se till att folket kunde få säd till rimligt pris samt organisera offentliga spel för folket, vilket med tiden blev ett av de viktigare och dyrbarare uppdragen.

LAGAR

Stridigheter med grannfolk gjorde det nödvändigt att i större utsträckning än tidigare engagera plebejerna i hären. I och med att dessa fick mer ansvar så krävde de också mer medbestämmande. Under nära två århundraden förde de en ständig kamp med patricierna för att få fullkomlig likställighet med dessa. Enligt traditionen tillsattes för år 451 en särskild kommission på tio män, som dels skulle ersätta de vanliga ämbetsmännen, dels ge landet skrivna lagar. Eftersom denna kommission inte blev färdig med sitt arbete tillsattes en ny sådan för följande år, som lyckades åstadkomma "De tolv tavlornas lag", upptecknad på 12 brons- eller trätavlor. Med denna lag avsåg man att kunna uppnå en inre fred, minska husfaderns domsrätt, avskaffa tortyr av fria medborgare. Den ursprungliga texten uppges ha gått förlorad under gallerkatastrofen år 387 (s. 66), men kopior av den fanns ännu kvar under sen republikansk tid. Enligt Cicero fick skolungdomen i hans barndom lära sig dess paragrafer utantill. Även om språket i lagen moderniserades genom åren, så bibehöll det en ålderdomlig prägel som vi kan se av citat hos Cicero, Aulus Gellius och Festus. De tolv tavlornas lag blev kärnan i den *Corpus iuris*, lagsamlingen från sen kejsartid som gav romarrätten åt Västeuropa, även om naturligtvis de ursprungliga lagbestämmelserna i mycket ändrades. Några år efter tillkomsten av dessa tolv lagar fick plebejerna rätt att ingå äktenskap med patricier.

KONSULER – MILITÄRTRIBUNER

Det är ännu en mycket omdiskuterad fråga vilken titel innehavaren av högsta makten i Rom har haft under första hälften av 400-talet f.Kr. Enligt Einar Gjerstad t.ex. skulle den etruskiska kungamakten varat fram till omkring år 450, varefter Roms öden leddes av två konsuler. Krister Hanell anser att Rom efter kungarnas fördrivande har styrts av en *praetor* som först vid mitten av fyrahundratalet ersatts av två konsuler. Den antika traditionen, som försvaras av flera forskare främst italienska, uppger å andra sidan att kungamakten redan år 507 övertogs av två konsuler. Nästan samtliga historiker är emellertid eniga om att i varje fall från omkring år 450 så innehades den högsta makten av två årligen valda konsuler, som båda var av patricisk börd. Tillsammans utövade de den makt som förut tillkommit kungen och som betecknades med *imperium*. Imperium innebar rätten att taga auspicier före varje viktigt beslut, för genom auspicierna ansågs gudarna kunna uttala sitt gillande eller ogillande över beslutet. Var och en av de två konsulerna hade lika makt och kunde genom sitt veto upphäva sin kollegas beslut eller handlingar. Som tecken på denna konsulernas makt hade de till sitt förfogande statstjänare, *lictores,* som bar spöknippen med yxor, *fasces.* Mycket ofta har de båda konsulerna ersatts av militärtribuner med konsulsmakt vilkas antal kunde variera, i början var de vanligen tre, senare sex. Dessa hade samma militära och civila makt som de båda konsulerna, men saknade rätten att fira triumf eller att efter sin ämbetstid inträda i senaten. Till militärtribuner kunde även plebejer väljas, och det är troligt att detta ämbetes införande är en eftergift åt den plebejiska befolkningen. Under tiden 445 till 367 hade man i Rom, enligt *fasti,* militärtribuner femtio gånger och konsuler endast tjugoåtta gånger. Från omkring år 400 var plebejer ofta i majoritet bland militärtribunerna.

HÄREN

Under femte århundradet tvingades det romerska folket i strider mot flera grannfolk, vilket gjorde det nödvändigt att i hären anlita inte bara adeln utan också plebejerna. En reform genomfördes inom härväsendet som fick stor betydelse även inom det politiska livet. Man införde en ny stridsteknik med tungt beväpnade soldater, hopliter, som sedan länge tillämpats i Grekland. Tidpunkten för införandet av denna nya taktik är omstridd bland dagens forskare. Några anser att den använts redan under kungatiden, men mycket talar för att denna taktik med den slutna falangen inte har införts förrän i början av republiken. Adeln tjänstgjorde fortfarande som ryttare, men härens tyngdpunkt överflyttades nu till det tungt beväpnade fotfolket som kämpade i tätt slutna falanger. Folket delades in i fem klasser efter förmögenhet och förmåga att bära krigsbördorna. Vapnen var också tyngre för soldaterna i första klassen och sedan lättare för varje klass; den femte klassens soldater bar endast slungor och stenar. Denna indelningsgrund efter förmögenhet infördes i den nya folkförsamlingen, *comitia centuriata,* som blev den viktigaste under republikens första århundraden. Den hade alltid karaktären av en härförsamling. Även om medlemmarna i folkförsamlingen uppträdde obeväpnade och i toga, betraktades de som soldater och kunde inte samlas innanför *pomerium* (stadsgränsen), där inga order kunde ges åt trupper. I stället samlades de på Marsfältet, dit de på mötesdagen kallades genom trumpetstötar. Under sammanträdet var en röd flagga hissad på Janiculum som tecken på att soldaterna var samlade.

Enligt den s. k. servianska härordningen (så kallad efter kung Servius Tullius som man trodde ha infört den) indelades hären i 18 centurior ryttare och fotfolk som indelades i fem klasser, varav den första bildade 80 centurior och de fyra övriga tillsammans 90, vartill kom 5 centurior obeväpnade hantverkare, musiker och några andra. Samma indelning infördes för folkförsamlingen, som utgjordes av sammanlagt 193 centurior, varav riddarnas 18 och första klassens 80 centurior hade majoritet över de övriga klasserna, som tillsammans räknade blott 95 centurior. Kungatidens *comitia curiata,* som byggde på släkten och där adeln varit den prioriterade, fick nu en underordnad betydelse även om den levde kvar. I stället för adelsmännen fick nu de förmögnare plebejerna större makt genom denna nya folkförsamling. Varje *curia* hade en röst.

CENSORER

Ungefär samtidigt som man införde militärtribuner i stället för konsuler inrättades ett annat ämbete, som med tiden under republiken fick allt större makt och betydelse. År 443 tillsattes två *censorer,* som skulle överta vissa uppgifter som konsulerna dittills hade haft, nämligen att göra en förteckning över medborgare som skulle utföra krigstjänst och betala krigsskatt. Vart femte år valdes två censorer på *comitia centuriata* som i början alltid var patricier. Några år senare bestämdes att deras tjänstgöringstid skulle vara 18 månader. *Census,* skattskrivningen, avslutades med ett reningsoffer åt krigsguden Mars vilket utgjordes av en galt, en bagge och en tjur. Detta offer kallades *lustrum,* som även kom att beteckna en femårsperiod eftersom just fem år förflöt mellan två sådana offer. I början var censorsämbetet ganska obetydligt. Censorerna hade inte något *imperium* och inte rätt att bära *fasces*, de kunde inte heller sammankalla senat eller folkförsamling. Men med tiden växte deras funktioner. Efter år 312 hade de rätt att ur kretsen av tidigare aktiva ämbetsmän välja in nya senatorer, vidare att utesluta ovärdiga personer ur senaten, en riddare ur riddarklassen eller att förvisa en medborgare ur hans *tribus* in i en lägre.

Censorerna bortauktionerade större offentliga arbeten som byggandet av vägar och broar, akvedukter och tempel, liksom att de beviljade kontrakt för viktigare inkomster till staten, t.ex. från gruvor och saltdammar. Censuren bidrog till en fast och säker hushållning i stort samt en planmässig ordning av det offentliga livet. Till censorer utsågs med tiden endast erfarna ämbetsmän, nästan alltid f.d. konsuler. Censuren blev det sista ämbete en romare kunde få.

KVESTORER

Ett mycket gammalt ämbete är *kvesturen*, som troligen går tillbaka till kungatiden. I början av republiken tillsattes två patriciska kvestorer av konsulerna med uppgift att vara konsulernas medhjälpare och handhavare av statskassan. Från år 421 ökades antalet till fyra, vilka tillsattes av folkförsamlingen samtidigt som ämbetet även öppnades för plebejerna. Två av kvestorerna följde konsulerna i fält, där de ansvarade för härens proviantering samt krigskassan, medan de två andra stannade kvar i staden Rom för kontroll av statskassan och utgifterna. Dessutom vårdade de offentliga dokument som fanns i Saturnustemplet på Forum, där också statskassan förvarades.

Som tidigare nämnts tvingades patricierna av det militära hotet utifrån, att göra den ena eftergiften efter den andra åt plebejerna. Stammarna i mellersta Italien trängde ned från bergen där de inte längre kunde få sin utkomst, till de bördiga slätterna i Latium och Kampanien. I söder fortsatte särskilt samniter och osker mot Kampaniens kust. Oskerna besatte bl.a. Capua och Cumae och drog vidare söderut ända ned till Sicilien. Mot Latiums kustland pressade sig volskerna ned. För Rom gällde det i början att sätta sig i besittning av Saltvägen upp till bergen, vilken även den etruskiska staden Veji ville behärska. Därför hade Veji tvingat staden Fidenae norr om Rom (på Tiberns vänstra sida) till att ingå förbund mot Rom. Efter många och långa strider lyckades Rom år 396 (efter en tioårig belägring) kuva och intaga Veji. Staden förstördes, dess invånare såldes som slavar, dess jord delades ut till romerska bönder. Denna erövring var den första stora expansionen av romerskt territorium.

GALLERNA

Ungefär samtidigt som romarna erövrade Veji, kom ett nytt invandrarfolk in på den Apenninska halvön, kelterna, eller galler som romarna kallade dem. Detta indoeuropeiska folks ursprung och äldsta historia är ännu dunkel trots senare års betydande arkeologiska upptäckter. Möjligen kan man spåra deras ursprung till sen neolitisk tid, då de bodde i östra Tyskland och västra Polen. Omkring år 800 f.Kr. behärskade de ett stort område från Svarta havet till Rhen och västerut in i nuvarande Frankrike, England och Spanien. De hade en rikt utvecklad kultur, som kallas Hallstattkulturen efter en viktig fyndort, Hallstatt nära Salzburg i Österrike. Denna kultur har en stor variation av vapen, keramik och prydnadssaker. Samhällsskicket var aristokratiskt: hövdingarna begravdes i vältimrade hus tillsammans med sina svärd och juveler, fartyg och vagnar, medan gemene man brändes.

Omkring år 500 f.Kr. efterträddes Hallstattkulturen av en ny fas i den keltiska utvecklingen som kallas latènekulturen, efter den första och viktigaste fyndplatsen La Tène i Schweiz. Även denna var en ren furstekultur. Kelterna talade ett språk som var nära besläktat med såväl latin och övriga italiska språk samt de germanska språken. Omkring 400 f.Kr. kom kelterna i Schweiz i rörelse och började sin vandring söderut till Italien. Med kvinnor och barn tågade de över Alperna, några slog sig ned i bergsdalarna, andra på slätten norr om Po, andra gick över denna flod. Etruskerna kunde inte hålla emot invandringen någon längre tid. Många galler blev fredliga och bofasta jordbrukare i ett vidsträckt område från Como till Ancona, och från Milano till Verona. Andra keltiska stammar vandrade längre söderut och trots motstånd vid kusten omkring Ancona fortsatte de mot Rom. En romersk här försökte hejda dem vid en liten biflod till Tibern, Allia, men blev där fullkomligt besegrad. Vid underrättelsen om detta svåra nederlag lämnade romarna sin stad och flydde till Caere, gallerna tågade in i den övergivna staden Rom som förstördes och brändes med undantag av Capitolium, där en grupp romerska soldater stannat kvar. Därefter drog sig gallerna åter norrut eftersom deras landsmän anfölls av veneterna.

Nederlaget vid Allia blev känt även i Grekland. Med ledning av uppgifter hos grekiska författare kan man datera nederlaget vid Allia till 387–386 f.Kr. Dagen var den 18 juli som också är säkerställd, då den för romarna alltid var en *dies nefastus*, en dag på vilken inga offentliga aktiviteter fick utföras. Arkeologiska undersökningar på Forum Romanum under slutet av 1930-talet, har bekräftat att Rom verkligen utsatts för en förödande brand som lämnat efter sig tjocka brandlager som kan dateras till mitten av fjärde århundradet f.Kr.

GALLERKRIGETS FÖLJDER

Efter denna förstörelse byggdes en stenmur runt staden, den s.k. Serviusmuren, som man tidigare trott vara från kung Servius Tullius tid men som visat sig vara byggd just efter gallerkatastrofen. Den uppfördes av tuffkvader från trakten av Veji och sträckte sig runt hela den dåvarande staden, även Aventinen som förut legat utanför stadsområdet. Gallerkatastrofen fick även följden att Roms maktställning i Latium började svikta. De latinska städerna ansåg sig inte ha någon förpliktelse mot det försvagade Rom. För att förena alla krafter mot yttre fiender gick plebejer och patricier samman och därmed hade de sista hindren för plebejernas likaberättigande med patricierna undanröjts. På förslag av två folktribuner, Gaius Licinius och Lucius Sextius, genomfördes år 367 betydelsefulla lagar för folket om skuldavskrivning, om begränsning av åkerarealen till 500 *iugera* (125 hektar) för varje enskild medborgare, samt om avskaffande av militärtribunerna och en återgång till att endast utse två konsuler av vilka den ene kunde vara plebej. Man har betvivlat den romerska traditionens riktighet angående dessa lagar, i all synnerhet de båda förstnämnda sociala. Den tredje, den politiska om militärtribunernas avskaffande, tycks i varje fall ha kommit till vid denna tid, eftersom man hädanefter endast har konsuler och då inte sällan plebejer som har valts till detta högsta ämbete, även om det dröjde ytterligare nära femtio år innan den ene konsuln alltid var en plebej.

Konsulerna fick hädanefter huvudsakligen ansvara för den högsta militära ledningen samt en allmän kontroll över statens styrelse. För rättsväsendet inrättades ett nytt ämbete, preturen. Pretorn, som årligen valdes på *comitia centuriata*, anförtroddes rättsväsendet i staden. Han var själv ingen domare, men ansvarade för att de tvistande parterna fick en sådan efter att de först framlagt sin tvist inför pretorn. I början var pretorn ständigt patricier, men från år 337 finner man även plebejiska pretorer. Pretorn betraktades som en underodnad kollega till konsulerna och utövade *imperium*. Följaktligen kunde han leda en här, sammankalla senaten och folkförsamlingen. För den växande administrationen tillsattes ytterligare två ediler, som kallades kuruliska därför att de hade rätt att använda den kuruliska stolen som bara var avsedd för högre ämbetsmän. De hade samma skyldigheter och befogenheter som de äldre plebejiska edilerna.

Krig med samniter och latinare

Efter det att gallerna hade förstört Rom och dragit sig tillbaka till Po-området avtog deras militära slagkraft, liksom i än högre grad etruskernas. Etruskerna utgjorde en döende nation, angripna som de ständigt var av romarna i söder och gallerna i norr. Ändå kunde gallerna bara erövra några få av etruskernas städer som skyddades av starka murar.

När gallerna återkom till Latium vid mitten av 300-talet kunde romarna ganska lätt slå dem tillbaka. Svårare fiender blev samniterna som levde i bergstrakterna öster om Rom och som vid denna tid hade ett vida större område och befolkning än romarna. De mindre stammarna i romområdet löpte risk att uppslukas antingen av romarna eller av samniterna. När samniterna år 343 angrep ett område söder om Capua, bad denna stad Rom om hjälp, och då Rom var angeläget om att få stödjepunkter för vidare expansion i Kampanien, sände romarna hjälptrupper till Capua, vilket ledde till det första samniterkriget åren 343–341 f.Kr. Moderna historiker har en tid förnekat detta krigs existens, men numera börjar man alltmer tro på traditionen även i detta fall. Kriget slutade med en kompromiss mellan de stridande parterna, så att samniterna fick rätt att ockupera några områden kring Capua medan romarna ingick förbund med denna stad. Rom hade på detta sätt fått fotfäste i Kampanien, men dess gamla bundsförvanter i detta område och i Latium ansåg att romarna hade svikit de små stamfolken.

De latinska städerna som tidigare hade varit förenade med romarna i ett förbund på lika grunder, gjorde uppror men alla kuvades, även Antium som länge hade varit centrum för oppositionen mot Rom. Den fred som ingicks år 338 mellan Rom och de latinska städerna blev normgivande för lång tid framåt. För första gången tillämpade Rom den princip som går under benämningen "söndra och härska", *divide et impera*, som blev ett av romarnas mest effektiva vapen under 200-talet.

Det latinska förbundet upplöstes. De latinska städerna delades in i grupper: den sämst ställda gruppen förlorade sitt oberoende och införlivades i den romerska staten, en annan grupp blev romerska bundsförvanter, *socii*, med skyldighet att ställa trupper till förfogande och förbjöds att föra en självständig utrikespolitik. I övrigt kan man säga att romarna visade ganska stor måttfullhet mot de besegrade fienderna. Det är intressant att jämföra förhållandena i Grekland och Italien: samma år, 338, blev efter slaget vid Chaeronea början till undergång för de grekiska städernas frihet, medan det för Rom blev en början till mildare behandling av underkuvade fiender.

Från och med nu och för en tid framåt försökte nämligen Rom vinna de besegrade och på så sätt anpassa dem till det romerska väldet som bundsförvanter *(socii)*. Av dessa hade latinarna alltid en särställning framför övriga bundsförvanter. En del erövrade städer gjordes till municipier *(municipia)*, som fick behålla sina egna lagar och institutioner, men som saknade rätt att rösta eller att förvärva egendom i Rom, och måste dessutom vid behov sända trupper och betala krigsskatt. Till andra erövrade orter, särskilt de som var belägna vid havskusten och på andra strategiska punkter, kunde Rom placera ut egna medborgare som fick behålla sin rösträtt i Rom och förblev romerska medborgare. Dessa romerska kolonier *(coloniae)* var små garnisoner med i allmänhet cirka 300 familjer. Till andra områden sände romarna större kontingenter på 3 000–6 000 familjer. Dessa latinska kolonier skiljde sig inte mycket från *municipia*.

Tack vare denna princip att låta en del underkuvade latinare behålla sin egenart, sitt språk och sina sedvänjor fick romarna snart även kampaner, etrusker och greker över på sin sida, eftersom dessa fruktade de för tillfället expansiva samniterna, som för att skaffa spannmål åt sin växande befolkning strävade efter att breda ut sig över slätterna och mot havet.

När Neapel ville följa Capuas exempel att ansluta sig till Rom, kände samniterna sin väg mot havet hotad och anföll Neapel som då begärde hjälp av Rom. Därmed började ett av de svåraste krig som romarna någonsin hade att utkämpa, det andra samniterkriget åren 326–304. Samniterna var utmärkta krigare, väl övade för gerillakrig i bergen. Romarna måste därför lära sig en ny krigföring. Vidare försökte de att isolera sina svårbesegrade fiender genom förbund med samniternas grannar. Under det långa och hårda kriget drabbades romarna av flera svidande och förödmjukande nederlag. Även etruskerna gjorde uppror och anföll en romersk koloni. Först sedan den kraftfulle censorn Appius Claudius Caecus genom politiska reformer eggat sina landsmän till yttersta ansträngningar och skapat en snabb förbindelse mellan Rom och krigsskådeplatsen i Kampanien genom att redan år 312 anlägga den första permanenta romarvägen, Via Appia, som gick från Rom till Capua,

DEL III – HISTORISK TID

kunde Rom år 304 tvinga samniterna till fred, på villkor som tydligt visade att samniterna inte var slagna. Dessa fick nämligen behålla sina gränser och sitt oberoende. För Rom blev trots allt resultatet av kriget en framgång då det stärkte sin maktställning. De flesta städerna i Kampanien anslöt sig till romarna, som även fick tillträde till Adriatiska havet genom Apulien, där de erövrat den starkt befästa staden Luceria.

Roms utvidgade maktställning kändes som ett växande hot för de angränsande folken. Samniter, etrusker och umbrer slöt sig samman, och gallerna som år 331 slutit fred med Rom förenade sig med dessa i deras nya ansträngningar att hejda Roms utbredning. Det tredje samniterkriget, åren 298–290, utkämpades liksom det föregående med omväxlande nederlag och segrar för romarna. Freden som slöts år 290 innebar en ytterligare isolering av samniterna, även om de militärt sett var obesegrade. Samniterna blev därefter Roms allierade, först utan rösträtt, men redan år 268 fick de full medborgarrätt. I norr fortsatte gallerna utan resultat sina anfall mot etruskiska städer som var förbundna med Rom. Rom erövrade gallernas område vid Adriatiska havet och anlade norr om Ancona en koloni, *Sena Gallica;* år 282 tvingades gallerna att ingå en ny fred med Rom, varefter den Apenninska halvön förskonades från anfall från deras sida. I stället vände sig gallerna österut mot Grekland och vidare mot Mindre Asien, där en stam grundade ett nytt rike, Galatien.

Pyrrhuskriget

Rom behärskade nu hela halvön söder om Polandet ned till syditalien, där flera grekiska städer mer litade på det mäktiga Rom än på sina egna grekiska bundsförvanter. När Thurii i Tarentbukten ansattes av lukanerna, vände sig staden inte till det närbelägna Tarent utan till Rom för att få hjälp. Trots de faror som en hjälpaktion kunde innebära för romarna, tvekade inte Rom att sända en här som befriade Thurii från lukanerna, varefter en romersk garnison förlades till staden. Men strax därefter intog tarentinarna staden och fördrev romarna. För att ha någon möjlighet till framgång i det krig som nu började måste Tarent få hjälp utifrån.

Kung Pyrrhus av Epirus, som var en glänsande militärbegåvning, hade länge haft planer på att utöka sitt grekiska rike mot väster. På Tarents begäran om hjälp begav sig Pyrrhus med en här på omkring 27 000 soldater och tjugo elefanter till Italien, där han övertog befälet i kriget mot Rom. Strax efter sin landstigning drabbade han samman med romarna vid *Heraclea* år 280 och besegrade dem med hjälp av sitt starka kavalleri och sina elefanter. Många grekiska städer liksom samniterna och lukanerna slöt sig till den nye segraren, som snabbt marscherade genom Samnium och Kampanien in i Latium. Roms bundsförvanter i detta landskap höll dock stånd och Pyrrhus vände tillbaka till södra Italien, där han följande år besegrade romarna vid *Ausculum* men utan att kunna utnyttja segern. Rom, som fruktade samgåendet mellan samniter och Pyrrhus, var benäget för fred. Även Pyrrhus var intresserad av fred. Han fick nya planer, nämligen dels att befria grekerna på Sicilien från kartagernas anfall, dels försöka övertaga makten i Makedonien, där kungen hade dött i strider mot gallerna. Fredsförhandlingarna mellan Rom och Pyrrhus avbröts emellertid, huvudsakligen beroende på kartagernas löfte om hjälp åt romarna, ett löfte som de gärna gav då de ville få fria händer på Sicilien utan inblandning från Pyrrhus. Denne begav sig dock dit med en del av sin landhär och befriade snart hela ön från det kartagiska herraväldet. Grekerna på Sicilien tröttnade emellertid på hans hårda regemente, och då romarna hade framgång i sina anfall och hotade Tarent, gick Pyrrhus åter över till Italien där han utkämpade ett sista slag vid Beneventum år 275, vilket trots stora förluster för Pyrrhus, bl.a. av elefanter, slutade med en seger för honom. Fastän denne inte förlorat ett enda slag under hela krigståget, blev detta misslyckat för honom. Han återvände till Grekland år 275 utan att egentligen ha vunnit något genom sitt femåriga krig. Romarna däremot vann kriget utan att ha segrat i ett enda fältslag. Hela Italien från den lilla gränsfloden Rubicon i norr till sydspetsen av halvön låg nu för första gången under romerskt herravälde. Men Rom varken önskade eller kunde, införa romersk förvaltning över hela detta område utan lät de erövrade städerna behålla sina gamla organisationer så långt som detta var möjligt.

DEL III – HISTORISK TID

ROMS FÖRFATTNING

I Rom växte det under femte och fjärde århundradena fram en organisation och en förvaltning, som i stort blev rådande under hela republiken fram till Sullas dagar. Förvaltningen var delad mellan folkförsamling, ämbetsmän och senat.

FOLKFÖRSAMLINGAR

Rom hade tre folkförsamlingar, av vilka den äldsta, *comitia curiata*, tillkommit under kungatiden och byggde på de 30 curior som då fanns, 10 från vardera av de gamla tribus, Tities, Ramnes och Luceres. Denna fanns kvar under hela republiken, även om den förlorat det mesta av sin tidigare betydelse. I slutet av republiken behövde inte folket vara närvarande, utan varje *curia* representerades av en liktor. I vanliga fall leddes denna församling av en konsul eller pretor men i religiösa frågor av *pontifex maximus*. I sin egenskap av *pontifex maximus* kallade Caesar församlingen år 59 för att skriva in patriciern P. Claudius Pulcher i plebejernas led och år 44 för att bekräfta sin egen adoption av plebejen C. Octavianus, Caesars systerdotterson.

Under republiken var *comitia centuriata* och *comitia tributa* de viktiga församlingarna. På den förra valde folket högre ämbetsmän, konsuler, pretorer och censorer, fattade beslut om krig och fred samt stiftade lagar, en uppgift som efter år 218 huvudsakligen övergick till *comitia tributa*. Varje fri romare med fullt medborgarskap tillhörde en lokal tribus, församling. Själva staden Rom hade tidigt indelats i fyra tribus. Allt eftersom Rom utvidgade sitt territorium, inrättades nya tribus på de erövrade områdena, som med tiden uppgick till 31 och som kallades *lanttribus* till skillnad från de ursprungliga stadstribus vars antal aldrig överskred fyra. I *lanttribus* registrerades nästan alla godsägare, även de som levde i Rom, medan den stora gruppen hantverkare och även frigivna slavar tillhörde stadstribus. Alla senatorer och många riddare bodde i Rom och nästan alla var inskrivna i *lanttribus*, som därför kom att räkna de förmögnare och mäktigare som sina medborgare, medan den stora massan i staden Rom tillhörde stadstribus, där deras röster betydde föga.

Gemensamt för alla tre folkförsamlingarna är nämligen att man inte hade direkta omröstningar, genom vilka folket direkt avgjorde en sak, utan medborgarna var indelade i större grupper, curior, tribus och centurior, inom vilka majoritetsval tillämpades. Varje större enhet hade en röst. I centurieförsamlingen uppropades först riddarnas och de förmögnares 80 centurior, 98 tillsammans, och om dessa var eniga för en sak, tillfrågades inte de 95 andra centuriorna. Denna privilegierade ställning hos de förmögnare bröts dock 241, då de fyra lägre klasserna kom i majoritet. I *comitia tributa* röstade först *lanttribus*, som genom sina 31 röster helt kunde dominera över de fyra stadstribus, även om dessa senare bestod av betydligt fler röstande på folkförsamlingen än de andra tillsammans. Någon verklig demokrati existerade därför inte i den romerska folkförsamlingen till skillnad från förhållandena i de grekiska staterna. Folkförsamlingen i Rom stod också i beroendeställning till ämbetsmännen, då den bara kunde sammankallas av en ämbetsman och, efter hans gottfinnande, endast behandla förslag som framlagts av en sådan. En folkförsamling kunde bara antaga eller förkasta ett av ämbetsmän lämnat förslag och vid val var man bunden till de kandidater som ämbetsmännen offentliggjort.

Romarna skilde på *comitia*, folkförsamling, och *contio*, offentligt möte. Till *contio* hade även icke-röstberättigade som slavar, kvinnor och utlänningar tillträde. En *contio* föregick ofta *comitia*, då diskuterade man det som skulle förhandlas på den efterföljande folkförsamlingen. Men en ämbetsman kunde också sammankalla en *contio* för att ge medborgarna information om en fara, såsom Cicero gjorde när han höll sina tal inför folket om Catilinas sammansvärjning.

ÄMBETSMÄN

Om folkförsamlingen således i mycket var beroende av ämbetsmännen, så hade Rom å andra sidan lagar som hindrade ämbetsmännen från att bli för mäktiga och vara till hinder för de enskilda medborgarnas frihet. Varje ämbete innehades av ett jämnt antal ämbetsmän, två, fyra etc. vilka var och en hade samma makt som sina kollegor och även hade rätt att hindra en ämbetsmans olagliga åtgärder. Vidare utsågs ämbetsmännen för ett år och kunde inte återväljas till samma eller högre ämbete för följande år. Under sitt ämbetsår kunde ämbetsmännen inte avsättas eller ställas till ansvar för sina åtgärder, men efter ämbetsårets slut kunde de ställas inför domstol. Den ende ämbetsman som "stod över lagen" var diktatorn. En diktator tillsattes efter senatens hörande på förslag av den ene konsuln, men bara när fara för staten hotade. Diktatorn hade ingen kollega och kunde inte ställas till ansvar, men för att förhindra maktmissbruk var hans ämbetstid begränsad till högst sex månader. I äldre tid omtalas ganska ofta att en diktator utsetts till att leda ett krig, men ju längre tid ett krig varade, desto mer opraktiskt var det att utse en härförare som *måste* avgå redan efter ett halvår. Efter 300-talets mitt nämns sällan en sådan. Däremot kunde även senare, fram till år 201 f.Kr., en person utses till diktator för att hålla val i Rom när båda konsulerna var ute i fält.

Rom krävde å andra sidan lydnad från medborgarna gentemot ämbetsmännen och deras beslut. Att välja bra och effektiva ämbetsmän blev därför en alla medborgares stora angelägenhet. I äldsta tider var det ju bara adelsmännen (patricierna) som kunde väljas, men så småningom blev som vi sett även plebejerna valbara. Det var inte alla plebejiska släkter som nådde fram till några ämbeten, utan det utvecklades en ämbetsmannaklass av både patricier och plebejer som växte fram i stället för den gamla bördsadeln. Endast män från dessa patriciska och plebejiska släkter valdes i allmänhet till de högre ämbetena, även om vägen också stod öppen för *homines novi*, uppkomlingar, människor som tillhörde en familj i vilken ingen tidigare haft ett högre ämbete.

Men i och med att en enda medlem av en familj valts till ett sådant, räknades därefter hela hans släkt till ämbetsmannaadeln. Det bör nämnas att ämbetena var oavlönade, varför politiken var ett dyrbart nöje.

SENAT

De romerska ämbetsmännen togs således ur en jämförelsevis liten krets av ledande romare, och styrelseskicket var därför helt aristokratiskt. Ännu tydligare framträder det aristokratiska draget i det tredje organet av Roms ledning, senaten. I äldsta tid hade kungarna och sedan konsulerna utsett senatens medlemmar ur patriciernas led. Från år 312 reviderades senatslistan av censorerna, vars urval begränsades till romare som tidigare haft något högre ämbete, lägst kuruliskt edilitet. Senaten, som ända till Sullas tid bestod av 300 medlemmar, var endast en rådgivande församling och kunde liksom folkförsamlingen bara sammanträda efter kallelse av en högre ämbetsman. Med tiden utbildades emellertid den praxis, att ämbetsmännen skulle tillfråga senaten i alla viktigare frågor som rörde religion, utrikesärenden samt finansförvaltning. Även om senatens beslut endast betraktades som råd och inte som lag, kunde ämbetsmännen knappast handla emot senatens vilja. Senatorerna, som satt på livstid till skillnad från de årligen valda ämbetsmännen, kunde och skulle se till att lagar och äldre praxis följdes. De var helt oberoende av folkopinionen och behövde inte ta hänsyn till några väljares intressen. Under senare republiken blev det ofta så att senatorerna, som i regel var storgodsägare, tog mer hänsyn till sina egna intressen än till statens. Under de första århundradena av republiken fungerade den ovan skildrade författningen utmärkt för att skydda de enskilda medborgarnas frihet och intressen, skapa en stark regering som ordnade med säkerhet i det inre och trygghet utåt.

DEL III – HISTORISK TID

Rom grundar sitt medelhavsvälde

Första puniska kriget mot Kartago 264–241

Segern över kung Pyrrhus år 275 f.Kr. och den därpå följande annekteringen av södra Italien gav Rom en plats bland de stora rikena runt Medelhavet och ingav nu respekt och fruktan bland de övriga stormakterna: i öster de tre hellenistiska monarkierna Egypten, Syrien och Makedonien samt i väster Kartago. Dessa fyra riken sökte nu vänskap med den nya segerrika staten. Egypten var den första som etablerade diplomatiska förbindelser med Rom (år 273). I Grekland hoppades de båda rivaliserande förbunden var för sig (s. 92), att få Rom som en allierad stormakt för sina inbördes strider samt i kampen mot de illyriska sjörövarna. I väster fanns bara en stat som kunde tävla med Rom, nämligen Kartago. Denna stad hade enligt traditionen grundlagts år 814 av fenikier från Tyrus, men många historiker anser att en senare tidpunkt är troligare.

Under lång tid förblev den nya staden Kartago helt underordnad sin moderstad Tyrus, men när denna kom under assyriskt och sedan babyloniskt och persiskt herravälde, blev Kartago den mäktigaste fenikiska staten i Medelhavsområdet. Den utsträckte sitt välde till nuvarande Portugal i väster och erövrade öarna Korsika och Sardinien samt stora delar av Sicilien. Sitt välstånd och sin makt byggde Kartago huvudsakligen på handel, men också i hög grad på åkerbruk. I likhet med det ptolemeiska Egypten uteslöt Kartago alla konkurrenter från sitt eget område, motsatte sig grekiska kolonialsträvanden i Spanien, på Sardinien och även i södra Gallien. Monopolet gjorde det möjligt för kartagiska affärsmän att till höga priser sälja ganska dåliga varor. De byggde upp ett vidsträckt system med stödjepunkter och handelsfaktorier utmed hela Medelhavet. En sådan offensiv handelspolitik kunde bara bli framgångsrik om det också fanns en stark flotta. Kartagerna var kända som skickliga skeppsbyggare och deras fartyg var bemannade med vältränade sjömän och sjösoldater.

Åkerbruket som bedrevs på slätterna utanför staden var mycket givande. Det bedrevs intensivt som storbruk med hjälp av slavar. Visserligen hade även andra stater som Grekland och det Seleukidiska riket använt slavar för sitt jordbruk, men Kartago var det första som byggde upp ett system med storgods, *latifundier,* och slavarbete i stor skala. Kartago hade åtskilliga framstående agronomer som citerades av både greker och romare. En av de mest kända var en *Mago* som författat en lärobok om åkerbruk i 28 volymer, som Scipio Aemilianus lyckades rädda undan förstörelse när han intog Kartago. Den romerska senaten lät översätta detta arbete till latin, varefter det även blev känt för den romerska allmänheten.

Den kartagiska statens ledning låg i händerna på ett fåtal aristokrater, rika affärsmän och storgodsägare. Högsta makten innehades av två domare *(suffeter)* samt ett råd på trettio personer, som utvalts ur en senat på 300 man. Mellan Rom och Kartago hade länge rått vänskapliga förhållanden, flera handelsavtal hade slutits och under Pyrrhus-kriget hade en militärallians ingåtts för att hindra den gemensamme fiendens expansion västerut. Sedan Rom hade kommit i besittning av södra Italiens utmärkta hamnar och tagit på sin lott att bevaka de grekiska städernas ekonomiska intressen, höll Rom på att även bli en handelsmakt och farlig rival till Kartago. Rom hade också goda förbindelser med den grekiska handelsstaden Massilia (nuv. Marseille) vid Rhônes mynning, som kartagerna redan fruktade. Ett krig mellan Kartago och Rom om makten över handeln tycktes oundvikligt.

Själva krigsanledningen blev att några samnitiska krigare, som efter sin benämning på krigsguden Mamers (Mars) kallade sig mamertinare, hade varit i Syracusas tjänst som legosoldater men lämnat denna och slagit sig ned i Messina. Där hade de organiserat en rövarstat och var en ständig skräck för grekerna på östra Sicilien. När Syracusas energiske ledare Hieron belägrade Messina år 264, vädjade mamertinarna både till Kartago och Rom om hjälp. En kartagisk flottavdelning som händelsevis befann sig nära Messina accepterade denna vädjan och landsatte en garnison i staden. I Rom var senaten ytterst tveksam, då den dels insåg att en hjälp till mamertinarna och erövring av Messina skulle leda till krig med Kartago, dels var senaten ovillig att hjälpa denna rövarnation och därmed gå utanför Italien. Å andra sidan kunde en utebliven hjälp leda till att Kartago erövrade även återstoden av Sicilien och komma i otrevlig närhet av de romerska intressena i Syditalien. Mot praxis hänsköt senaten frågan till folkförsamlingen, som beslöt att sända den begärda hjälpen. Varken Rom eller Kartago önskade krig med varandra vid denna tidpunkt. Kartago var inte alls förberett på något krig, eftersom de flesta av dess fartyg låg i dockor. Rom i sin tur hade ännu inte någon flotta med vilken de kunde driva bort kartagerna från Sicilien.

Sedan medborgarna beslutat om krig gick romarna över till Sicilien med en ganska stor här och anföll Hieron av Syracusa. När kartagerna nu inte understödde honom, tvingades han att kapitulera och ingick en allians med Rom på femton år. Med stöd av sin nye bundsförvant Hieron angrep romarna därefter den näst största staden på ön, Agrigentum, där kartagerna hade en mycket stark garnison. Staden intogs och förstördes, dess invånare gjordes till slavar för att arbeta i de romerska vapenverkstäderna. Det var de första människorna från en civiliserad stad som romarna behandlade på sådant sätt.

Ännu behärskade Kartago havet med sin flotta, och kunde utsätta Italiens långsträckta kust för ständiga räder eftersom Rom helt saknade en flotta. Efter modell av ett strandat kartagiskt fartyg som kopierades, byggde romarna emellertid på 60 dagar 120 fartyg, varav 100 fartyg var femroddare (fem man vid varje åra), den tidens förnämsta krigsfartyg. Med hjälp av denna nya flotta vann den romerske konsuln Gaius Duilius en glänsande seger över den kartagiska flottan vid Mylae nära Messina. Som en följd av denna seger kunde Rom erövra Korsika och följande år göra ett angrepp på Sardinien. Efter dessa oväntade segrar beslöt romarna att så snart som möjligt göra slut på kriget genom ett anfall på själva Kartago. Med en här på omkring 10 000 man avseglade båda konsulerna till Afrika 256. I stället för att avgöra kriget genast efter landstigningen, beslöt romarna att övervintra där och invänta våren. Denna nådatid utnyttjade kartagerna genom att värva nya legotrupper och anlita en spartansk strategs tjänster, vilken var expert på strider med elefanter. I den blodiga striden bröt elefanterna ned allt motstånd, trampade ned de romerska soldaterna som det kartagiska rytteriet drev mot dem. Knappast 2 000 man av hela hären lyckades rädda sig undan till kusten och de väntande fartygen. Det egendomliga hade således hittills inträffat, att kartagerna som förut varit ensamma herrar till sjöss grundligt besegrats i flera sjöslag, medan de i infanteristrider segervana romarna i detta slag om Kartago fullständigt krossats av kartagerna. Krigslyckan växlade ännu åtskilliga gånger, både romare och kartager vann segrar och förlorade slag. Till slut blev emellertid kartagernas resurser uttömda. Sedan romarna byggt upp en ny stor flotta, besegrade de fullkomligt kartagerna vid de Aegatiska öarna på Siciliens västkust. Vid det slutgiltiga fredsslutet förpliktigades kartagerna att utrymma Sicilien och de Lipariska öarna samt betala ett krigsskadestånd på 3 200 talenter, varav 1 000 talenter genast och återstoden på tio år.

Krigsslutet medförde nya svårigheter för Kartago. När dess legosoldater, som efter freden måste lämna Sicilien, kommit till Kartago krävde de den retroaktiva sold som utlovats dem av deras härförare Hamilcar Barcas. Den kartagiska ledningen vägrade att utbetala denna, varför legosoldaterna gjorde uppror och uppviglade även angränsande städer. Civilbefolkningen i Kartago utsattes för hemska grymheter. Sedan den politiska och militära ledningen förgäves sökt vinna soldaterna med mildhet, lyckades Hamilcar Barcas krossa de upproriska efter att ha tillgripit den största råhet och grymhet.

Under detta uppror som varade i tre år hade romarna förhållit sig fullkomligt lojala mot Kartago. Romarna försåg sin forna fiende med livsmedel och tillät den t. o. m. att rekrytera trupper i Italien. Men när soldaterna på Sardinien reste sig och den kartagiska ledningen ville återställa ordningen genom att tillgripa samma hårdhet som i Kartago, ändrade Rom sin inställning och förklarade helt enkelt krig mot Kartago som var ur stånd att föra något krig. Det måste köpa fred genom att avstå från Korsika och Sardinien samt betala 1 200 talenter i krigsskadestånd.

DEL III – HISTORISK TID

Genom det första puniska kriget hade Rom blivit den ledande sjömakten i Medelhavet, vilket fick följden att det förde en mer expansiv utrikespolitik. Redan under kriget med Kartago hade Rom på Sicilien visat en avsevärd hårdhet mot grekerna. Invånarna i erövrade städer såldes som slavar. Genom denna hårda behandling kunde romarna omöjligt vinna grekernas sympatier. Roms tillvägagångssätt gentemot Kartago på Sardinien efter själva kriget visade en hänsynslös imperialism, som utnyttjade motståndarens svaghet. Från att ha varit en visserligen expanderande bondestat blev Rom nu en handels- och sjöfartsstat, som i fortsättningen mer öppet visade sina expansiva ambitioner.

Krigshandlingar i öster

På östra sidan av Adriatiska havet hade norr om Epirus bildats en ganska löst hopfogad stat av illyrer. Medan romarna varit upptagna av kriget mot kartagerna, hade dessa snabbt kunnat utvidga sitt välde, särskilt som de gjort gemensam sak med makedonerna mot Epirus och de grekiska förbunden (s. 92). När illyrernas härskare dött, övertogs ledningen av hans gemål *Teuta*, som dels fortsatte erövringskrigen, dels tillät sina landsmän att bedriva sjöröveri som den adriatiska kusten var särskilt lämpad för. Grekiska och italiska handelsfartyg kapades och grekiska städer utmed kusten utsattes för härjningar. År 229 ansåg Rom att dessa piratdåd måste stoppas. Båda konsulerna ryckte ut i en kombinerad operation med landhär och flotta. En av Teutas flottkommendanter hade fått uppdraget att försvara ön Korkyra, som sjörövarna hade intagit, men han gick över till romarna som utan militär insats kunde intaga ön. Därefter gick det snart att få sjörövardrottningen att gå med på fred. De områden som Teuta hade erövrat blev romerska "klientstater", vilka Rom åtog sig att skydda mot angrepp utifrån.

Genom framgångarna i krigen mot illyrerna fick Rom fotfäste i öster. Men därmed kom det i hotfullt grannskap till Grekland och Makedonien och följderna härav skulle visa sig längre fram.

Krig mot gallerna i norra Italien

Även i norra Italien flyttade romarna fram sina positioner. På Poslätten hade gallerna sedan länge vant sig vid att vara bofasta jordbrukare i stället för som tidigare kringströvande krigare. Nya vågor av galler strömmade ned från andra sidan av Alperna in i Italien och utgjorde ett ständigt hot för romarna, som alltsedan slaget vid Allia kände fruktan för detta krigiska folk. Orsakerna till att gallerna nu åter började röra på sig är oklara. Det uppgavs att gallerna blivit retade över att *ager Gallicus* mellan Ancona och Rimini år 233 började fördelas mellan romerska medborgare. Men detta område hade varit romerskt ett halvt århundrade och uppdelningen av det kunde knappast betraktas som en fientlig handling och gallerna borde inte känna sin existens hotad därav. Troligare är att nya galliska stammar trängde på från trakten av Rhône. Gallerna ryckte ned i Etrurien (ungefär området mellan floderna Arno och Tibern) som de härjade och förstörde. Efter en del förluster i inledningsskedet av kriget lyckades romarna till slut genom flera segrar få fred med gallerna och erövra *Gallia Cisalpina* som blev en romersk provins. För att säkra denna nya erövring anlade de militärt viktiga kolonier som Placentia och Cremona samt vägar. En av de viktigaste vägarna tillkom vid denna tid, *Via Flaminia* från Rom över Apenninerna till Rimini. Trots att gallerna således kuvats och Poslätten införlivats med det romerska väldet, utgjorde gallerna ett latent hot för Rom, vilket också skulle visa sig under Hannibalskriget.

Andra puniska kriget eller Hannibalskriget 218–201

För sina förluster under och efter det första kriget med romarna sökte kartagerna ersättning i Spanien, där de under kriget förlorat det mesta av sina besittningar till inhemska stammar. Ledaren för kartagernas återerövring av den iberiska halvön var till en början Hamilcar Barcas som varit med om slutskedet av kriget mot Rom och som sedan krossat de kartagiska legosoldaternas uppror efter kriget. Han erövrade hela södra Spanien och genom krig och diplomati grundade han där en rika-

DEL III – HISTORISK TID

re och mäktigare besittning än Kartago tidigare hade ägt. Särskilt gav de rika silvergruvorna stor avkastning. Dessutom kunde landet bli en förnämlig förbindelseled för handeln med Gallien och Britannien. Gamla städer erövrades även på ostkusten och nya städer anlades, såsom Kartago Nova (nuv. Cartagena), som blev centrum för den nya kartagiska makten, eftersom den staden hade Spaniens bästa hamn. Länge såg romarna kartagernas växande makt med misstro, men romarna hotades av ett nytt krig mot de för tillfället farligare gallerna i norra Italien. Den grekiska staden Massilia såg med ökad oro kartagernas expansion som ett hot mot sin egen handel, som expanderat kraftigt under romarnas krig mot Kartago, samt mot sina kolonier på Spaniens östra sida. Delvis på grund av klagomål från Massilia beslöt Rom till slut att agera och ingick år 226 det s.k. Ebrofördraget med den kartagiske befälhavaren, enligt vilket kartagerna förband sig att respektera Ebro som nordgräns men som å andra sidan gav kartagerna fria händer i landet söder om denna flod.

För kartagerna var detta fördrag mycket förmånligt, då de därigenom kom i besittning av större delen av halvön, men å andra sidan hindrades de från att lämna hjälp åt gallerna, som fortfarande var den verklige arvfienden för romarna.

År 221 hade härens och det kartagiska folkets val av ny överbefälhavare i Spanien blivit den endast 25-årige, men rikt begåvade Hannibal, son till Hamilcar Barcas. Under femton år i följd kom han att leda en minst sagt sammansatt här av bl.a. puner, afrikaner, galler och iberer utan att dessa någonsin gjorde myteri eller beredde honom andra svårigheter, trots att han förde dem på krävande och strapatsrika marscher, över strida floder och snötäckta Alper. Den direkta krigsorsaken till andra puniska kriget var närmast inre stridigheter i staden Saguntum söder om Ebro, som låg inom kartagernas intresseområde. Men staden stod i ett vänskapsförhållande till Rom som troligen inletts redan före Ebrofördraget. När några landsförvisade saguntinare med Hannibals hjälp försökte återvända, intervenerade Rom samt bad Hannibal hålla sig borta från Saguntum. Hannibal inledde en belägring av staden som föll efter åtta månader utan att Rom på något sätt kommit till dess undsättning.

Det måste ha stått klart för Hannibal att ett angrepp på denna stad som stod i förbund med Rom också skulle leda till krig med Rom. Men å andra sidan skulle ett romerskt Saguntum nödvändigtvis ha underminerat kartagernas ställning på den iberiska halvön. Efter Saguntums fall blev kriget mellan Rom och Kartago oundvikligt. Kartagerna kunde inte föra detta krig till sjöss, då deras flotta efter det första kriget var nästan obefintlig, medan romarna hade förstärkt sin marina överlägsenhet. För Hannibal återstod en marsch över Alperna och ett angrepp på själva Italien som en nödvändighet. Romarna hoppades kunna förekomma honom genom angrepp på Spanien och i Afrika. En här skulle med Massilias hjälp rikta ett angrepp mot Spanien, medan en annan skulle landstiga på Sicilien, varifrån överfarten till Afrika sedan skulle ske. Dessa planer kullkastades när gallerna i norra Italien gjorde uppror, varför den här som var avsedd för fälttåget mot Spanien måste sättas in mot dessa. Även Hannibal satte sitt hopp till hjälp från dessa galler, vars stöd var nödvändigt för honom för att lyckligt genomföra ett krig i Italien.

Ända sedan antikens dagar har historiker diskuterat vem som egentligen bar skulden till kriget. Livius, som i tredje dekaden av sitt stora arbete "Roms historia", *Ab urbe condita*, ingående skildrar detta krig, uppger att det rått oenighet mellan den politiska ledningen i Kartago och Hannibal. Detta är helt felaktigt. Polybios som också behandlar dessa krigshändelser nämner intet om någon oenighet. Det är emellertid klart att kartagerna av taktiska skäl lät romarna förklara kriget. Ingen av de båda makterna hade emellertid vid denna tidpunkt önskat något krig. Kartago var ännu inte färdigt med att bygga upp sitt nya välde efter sina stora förluster i det förra kriget, och Roms svek att inte hjälpa Saguntum under den åtta månader långa belägringen vittnar om att inte heller Rom var berett att kasta sig in i ett nytt långvarigt storkrig.

Kartagos befälhavare i detta nya krig, Hannibal, har av historikerna bedömts helt olika. Numera är de flesta eniga om att han varit en av antikens främsta härförare och även en skicklig politiker, vilket han visade flera prov på efter krigets slut.

Medan han lämnade sin broder Hasdrubal som befälhavare för de trupper som skulle skydda Kartagos välde i Spanien, bröt Hannibal i början av augusti år 218 upp med en här på omkring 50 000 man fotfolk och 9 000 ryttare och ett sextiotal elefanter. Med ganska stora förluster kom han så snabbt fram till Rhône att romarna inte hann hindra honom. Men det svåraste återstod för honom för att komma ned till Italien – marschen över Alperna. Länge har man diskuterat vilken väg han marscherat, men den frågan får väl anses vara löst i våra dagar. Han har följt Isère och fortsatt genom passet söder om Mt. Cenis. Marschen försvårades av bergsfolkens fientlighet, vilka flera gånger lade sig i bakhåll och anföll de uttröttade soldaterna. Under de väldiga faror som han utsatte sin här för, förlorade han omkring 20 000 man och nästan hela trossen samt två tredjedelar av sina elefanter vilka led av hunger och problem för dem att förflytta sig på för dem svårforcerade och nästan ofarbara vägar.

Hannibals förhoppning att gallerna i Podalen skulle sluta sig till honom infriades. Stora skaror galler från olika stammar ersatte mer än väl de under Alpövergången förlorade soldaterna. Romarnas plan var att åtminstone hindra Hannibal att fortsätta söderut genom halvön. Men de lyckades inte stoppa Hannibal utan besegrades redan på hösten år 218 i två slag, vid Ticinus och Trebia. Från det senare slaget kunde bara omkring 10 000 av 40 000 romerska soldater rädda sig undan till staden Placentia. Efter denna seger lade Hannibal sina trupper i vinterläger i norra Italien, medan romarna fick tid att värva nya trupper så att deras samlade styrkor uppgick till det dubbla mot Hannibals. Hannibal var mästare i att utforska fiendens trupprörelser och tack vare ett skickligt planerat bakhåll kunde han vid Trasimenska sjön decimera den romerska hären med 30 000 man. Hälften av hären samt den ene konsuln låg kvar på slagfältet och ungefär lika många blev kartagernas fångar. Han fortsatte sin plan att i så hög grad som möjligt isolera Rom och locka dess bundsförvanter över till sin sida. Han ville gälla som befriaren av Italiens folk och som bevis på detta släppte han de icke-romare han tagit som fångar.

Underrättelsen om katastrofen vid Trasimenska sjön spred skräck och fasa i Rom, där man fruktade ett omedelbart angrepp på själva staden. I äldre tider hade man vid fara för staten låtit den ene konsuln, efter senatens hörande, utse en diktator för högst sex månader (s. 74). Vid detta krisläge beslöt folkförsamlingen att utse två. Fabius Maximus till diktator och M. Minucius Rufus till dennes rytteriöverste *(magister equitum)*. Sådan hade alltid tidigare utsetts av diktatorn själv. På grund av de enorma förluster i manskap som romarna lidit ville Fabius Maximus undvika direkta sammandrabbningar med Hannibal och i stället tillämpa en utnötningstaktik, som skulle hindra denne att värva nya allierade. Denna försiktiga taktik, som gav Fabius tillnamnet *Cunctator* (Sölaren), behagade inte den romerska senaten och ogillades även av rytteriöversten Minucius Rufus som snart inte bara var underordnad diktatorn utan fick lika stor makt som denne. Även om diktatorns försiktiga politik var mycket impopulär, räddade den både den romerska hären och det romerska allianssystemet från fullständig kollaps. Vad en drabbning kunde få för konsekvenser fick romarna snart erfara. I sin strävan att skilja bundsförvanterna från Rom tågade Hannibal ned till Apulien, där han vann sin mest lysande seger i förintelseslaget vid *Cannae* 216. Romarna hade satt upp en här på 80 000 man fotfolk och 6 000 ryttare under ledning av de båda nya konsulerna Lucius Aemilius Paullus och Gaius Terentius Varro. Det var den största här som romarna dittills ställt upp till strid. Mot denna stod Hannibals omkring 40 000 man fotfolk och 10 000 ryttare. De romerska fotsoldaterna pressades in i en tätt sammanpackad massa så att de inte kunde använda sina vapen och inte försvara sig utan gick under i en fruktansvärd massaker. När slaget var slut lämnades nära 70 000 man, däribland många senatorer och riddare samt konsuln Aemilius Paullus, döda kvar på slagfältet och av de 6 000 ryttarna undkom endast 70 förintelsen. Hannibals förluster uppgick till omkring 600 man.

Hannibals taktik vid detta slag har minutiöst studerats av militära experter ända fram till våra dagar. Segern berodde till en del på överlägsenheten i hans kavalleri men berodde också på att romarna underskattade sina motståndare. Efter detta slag fanns inte någon romersk här kvar i Italien. De flesta officerarna hade stupat eller hamnat i kartagisk fångenskap. Hela södra och mellersta Italien låg öppet för segraren, som säkerligen skulle ha kunnat intaga Rom genom ett snabbt angrepp mot staden. Han höll dock fast vid sin princip att vilja isolera Rom och han hoppades fortfarande att folken i söder skulle sluta sig till honom på samma sätt som gallerna hade gjort i norr. Men bortsett från att några mindre områden i Apulien och staden Capua gick över till segraren, höll de flesta bundsförvanterna fast vid Rom; särskilt trogna Rom var folken i mellersta Italien. För att fylla leden efter de stupade soldaterna tillgrep Rom något dittills helt okänt, nämligen att skriva ut omkring 8 000 slavar till soldater.

Makedonien

Viktiga följder av katastrofen vid Cannae var att utomitaliska stater trädde in på Hannibals sida, som Makedonien och Syracusae. Filip V av Makedonien var angelägen om att kunna driva ut romarna från deras brohuvuden i Illyrien och ingick år 215 en ömsesidig försvarsallians med Hannibal. Följande år angrep han de romerska klientstaterna och flottbaserna i Illyrien i hopp om att med hjälp av den kartagiska flottan kunna gå över till Italien och förstärka Hannibal. Dessa planer omkullkastades av romarna, som i stället sände över en flotta till Illyrien och återtog flottbaserna. För att hindra en invasion av makedonier i Italien utnyttjade romarna en anti-makedonsk koalition av det ätoliska förbundet (s. 93) och en del andra grekiska stater, varför den planerade invasionen i Italien uteblev. Några år senare ingicks fred mellan Rom och Makedonien med status quo som resultat.

Sicilien

En tillfällig större framgång vann Hannibal också på Sicilien. Roms pålitlige bundsförvant under många år, Syracusas regent Hieron II dog år 215. Efter hans död blev det en strid i staden mellan en aristokratisk, romvänlig grupp och ett folkligt, romfientligt parti som genomdrev ett förbund med Hannibal. För denne betydde denna diplomatiska framgång att förbindelsen mellan hemlandet och Italien säkrades för en tid. För att bryta denna förbindelse inledde romarna en belägring av Syracusa. Belägringen blev långvarig främst beroende på att romarnas anfall omintetgjordes den grekiske matematikern Archimedes olika slags sinnrika maskiner. Till slut föll staden efter ett förräderi och plundrades på sina stora skatter. Bl.a. fördes mängder av grekisk konst till Rom.

Två år senare intogs också Agrigentum, varefter snart hela ön återerövrades av romarna, som sedan behöll den så länge som det romerska väldet existerade.

Spanien
Ännu viktigare för krigets vidare utveckling blev romarnas framgångar i Spanien. Redan vid Hannibalskrigets utbrott hade en romersk här förts över dit, dels för att försöka engagera kartagiska trupper, dels för att lägga beslag på så mycket som möjligt av Spaniens stora rikedomar. Efter slaget vid Trebia hade de romerska trupperna i Spanien fått förstärkningar, varefter de tillfogat kartagerna kännbara förluster. Kartagernas ställning försvagades ytterligare genom att deras befälhavare där, Hannibals broder Hasdrubal, kallats till Afrika för att slå ned ett uppror. I det läget övergick många iberiska stammar till romarna. Men när Hasdrubal återvände fick romarna erfara hur opålitliga dessa iberiska folk i grunden var. Vid ett tillfälle deserterade de nämligen och gick över till Hasdrubal som med deras hjälp lyckades tillintetgöra den romerska hären med båda dess härförare. I det läget sände romarna den endast 25-årige Publius Cornelius Scipio som överbefälhavare till Spanien. Han intog kartagernas huvudstad Cartago Nova med dess rika förråd, och därefter gick successivt hela Spanien förlorat för kartagerna och blev i fortsättningen en romersk provins.

Italien

Däremot lyckades inte romarna hindra att även Hasdrubal kunde korsa Alperna med en här och komma ner till Italien, över samma Alper som brodern Hannibal elva år tidigare trots stora förluster lyckats övervinna. På grund av otillräcklig hjälp hemifrån hade Hannibal inte helt förmått utnyttja sin seger vid Cannae. Visserligen hade Capua och en del städer i södra Italien blivit hans bundsförvanter, men de återtogs snart av romarna. Tarent föll genom förräderi. Roms svåraste period under detta krig inföll efter Cannae fram till omkring år 207, men dess ställning hade redan börjat förbättras efter Syracusas fall år 212. Hannibals ställning i Italien försvagades för varje år och 207 tvingades han således kalla sin broder Hasdrubal till undsättning. Efter övergången av Alperna fick även Hasdrubal förstärkningar från gallerna i norr och avsikten var att han skulle förena sina trupper med Hannibals. Dessa planer fick romarna reda på och de lyckades ganska lätt tillintetgöra Hasdrubals här på omkring 30 000 man och även döda Hasdrubal själv. Kartagernas motgångar fortsatte två år senare, då en kartagisk flotta med förnödenheter förliste i en storm och Hannibals yngste broder Mago, som landstigit vid Genua med en här, besegrades av romarna.

Afrika

Stridshandlingarna i Italien ebbade ut och till slut kunde den romerske konsuln Scipio flytta över kriget till Afrika. Hannibal tvingades lämna Italien och återvända till Kartago. Det avgörande slaget utkämpades vid Zama 202, vid vilket Roms överlägsenhet i rytteriet fällde avgörandet. För kartagerna var vidare strid utsiktslös och Hannibal själv tillstyrkte fred. Villkoren blev hårda. Kartago måste lämna alla besittningar utanför Afrika. Väster om Afrika bildades ett nytt självständigt rike, Numidien, under Masinissa som regent, som blev Roms bundsförvant med uppgift att ha kontroll över Kartago. Alla elefanter och alla fartyg förutom tio skulle utlämnas. Dessutom måste staden garantera att inte föra krig utanför Afrika och inom Afrika endast med romarnas tillstånd. Ett skadestånd på 10 000 talenter skulle utbetalas under 50 år.

Trots glänsande segrar under krigets första år hade alltså Hannibal till slut tvingats kapitulera, delvis beroende på att han underskattat sin motståndare, men också för att han inte fått tillräckligt stöd hemifrån, varför han i alltför hög grad tvingats lita på stöd från andra folk (främst galler och greker) som senare ändå svek honom. Romarna skyllde sina motgångar i kriget på främst bristande hänsyn till de religiösa traditionerna. Under krigets gång sökte folket därför i allt högre grad sitt stöd i religionen.

Efter slaget vid Trasimenska sjön lovade senaten att bygga ett tempel åt Förnuftet (Mens), eftersom man ansåg att den katastrofen hade förorsakats av oförnuft (dementia). År 204 fördes, på inrådan av de sibyllinska böckerna, Magna Mater-kulten från Mindre Asiens inre över till Rom. Hennes heliga sten placerades i Victorias tempel på Palatinen i avvaktan på att hon fick ett eget tempel på samma kulle. De italiska bundsförvanternas sammanhållning och de romerska medborgarnas offervilja hade emellertid inför hela världen visat den romerska statens styrka och uthållighet.

HANNIBALSKRIGETS FÖLJDER

Rom stod således som segrare och var den starkaste makten i Medelhavsområdet. Men segern hade varit dyrköpt. Under fjorton år hade romerska och kartagiska härar under plundringar och skövlingar dragit fram och tillbaka genom hela Italien från Polandet i norr till Tarent i söder. Bönderna hade gjort oerhörda förluster under den långa tid som de deltagit i kriget, i all synnerhet bönderna i södra Italien där gårdarna nu till stor del låg öde. När småbönderna återvände till sina hem låg jorden obrukad, varför de ofta sålde den billigt till storgodsägare. Den romerska staten konfiskerade väldiga områden som tillhört personer vilka gått över till fienden under kriget. Denna jord, *ager publicus*, arrenderades ut till dem som hade kapital att odla upp den igen och som hade slavar som de tagit i krig och nu kunde sätta i arbete på fälten. Säd började importeras till låga priser från främst Sicilien, varför sädesodling blev föga lönande på det Italiska fastlandet. Därför förvandlades stora områden till betesmarker från att före kriget ha varit välodlade jordbruk. De tidigare småbrukarna flyttade nu i stora skaror till Rom, där de med gåvor och gratisutdelningar av säd hölls på gott humör av politikerna som behövde deras röster vid valen. Ägarna till storgodsen (latifundierna) tillhörde nästan uteslutande senatorsklassen, som emellertid var förbjuden att ägna sig åt handel och sjöfart i större skala. Detta sköttes av den andra privilegierade samhällsklassen, riddarna. Romerska köpmän slog sig ned överallt, på Sardinien och Afrika likaväl som i östra Medelhavsområdet. Riddarna blev ett förmöget mellanskikt som främst genom handel skapade stora förmögenheter. Inom alla områden samlades makten hos personer med stort kapital bakom sig: jorden övertogs av godsägarna från att ha ägts av många självägande bönder. Uppförandet av nya offentliga byggnader överlämnades till riddarna, som hade nödvändigt kapital för att köpa kontrakten, liksom att de kunde lägga under sig rätten att driva in tullar och skatter.

För Kartago innebar det andra puniska kriget slutet på dess eget handelsvälde, som nu övertogs av romarna. Vid denna tid tillät romarna fortfarande besegrade folk att fortsätta sitt eget liv och behålla sin självstyrelse. Därför kunde Hannibal stanna kvar i Kartago under sex år och som högste styresman bygga upp dess finanser. Han insåg alltför klart att en viktig orsak till att Kartago hade förlorat kriget var att det styrts av några få giriga och korrumperade politiker, som i första hand sett till sina egna intressen. Han införde ett nytt skattesystem som tog hänsyn till medborgarnas inkomster och förmåga att betala skatt. Handel och industri började åter blomstra och Kartagos hamn blev en av de viktigaste i Medelhavet. Tack vare Hannibals skicklighet klarade Kartago av att redan år 191 betala hela återstående krigsskulden, vilket romarna emellertid vägrade att acceptera. Avundsjuka politiska motståndare i Kartago väckte romarnas misstanke mot Hannibal, som flydde till östern för att undgå att bli utlämnad till Rom (år 195). I Bitynien år 183 tog han sitt liv med gift.

DET ROMERSKA MEDELHAVSVÄLDET I ÖSTER GRUNDAS

Romarna hade knappt avslutat sitt långa andra puniska krig mot Kartago och lagt grunden till sitt *imperium* i väster, förrän de kastade sig in i ett nytt krig i öster utan att de egentligen hade någon giltig anledning. Romerska folket var trött på krig. Vid ett första sammanträde motsatte sig folkförsamlingen detta men ändrade sig sedan det framhållits att man kunde befara en invasion av Italien om man inte hindrade Makedoniens krigsplaner. Historikerna har diskuterat om någon sådan fruktan verkligen förelåg från senatens sida eller om det var en politisk åtgärd. Som andra skäl för ett krig har man framhållit senatens önskan att öka Roms makt i öster och då särskilt möjligheterna till en utvidgad handel efter ett lyckat krig. Man kan inte bortse från ytterligare två viktiga faktorer som kan ha förmått den romerska senaten att besluta om ett nytt krig. För det första var Rom fortfarande militärt välrustat: bara en liten del av de legioner som man hade ställt upp mot Hannibal hade hemförlovats och den romerska flottan var utan tvivel den starkaste i Medelhavet. För det andra var förhållandena i öster just vid den här tiden synnerligen lämpliga för romarna om de ville blanda sig i den invecklade politiken.

Efter Alexander den stores död hade med tiden det av honom grundade riket fallit sönder i tre större stater, som svartsjukt bevakade varandra: Egypten, Makedonien och det Seleukidiska riket. Under tredje århundradet omfattade Egypten inte bara faraonernas gamla rike i Nildalen utan också Cyrene, Palestina, södra Syrien, Cypern samt ett antal öar och städer i Egeiska havet. Landet styrdes av kungar, som härstammade från makedonska adelsmän med namnet Ptolemaios. För rikets försvar litade de på en legohär av huvudsakligen greker och makedoner. De hade infört monopol på nästan all produktion samt höga skatter och tullar. Efter en jämförelsevis kort blomstringstid, under vilken de haft planer på att utvidga väldet genom erövring av områden i Egeiska havet och därmed väckt makedonernas misstankar, hade en ekonomisk tillbakagång inletts. Exporten av vete och textilier, som tidigare varit ytterst betydande, hade minskat starkt, inflation hade växt fram och den kungliga skattkammaren hade tömts. Försvaret hade försummats och en social revolution höll på att bryta ut när den gamle kungen dog och efterträddes av en ny, som bara var ett barn och som omgav sig med en skara degenererade och korrumperade rådgivare. Tillfället att dela upp det nästan försvarslösa Egypten syntes lämpligt för de båda andra stora hellenistiska staterna.

Det Seleukidiska riket, som av romarna ofta kallades Syrien, var det största av de tre hellenistiska rikena. Det sträckte sig från Egeiska havet i väster till Indus i öster. Men just rikets storlek med dess konglomerat av vitt skilda folk var också dess svaghet, som landets tidigare härskare hade haft stora svårigheter att bemästra. År 223 hade makten övertagits av den endast 18-årige, men mycket energiske Antiochus III, som redan under sin livstid kallades den store; denne hade gjort slut på stridigheterna i landets inre och återställt väldet i öster fram till Indiens gränser.

Makedonien var både till yta och befolkning det minsta av de tre stora hellenistiska rikena. Dess härskare kontrollerade även Thessalien och östra delen av Grekland ned till Korintiska viken, men önskade utvidga riket både söderut över hela Grekland och österut mot öarna i Egeiska havet samt mot städer i Mindre Asien. I Grekland hindrades dessa planer av de båda rivaliserande förbund som med alla medel försökte behålla jämvikten. Det ena var det Ätoliska förbundet, som huvudsakligen bestod av små städer och landsbygden norr om Korintiska viken. Det hade ingen huvudstad och var ett ganska löst förbund. Det andra var det Akeiska förbundet, i vilket ingick städerna på Peloponnesos, utom Sparta. Av fruktan för denna stat hade akeerna allierat sig med Makedonien. Dessutom hade en del småriken bildats, varav Rhodos och Pergamon i Mindre Asien var de mest betydelsefulla.

Makedonien

Alla dessa stater hade strävat efter att bibehålla maktbalansen, som emellertid väsentligt rubbats genom det försvagade Egypten. Antiochus III i Syrien och Makedoniens kung Filip V ingick ett fördrag om att dela upp Egyptens områden både utanför landets gränser och själva Egypten. Filip anföll egyptiska besittningar i Egeiska havet och Dardanellerna och erövrade en del städer på båda sidor om dessa, varigenom han fick kontroll över den både för Athen och Rhodos viktiga sädestransporten från Svarta havet. Rhodos såg sina intressen hotade och ingick ett förbund med Pergamons kung Attalos I för att gemensamt möta Makedoniens anfall, vilket ledde till regelrätt krig som fördes med växlande framgång på båda sidor. De båda förbundna staterna vädjade till Rom om hjälp, varvid de framhöll den fara som hotade maktbalansen i öster om Syrien och Makedonien delade upp Egypten. Hösten år 200 f.Kr. anföll Rom Makedonien men de första krigshändelserna blev misslyckade för romarna. Först när den endast trettioårige T. Quinctius Flamininus övertagit ledningen för den romerska hären, blev det en avgörande förändring. Han var en varm vän av Grekland och beundrare av dess kultur. Genast vann han också grekernas beundran och förklarade att han kommit som en beskyddare av den grekiska friheten gentemot Makedonien. Även det Akeiska förbundet lämnade Makedonien i sticket och slöt sig till romarna, som vid *Kynoskephalai* i Thessalien vann en seger över den makedonska falangen. Filip måste tåga ut ur Grekland och lämna grekerna fria. Alla krigsfångar och överlöpare skulle utlämnas till romarna, likaså skulle den makedonska flottan lämnas ut och ett krigsskadestånd på 1 000 talenter betalas, varav hälften genast och resten under tio år.

Grekland

Efter segern över Makedonien infriade Flamininus sitt löfte till grekerna om självbestämmanderätt. Vid de istmiska spelen år 196 proklamerade han grekernas frihet inför en jublande folkmassa. Den diplomatiska segern över grekerna blev lika värdefull för Rom som den militära över Makedonien. Romarna blev för grekerna "räddarna" och Flamininus kallades "Räddaren"; man jämförde honom med gudarna och präglade i enlighet med tidsandan guldmynt med hans bild.

Endast Spartas kung Nabis vägrade att deltaga i hyllningarna och frigav inte staden Argos. Med undantag för ätolerna slöt sig alla greker samman med romarna i ett krig mot Sparta, och t.o.m. Makedonien och Pergamon sände hjälptrupper. Efter en hård och bitter kamp, i vilken romarna var nära undergång, måste emellertid Nabis lämna Argos och de flesta sjöstäderna i Lakonien fria. Flamininus hade därmed fullgjort sitt uppdrag i Grekland som han lämnade 194, medförande en stor mängd guld och silver. Grekernas frihet hade varit dyrköpt för dem.

Syrien

Ätolerna var i hög grad missnöjda med denna utveckling i Grekland. Därför närmade de sig Syriens härskare Antiochus III för att förmå honom att inleda ett krig mot Rom. Denne hade redan lyckats underkuva delar av den anatoliska kusten från Kilikien i söder till Hellesponten i norr och hade därefter tågat in i Trakien och börjat lägga en del grekiska städer under sitt välde. År 192 begav han sig över till Grekland i förvissning om att han skulle komma som grekernas räddare och befriare från romarna. Men förutom ätolerna fick han bara några få stater på sin sida, och ännu värre var att makedonerna nu gjorde gemensam sak med sina tidigare fiender romarna. Filip V av Makedonien tog därmed hämnd för att han lämnats i sticket av Antiochus under sitt krig med Rom. Tillämpande sin regel att söndra och härska för att vinna – om än tillfälliga anhängare – lindrade romarna fredsvillkoren med Filip, som nu i stället började frukta Antiochus, då denne nu öppet visade sina erövringsplaner mot Trakien där Filip också sedan gammalt hade intressen. Vid den gamla krigsskådeplatsen *Thermopylae* blev Antiochus fullkomligt besegrad, varefter han drog sig snabbt tillbaka till Mindre Asien. Dit följde romarna efter med en här, som definitivt besegrade Antiochus vid Magnesia, trots att han lyckats mobilisera en ansenlig här på omkring 70 000 man. Efter slaget var Antiochus utan här, hela Mindre Asien låg öppet för romarna. Vid freden i Apamea måste han avstå landet väster om floden Halys och betala ett av de största skadestånd som utdömts i antiken, 15 000 talenter.

Rom hade vunnit sina segrar över Antiochus med små egna ansträngningar tack vare hjälp från bl.a. Rhodos och Pergamon. Dessa belönades också rikligt efter freden. Rhodos fick det mesta av Karien och Lykien men samtidigt också ansvaret att med sin flotta hålla haven fria från sjörövare. Pergamons välde utökades kraftigt genom områden i södra och mellersta Anatolien. Mindre Asien i övrigt utgjorde ett stort antal småstater, som var beroende av Rom och som tävlade i inställsamt smicker gentemot den nya härskarstaten för att vinna dess gunst. I detta avseende utmärkte sig inte minst härskarna i Pergamon, som förde ett samvetslöst intrigspel mot de hellenistiska småstaterna och Makedonien i synnerhet.

Makedonien

Efter nederlaget vid Kynoskephalai hade Filip V av Makedonien ansträngt sig för att återuppbygga sitt lands ekonomi. Han främjade åkerbruket men framför allt gruvhanteringen. Landets befolkning ökade snabbt. Vid Filips död 179 efterträddes han av sin äldste son Perseus, som förnyade vänskapen med Rom och av senaten erkändes som Makedoniens legitime härskare, även om de inte litade på honom. Hans moder stammade från Argos i Grekland, varför det var ganska naturligt att han vann sympatier bland grekerna, särskilt i Delfi. Dessutom knöt Perseus vänskap med både Bityniens och Seleukiderrikets härskare. En del hellenistiska stater kände sig hotade av Makedoniens ekonomiska och politiska uppsving, i all synnerhet Pergamons kung Eumenes. Denne begav sig flera gånger personligen till Rom för att framföra klagomål mot Makedonien. Romarna å sin sida gjorde ansträngningar för att återvinna grekernas förtroende men de var övertygade om att Makedoniens nye härskare var en förrädisk bundsförvant som bara väntade på rätt tillfälle att falla romarna i ryggen. Perseus blev alltmer politiskt isolerad och hade få bundsförvanter, när romarna – trots försök från deras vänner rhodierna att medla – förklarade krig mot Makedonien år 171. Perseus lyckades ställa upp en här, som var större än den Alexander den store hade haft, när han inledde sitt krig mot det mäktiga perserriket. Under de två första åren sköttes kriget uruselt på båda sidor. Perseus var utmärkt soldat men dålig fältherre, de romerska befälhavarna saknade krigsvana och vilja eller förmåga att upprätthålla disciplin i sin här. De förde kriget med gränslös brutalitet och onödiga plundringar. Till slut sände romarna Lucius Aemilius Paullus (son till den vid Cannae stupade Aemilius Paullus) som befälhavare till Makedonien, vilken på några få veckor drev bort Perseus från hans fasta ställning. Vid Pydna stod det avgörande slaget om Makedoniens öde den 21 juni år 168 (dagen fastställd tack vare en månförmörkelse). Enligt uppgift skall striden ha varat endast en timma, under vilken makedonerna förlorade 25 000 man, medan romarnas förluster skall ha uppgått till 100. Perseus själv flydde men överlämnade sig sedan åt romarna, som förde honom till Italien där han dog i fångenskap år 165.

Efter segern förde Aemilius Paullus oerhörda skatter av skulpturer, målningar och böcker till Rom, liksom en så stor mängd pengar att romarna kunde vara skattefria ända till Augustus dagar. Segern vid Pydna blev också en vändpunkt i den romerska politiken. Under nära två århundraden hade romarna i allmänhet behandlat sina besegrade fiender ganska väl och inte krävt fullständig underkastelse. Efter Pydna inleddes en period av romersk grymhet och fullständigt utplånande av de besegrade fiendernas frihet samt ett rigoröst tillämpande av taktiken "söndra och härska" (divide et impera).

Kungadömet i Makedonien avskaffades, landet delades upp i fyra regioner, mellan vilka varje samarbete förbjöds. De kungliga gruvorna och jordagodsen gjordes till romersk egendom. Dessutom tvingades makedonerna att betala en årlig skatt, som ändå inte var mer än hälften så stor som den de hade betalat till kungen.

Makedonien hade inte liknat någon annan stat i den antika världen. Den bestod inte av en mängd småstater som i Grekland, inte heller av en lös konfederation av stater som de akeiska eller ätoliska förbunden. Makedonien hade utgjort en sluten enhet, med människor med samma, språk, religion och seder, som betraktade kungamakten som sin fasta symbol.

Romarnas experiment med att bryta upp denna nationalstat och dela upp folket, som under århundraden vuxit samman till en enhet, var dömt att misslyckas. En falsk tronpretendent, som uppgav sig för att vara son till kung Perseus, återupprättade för en tid kungadömet 149 men blev snabbt slagen av en stark romersk här. År 148 organiserade romarna Makedonien till en romersk provins under en pretor och gjorde därmed för all tid slut på dess självständighet och oberoende.

Romarnas behandling av grekerna blev lika hård som den av Makedonien. I det ätoliska förbundets områden startade romarna en jakt på sympatisörer till makedonerna. Före och under första skedet av romarnas krig med Perseus hade det akeiska förbundets medlemmar delats i ett proromerskt parti och ett nationellt, som ville säkra grekernas oberoende. Av detta förbund krävde romarna efter kriget att tusen av de förnämsta medlemmarna skulle sändas som gisslan till Rom. Bland dem befann sig Polybios, som blev god vän med Aemilius Paullus och Scipio d.y. och arbetade för bättre förståelse mellan romare och greker. I den andan skildrade han Roms öden från första puniska kriget. I sexton år hölls denna gisslan internerad och endast en liten del av den kunde återvända till Grekland. Ännu hårdare öden väntade epiroterna, som under kriget försökt hindra romarnas marsch genom sitt område mot Makedonien. Ett sjuttiotal städer förstördes och 150 000 människor togs tillfånga och såldes som slavar.

Rhodos och Pergamon

Roms forna vänner och bundsförvanter Rhodos och Pergamon hade inte deltagit på romarnas sida i kriget mot Makedonien. Rhodos hade ju t.o.m. försökt medla fred mellan de stridande parterna. Efter krigets slut fick de sona sin passivitet. De områden som rhodierna tidigare erhållit i Karien och Lykien fråntogs dem och de förbjöds att importera virke från Makedonien för skeppsbygge. Delos gjordes till frihamn och den romerska handeln flyttades från Rhodos till Delos, som blev centrum främst för den alltmer ökade slavhandeln. Genom romarnas åtgärder förlorade Rhodos sina stora intäkter på tullar och hamnavgifter

DEL III - HISTORISK TID

och klarade inte av att hålla en flotta som kunde säkra havets frihet från sjörövare. Pergamons kung, Eumenes II, anklagades av romarna för att ha stått i maskopi med Perseus av Makedonien och fick lämna ifrån sig en del av sina områden. Dessutom började romarna blanda sig i Pergamons utrikes- och inrikespolitik. Under sin långa regering (åren 197– 159) hade Eumenes prytt sin egen stad med ståtliga byggnader, tempel och skulpturer samt uppfört ett av de vackraste biblioteken i antiken och dessutom på olika sätt understött flera grekiska städer. Efter Pydna utsatte romarna honom för ständiga misstänkliggöranden och direkta inblandningar i hans politik. Ända till sin död höll han dock fast vid sin vänskap till romarna och denna politik fortsattes av hans efterträdare Attalos II. Den siste kungen Attalos III såg i den dåvarande situationen och under trycket av inre svårigheter ingen förhoppning om en fri och oberoende stat utan insatte romarna i sitt testamente som arvtagare till hela riket och dess stora skatter (år 133). Innan de tog detta arv i besittning, gjorde en illegitim son till härskaren, *Aristonikos* (som på mynt kallade sig Eumenes) anspråk på kungamakten. Han lyckades samla slavar och många av landsbygdens invånare, med vars hjälp han bekämpade romarna, som i början var fullkomligt maktlösa mot detta uppror. Först sedan härskarna i angränsande stater (i sina roller som romerska bundsförvanter) ingripit i kriget kunde romarna bemästra situationen. Av kungariket Pergamon bildades nu provinsen *Asia* (år 129).

Roms godtyckliga och despotiska handlande i Grekland väckte överallt grekernas harm. Fullkomlig anarki rådde i de grekiska städerna eftersom Rom inte lät någon militär stanna kvar för att upprätthålla ordningen. Inte heller hade de kvar någon flotta i östra Medelhavet, som kunde hålla sjörövarna i schack, utan dessa kunde, sedan även Rhodos satts ur spel att vaka över dem, hindra importen av säd från Svarta havsområdet och Egypten. De hellenistiska staterna låg i ständiga fejder med varandra, vilket förvärrades av Roms upprepade inblandningar. När det akeiska förbundet åter reste sig mot Rom (år 147) med stöd av den fattiga befolkningen i städerna, krossades förbundet fullkomligt. Romarna varken ville eller kunde inse att grekerna skulle behandlas annorlunda än övriga folk. De beslöt att även oskadliggöra den rika handelsstaden Korint. Konsul Lucius Mummius, som fått senatens uppdrag att bestraffa staden och det akeiska förbundet, lät sina soldater plundra och till största delen förstöra staden och på ett fullständigt meningslöst sätt förstöra mängder av målningar. Tusentals konstverk fördes över till Rom, befolkningen såldes som slavar. Det akeiska förbundet liksom de flesta andra sammanslutningar upplöstes, Roms fiender förföljdes och deras egendom konfiskerades. Däremot städer som stått på Roms sida, såsom Athen och Sparta, belönades som Roms allierade, medan andra städer blev skattskyldiga. Grekland organiserades inte som en egen provins utan ställdes under bevakning av pretorn i Makedonien.

VÄSTRA MEDELHAVSOMRÅDET EFTER HANNIBALSKRIGET

Romarna hade hoppats att Spanien, som var rikt tack vare sina silvergruvor och bördiga jord, skulle ge dem riklig ersättning för de stora uppoffringar som Rom tvingats göra under det andra puniska kriget. Oväntade svårigheter mötte emellertid romarna när de invaderade den ibersika halvön för att förse sig av rikedomarna. På grund av bergen var landet uppdelat i ett otal små samhällen utan förbindelse med varandra. Det fanns inga större stater som kunde göras ansvariga för indrivning av skatter eller upprätthållande av lag och ordning. Romarna måste därför underkuva stam efter stam. Största svårigheten mötte i de inre och västra delarna av halvön, som aldrig hade underkuvats av kartagerna och vars befolkning var tränad i gerillakrig. Dessa småkrig rasade till år 133 och upprepades därefter ofta ända tills Augustus definitivt pacificerade områdena.

För att underlätta administrationen delades landet upp i Hitre och Bortre Spanien, som var för sig styrdes av en pretor, vilken dock vid kritiska tillfällen ersattes av en ämbetsman med konsuls rang. Roms politik i Spanien är föga ärofull. Dessutom var många av dess styresmän där helt okunniga, oskickliga eller tyranniska. Ledningen i Rom drog sig inte heller för svek eller ens för lönnmord. Alltför sällan blev Spanien styrt av skickliga ledare. En sådan var emellertid Sempronius Gracchus, svärson till Scipio Africanus och fader till de båda Graccherna, pretor 179–178 i Hitre Spanien. Han grundade flera städer och ingick fördrag med många spanska stammar som kunde hållas giltiga under ett kvarts sekel.

År 154 anföll lusitaner och flera keltiberiska stammar den romerska provinsen och tillfogade romarna kännbara nederlag. Rom sände konsul Quintus Fulvius Nobilior till Spanien för att slå ned de upproriska. Eftersom det ansågs lämpligt att han började sitt tjänsteår tidigare än vanligt ändrades tiden för hans ämbetstillträde från den 15 mars till den 1 januari, som från och med det året blev romarnas nyårsdag (år 153).

Lusitanerna reste sig ofta mot romarnas grymheter och svekfullhet. År 147 fick de en skicklig härförare i *Viriatus,* en man av enkel härkomst men en utomordentlig fältherre och kännare av såväl sitt land som sitt folk. I åtta år kämpade han mot romarna, som tvingades att sätta in allt större kontingenter trupper mot de upproriska. År 141 fångade Viriatus 50 000 romare i en fälla men han lät dem undkomma i utbyte mot ett fördrag, som garanterade hans landsmän frihet och oberoende. Fördraget ratificerades av romarna men bröts följande år av den romerske befälhavaren, som dessutom lejde ett par lusitaner till att mörda Viriatus i hans eget tält. Därefter hade romarna inte något problem med att fullkomligt underkuva lusitanerna, som var utan härförare. Liknande svek och förräderi begick romarna i Hitre Spanien, där en romersk här på 20 000 hade stängts inne av 4 000 spanska soldater i ett läger i närheten av staden Numantia. Den romerske befälhavaren räddade sina 20 000 män genom att underteckna ett fördrag, som emellertid den romerska senaten senare betecknade som nesligt och förkastade. Efter flera liknande förödmjukande nederlag för romarna lyckades de intaga Numantia, som efter nio månaders belägring tvingades att ge sig på nåd och onåd. De överlevande invånarna såldes som slavar och staden jämnades med marken, ett skådespel som bevittnades av flera kända personer som Gaius Gracchus och Gaius Marius, historikern Polybios och den numidiske kungen Jugurta.

Tredje puniska kriget 149–146. Kartagos förstöring

Freden år 201 f.Kr. hade inte berövat Kartago allt land i Afrika utanför stadens gränser utan den fick behålla ett ganska stort kustområde och förfogade över utmärkta handelsförbindelser med bl.a. grekerna. Sina kommersiella och politiska förbindelser mot Rom uppfyllde Kartago till fullo och undvek att på något sätt utmana sina gamla fiender. En ny fiende och en avundsjuk och påpasslig rival hade Kartago fått i Numidiens kung Massinissa. Denne begåvade och målmedvetne härskare ordnade gränstvister med Kartago i medvetande om att staden genom fredsslutet år 201 var förhindrad att börja krig utan Roms medgivande. När Kartago framförde klagomål i Rom, sände romarna medlarkommissioner, som emellertid mutades av Massinissa och naturligtvis dömde till hans förmån. En medlem av en sådan kommission var Marcus Porcius Cato, som förvånades och förskräcktes av Kartagos snabba återhämtning och som blev en arg förespråkare i senaten för Kartagos förstöring. Till slut förlorade Kartago tålamodet och började krig mot Massinissa men besegrades av denne.

Därmed hade emellertid Kartago brutit mot freden och Rom tog detta till förevändning för en krigsförklaring. Kartago skickade ett sändebud till Rom, som emellertid fick höra att krig redan hade förklarats men att Kartago skulle få behålla sitt territorium och oberoende, om de gav gisslan på 300 man och utlämnade sina vapen. Kartago accepterade villkoren och när vapnen överlämnats – inte mindre än 200 000 rustningar och 2 000 katapulter skall ha lämnats till romarna – uttalade romarna domen över staden: den skulle utraderas och invånarna flyttas till det inre av landet, minst tio romerska mil från kusten. Detta var dödsstöten för en stad, som levde på handel och sjöfart. Kartagerna greps av raseri och rustade sig för krig. Staden förvandlades till ett enda härläger, fängelser öppnades, slavar frigavs och t.o.m. templen blev vapensmedjor. Stadens murar förstärktes. Först efter tre års strider kunde romarna tränga in i den tappert försvarade staden, som då hade övergivits av sina libyska bundsförvanter och därmed fullständigt isolerats. Sex dygn rasade själva slutstriden på stadens gator. Romarna måste erövra hus efter hus. På den sjunde dagen föll själva borgen, Byrsa (år 146).

Provinserna

I antiken tillföll erövrade områden segraren. Denne krävde att den underkuvade statens självständighet skulle upphöra liksom den tidigare regeringen och förvaltningen. De underkuvade folken blev Roms underlydande. Men Rom behandlade inte erövringar efter en och samma mall, utan formerna för folkets framtida öden bestämdes från fall till fall. Den segrande härens befälhavare tillsammans med en kommission på tio av senaten utsedda män undersökte på ort och ställe förhållandena i de erövrade områdena och bestämde därefter folkens öden, som kunde variera avsevärt även inom ett och samma land. Romarna tilllämpade också här principen "söndra och härska". Somliga städer, till vilka Athen, Sparta och Gades i Spanien hörde, tvingades till förbund med romarna, som inte ensidigt kunde sägas upp av städerna. Dessa fick behålla sin självständighet, var befriade från alla pålagor och deras land betraktades som privat område. Andra städer blev visserligen fria och skattefria *(immunes)* men deras frihet garanterades inte genom något fördrag utan kunde när som helst upphävas av romarna. Det stora flertalet av de underkuvade folken blev skattskyldiga undersåtar men beskattningen var av olika karaktär. De städer som under ett krig gått över till Rom blev inte romerska folkets egendom. Den skatt *(stipendium)* som dessa städer måste erlägga betraktades som ersättning för romarnas krigskostnader och dess storlek var bestämd en gång för alla. Om en stad däremot erövrades under kriget, blev dess landområde *ager publicus* och invånarna måste betala arrendeskatt för jorden *(vectigal)*, som inte fastställdes vid fredsslutet utan kunde höjas efter behag av romarna. I allmänhet var dock skatten inte så hög till romerska staten, knappast högre än invånarna tidigare hade betalat till sina forna herrar. Rätten att upptaga skatter arrenderades ut till de privata uppbördsmän *(publicani)*, som vid auktion i Rom gav det högsta budet för ett sådant privilegium. Den bjudna summan på auktionerna skulle betalas genast, men sedan blandade sig den romerska staten inte i hur mycket pengar de egentligen drev in av provinsborna. Det bildades bolag med huvudkontor i Rom och agenturer ute i provinserna, som drev in både de direkta och indirekta skatterna, t.ex. tull i hamnar och vid gränserna. Innehavarna av dessa bolag liksom deras tjänstemän tillhörde riddarklassen, medan deras anställda kunde vara romare av lägre samhällsklass, provinsbor, frigivna eller också slavar.

Detta sätt att driva in skatterna i provinserna blev alltmer betungande för provinsborna under republikens sista århundrade, då publikanerna var särskilt hatade. Detta hat riktades i än högre grad mot en annan skara plågoandar, nämligen bankirerna och penningutlånarna *(negotiatores)*. Särskilt talrika var dessa i Grekland och Mindre Asien, där städerna hade ständiga penningbekymmer och därför måste låna pengar till räntor som kunde uppgå till 48 %. Hatet mot publikanerna och penningutlånarna utlöste i början av första århundradet ett massmord på romarna i Mindre Asien, under vilket 80 000 romare skall ha dödats.

Förhållandena kunde således i hög grad variera mellan de olika städerna i provinsen men förvaltningen blev med tiden organiserad på samma sätt inom alla erövrade områden. I början sökte romarna styra de utomitaliska erövringarna ungefär på samma sätt, som de styrde kolonierna på italienska halvön, vilket emellertid snart visade sig vara otillfredsställande. Därför tillsattes år 227 två pretorer, en för Sicilien samt en för Korsika och Sardinien, att med hjälp av en kvestor, som hade hand om finanserna, att förvalta dessa först erövrade områden utanför Italien. Dessa kallades sedan dess provinser. *Provinciae* betecknade ursprungligen det verksamhetsområde, som en ämbetsman med *imperium* tilldelats av senaten för sitt ämbetsår. På samma sätt organiserade sedan Rom provinserna Hitre och Bortre Spanien, Makedonien,

Africa och Asia i det forna pergamenska riket. Pretorn hade kommandot över de romerska trupper som var stationerade i provinsen, utövade allmän kontroll över administrationen, både den lokala och den romerska, och var högste domare i civilmål mellan provinsborna och romarna. Hans ämbetstid var normalt begränsad till ett år men inte sällan förlängdes den. Vid sitt tillträde av ståthållarskapet offentliggjorde han ett edikt, som bestämde vilka juridiska principer han tänkte följa under sitt ämbetsår. I allmänhet överensstämde det med tidigare pretorers edikt, till vilka fogades nyare bestämmelser. På det sättet blev dessa edikt med tiden en rättskodex för provinserna. En romersk provinsståthållare hade vida större makt och frihet än övriga romerska ämbetsmän. Han hindrades inte i sin ämbetsutövning av någon kollega. Senaten och folkförsamlingen övervakade sällan hans förvaltning. Denna frihet ledde emellertid till att många ståthållare missbrukade sin maktställning. Liksom övriga romerska ämbetsmän hade ståthållaren ingen lön men statskassan i Rom anvisade varje år en ganska stor summa åt honom för att bestrida underhållet i provinsen. Dessutom hade han rätt att av provinsborna rekvirera vad han behövde för sig och sitt följe till transporter, beklädnad och representation samt att köpa säd och andra livsmedel till pris, som han själv bestämde. Utpressningar mot de praktiskt taget skyddslösa provinsborna blev ganska vanliga och det räknades inte som en straffbar gärning att en romersk ämbetsman under sitt år som ståthållare sökte skaffa sig en förmögenhet, som möjliggjorde hans fortsatta deltagande i politiken.

Den romerska senaten skulle efter ämbetsårets slut kontrollera en ståthållares administration, granska hans redovisning och hans eventuella anspråk på triumf för militära bedrifter mot provinsens grannstater. Deputationer från provinsen framförde sina synpunkter, beröm eller klagomål, på hans förvaltning. Klagomål från provinsborna fick dock sällan någon framgång, då senatorerna i regel sökte skydda ståthållarna, som tillhörde deras eget led. Men i mitten av andra århundradet hade utpressningarna i provinserna blivit så vanliga att det tillkom en särskild lag, *lex Calpurnia*, år 149, som i framtiden skulle stävja sådana utpressningar. En särskild domstol tillsattes, som bestod av 50 jurymän från senaten och som leddes av en pretor. Från denna domstol fanns ingen vädjorätt till folkförsamling eller högre ämbetsman. Det var emellertid ganska sällsynt att någon ståthållare ställdes inför denna domstol. Både ståthållarnas utpressningar, publikanernas utsugningar genom för höga skattepålagor och penningutlånarnas ockerräntor tillhör de mörkaste kapitlen i Roms historia under republiken.

Roms övertagande av ett område var emellertid inte enbart till skada för dess invånare. Rom ville utnyttja sina provinser på ett sätt som i längden mest gagnade det självt. Därför har på de flesta håll både handel, industri och åkerbruk främjats genom Roms övertagande. Anläggandet av gator och hamnar kännetecknar just övergången av ett land till romersk besittning. I de västra provinserna skedde en romanisering, som i allmänhet inte påtvingades dem. Romarna lät under denna epok de underkuvade folken behålla sitt eget språk, sina seder och sin religion. Genom invandringen av romerska borgare och italer skapades emellertid flera centra för den romerska kulturen och för romerskt liv, som med tiden kom att genomsyra hela provinsen.

DEL III – HISTORISK TID

Revolutionstiden

Under ett århundrade hade Rom fört krig med stater utanför Italien och grundlagt ett mäktigt välde runt hela Medelhavet. Utåt föreföll den romerska makten vara säkerställd, eftersom det inte fanns någon fri stat, som rimligen hade kraft att utmana Rom. De erövrade områdena var emellertid inte helt pacificerade, det jäste både i öster (Grekland och Mindre Asien) och väster (Spanien). Men den farligaste oroshärden fanns i själva Rom och Italien. Den romerska staten var överhopad av olösta problem och spänningar, ur vilka den oro och revolutionstid växte fram som kom att dominera under ett helt århundrade, åren 133–30 f.Kr., och som slutligen ledde till den gamla republikens undergång och monarkins framväxande. Eftersom Rom hade blivit en världsmakt, kom den inre revolutionen i Italien att sprida sig och få följder för hela riket. Detta revolutionens århundrade var emellertid inte bara en epok av förstörelse och undergång utan kunde också uppvisa framstående personligheter inom såväl det politiska livet (Graccherna, Marius, Sulla, Caesar och Augustus) som på det kulturella området. Under ingen annan epok i den romerska historien har den latinska litteraturen berikats i så hög grad som under denna tid, med författare som Caesar, Cicero, Sallustius, Lucretius, Catullus, Horatius, Propertius, Vergilius, Ovidius och Livius.

Före det första puniska kriget hade åkerbruket varit huvudnäringen för det romerska folket. Med hjälp av sina söner och några få slavar hade småbrukarna kunnat producera allt som deras familjer behövde. Byteshandel hade alltid varit den enda tänkbara handeln ända fram till år 269, eftersom myntet var ett okänt begrepp för romarna.

På ett århundrade ändrades fullständigt den ekonomiska strukturen. Den romerske affärsmannen blev en ofta förekommande person i österns handelscentra. Han kunde också med tiden utvecklas till en svår rival för dem som tidigare varit de dominerande maktägarna inom den romerska politiken, nämligen senatorerna. Under ganska lång tid framåt fortsatte senatorerna att behärska det politiska livet. Efter det andra puniska kriget decimerades antalet småbruk och jorden kom i händerna på storgodsägare, som endast kunde sköta de vidsträckta egendomarna med hjälp av det växande antalet slavar. I norr och i vissa områden av södra Italien kunde småbruket visserligen hålla sig kvar men i större delen av landet ersattes småbrukarna av innehavare med stora gods, *latifundier*. En del av denna jord ägde storgodsägarna men lika ofta hände det att de arrenderade jord, som staten lagt beslag på, särskilt efter Hannibalskriget. För denna jord skulle de betala ett arrende, något som dock ofta helt enkelt glömdes bort. Under det andra århundradet fylldes slavmarknaden med tusentals slavar av olika nationaliteter. De hade tagits som krigsfångar under de ständiga krigen eller rövats från pirater. De forna fria jordbrukarna, som utgjort kärnan och ryggraden i den romerska hären men som sålt sina hemman till godsägarna, flyttade till Rom när de lämnade hären. Där blev de arbetslösa och bodde i eländiga ruckel och försörjde sig på politikerna, som köpte deras röster inför valen. Följden av denna förändring (urbanisering) blev bl.a. att för varje år minskade Roms möjligheter att rekrytera härar för sitt försvar, eftersom slavarna i allmänhet inte kunde tas ut till krigstjänst.

Graccherna

TIBERIUS GRACCHUS

Flera politiker hade insett faran, som hotade Roms inre politiska utveckling och dess möjlighet att kunna försvara sig mot en yttre fiende. Jordbrukskrisen i Italien var intimt förknippad med de problem som uppstod genom det ökade antalet slavar och de ofta mycket svåra förhållanden som dessa måste leva under, vilket också ledde till flera svårartade slavuppror.

De båda bröderna Gracchus härstammade från en förnäm patriciersläkt. Fadern, Tiberius Sempronius Gracchus, hade varit konsul två gånger och även innehaft censorsvärdigheten. Han tillhörde Scipionernas politiska motståndare men hade trots detta gift sig med Cornelia, som var dotter till Scipio Africanus. Efter makens död hade hon lett barnens uppfostran i grekisk-hellenistisk inriktning och grekiska rhetorer och filosofer hade invigt dem i grekiskt tänkesätt och grekiskt statsskick. Den ene sonen, Tiberius Gracchus, inledde sin politiska bana år 137 som kvestor i Spanien, där han lärde känna de romerska truppernas dåliga kvalitet. På resan till Spanien hade han bl.a. sett hur vidsträckta fält i Etrurien låg helt öde. Han insåg nödvändigheten med reformer, som kunde öka antalet fria småbönder. Som folktribun för år 133 väckte han ett lagförslag att godsägarnas innehav av statsjord (*ager publicus*) skulle begränsas till 500 *iugera* (= 125 ha) med tillägg av 250 *iugera* för var och en av de båda äldsta, vuxna sönerna. Den jord som drogs in skulle styckas i mindre lotter på 30 *iugera* och delas ut till fattiga romare, som skulle betala ett årligt men lågt arrende, eftersom jorden skulle stanna i statens ägo för att förhindra försäljning. Denna lag gällde bara statsägd jord, som tagits genom krig och sedan arrenderats ut till godsägarna. Dessa hade dock med tiden börjat betrakta den som sin egen privata jord eftersom arrendeskatten ofta inte utkrävts. Den nya lagen slog hårt mot storgodsägarna, dvs. senatorerna, som ofta investerat stort kapital på förbättring av jorden. Dessa senatorer övertalade nu en av tribunerna, Marcus Octavius, att lägga in veto mot lagförslaget. På så sätt hindrades omröstning och enligt författningen skulle lagförslaget inte kunna drivas genom det året.

Så för att ändå få sitt lagförslag antaget tvingades Tiberius Gracchus att låta folkförsamlingen avsätta den motsträvige folktribunen med motiveringen att denne svek folket och därför inte fullgjorde sitt ämbete enligt lagen. Folk strömmade in till Rom i stora skaror från landsbygden och samtliga 35 tribus röstade för en avsättning. Detta var emellertid ett klart övergrepp mot folktribunatet som sådant, då ingen fick förgripa sig på en folktribun och dessutom kunde ingen ämbetsman i Rom avsättas före ämbetsårets slut. Det var inte endast ett övergrepp mot en enskild folktribun utan denna åtgärd av Tiberius Gracehus innebar en inledning till en ny period, då folket genom folktribunerna förvandlades till en politisk maktfaktor och då folket med en folktribuns hjälp kunde inleda uppror. I stället för den avsatte Octavius valdes en ny folktribun, som naturligtvis var lojal mot förslaget, som därigenom räddades. För att verkställa beslutet, dvs. uppdelningen av jorden, tillsattes en tremannakommission, som bestod av Tiberius Gracchus, hans svärfar Appius Claudius Pulcher och hans broder Gaius Gracchus. Dessa fick befogenhet att avgöra tvistefrågor vid uppdelningen och senare även laglig rätt att uppträda som domstol. Folket jublade över reformen och prisade upphovsmannen Tiberius Gracchus. Men senaten saboterade kommissionens arbete genom att sänka anslaget av pengar för inlösen av jorden.

Då kom budskapet att kungen av Pergamon, Attalos III, hade testamenterat sitt rike och sina förmögenheter till Rom. Tiberius Gracchus föreslog att dessa medel skulle kunna användas för att finansiera koloniseringsarbetet. Därmed gick han emellertid in på senatens maktområde, finansförvaltningen. Många som tidigare stött Tiberius blev tveksamma, eftersom detta kunde innebära början till en folkets diktatur. När Tiberius märkte motståndet, såg han ingen annan utväg för att rädda sin jordreform än att ännu en gång låta sig väljas till folktribun, vilket var i strid mot gängse praxis, även om det kanske inte var lagstridigt. Under själva folkförsamlingen, som hölls på Capitolium, inledde senatorerna ett bråk som urartade i slagsmål. Tiberius flydde men blev upphunnen och mördad. Hans kropp kastades i Tibern. Hans anhängare förföljdes och omkring 200 fick släppa livet till. Men konsekvensen blev att Tiberius fick rollen som martyr, medan senatorerna förlorade i anseende. Tremannakommissionen, i vilken Gaius svärfar Publius Licinius Crassus invaldes i stället för Tiberius, kunde fortsätta sitt arbete. På sex år steg antalet fria småbrukare med fler än 75 000, som därmed också utgjorde ett ansenligt tillskott till den romerska hären.

GAIUS GRACCHUS

Men jordreformen råkade ut för nya svårigheter och löpte risk att sakta dö bort, vilket eggade Gaius och hans anhängare till förnyade ansträngningar. Gaius var en utomordentlig talare, ägde större energi och skicklighet som statsman än brodern, men han var också mer revolutionär än denne, som bara av de speciella omständigheterna hade tvingats att bli det. Sin politiska bana började Gaius som kvestor på Sardinien år 126 och valdes till folktribun för år 123. Som sådan var han fast besluten att fortsätta broderns verk, men i sina förslag gick han avsevärt längre än denne hade gjort. Om det skulle lyckas att återskapa en fri bondeklass, måste dessa småbönder också vara fria från risken att militärtjänsten skulle ödelägga deras arbete. Därför framlade han ett lagförslag, som begränsade tjänstgöringstiden i krig till högst sex år. Ännu betydelsefullare var hans förslag inom domstolsväsendet. Dittills hade endast senatorer kunnat väljas till medlemmar i ordinarie och extra ordinarie domstolar. Gaius föreslog att dessa domarejurymän skulle utses ur riddarnas led, medan senatorer samt fäder, bröder och söner till senatorer skulle uteslutas. Därmed uppstod en strid mellan dessa två stånd och de inre spänningarna ökade. Genom en lag av Gaius Gracchus fick riddarna även andra förmåner: de kunde i likhet med senatorerna sitta på särskilda bänkar på teatern, de hade rätt att bära guldring samt ett smalt purpurband på sin tunika.

Gaius hade storslagna planer på att genom kolonisering skapa ett verkligt storvälde åt Rom. Kartago skulle återuppstå som centrum både för Roms intressen i Afrika och för handeln i södra delen av Medelhavet. Till den nya kolonin, *Junonia*, på Kartagos gamla område, sändes omkring 6 000 kolonister, som valts ut från hela Italien. Var och en av dessa fick 200 *iugera* (50 ha), som de kunde betrakta som sin personliga egendom befriad från arrendeskatt. För att organisera denna kolonisering i Afrika var Gaius borta från Rom i flera månader, under vilka hans motståndare använde tiden väl. De lejde en folktribun, Marcus Livius Drusus, som skulle övertrumfa Gaius projekt. När denne föreslog att ett par nya kolonier skulle anläggas, så föreslog Drusus tolv. Var och en av dessa skulle bestå av 3 000 kolonister, som valts ut bland de fattigaste, varför de inte skulle betala något arrende för sina koloniområden. Dessa kolonier som Drusus föreslog blev aldrig anlagda. Men Gaius, som utsetts till folktribun även för år 122, blev impopulär och inte omvald till folktribun för år 121. När han som privatperson försökte fortsätta sitt reformarbete så uppstod fullt uppror. Konsulerna samlade trupper på Capitolium medan Gaius och hans anhängare besatte Aventinen. I den strid som uppstod lyckades Gaius fly, men han bad en slav att döda honom för att undgå fångenskap.

Efter Tiberius död hade jordreformen förts vidare av brodern men läget var helt annorlunda vid Gaius plötsliga död. Det gällde nu för motståndarna att utplåna alla de som hade hjälpt honom i hans reformer. Förföljelsen av dem grep vida omkring sig. Fler än 3 000 skall ha omkommit under de strider som följde på Gaius död.

Agrarreformen kom snart av sig (år 119). Senare lagar fastställde att ytterligare uppdelning av statsjorden inte skulle förekomma. Gracchernas misslyckanden betraktades av deras meningsfränder som en stor politisk tragedi. Orsaken till misslyckandet låg till stor del i att deras kamp för att hjälpa storstadens proletärer samtidigt hade gjort att de hamnat i strid med storkapitalet, som representerades av senators- och riddarklasserna. Men brödernas kortvariga, revolutionära uppträdande på den politiska arenan blev dock av största betydelse för den romerska statens vidare utveckling både socialt och politiskt.

Det härskande skiktet inom Roms ämbetsmannaklass var fortfarande senatorerna, som kallade sig *optimates* (de bästa), vilket blev den nya benämningen på adeln. Denna klass kontrollerade fortfarande senaten och därmed ämbetsmännen och motsatte sig helt naturligt varje förändring inom förvaltningen. Mot dem fanns ingen enhetlig opposition. Riddarna, som inte hade något enhetligt ursprung utan bara hade penningen (förmögenheten) som gemensamt intresse – för tillträde till riddarklassen krävdes en förmögenhet på 400 000 sestertier – hade inga klara politiska linjer utan drogs än hit och än dit. Politiskt sett tillhörde de den heterogena skara som kallades *populares*, till vilka även räknades proletärerna i Rom och på landsbygden, Roms allierade i Italien, kort sagt alla som var missbelåtna med den bestående ordningen. Något "folkparti" i modern mening existerade inte. Utmärkande för maktkampen i Rom under de närmaste årtiondena är nya personligheter med starka ledaregenskaper, tack vare vilka de med lagliga eller olagliga medel kunde rycka till sig makten för kortare eller längre tid.

Slavuppror på Sicilien

Samtidigt som de inre striderna rasade i Rom mellan Graccherna och senatorerna, skakades det romerska väldet av oroligheter bland slavarna. Krigen i Makedonien och mot Seleukidiska riket hade väsentligt ökat slavarnas antal i hela Italien. De flesta av dem fick arbeta på fälten där de ersatte de fria bönderna. Slavarnas arbete var hårt liksom behandlingen av dem. Slutligen gjorde de uppror och krävde bättre levnadsförhållanden. Vid denna tid gjorde slavarna däremot sällan eller aldrig revolt för att bli fria eller för att avskaffa slaveriet.

På Sicilien hade redan år 135 bildats den första slavstaten. En syrisk slav vid namn Eunus intog staden Henna i mitten av ön och lät utropa sig till kung under namnet Antiochus. Romarna saknade resurser för att genast kväva upproret, men när detta började sprida sig till slavarna på fastlandet och t.o.m. till Rom, ingrep en romersk konsul med trupper och erövrade staden Taormina som hade ockuperats av slavarna. Sedan dessa besegrats fick de en mild behandling, och även deras ledare fick behålla livet. Romarna ville sannolikt inte beröva godsägarna den billiga arbetskraften genom att gå fram alltför hårt mot de upproriska, som uppges ha varit så många som 70 000.

UTRIKESPOLITISKA FÖRHÅLLANDEN

Romarna fick många gånger erfara att erövring av ett land resulterade i många problem, t.ex. stora svårigheter att pacificera och försvara de besegrade folken. Medan Roms hela intresse koncentrerades till kampen mellan senaten och Graccherna, så var de romerska härarna samtidigt upptagna av ständiga strider för att behålla de erövringar som gjorts i Makedonien och Illyrien i öster, där nu galliska stammar från söder om Donau trängde på. Befolkningen i Polandet måste försvaras mot stammar från Alperna. I väster härjade sjörövare, som tvingade romarna att erövra de Baleariska öarna och där anlägga kolonier för att säkra den viktiga sjöfarten till Spanien.

Den ursprungligen grekiska kolonin Massilia, som blivit Roms allierade bad om hjälp mot en gallisk stam norr om staden. Efter att först ha besegrat dessa gjorde romarna några år senare (år 120) hela södra Gallien till en romersk provins genom segrar över två starka galliska stammar. Ett led i romarnas ansträngningar att pacificera erövrade områden var anläggandet av goda vägförbindelser. Från Rhône byggdes en permanent militärväg till Pyreneerna, Via Domitia, vid vilken en romersk koloni i Narbo anlades och befolkades av veteransoldater. Detta var den första romerska kolonin utanför Italien, om man bortser från den som Gaius Gracchus anlade i gamla Kartago.

Kriget mot Jugurta

Någon tid efter ockupationen av södra Gallien kastades Rom in i en allvarligare situation med ett komplicerat krig, under vilket den romerska senatens svaghet och enskilda senatorers oförmåga att leda ett krig, och framför allt deras girighet, tydligt kom i dagen.

Härskarna i Numidien, som var grannland till den romerska provinsen Africa, hade bemödat sig om god grannsämja med Rom. Massinissa hade avlidit år 148 och hans son Micipsa hade så småningom blivit ensam härskare i riket. Under sin 30-åriga regering hade denne främjat åkerbruk och framför allt handeln, som koncentrerades till huvudstaden Cirta där även många romerska köpmän slog sig ned. Han hade som efterträdare åt sig utsett sina två söner samt en brorson Jugurta, som var en skicklig krigare men ärelysten och fullkomligt hänsynslös som människa. Den ene halvbrodern lät han mörda och den andre fördrev han från Numidien. När den fördrivne hänvisade till Roms allians med Numidien och vädjade till senaten om hjälp, beslöt denna efter lång tvekan att ingripa. Landet delades och den mindre hälften med huvudstaden Cirta tilldelades den fördrivne brodern, medan Jugurta fick merparten. Därmed ville denne inte nöja sig utan gjorde någon tid senare ett blixtanfall mot Cirta, som intogs; invånarna nedgjordes, bland dem många romerska affärsmän. Detta massmord i Cirta väckte en oerhörd storm i Rom. Liksom under Gaius Gracehus gick riddarna, som förlorat många medlemmar av sin klass, samman med den stora folkmassan i Rom och fick senaten att förklara krig mot Jugurta. En romersk här under en konsuls ledning fördes över till Afrika. Jugurta, som ganska väl kände de romerska politikernas svagheter då han på romarnas sida deltagit i kriget vid Numantia, lät sig besegras i obetydliga strider, varefter han tog sin tillflykt till mutor och bad om fred, vilket den romerska konsuln beviljade honom. Han fick behålla hela sitt rike. Folket i Rom genomskådade emellertid bedrägeriet och krävde en undersökning. När Jugurta kommit till Rom och inför folkförsamlingen skulle avslöja vilka personer han köpt, mutade han ett par folktribuner, som helt enkelt förbjöd honom att tala offentligt. I Rom bodde en kusin till honom, som hade anspråk på Numidiens tron. Denne lät han undanröja genom ett par lejda mördare.

Rom återupptog kriget med Jugurta som emellertid fullkomligt besegrade den odisciplinerade romerska hären. Denna räddades tack vare mutor och en allians mellan Jugurta och den romerska konsuln, som lovade att de romerska soldaterna skulle lämna Numidien. Även nu inskred folkförsamlingen, eftersom den vägrade att ratificera fördraget.

GAIUS MARIUS

De svåra romerska motgångarna i kriget mot Jugurta berodde till största delen på de romerska ledarnas oskicklighet och ohederlighet. I kriget mot Hannibal hade senaten visat sig som den bäste ledaren av kriget, medan folket och folkförsamlingen knappast hade varit kompetenta att föra just det omfattande kriget till ett lyckligt slut. Mot Jugurta hade folkförsamlingen drivit senaten in i ett krig, men de senatoriska ledarna hade hela tiden visat sig oförmögna att leda kriget. Först när en "folkets man" Gaius Marius övertagit ledningen kunde Jugurta definitivt besegras.

Gaius Marius var född i Arpinum av riddarsläkt. Även om han hela livet hatade patricierna, stödde han sig i början av sin militära bana på dessa. Först samarbetade han med Scipio Aemilianus, under vilken han tjänade i striden vid Numantia, därefter beskyddades han av den mäktiga familjen Metellus, med vars hjälp han lyckades bli folktribun år 119. Efter att ha varit pretor sändes han som ståthållare till Spanien, där han hade sina första militära framgångar. Sedan Marius valts till konsul för år 107, utsåg folkförsamlingen honom till befälhavare för kriget mot Jugurta. Genast efter övertagandet av befälet införde han sträng disciplin och regelbunden exercis av trupperna. Därefter inledde han regelrätta strider mot Jugurta och dennes svärfar och allierad, kung Bocchus av Mauretanien. I två blodiga slag besegrades de båda fienderna, Bocchus gick över till romarna och kunde även förmås av romarna att gillra en fälla för sin forne medkämpe Jugurta som togs tillfånga och fördes till Rom. Där dräptes han i det gamla statsfängelset Tullianum. Som belöning för sitt förräderi fick Bocchus västra delen av Numidien.

Kriget mot Jugurta hade förts med oerhörd brutalitet och grymhet på båda sidor. Rom hade kämpat inte så mycket för att utvidga sitt område som för att hindra att en stark stat skulle bildas intill den romerska provinsen Africa. Kriget hade också visat att den tid var förbi då Rom bara kunde lita på en här, som rekryterades ur de gamla folkklasserna, eftersom detta krig huvudsakligen hade vunnits med hjälp av frivilliga, som Marius samlat vid sitt övertagande av befälet. Dessa frivilliga kände sig inte som den romerska statens, utan snarare som en enskilde härförarens soldater, något som blev ödesdigert för den romerska politiken ända fram till Augustus dagar.

Kriget mot cimbrer och teutoner

Mot praxis blev Marius vald till konsul även för år 104 och fyra år därefter i följd. Anledningen till dessa i den romerska republiken enastående utnämningar var att panik brutit ut i Rom på grund av den fara som hotade från germanfolken cimbrer och teutoner. Dessa härstammade från norr, cimbrerna ända från Jylland och teutonerna troligen från Holstein. I stora skaror hade de trängt uppför Elbe och nått fram till Donau. För att hindra dem att komma vidare över Alperna ned i Italien, sände romarna en här, som blev fullkomligt besegrad år 113. Men trots sin seger fortsatte cimbrerna inte mot Italien utan vände sig mot helvetierna och kom efter något år in i Gallien, där romarna led flera nederlag i strider mot dem. Vid Arausio (nuv. Orange) kom den stora katastrofen år 105, då två romerska härar blev slagna i grunden. Romarnas förluster uppskattades till 80 000 man. Katastrofen vid Arausio var jämförbar med den vid Allia 387, och skräcken för cimbrerna var lika stor som tidigare den för gallerna. Allas förhoppningar riktades mot Gaius Marius. Denne var utan tvivel sin tids största militära begåvning. Han är den ende romerske politiker, som inte var talare eller advokat utan som avancerat till det högsta ämbetet endast tack vare sin militära skicklighet. Med veteraner från kriget mot Jugurta samt nya frivilliga skapade han en slagkraftig här, som ständigt övades men som hade felet att det inte blev en statens utan fältherrens lydiga redskap. Redan tidigare hade man sänkt kravet på förmögenhet för militärtjänst. Marius gick ett steg längre och rekryterade helt egendomslösa till legionerna. Man fick därmed en lejd yrkeshär som ständigt stod under vapen oberoende av om det rådde krig eller fred. Tjänstgöringstiden var 20 år och efter tjänstgöringstiden pensionerades soldaterna och tilldelades jord någonstans i riket. Marius ändrade även själva härordningen. Legionen utökades till 5 000 à 6 000 man, alla tungt beväpnade. Varje legion kommenderades av en yrkesofficer, *legatus*, inte som tidigare av en senator, som tillfälligt tjänstgjorde i hären. Kohorten (tio kohorter i varje legion) blev den nya taktiska enheten i stället för den äldre manipeln. Soldaterna tränades hårt genom långa marscher och krävande kroppsarbete. På det sättet skapade Marius en fruktansvärd militärmaskin, som emellertid också kunde bli ett farligt politiskt vapen.

På få år befriade Marius Rom från skräcken för germanerna, som efter Arausio på skilda vägar tågade ned mot Italien, teutonerna genom södra Gallien, medan cimbrerna valt en östligare väg genom Brennerpasset. Först mötte Marius teutonerna, som under flera dagar sökte storma hans läger men som därpå blev fullkomligt överrumplade vid Aquae Sextiae (år 102). Teutonernas kung togs tillfånga och av teutonerna uppges 100 000 dödats och lika många ha hamnat i fångenskap.

Under tiden hade cimbrerna tågat över Alperna in i Podalen och besegrat en romersk här, som under den andre konsuln sänts för att hejda dem. På våren följande år förenade Marius sina trupper med resterna av den andre konsulns här och drabbade samman med cimbrerna vid Campi Raudii (förr antogs Vercellae ha varit slagfältet). Även vid detta tillfälle blev det en glänsande seger för Marius, som efter de båda segrarna påstås ha tagit inte mindre än 150 000 fångar. Samma år (101) kunde han fira den första triumfen som någon romare firat över germaner. För en del av bytet från germanerna byggde han ett tempel åt Roms soldatgudar Honos och Virtus, Äran och Tapperheten, karakteristiskt för denne krigarpolitiker.

Krig mot slavar och sjörövare

Genom alla dessa krig ökade antalet slavar hastigt. Just på grund av den snabba tillväxten och det faktum att de i stort antal placerades ut på storgodsen kom slavarna att utgöra ett latent hot mot den romerska staten. Samtidigt med att rädslan för germanerna hade skakat det romerska folket, hade ett nytt svårt slavuppror uppstått på Sicilien, vilket det tog romarna fler än fyra år att slå ned. Flera tusen slavar slöt sig samman och upprättade ett kungarike på ön. Först när romarna kunde sända dit en här under en konsuls ledning, lyckades det dem att återfå lugn och ordning på Sicilien. Sedan Rhodos genom romarnas bestraffningsåtgärder hade upphört att vara en sjömakt hade sjörövarna fått fritt spelrum i Medelhavet. Romarna hade försummat att hålla en tillräckligt stark flotta för att kunna rensa havet från pirater, som gjorde täta räder långt inåt landet för att kidnappa människor som sedan såldes på de stora slavmarknaderna, särskilt på Delos. Eftersom de romerska senatorerna på det sättet försågs med slavar, vars pris kunde hållas nere genom den rikliga tillgången, underlät den romerska senaten att ingripa mot sjöröveriet. Först när Bityniens kung klagade i Rom över att hälften av den militära ungdomen i hans land hade rövats bort av piraterna, antog folkförsamlingen en lag, som gjorde det möjligt att sända pretor Marcus Antonius (farfar till den mer berömde Marcus Antonius) för att förstöra piraternas baser på den kilikiska kusten och ön Kreta. Antonius förstörde åtskilliga av piraternas städer och intog en del av deras landområden, som blev provinsen Cilicia.

ROM SKAKAS AV INRE STRIDIGHETER

Under såväl kriget mot Jugurta som mot germanerna och slavupproret på Sicilien hade många ansedda senatorer komprometterats. Den räddande ängeln hade varit Marius, som betraktades som en folkets man, men hans veteraner hade inte på något sätt tillfredsställts efter krigen. Fiender till senatorerna och optimaterna kunde för en tid vinna valen. Den romerska aristokratin sökte försvara och bevara sina privilegier mot folkets anstormning. Vid valen i slutet av år 100 härskade rena terrorn. Senaten förklarade belägringstillstånd och det tillkom Marius som konsul att inskrida mot sina anhängare, varigenom hans aktning bland dem sjönk väsentligt. I denna strid mellan senaten och folket stod riddarna på senatorernas sida, trots att de båda ståndens intressen i övrigt inte sammanföll. Riddarna hade missbrukat den domsrätt som de fått genom Gaius Gracchus. Särskilt hade de ingripit mot provinsståthållare, som sökte begränsa skatteindrivarnas, publikanernas, utpressning av provinsborna.

Mot riddarnas ökade maktställning protesterade en folktribun för år

91, M. Livius Drusus, en liberal aristokrat och idealist, som insåg nödvändigheten att få slut på korruptionen inom rätts- och finansförvaltningen. Han ville återuppliva senatens makt och anseende samt utsträcka romerskt medborgarskap till det italienska folket. För att stärka senaten föreslog han att den skulle utökas med 300 medlemmar från de rikaste och förnämsta bland riddarna. För att ytterligare minska klyftan och stridigheterna mellan de båda högsta stånden föreslog han att medlemmarna i jurydomstolar skulle utses till hälften från senatorsståndet och till hälften bland riddarna.

Eftersom dessa förslag fick svagt stöd hos senatorer och riddare, hoppades Drusus kunna vinna den stora massan genom att föreslå utdelning av säd till lågt pris och anläggandet av kolonier i Italien och på Sicilien. Mot förslagen restes hårt motstånd, Drusus betraktades som förrädare och mördades. Detta mord blev signalen till ett uppror i hela Italien, och Rom fick ett av sina farligaste krig sedan Hannibalskrigets dagar.

Medborgarkriget 90–88

Genom mordet på Drusus släcktes det sista hoppet för folket på landsbygden att på fredligt sätt vinna romerskt medborgarskap. Det blev uppror i en liten stad i norr där samtliga romare dödades. Som en löpeld spred sig sedan revolten över Abruzzerna mot söder. Flera stammar slöt sig samman till ett förbund riktat mot Rom och skapade en ny stat, Italia, med Corfinium som huvudstad. Upproret spred sig snabbt till Mellanitalien, Samnium, Kampanien, även Lukanien och Apulien anslöt sig, medan Latium och Etrurien blev trogna mot Rom. Den nya staten utsåg en senat på 500 medlemmar och egna ämbetsmän enligt romerskt mönster, präglade egna mynt med antingen Bacchus eller Italia på den ena sidan. Den uppsatte en här på omkring 100 000 man, av vilka många var tränade i den romerska armén. Men Rom kontrollerade hamnarna i Italien och kunde få förstärkningar från Gallien, Spanien och Numidien. Trots att den romerska staten på så sätt snart kunde mönstra en här på 150 000 man, blev situationen så farlig för Rom att invånarna såg sig tvungna att förstärka stadens försvar. För att vinna de upproriska genom politiska i stället för militära medel, föreslog konsul L. Iulius Caesar att alla latinare och bundsförvanter som var lojala mot Rom skulle få romersk medborgarrätt. Följande år utökades generositeten: alla söder om Po skulle få medborgarrätt om de inom 60 dagar anmälde sig för pretorn i Rom, dvs. om de lade ned vapnen. Folken norr om Po skulle på samma villkor få latinsk rätt.

År 89 fick romarna åter övertag främst genom L. Cornelius Sullas framgångar i Kampanien, där han bl.a. intog Nola och Pompeji. Organiserat motstånd bröts och upproret ebbade ut under loppet av år 88. Medborgarkriget hade åstadkommit väldiga förluster i människor och egendom. Hela landet hade förhärjats nästan lika svårt som under Hannibalskriget. Knapphet på livsmedel och dyrtid blev följden. Alla tyngdes av skulder, som de inte kunde betala. Men Rom vann den fördelen av kriget, att omkring 500 000 nya medborgare kunde tillföras hären. Utdelningen av romersk medborgarrätt åt människorna söder om Po var en viktig förutsättning för att de skulle känna sig likaberättigade med invånarna i Rom. Begreppet "bundsförvanter", *socii*, upphörde att existera. Men helt likställda blev inte landsortens människor med dem i Rom, då de på grund av de stora avstånden sällan kunde deltaga i valen eller över huvud i folkförsamlingarna i Rom. Städerna tilläts lokal självstyrelse och valde sina egna ämbetsmän, två *duoviri iuri dicundo*, som motsvarade konsuler och pretorer i Rom, och två aediler, som skulle sörja för att folket fick bröd och skådespel. Dessutom hade städerna sina *decuriones*, som var en motsvarighet till senaten i Rom och kan jämföras med våra dagars kommunalfullmäktige.

L. CORNELIUS SULLA OCH G. MARIUS

Rom blev inte befriat från krig och inre svårigheter i och med att de upproriska i Italien kuvats. Mellan senatorer och riddare fortsatte tvisterna om bl.a. ur vilken klass domare skulle utses. De svåraste inre striderna utkämpades emellertid mellan Gaius Marius och Lucius Cornelius Sulla. Orsaken till dessa stridigheter var rivaliteten om ledningen för kriget mot Mitradates VI (jfr nedan). Senaten överlämnade denna till Sulla såsom konsul för år 88, varefter Marius förenade sig med en folktribun Publius Sulpicius Drusus, som föreslog att kommandot skulle lovas åt Marius som också understöddes av många riddare vilka fruktade Sulla som en optimaternas beskyddare. Marius utsågs till befälhavare, vilket Sulla fick kännedom om när han var med hären i Kampanien. Lätt övertalade han sina soldater att följa honom till Rom, som överrumplades av anfallet. Sulpicius dödades men Marius lyckades fly till Afrika, medan Sullas legioner slog läger på själva Forum Romanum. De lagar som Sulpicius hade genomdrivit upphävdes av Sulla och senatorerna fick domsrätten tillbaka. Men kriget i öster hotade, varför han begav sig dit med en här. Knappt hade han lämnat Rom förrän allt som han hade genomdrivit revs upp. Den ene konsuln L. Cornelius Cinna var en nära släkting till Sulla men en hätsk fiende till honom och en ivrig demokrat. Han vädjade till folket och med tolv legioner tågade han mot Rom med Marius, som återvänt från Afrika. Senaten kapitulerade och ett skräckregemente inleddes i hela staden. Sulla förklarades för statens fiende och hans förmögenhet konfiskerades, Sulpicius lagar återinfördes. Men Sulla fullföljde kriget i öster (se nedan). Marius anhängare stack ned alla senatorer som han hatade, deras stympade kroppar lämnades kvar på gatorna, medan deras huvud fick pryda talarstolen på Forum. Mitt under denna oreda dog Marius 70 år gammal.

Kriget mot Mitradates

Förhållandena i öster hade blivit alltmer kaotiska. Egypten och det Seleukidiska riket föröddes av tronstrider. I Mindre Asien hade på romarnas initiativ bildats ett antal buffertstater, som dock inte kunde hålla stånd mot den hastigt uppstigande makten i Pontus och Armenien. I det förra riket regerade Mitradates VI sedan omkring år 120, ofta kallad "den store", som drömde om att skapa ett stort välde vid Svarta havet som en motvikt till det romerska riket vid Medelhavet. En tid hade han haft sin broder som samregent men lät år 115 undanröja denne jämte sin moder, varefter han ingick allians med Armeniens kung Tigranes II åt vilken han även gav sin dotter till äkta. Mitrades övertalade honom att invadera Kappadokien och fördriva härskaren därifrån. För första gången ingrep Rom, som instruerade Sulla, vilken år 92 var ståthållare i Kilikien, att förmå Mitradates att lämna Kappadokien i fred. Redan två år senare bröt denne avtalet och intog både Kappadokien och Bitynien. Mitradates kontrollerade dessutom hela kusten vid Mindre Asien och de Egeiska öarna utom Rhodos. Sin bästa bundsförvant fann han i det glödande hat som rådde överallt i dessa trakter mot romarna på grund av publikanernas oförskämda metoder att utkräva skatter samt bankirernas sätt att låna ut pengar mot ockerräntor till de skuldsatta städerna och människorna. År 88 sände Mitradates ut en hemlig order till satraper och myndigheter i Mindre Asien att alla italer, män och kvinnor, rika och fattiga, skulle dödas 30 dagar efter orderns utsändande. Denna åtlyddes och 80 000 italer skall ha mördats. Mitradates gjorde Pergamon till sin nya huvudstad och i slutet av år 88 marscherade han över till Makedonien och Grekland. Friheten vinkade för grekerna. Athen gick över till sin "nye Alexander". En av Mitradates generaler, Archelaus, utplånade den romerska kolonin på ön Delos, som var medelpunkt för den romerska handeln och bankirväsendet i öster. Efter det slaget återvann aldrig Delos hamn sin forna betydelse. I stället började Puteoli i Italien bli den viktigaste hamnstaden för Rom. Från Delos gick Archelaus över till södra Grekland.

Från väster kom Sulla med fem legioner, som han till en del rekryterat under sin marsch genom Epirus. Vintern 87–86 belägrade han Athen, och placerade belägringsmaskiner i Platons Akademi. Tempelskatterna i Delfi, Olympia och Epidaurus fick betala krigskostnaderna. Athenarna, som led svårt av belägringen och hungersnöd, sände en delegation till Sulla med bön att upphöra med belägringen men fick till svar att han inte hade kommit för att höra en föreläsning av professorer utan för att kuva upprorsmakare. I mars 86 stormades Athen, som dessutom plundrades på sina rika konstskatter, de långa murarna revs ned, hamnstaden Pireus förstördes "för att Mitradates inte skulle kunna använda dess hamn".

På det berömda slagfältet vid Chaeronea besegrade Sulla sedan Mitradates, som återvände till Mindre Asien där han återigen led nederlag mot romarna. Mitradates var angelägen om fred, och det var även Sulla med anledning av händelserna i Rom efter hans avresa därifrån. Därför blev fredsvillkoren ganska billiga för Mitradates, som måste lämna alla erövringar i Mindre Asien och betala 2 000 talenter i krigsskadestånd. Värre råkade provinsen Asia ut, som skulle betala 20 000 talenter och dessutom retroaktiv skatt för fem år. Även de stora helgedomarna fick betala sin tribut. Dessutom tillät Sulla sina soldater att röva och plundra både i Mindre Asien och i Grekland i en utsträckning som tidigare varit otänkbar. Sulla hyste inte något medlidande med Greklands städer. Efter att på så sätt ha förstört stora delar av Grekland återvände han till Italien.

Sullas återkomst till Italien

Rom beredde sig för att mottaga Sulla, som hade varskott om att han inte kom med fred. Senaten hade retat honom genom att utse Gaius Marius till ny befälhavare i kriget mot Mitradates, som dock aldrig kom och övertog befälet. Nu försökte senaten förgäves medla. Storkapitalisterna väntade att Sulla skulle slå ned populares. Två härar sändes för att möta honom i Syditalien, men de besegrades lätt. Det avgörande slaget stod utanför Roms murar. Konsul Gaius Marius den yngre förenade sina anhängare med samniterna och gjorde ett anfall mot Rom. Sulla kom dock i läglig tid för att rädda staden från förstörelse. Själv svävade han i livsfara men räddades av Licinius Crassus, som senare var triumvir tillsammans med Caesar och Pompejus. Denne senare hade farit till Afrika för att där krossa Marius kvarvarande anhängare, vilket han lyckades göra ganska snabbt. För denna seger begärde han att få fira triumf, vilket Sulla efter tvekan beviljade honom, liksom tillåtelse att antaga hedersnamnet Magnus, "den store".

Sulla som diktator

Knappt hade Sulla blivit herre över Rom, förrän en våg av terror och mord igångsattes i staden. Sextusen samnitiska krigare, som tagits till fånga, torterades till döds. Listor över obehagliga personer hängdes upp offentligt, några personer utvaldes av Sulla själv, andra av hans hejdukar. Varje romare, som innehaft ett ämbete under Marius eller dennes anhängare, sattes automatiskt upp på listorna. Dessa "proskriberade" förklarades fredlösa och mördades. Deras egendom konfiskerades och såldes på offentlig auktion under Sullas ledning, deras barn och barnbarn förklarades icke valbara till offentlig tjänst. Särskilt riddarna utsattes för dessa lidanden, 2 600 av dem uppges ha mördats, medan 90 senatorer skall ha utsatts för Sullas hämndaktioner. Det var genom dessa konfiskationer som Crassus lade grunden till sina jätteförmögenheter.

Stora landområden konfiskerades i Italien, särskilt i Samnium och Etrurien och i någon mån i Kampanien för att ge jord åt Sullas veteraner, av vilka omkring 150 000 fick gårdar i dessa områden. Härigenom blev landsbygden delvis latiniserad, latinet ersatte de gamla språken som oskiska och etruskiska, vilka undanträngdes och så småningom dog ut. Man ser i Pompeji att det oskiska språket gav vika för det latinska från denna tid.

Sullas reformer

Sullas mål var inte bara att slå ned sina motståndare utan även att skapa en fast styrelse åt den romerska staten. Han utsågs till diktator utan tidsbegränsning "för att stifta lagar och ordna förhållandena i staten", varigenom han fick en makt, som ingen romare tidigare ägt. Hans målsättning var att återge senaten den ställning som den hade haft före år 133. Hans gamla fiender riddarna förlorade sin domsrätt och blev i övrigt ganska betydelselösa. Folktribunernas vetorätt begränsades till en obetydlighet och de berövades rätten att framlägga lagförslag på lagförsamlingen. För att göra folktribunatet mindre attraktivt infördes regeln att en person som varit folktribun var utesluten från annat ämbete.

Senatorernas antal hade kraftigt minskat genom krigen samt Marius och Sullas framfart mot dem. Sulla ökade antalet senatorer med 300 till 600. En stor del av de nya medlemmarna utsågs från de förnämsta familjerna inom riddarståndet och på det hittills okända sättet att de tillsattes genom val av folket, som helt följde diktatorns vilja. Själv omgav han sig med en livvakt på 10 000 f.d. slavar, som tillhört de proskriberade men som frigivits av honom och därför enligt romersk sed fått hans släktnamn Cornelius.

Ännu mer vittgående följder fick Sullas reformer inom statsförvaltningen. De högsta ämbetsmännen, de båda konsulerna och pretorerna, som ökades från sex till åtta, skulle hädanefter stanna i Rom under sitt tjänsteår, medan de för efterföljande år fick ett förlängt *imperium* som ståthållare, prokonsuler eller propretorer, i provinserna, vilka nu uppgick till tio, sedan Gallia Cisalpina organiserats som provins. För att höja senatens makt och hindra provinsernas ståthållare från att bli för mäktiga begränsade Sulla dessas *imperium* till ett år och förbjöd dem att utan senatens tillstånd föra krig utanför provinsen.

Reformerna inom statsförvaltningen förblev giltiga under återstoden av republiken och även delvis under kejsartiden, medan Sullas övriga lagar och förordningar ganska snart upphävdes efter hans avgång. Efter att ha ordnat förhållandena nedlade han diktaturen år 79 och drog sig tillbaka till sina jordagods i Kampanien, där han dog följande år. Detta frivilliga tillbakaträdande har förvånat både samtid och eftervärld och kritiserats av flera samtida politiker, t.ex. Caesar.

GN. POMPEIUS MAGNUS

Något lätt arv lämnade Sulla inte åt sina efterträdare. Provinserna var i upprorsstämning, både i öster och väster rasade krig. Den som övertog ledningen av romerska staten var Gnaeius Pompejus, som faktiskt lyckades slå ned de svåra fienderna Sertorius i Spanien, Mitradates i öster och sjörövarna på Medelhavet.

Spanien

I väster hade Spanien slitit sig loss från riksenheten. En av Sullas fiender, Quintus Sertorius, som av Sulla hindrats att bli folktribun, hade blivit ståthållare i Bortre Spanien år 83. Men han hade genom Sullas försorg fördrivits därifrån och tvingats fly till Afrika, varifrån han återvände till Spanien år 80. Lusitanien reste sig och utsåg Sertorius som sin ledare, som inom två år var herre över hela halvön och betraktade sig som den rättmätige härskaren, utnämnde pretorer och kvestorer och skapade en fullständig romersk förvaltning under sig själv. Dessutom satte han sig i förbindelse med romarnas fiender på andra håll, Mitradates av Pontus och sjörövarna.

Sertorius var en ytterst skicklig gerillaledare. Han vann spanjorernas förtroende och hade i början stora framgångar mot de romerska härarna som sändes för att krossa honom. Då ingen av de båda konsulerna för år 77 var intresserad av att leda kriget mot Sertorius, tvingades senaten att engagera Pompejus, som tilltvang sig prokonsularisk makt trots att han bara var 30 år och saknade den vanliga officersutbildningen. Med 40 000 man drog han över Alperna och Pyrenéerna in i Spanien, där han dock fick stora svårigheter med Sertorius som besegrade Pompejus i ett par drabbningar. Först sedan Sertorius mördats av sina tidigare anhängare, som ansåg honom alltför sträng, kunde Pompejus kuva upproret år 71 och återvända till Italien. Där mötte honom en rival i Marcus Licinius Crassus, som just slagit ned största delen av de upproriska slavarna som samlats under Spartacus ledning.

Spartacusupproret 72–71

Medan Pompejus kämpade i Spanien mot Sertorius, uppstod det sista men samtidigt det största slavupproret i Italien, som fått namn efter dess förnämsta ledare Spartacus, en trakisk slav vars börd är omdiskuterad. Från en gladiatorskasern i Capua hade han flytt tillsammans med en del medslavar upp till Vesuvius sluttningar och organiserat en verklig här av 7 000 slavar, med vilken han tog städerna Nola och Nuceria i närheten av Capua, samt Thurii och Metapontum i södra Italien. Sedan han besegrat två konsulariska härar, som sänts mot honom, varigenom han vann ökat anseende, strömmade ännu fler slavar från hela landet till honom så att hans skaror växte till 60 000 eller enligt andra källor 70 000. I likhet med Sertorius inledde han samarbete med sjörövarna i Kilikien, med vars hjälp han hoppades kunna fara över till Sicilien. Av det byte han tagit under kriget, köpte han deras tjänster men när de väl mottagit hans gåvor lämnade de honom i sticket. Med sitt krig avsåg inte Spartacus att störta den romerska staten utan bara att genomföra sociala förbättringar för de många slavar, vars största önskan dock var att få återvända till sina hemländer. Huvudparten av hans här och makt låg i Lukanien. Marcus Licinius Crassus, den senare triumviren, fick prokonsularisk makt och med sina oerhörda förmögenheter kunde han sätta upp en här med vilken han till slut besegrade slavarna i ett blodigt slag, i vilket Spartacus själv stupade jämte mängder av slavar. Många togs till fånga och 6 000 korsfästa slavar uppges ha kantat Via Appia från Capua till Rom. Omkring 5 000 räddade sig undan och ryckte mot Norditalien, där de mötte Pompejus, som förintade dem. Sedan hävdade Pompejus att det var han som hade slagit ned slavupproret och fick därför en triumf, medan Crassus blev utan sådan. Sämjan mellan de två rivalerna blev därmed inte den bästa, men båda blev tillsammans konsuler för år 70.

Tredje kriget mot Mitradates 74–66

Efter att Mitradates hade ingått fred med Sulla, stärkte han sin makt och sitt rike och organiserade nya härar. Varken han eller hans svärson Tigranes i Armenien hade gett upp sina planer på att samla hela Mindre Asien mot romarna. Tigranes gjorde sig till herre över hela Syrien och delar av Kappadokien. År 75 hade Bityniens kung Nicomedes III avlidit och testamenterat sitt rike till romarna. Mitradates bestred testamentets giltighet och satte sig själv som förmyndare för Nicomedes son. Romarna tvingades ingripa och den romerske konsuln Lucius Licinius Lucullus fick provinserna Kilikien och Asien samt överbefälet för huvudoperationerna mot Mitradates, medan hans kollega M. Aurelius Cotta blev ståthållare över Bitynien samt fick överbefälet över flottan och därmed kriget mot sjörövarna. Efter hårda strider besegrades Mitradates av Lucullus, som erövrade den ena befästa staden efter den andra i Pontus.

Lucullus var en utmärkt härförare och en skicklig diplomat, som dessutom var ytterst intresserad av konst, filosofi och litteratur. Men han gjorde sig impopulär hos sina egna soldater genom att kräva en mycket hård disciplin och förbjuda dem att begå övergrepp mot besegrade fiender. Dessutom gjorde han sig till ovän med de kapitalistiska riddarna, som genom sitt oblyga sätt att driva in för mycket skatt och ockerräntor, plågat de hårt prövade provinsborna i Asien.

Det från Mitradates erövrade Pontus organiserade han som en romersk provins och grep sig därefter an med att ordna förhållandena i Asien, där det rådde en oerhörd fattigdom efter Sullas brandskattning. Lucullus införde maximiränta på 12,5 % i stället för de höga räntor som dittills varit vanliga, 48 %. Samtidigt lade han skatt på jord, hus och slavar, vilket främst drabbade de romerska kapitalisterna. På fyra år blev befolkningen befriad från sin största skuldbörda, men det ledde också till att Lucullus blev avsatt som befälhavare. Riddarna drev sin agitation mot Lucullus både i Rom och i hären, över vilken han alltmer förlorade kontrollen. År 67 fråntogs han befälet och resterna av hans här övertogs följande år av Pompejus.

Kriget mot sjörövarna

Sjörövarna hade blivit allt djärvare och skapat ett rike över hela Medelhavet, vid vars kuster de även behärskade omkring 400 städer. De hade vidsträckta förbindelser och förhandlade med Roms fiender Sertorius, Spartacus och Mitradates. De plundrade inte bara handelsfartyg på havet utan även städer och tempel vid Egeiska havet, hemsökte Sicilien och Italien och förde bort skepp t.o.m. från Roms hamnstad Ostia. Romarnas försök att komma till rätta med denna plåga hade varit mindre lyckosamma. År 67 framförde folktribunen Aulus Gabinius ett lagförslag, att befälet skulle för tre år överlämnas till *en* person, nämligen Pompejus, även om hans namn inte förekom i förslaget, och att han skulle få imperators makt 50 romerska mil (75 km) inåt land, även i Italien. Senaten motsatte sig förslaget, då den fruktade en alltför stark maktkoncentration hos en enda person, men folkförsamlingen genomdrev detta.

Sedan Pompejus försetts med dessa extraordinära fullmakter genomförde han snabbt kriget. En flotta på 500 fartyg anskaffades liksom en stark här, Medelhavet delades in i tretton distrikt, som fick var sin flottavdelning under ledning av en *legatus*, sunden vid Gibraltar och Dardanellerna spärrades. På så sätt kunde västra Medelhavet rensas från sjörövarna på 40 dagar och östra hälften efter ytterligare 50 dagar. Avgörandet kom genom ett angrepp på sjörövarnas stödjepunkter i Kilikien. En del av de forna sjörövarna fick etablera sig som kolonister på olika platser. Kreta, som jämte Kilikien hade varit ett centrum för dem, organiserades år 66 till en romersk koloni och förvaltades tillsammans med Kyrenaika.

Pompejus avslutar kriget mot Mitradates

Det snabba avgörandet i kriget mot sjörövarna hade varit en obestridlig framgång för Pompejus. Framför allt i östern men även i Rom prisade man hans säkerhet i krigföringen. Efter sjörövarnas besegrande uppstod frågan vem som skulle efterträda Lucullus som befälhavare i kriget mot Mitradates och Tigranes. Folktribunen Gaius Manilius föreslog att ledningen av detta krig skulle överlämnas åt Pompejus, som också skulle övertaga provinserna Kilikien, Bitynien och Asien samt få omfattande fullmakter för såväl politiskt som militärt genomförande av striden. Åter motsatte sig senaten sådana fullmakter för Pompejus, som emellertid fick stöd av riddarna samt av Marcus Tullius Cicero, som i egenskap av pretor för det året höll sitt politiska jungfrutal till Pompejus förmån.

Pompejus hade i själva verket en ganska lätt uppgift, eftersom Lucullus hade gjort de flesta förberedelserna. Mitradates besegrades fullständigt, varefter han drog sig tillbaka till Krim i hopp om att där kunna sätta upp en ny här mot romarna. Då detta misslyckades tog han sitt liv år 63. Meddelande härom nådde Pompejus när han var på väg till Jerusalem. Efter att ha besegrat Mitradates hade nämligen Pompejus begett sig ned till Syrien, som dittills hört till Seleukidiska riket men som vid denna tid råkat i fullständigt förfall och oordning. Sedan blandade han sig i striden mellan tronpretendenter till Judéens tron. Efter en kort strid, under vilken Jerusalems tempel stormades av de romerska trupperna, inordnade Pompejus en stor del av Judéen under provinsen Syrien. Efter detta återvände han till Mindre Asien, där han ordnade upp förhållandena till stor del efter samma mönster som Lucullus hade tillämpat, en ordning som blev av allra största betydelse för romerska rikets handel med östern. Rikets skatteintäkter ökades väsentligt härigenom. Försedd med ett rikt byte återvände Pompejus till Italien och landsteg i slutet av år 62 i Brundisium.

INTRIGER OCH KONSPIRATION

När Pompejus lämnade Italien för att rensa Medelhavet från sjörövarna, lämnade han kvar en ytterst svartsjuk rival, Marcus Licinius Crassus. Denne hade samlat en stor förmögenhet men nöjde sig inte med rikedom utan strävade under hela sitt liv efter både politisk och militär makt.

För att nå sina mål sparade han aldrig sina pengar. Han hade visat sig som en acceptabel fältherre bl.a. i kriget mot slavarna och blev mycket förbittrad när han förbigicks av Pompejus som istället fick fira den triumfen. Crassus började inte bara känna avund utan också fruktan för denne. Liksom nästan alla andra i Rom var han säker på att Pompejus efter att ha besegrat Mitradates skulle stå i spetsen för den mäktigaste flottan och hären i den romerska världen och inte dra sig för att använda denna mot senaten för att vinna egna fördelar. Crassus hade genast en motplan klar. Om inbördeskrig skulle bryta ut måste han måste skaffa sig en här, som var stark nog för att ta upp kampen mot Pompejus. Miljonären Crassus hade redan länge frikostigt delat ut pengar för att skaffa sig så mycket inflytande hos folket som han kunde. Han var alltid redo att låna ut pengar till dem som hade eller föreföll kunna uppnå inflytande, oberoende ur vilket parti de kom. Många senatorer stod redan i skuld till honom. När Pompejus lämnade Italien fördubblade Crassus sin aktivitet. En del senatorer började betrakta honom med misstänksamhet, varför han insåg att han inte ensam kunde ta upp tävlan med Pompejus. Då fann han en bundsförvant i en av de skickligaste talarna och politikerna i Rom, Gaius Iulius Caesar.

C. IULIUS CAESAR

Gaius Iulius Caesar var troligen född år 100 i en familj, som visserligen var aristokratisk men som bl.a. genom giftermål hade kommit "populares" nära, eftersom hans faster var gift med Gaius Marius. Hans ungdoms- och uppväxtår inföll under striderna mellan Marius och Sulla och själv hade Caesar tidigt slutit sig till "populares" och stod under hela sitt liv konsekvent i strid med senaten. Efter att ha gjort sina första lärospån i öster och varit kvestor i Bortre Spanien år 69 hade han återvänt till Italien och ställde år 65 upp som kandidat till edilsämbetet. Att vara politiker i Rom var vid denna tid en mycket dyrbar affär, sedan det blivit en tillåten sed att kandidaterna tävlade med varandra i att köpa röster. Crassus försåg honom rikligt med medel och Caesar hyste inga betänkligheter att ta emot pengarna, om denne miljonär ville stödja honom. Edilerna skulle bl.a. sörja för offentliga spel och fester, vilket kostade dem oerhörda summor. Caesars verksamhet som edil utmärkte sig för en ovanlig frikostighet och hans skulder växte liksom hans beroende av Crassus, men även hans popularitet. Samtidigt tilltog fientligheterna mot honom inom senatspartiet, som i honom endast såg en man som ville krossa deras egna privilegier. När en folktribun föreslog att Caesar skulle få trupper för att erövra Egypten och göra det till en romersk provins, vägrade senaten, som hellre ville avstå från Egypten än att ge Caesar en här. Caesar fann kompensation för detta bakslag, då han lyckades återge folkförsamlingen rätten att utse överstepräst, *pontifex maximus*, en rätt som Sulla hade överfört till senaten. Därefter kunde Caesar med stor majoritet väljas till detta förnämsta prästämbete av folkförsamlingen.

L. SERGIUS CATILINA

I Rom härskade vid denna tid ren krisstämning dels på grund av de alla krigen mot främmande makter och dels på grund av det hot som sjörövarna utgjorde. Därtill kom ständiga inre oroligheter, varav den Catilinariska sammansvärjningen är den bäst kända. Lucius Sergius *Catilina* var av patricisk börd. Som anhängare till Sulla hade han utnyttjat dennes proskriptioner och samlat en förmögenhet; som politiker hade han uppnått preturen och därefter styrt provinsen Africa som propretor. Vid sin återkomst till Rom försökte han bli vald till konsul men föll igenom år 65 liksom följande år, då han anklagats för utpressning mot invånarna i Africa. När han hindrades för tredje gången, huvudsakligen genom ingripande från konsul Marcus Tullius *Cicero*, övergick han till öppen revolution mot konsuln och senatspartiet, understödd av både Caesar och Pompejus.

M. TULLIUS CICERO

För att hindra ett inbördeskrig ingrep årets konsul Marcus Tullius Cicero. Denne, som var född år 106 i Arpinum söder om Rom, hade varken patriciska fäder eller militära förtjänster att falla tillbaka på utan endast sin vältalighet och framgångsrika agerande som advokat att tacka för sin snabba karriär inom politiken. Som kvestor hade han tjänstgjort på Sicilien, där han vann invånarnas förtroende, blivit edil och pretor samt slutligen år 64 valts till konsul, allt enligt den för tiden gällande ordningen *(anno suo,* säger han själv). Han var en av de ytterst få politiker i Rom som inte var av gammal patricisk släkt och den förste uppkomling, *homo novus,* efter Marius, som nått konsulsvärdigheten. Då hans kollega Gaius Antonius hade blivit missbelåten vid lottningen om vilka provinser som skulle tillfalla dem efter ämbetsåret, hade Cicero gått med på ett byte av provinserna och därigenom vunnit sin kollega för sin politik. Därför blev i själva verket Cicero den ende verksamme konsuln under år 63 och kom att ensam uppträda mot den upproriske Catilina.

Dennes planer att störta Rom och riket i ett uppror och inbördeskrig avslöjades av Cicero inför senaten som gav honom fullmakt att inskrida med militärmakt. Catilina fick fritt lämna Rom och begav sig till Etrurien där han från olika delar av Italien samlat en här av missnöjda individer. Senaten förklarade honom för statens fiende och dömde några av hans anhängare, som stannat kvar i Rom, till döden trots Caesars förslag till mildare behandling av dem. Domen verkställdes på Ciceros befallning, samtidigt som dennes kollega Antonius hade fått order att krossa Catilina och hans här. Vid Pistoria i Etrurien stupade den tappert kämpande Catilina och 3 000 av hans soldater. Därmed slutade den Catilinariska sammansvärjningen, som för eftervärlden blivit så välkänd och omtalad, huvudsakligen genom de alltför stora proportioner Cicero givit åt den genom sitt agerande och sina tal som bevarats till vår tid. En annan version av den ger historikern Sallustius i sitt arbete "Catilinas sammansvärjning", som emellertid inte är en objektiv framställning, då den framför allt ville rentvå Caesar från förebråelsen att ha deltagit i sammansvärjningen.

I slutet av år 62 återvände Pompejus från östern till Italien och när han landstigit i Brindisi upplöste han till allas förvåning, inte minst de som fruktat att han skulle bli en ny Sulla, sin här och kom till Rom som privatperson, men kunde på hösten följande år fira en minnesvärd triumf. Av det stora krigsbyte som han tagit i öster, gav han femtio miljoner denarer till statskassan och hälften så stor summa till de högre officerarna samt sjuttioen miljoner till soldaterna och de lägre officerarna. Genom hans segrar och omorganisation av ledningen i öster ökade dessutom statens inkomster med trettiofem miljoner denarer årligen. Pompejus hade skäl att hoppas att han skulle få stöd i senaten när han där begärde att jord skulle tilldelas 40 000 av hans veteraner och att senaten skulle legalisera hans åtgärder i provinsen Asien. Men ledda av Lucullus och några andra, som Pompejus hade förödmjukat, envisades senaten att vilja undersöka hans *acta* i detalj och vägrade att godkänna dem som ett helt.

Första triumviratet år 60

När Pompejus märkte motståndet i senaten, vände han sig till folket. Senaten var självt skuld till att denne dess främste förkämpe vid denna tid vände den ryggen och tvingades kasta sig i armarna på folket och dess ledare Caesar samt Crassus. Så bildades det första triumviratet som endast var en privat överenskommelse mellan tre personer om att de gemensamt skulle arbeta för sina personliga fördelar.

Caesar blev snart den dominerande i triumviratet. Han önskade att bli vald till konsul och därefter få en provins med militärt befäl för mer än ett år. Detta var nödvändigt för honom, om han skulle kunna befria sig från sina enorma skulder. Som prokonsul skulle han få möjligheter att mer eller mindre suga ut sin provins eller vinna pengar genom framgångsrika krig. Endast genom att vinna militär ära kunde han bli en verkligt betydande politiker i Rom. Cicero hade aldrig haft militär styrka bakom sig men hade heller aldrig blivit en första rangs person.

Caesars konsulat år 59

Den första januari 59 tillträdde Caesar sitt konsulat och redan från början visades tecken på att det året skulle medföra inledningen till en ny tid. Senatens makt och befogenheter minskade, medan konsuln, som accepterades av folkförsamlingen, gick långt utöver en konsuls vanliga verksamhet. De flesta senatorerna resignerade och de som försökte göra motstånd avlägsnades på ett eller annat sätt. Tidigt på året framlade han inför senaten ett lagförslag om utdelning av jord i Kampanien åt Pompejus veteraner och behövande medborgare i Rom. När förslaget mötte starkt motstånd i senaten, där främst hans svåre motståndare Cato talade emot det, överlämnade Caesar det direkt till *comitia tributa*, där emellertid några folktribuner inlade sitt veto. I det läget kallade Caesar Crassus och Pompejus till hjälp och med den senares veteraner jagades oppositionsmännen bort från Forum, varpå lagen kunde genomdrivas. Pompejus fick sina *acta* i Asien godkända av folkförsamlingen med Caesars stöd. Pompejus knöts ännu närmare denne, då han gifte sig med Caesars enda dotter Iulia.

I fortsättningen kunde Caesar lita på en av sina anhängare, folktribunen Publius Vatinius. Denne föreslog, att Caesar efter ämbetsårets slut skulle bli prokonsul i Gallia Cisalpina (Poområdet) och Illyrien (ungefär Slovenien) och få tre legioner till sitt förfogande. Mandatet som prokonsul skulle gälla i fem år och inte som vanligt för endast ett år. Caesar började redan som konsul rekrytera sin här och höll den utanför Roms murar. Senaten var vanmäktig och utökade t.o.m. Caesars provins med Gallia Transalpina Ulterior (södra Frankrike, Provence) jämte ytterligare en legion, när ståthållaren i den provinsen plötsligt avlidit.

En populär lag var den om publicering av senatens och folkförsamlingens lagar *(Acta senatus et populi Romani)*. Detta skedde genom en daglig bulletin (*Acta diurna*, föregångare till våra dagars tidningar), som innehöll inte bara själva lagarna utan även sammandrag av debatterna och förhandlingarna i senat och folkförsamling. Den såldes på Roms gator och sattes upp på Forum samt sändes till Italiens och provinsernas alla städer, så att folket hölls underrättat om statens offentliga problem, nya lagar och andra viktigare beslut.

Den mest betydelsefulla av Caesars lagar under hans konsulat var emellertid den som reglerade förvaltningen av provinserna *(Lex Iulia de repetundis)*. Genom denna kontrollerades ståthållarnas utpressning av provinserna och ståthållarna förbjöds att mottaga gåvor och att utan senatens medgivande övergå gränserna för sin provins. Denna lag, som ersatte Sullas lagstiftning på området, blev de romerska provinsernas Magna Charta, som ända in i kejsartiden skyddade provinsinvånarna från alltför kraftig utsugning av ståthållarna.

Caesar var angelägen om att de reformer han genomfört inte skulle ändras genast efter att han slutat sitt ämbete. Till konsuler för följande år valdes Pompejus gunstling Aulus Gabinius och Caesars egen svärfar Lucius Calpurnius Piso. De värsta motståndarna till Caesar och triumviratet, Cato och Cicero, avlägsnades. Den förre sändes till Cypern för att förvandla denna ö, som var ett självständigt kungarike, till en romersk provins, ett uppdrag som han fullgjorde på det pliktskyldigaste. Caesar försökte vinna Cicero bl.a. genom att erbjuda honom en hög officerstjänst i sin här mot Gallien, men då Cicero vägrade tillät Caesar att Cicero sändes i landsflykt. En bitter ovän till Cicero, Publius Clodius Pulcher, som var av förnäm patricierätt men för att kunna bli folktribun övergått till plebej och därvid även ändrat sitt familjenamn från Claudius till det mera folkliga Clodius, framlade som folktribun ett lagförslag att de, som utan dom låtit avrätta romerska medborgare, skulle landsförvisas och förklaras fredlösa. Även om Ciceros namn inte nämndes, stod det klart att det var han som åsyftades genom hans dödande av Catilinas anhängare. Då Cicero inte fick något stöd från Pompejus gick han i frivillig landsflykt innan lagen antogs. All opposition i Rom var därmed dödad när Caesar stannat kvar med sin här i omedelbar närhet av staden under tre månader efter ämbetstidens slut.

Caesars krig i Gallien

På våren 58 lämnade Caesar Rom för att installera sig i sina provinser. Hans avsikt var att erövra resterande Gallien, dvs. nuvarande mellersta och norra Frankrike, Belgien och en stor del av Holland samt landet väster om Rhen.

Detta Gallien var inte ett enhetligt område eller ens en enhetlig stat utan kunde enligt Caesars egen beskrivning delas upp i tre större delar: Aquitanien i sydväst mellan Garonne och Pyrenéerna med en befolkning av iberer med stark inblandning av kelter eller galler, den andra delen omfattade norra och mellersta Frankrike med en rent gallisk befolkning inklusive områden ända till Rhen, medan slutligen den tredje delen sträckte sig från Seine och Marne norrut och var befolkad av galler och germaner. Invånarna i dessa tre huvudområden skilde sig även i fråga om språk, seder och ekonomiska förutsättningar. Aquitanien var mest känt för sin avel av stora starka hästar medan de centrala delarna av Frankrike gav rika skördar av vete, korn och havre. Landet i norr, Belgien, var känt för sina hjordar av får och halvvilda svin. Hela landet ägde dessutom stora skogar som gav rikligt med virke för hus, skepp och broar. Handeln med Medelhavsländerna hade börjat redan under sjätte århundradet och väsentligt ökat sedan grekerna grundat hamnstaden Massilia varifrån varorna fraktades uppför Rhône och Saône till de centrala områdena av Gallien. De tre nämnda Galliska områdena utgjorde inte heller någon politisk enhet utan i var och en av dem bodde många olika stammar (totalt nära hundra), som ofta låg i krig med varandra och inte drog sig för att vädja till utländsk hjälp för att krossa sina rivaler. Dessutom hade gallerna lidit svårt av cimbrernas och teutonernas invasion. Stridigheterna mellan de galliska stammarna fortsatte under Caesars krig och underlättade för honom att underkuva hela Galliska området. Om stammarna hade uppträtt mer eniga mot romarna, skulle Caesars krig troligen ha misslyckats. Trots oenigheten mellan stammarna hade Caesar mycket besvär med de uppror som gång på gång flammade upp.

Den politiska situationen i Rom 58-56

Knappt hade Caesar lämnat Rom förrän kaotiska förhållanden började råda i staden. De båda triumvirerna Crassus och Pompejus började gräla med varandra och Clodius ligistband gjorde gatorna osäkra. Pompejus vågade knappt gå ut utan satt fången i sitt eget hus. Han arbetade för ett återkallande av Cicero från landsflykten, vilket han också lyckades genomdriva år 57. För att förhindra fullständigt sammanbrott för triumviratet, anordnade Caesar en konferens i Luca våren 56, vid vilken de tre triumvirerna diskuterade sina tvistemål och kom överens om planerna för den närmaste framtiden. Crassus och Pompejus skulle bli konsuler för år 55 och därefter prokonsuler under fem år, Crassus i

Syrien och Pompejus för de spanska provinserna och Libyen, medan Caesars kommando i Gallien skulle förlängas för lika lång tid. Då det var för sent för dem att bli kandidater till de ordinära valen för år 55, förhindrade de helt enkelt sådana och valdes först i januari sedan övriga kandidater tvingats att draga sig tillbaka. Återigen stod det klart att triumvirerna var de styrande i det romerska riket; även Cicero ansåg sig tvungen att acceptera dem.

Gallerkrigets slut

Kriget i Gallien fortsatte. Sent på hösten 56 gick ett par germanska stammar över Rhen. För att injaga större skräck i germanerna tågade Caesar följande år över Rhen, brände och förhärjade stora fält och byar. På sommaren samma år gjorde Caesar även en rekognosceringsövergång till Britannien för att straffa invånarna där, eftersom han ansåg att de lämnade gallerna militär hjälp. Övergången misslyckades när många av fartygen förstördes vid stormar. Följande år förnyade Caesar sin invasion i Britannien, som blev något mer framgångsrik. Efter att ha fått gisslan och löfte om skatt för framtiden återvände han till Gallien. Flera galliska stammar reste sig för att driva bort de romerska inkräktarna. Den svåraste revolten kom i mellersta Gallien under ledning av en ung ädling, *Vercingetorix*. I slaget vid *Alesia* år 52 visade Caesar att han var den överlägsne strategen och avgjorde slaget till sin fördel. Kriget mot gallerna hade varat åtta år, längre än vad både Caesar själv och folket i Rom hade trott. Krigshändelserna har han själv skildrat år för år i sina "Kommentarer över det galliska kriget", anteckningar i dagboksform, som har skrivits med så stor objektivitet som man rimligen kan vänta sig av en författare, som var den ena partens ledare.

Följderna av Galliens erövring

Gallernas förluster under kriget var enorma, många hade stupat och många hade tagits till fånga och sålts som slavar. Caesar talade ofta om sin mildhet, men både hans egen och hans soldaters grymhet var ofta oerhörd. Han hade under sina åtta år i landet samlat väldiga rikedomar som han sedan använde för sina politiska planer och för sina byggnader i Rom. Erövrandet av Gallien fick världshistorisk betydelse. Ingen provins i det romerska riket har haft större inflytande på den moderna världen än just Gallien.

Triumviratets upplösning

Efter sitt konsulsår hade Crassus begett sig till sin provins Syrien. Utan någon rimlig anledning men av begär efter ära och berömmelse hade han utan krigsförklaring invecklat sig i ett krig med partherna, under vilket han stupade i slaget vid *Carrhae* år 53. Därmed hade triumviratet upphört att existera. Men redan dessförinnan hade vänskapen mellan Caesar och Pompejus svalnat betydligt. År 54 hade nämligen Caesars dotter och Pompejus gemål Iulia, som intagit en starkt medlande hållning mellan de båda triumvirerna, avlidit i barnsäng. Pompejus lämnade Rom efter konsulatets slut, men stannade kvar i Italien för att avhjälpa en hotande sädesbrist och styrde sina provinser Spanien och Libyen genom legater. I Rom rådde oordning, inga konsuler utsågs för år 54 eller 53 och för år 52 kunde varken pretorer eller konsuler väljas. Full anarki rådde på Roms gator och i dess omgivningar. Bl.a. dödades Ciceros arge fiende Publius Clodius under ett tumult på Via Appia och när man brände hans kropp på Forum Romanum, orsakades en eldsvåda med följden att den gamla senatsbyggnaden, curian, gick upp i lågor. Senaten såg sin chans att gripa makten och utsåg Pompejus till ensam konsul, vilket var en helt ny åtgärd. Pompejus nådde höjdpunkten av sin politiska bana och blev den verklige ledaren av staten då senaten var maktlös utan honom.

Vänskapen mellan Caesar och Pompejus svalnade allt mer, sedan Pompejus till konsulskollega låtit invälja sin nye svärfar Quintus Caecilius Metellus Scipio, vilket i högsta grad bidrog till att öka motsättningarna med Caesar. En lag genomfördes att en pretor eller konsul inte skulle bli ståthållare i en provins omedelbart efter sitt ämbetes slut utan det skulle förflyta fem år, en annan lag förbjöd värvning av röster till konsulat för dem som inte var närvarande i Rom. År 50 beslöt

DEL III – HISTORISK TID

senaten med överväldigande majoritet att både Caesar och Pompejus skulle upplösa sina härar och avstå från provinsståthållarskap, detta för att hindra ett inbördeskrig som de flesta ville undvika. Caesar var också beredd att nedlägga sitt kommando om Pompejus gjorde detsamma, samt nöja sig med Illyrien som provins, ett erbjudande som senaten inte accepterade utan lät förklara honom som statens fiende. I det läget beslöt Caesar att korsa floden Rubicon, den lilla numera knappt märkbara flod som dock sedan gammalt utgjort Italiens gräns mot Gallia Cisalpina. Därmed var medborgarkriget mellan Caesar och senaten, som ingen egentligen önskade, ett faktum.

Medborgarkriget 49–46

Caesar hade endast en legion till sitt förfogande, men den var å andra sidan beredd att dö för sin ledare och redo för omedelbar aktion. Dessutom kunde han räkna med förstärkningar från dem som genom hans lagar fått jord i Kampanien liksom från invånarna i Gallia Cisalpina, som han behandlat på ett milt och generöst sätt. Som vanligt handlade han snabbt och invaderade stora delar av kuststräckan utmed Adriatiska havet. Rom greps av panik. Pompejus och övriga ämbetsmän lämnade staden men hann inte ta med sig statskassan, som senare föll i Caesars händer. Då Pompejus saknade tillräckligt med egna trupper i Italien var hans hopp Spanien och Afrika i väster, som helt stod på hans sida, samt Grekland i öster, dit han beslöt att resa för att rekrytera fler trupper.

Caesar kom för sent för att kunna hindra Pompejus att segla med sin här från Brundisium till Epirus. I brist på flotta kunde Caesar inte följa efter utan begav sig till Rom, där han trots en folktribuns veto lade beslag på den kvarlämnade statskassan. Hans närmaste officerare hade samtidigt tagit Sicilien och Sardinien och begav sig vidare till Afrika för att säkra sädestillförseln därifrån till Rom. För Caesar var hotet störst från Pompejus välorganiserade trupper i Spanien, varför han beslöt att själv slå ned motståndet där innan han följde efter Pompejus till Grekland. På vägen till Spanien började han belägra Massilia, som vägrade att öppna sina portar för honom, eftersom staden ville hålla sig utanför striderna mellan de maktägande i Italien. För att inte förlora tid skyndade han vidare till Spanien där han efter fyrtio dagar kunde slå ned allt motstånd. På återmarschen till Italien fortsatte han belägringen av Massilia, som kapitulerade efter sex månader. Staden förlorade sin frihet och sitt självstyre samt tvingades att lämna soldater till Caesars här.

Under ett kort uppehåll i Rom anordnade han som diktator val av sig själv till konsul för år 48. Därefter anslöt han sig till de trupper som han samlat i Brundisium för att därifrån fortsätta till Grekland. I öster hade Grekland och även Illyrien ställt sig på Pompejus sida, varför denne kunde samla en här som var dubbelt så stor som Caesars. Trots detta besegrades Pompejus fullständigt i det avgörande slaget vid *Pharsalus* i Thessalien. Pompejus själv flydde till Lesbos, dar han lämnat sin maka, och därifrån vidare till Egypten där han mördades på uppdrag av regenterna. Dessa var den 21-åriga Kleopatra och hennes 13-årige broder Ptolemaios XIII, som levde i oenighet med varandra, men som på sina rådgivares anvisning enades om att inte stöta sig med Caesar genom att ge asyl åt Pompejus, som dock själv under sin makts dagar gett skydd åt deras fader.

Det goda rykte som framstående härförare vilket Pompejus vunnit genom krigen mot sjörövarna och Mitradates, kunde han inte behålla när han med tiden allt mer överglänstes av Caesar. Pompejus högmod och vankelmod hindrade honom även från att helt vinna optimaterna, som ständigt misstrodde honom, även under de sista kritiska åren, då senatorerna inte hade någon annan anförare i sin strid mot Caesar, vars reformplaner de redan fått en antydan om under hans konsulat år 59 och som de ännu mer fruktade efter hans seger över gallerna.

Caesar i Egypten 48–47

Efter slaget vid Pharsalus hade Caesar begett sig till provinsen Asia och därifrån till Egypten, och där överlämnade man åt honom Pompejus avhuggna huvud. Snart drogs Caesar in i stridigheterna mellan de båda regenterna i Egypten, ett land han var fast besluten att säkra åt sig och åt Rom. Han ställde sig på Kleopatras sida i striden mellan syskonen. Eftersom han stannade för länge i Alexandria enligt invånarnas uppfattning, som uppviglades av Ptolemaios och prästerskapet mot de romerska imperialisterna, inleddes ett uppror som kallades "det alexandrinska kriget" och som varade flera månader. En del av staden och det stora biblioteket gick upp i lågor. Caesar, som hade få trupper med sig, svävade i verklig fara men fick till slut undsättning från Mitradates av Pergamon som besegrade egypterna i strid. Den unge Ptolemaios XIII drunknade i Nilen under sin flykt. Enligt Caesars önskan ingick Kleopatra skenäktenskap med sin andre lillebror, den 11-årige Ptolemaios XIV och båda kom att gemensamt härska över Egypten och Cypern. Men den verklige prinsgemålen var Caesar, som stannade hela vintern i Egypten hos Kleopatra, som också födde honom en son, som alexandrinarna kallade Caesarion (den lille Caesar).

Caesar i öster och väster

Caesars långa vistelse i Egypten hade varit olycklig för honom och hans ställning både i Rom och framför allt i Afrika, där Pompejus anhängare åter samlat mod. Trots orosmolnen i väster begav sig Caesar först österut. Där hade Mitradates son Farnakes bildat ett stort rike och härskade över Pontus, Bitynien och Kappadokien och hade även besegrat romarna i en drabbning. För Caesar blev det emellertid en lätt seger vid *Zela* i Pontus (år 47), efter vilken han skall ha sänt det korta segerbudskapet: *veni, vidi, vici* (jag kom, såg och segrade).

I Rom hade således svårigheterna hopat sig under Caesars frånvaro. Ämbetsmännen vågade ingenting göra mot missförhållandena. Åter härskade pöbeln på gatan liksom under åren före inbördeskriget. Ändå stannade Caesar inte länge när han väl kom tillbaka till Rom. Han hade på hösten år 48 utsetts till diktator på ett år med Marcus Antonius som ryttariöverste *(magister equitum)*. Efter endast två och en halv månader fortsatte Caesar till Afrika där pompejanerna, som förfogade över tio legioner, besegrat och dödat Caesars *legatus*, som invaderat provinsen år 49. Även kung Juba av Numidien hade slutit sig till Pompejus anhängare, som förberedde ett angrepp på själva Italien. Sent på hösten 47 anlände Caesar med 3 000 man till Afrika, där han snart bemäktigade sig Leptis Minor. Trots en förkrossande övervikt i antalet trupper blev Pompejus anhängare fullständigt besegrade vid *Thapsus* följande vår. Bland de stupade befann sig även Numidiens kung Juba, vars land nu blev en romersk provins *Africa Nova* med Gaius Sallustius Crispus som förste ståthållare, vilken senare gjorde sig känd som historieskrivare. Pompejus båda söner Gneius och Sextus lyckade undkomma till Spanien där de senare kunde samla en ansenlig här.

Efter segern vid Thapsus återvände Caesar till Rom, där han firade en fyrfaldig triumf, över Gallien, Egypten, Farnakes och Juba. Senaten beslöt att sjuttiotvå liktorer skulle följa honom på triumfen, tre gånger så många som vanligt. Diktatorsvärdigheten förnyades för tio år. Den ena titeln och ämbetsvärdigheten hopades på den andra: han blev *praefecius morum*, dvs. han fick censors befogenhet först för tre år, sedan på livstid; redan 48 hade han fått makt att börja krig och sluta fred utan senatens bemyndigande och år 46 fick han rätten att som den förste talare yttra sig i senaten. Men ännu var han inte ensam härskare i den romerska staten, eftersom Pompejus söner i Spanien kunnat samla en stor här på tretton legioner som utgjorde ett latent hot för Caesar och Italien. Trots underlägsenhet i truppernas storlek kunde Caesar tilltvinga sig en avgörande seger över de sista pompejanerna i slaget vid *Munda* norr om Gibraltar, i mitten av mars år 45. Sextus Pompejus var den ende av deras ledare som lyckades undkomma till norra Spanien. Caesar kunde återvända till Rom och under nära ett år ägna sig åt ett intensivt uppbyggnadsarbete, tills han mördades den 15 mars år 44. Mordet på Caesar och dess orsaker har livligt diskuterats av historikerna. Han hade skaffat sig ganska många fiender särskilt bland senatorerna, som med fruktan såg hans växande popularitet hos folket. Ett sextiotal senatorer var invigda i planerna på att undanröja honom. Han hade förberett ett krigståg mot partherna och möjligen fruktade en del senatorer att han skulle låta utropa sig till kung, *rex*, en titel som fortfarande var ytterst förhatlig för de flesta romare. Det skulle ha funnits ett orakelsvar, att endast en *rex* skulle kunna besegra partherna, som fått stor respekt hos romarna genom kriget mot Crassus. Hur det än kan vara med kungatiteln, räknade Caesar tydligen med att vara borta i öster under tre år, eftersom han låtit tillsätta ämbetsmännen för denna tid.

Detta var en av de många förmåner och hedersbevisningar som tilldelats Caesar under hans sista levnadsår, att själv utse hälften av ämbetsmännen. Andra ärebetygelser var att hans staty skulle sättas upp i alla tempel i Rom och hela riket. Månaden *Quintilis* i vilken han var född, fick namnet *Iulius*. Ett nytt prästkollegium skapades till hans ära, liksom ett tempel byggdes åt hans Mildhet *(Clementia Caesaris)*. Han fick rätt att sätta sin egen bild på mynten, och en staty med inskriften *Deo invicto* (åt den obesegrade guden) skulle ställas upp i Quirinus tempel.

Caesars reformer

När man diskuterar Caesars livsverk måste man hålla i minnet att vad han uträttade i Rom gjorde han under endast ett enda års koncentrerad verksamhet i huvudstaden. Många av hans reformer blev ofullständiga på grund av hans för tidiga död. Dessutom var nästan allting i den statliga administrationen i oordning efter inbördeskriget.

Kalendern t.ex. var i hopplöst tillstånd utan samband mellan årstiderna. Romarna hade dittills haft en kalender med 355 dagar med tillägg av en skottmånad på 22 dagar vartannat år och 23 dagar vart fjärde år i fyraårsperioder. Prästerna, som hade hand om kalendern, hade inte satt in skottmånaderna varför 67 dagar måste sättas in år 46 för att få kalendern i takt med årstiderna. Därför fick det året 455 dagar. I stället för det gamla månåret på 355 dagar införde Caesar med hjälp av den grekiske astronomen *Sosigenes* av Alexandria ett solår på 365 1/4 dagar, med början den första januari år 45. Denna reform blev den mest varaktiga av alla som Caesar införde. Den Julianska kalendern användes oförändrad fram till 1582, då påven Gregorius XIII minskade antalet skottdagar med tre på 400 år.

Caesar drog upp grundlinjerna i den nya stadsplanen för kejsartidens Rom och påbörjade en livlig byggnadsverksamhet på Marsfältet med ett stort offentligt bibliotek, vars ledning anförtroddes åt historikern och mångsysslaren Marcus Terentius Varro. På Forum Romanum restes en ny jättebyggnad som domstolslokal, *Basilica Iulia*, och en ny sammanträdeslokal för senaten, *Curia Iulia*, samt ett nytt torg *Forum Iulium* med ett tempel åt Caesars skyddsgudinna Venus Genetrix. Alla dessa påbörjade byggnader fullbordades av hans efterträdare Augustus. För Caesar var Rom visserligen huvudstaden, men inte den enda existerande staden av betydelse i det romerska riket. Ett av hans största verk är Italiens nya kommunallagar, enligt vilka Italiens municipier skulle få kommunal författning med egen jurisdiktion och Rom skulle bli en stad som vilken annan i Italien. Ett led i dessa strävanden var dels en reducering av Roms invånarantal från 320 000 till 150 000 som fick säd gratis, dels anläggandet av ett flertal kolonier. Han sörjde för många av sina veteraner genom att låta dem slå sig ned på egendomar som han konfiskerat från meningsmotståndare som stupat i striderna. Dessutom fick många andra romare områden i provinserna där således romaniseringen fortsatte, särskilt i Spanien och i Gallia Narbonensis (nuv. Provence).

Många nya kolonier grundades ute i provinserna. Flera av dessa var hamnstäder som *Sinope* och *Heraclea* vid Svarta Havet samt *Korint*. Under ett par år grundade eller planerade Caesar fler kolonier än vad som kom att grundas från kejsar Claudius till och med Trajanus. Man beräknar att omkring 80 000 kolonister placerades ut runt om i riket under Caesars tid. Han var frikostig med att ge romersk eller latinsk medborgarrätt åt enskilda och hela folkgrupper. Mot dittills tillämpad praxis tog han dessutom in provinsbor och t.o.m. frigivna slavar i senaten. Han förberedde en ny, rättvisare skattskrivning för hela riket, liksom att han försökte införa ett bättre system för provinsernas förvaltning. Antalet ämbetsmän utökades så att Rom fick 40 kvestorer och 16 pretorer, hälften av dessa förbehöll han sig rätten att själv utse. Likaså utökades antalet senatorer från 600 till 900; många av de nya medlemmarna rekryterades från Caesars anhängare, f.d. officerare och invånare i de västra provinserna. Han använde gärna både frigivna och slavar som medarbetare, varför han även i det avseendet blev en föregångare till kejsartidens förhållanden.

ANDLIG ODLING UNDER REPUBLIKENS SISTA ÅRHUNDRADE

Som vi sett har häftiga inbördes strider skakat Rom under det sista århundradet, och de medförde stora förändringar för den romerska staten. Enskilda politiker av första rang som Marius, Sulla, Pompejus och Caesar satte sin prägel på utvecklingen: monarki har efterträtt adelsväldet, småstaten har blivit en världsstat. Denna utveckling berodde inte bara på politikerna utan den främjades i hög grad av att romarna i gemen och politikerna i synnerhet mer och mer tillägnade sig den andliga odling som ännu var levande och kraftfull i Grekland och östern. Den hellenistiska kulturen trängde i sin helhet in i Italien och Rom i samma takt, som människor från öster, slavar och fria, vällde in i västra delen av romerska riket. Denna import av kulter och kulturer från öster var märkbar redan i början av andra århundradet, särskilt inom religionen där mystiska ceremonier hade införts t.ex. i Dionysuskulten. Senaten fann sig tvungen att ingripa mot en ohämmad utbredning av hemliga religiösa sällskap genom ett beslut "de Bacchanalibus" av år 186, enligt vilket senaten med hot om mycket stränga straff försökte få kontroll över kulter och ceremonier som ansågs strida mot fädernas religion. Men den kulturella importen och utvecklingen gick inte att hejda. Inom nästan alla områden sammansmälter den hellenistiska odlingen med den romerska.

KONST OCH ARKITEKTUR
De romerska politikerna och fältherrarna var i allmänhet angelägna om att genom nya byggnader och monument göra Rom till en världsstad i hellenistisk stil. Både inom arkitekturen och förvaltningen var Sulla en

nydanare. Hans tids arkitektur kan man ännu beundra i *Tabularium* (arkivet) på Capitoliums sluttning mot Forum Romanum och i Fortunas tempel i Praeneste. Andra byggnader som tillkom under hans tid var en återuppbyggnad av Jupiters tempel på Capitolium, som hade förstörts av en brand, samt Hercules tempel i Tivoli. På Marsfältet byggde sedan Pompejus Roms första teater av sten samt en ny *curia*, i vilken det senatssammanträde hölls då Caesar mördades. Även landsortsstäderna i Italien och provinserna fick en hellenistisk prägel, som man ser t.ex. i Pompeji. Konstruktion med äkta stenvalv tillsammans med ett nytt material, en hård brukstensmassa ("betong") möjliggjorde uppförandet av höga och breda valv i broar, akvedukter och triumfbågar.

De privata och offentliga byggnaderna smyckades med konstverk, som i början av århundradet till största delen kom från den grekiska världen. År 86 plundrade Sulla Athens konstverk i stor skala, liksom Aemilius Paullus hade gjort i Pella efter slaget vid Pydna och Lucius Mummius i Korint år 146. I och med att krigen upphörde i Grekland, slutade också de storskaliga plundringarna av konst varför konsthandeln fick ta över romarnas konstförvärv. Först under Sullas och Caesars tid växte den egna romerska porträttkonsten fram. Hellenistiska konstnärer som invandrat från Mindre Asiens många konststäder, eller från Athen och Alexandria, skapade den nya romerska porträttkonsten i Rom, som höll på att bli den hellenistiska kulturens nya medelpunkt. Av Pompejus finns ett porträtt som inte är förskönande utan som tvärtom framhäver dragen av hans självbelåtenhet och obeslutsamhet. I porträtten av hans större och mer framgångsrike motståndare Caesar ser man däremot ett magert ansikte med en oerhörd viljestyrka och befallande blick. Det är således en realistisk porträttkonst som möter oss i en stor mängd mansporträtt från tiden 100–30 f.Kr.

LITTERATUR

Den romerska litteraturen stod under republikens sista århundrade under starkt inflytande av den hellenistiska. Skalden Titus *Lucretius* Carus

(o. 98–55) framlade i en episk lärodikt *De rerum natura* (Om tingens natur) Epikuros naturfilosofi. Han trodde inte på gudarnas ingripande i människornas öden och förnekade även själens odödlighet. Han var djupt gripen av medborgarkrigens olyckor och sin egen generations andliga förfall. Med en fanatikers trosvisshet predikade han människornas lycka om de befriades från allt som inger oro: kärlek, politisk verksamhet och skräcken för döden. Först om människorna kunde uppnå fullkomligt själslugn kunde de nå den sanna njutningen. Av lyriska skalder var Gaius Valerius *Catullus* (o. 87–o. 54) den störste. Han tillhörde en krets av unga skalder som ville införa nyheter inom språk, versmått och ämnesval. De skrev ofta korta tillfällighetsdikter, ibland av politiskt men framför allt av erotiskt innehåll. I sina dikter till *Lesbia* ger Catullus prov på en förnäm lyrisk skaldeförmåga och skildrar sitt hjärtas lycka och vånda.

Under detta århundrade skapades en latinsk konstprosa, som mer och mer avlägsnade sig från vardagsspråket. Men trots detta kom skriftspråket som skapades av konstnärer som Caesar och Cicero i hög grad att inverka på talspråket, eftersom de bildades barn i skolorna och i privatlivet ingående studerade denna prosa som även flödade från politikernas och juristernas talarstolar. Talekonsten, retoriken, var en viktig förutsättning för politikernas framgångar. Nästan alla politiker hade först tränat upp den talekonst de lärt sig i skolan genom praktik vid domstolarna. En av denna tids främste representant för talekonsten var Marcus Tullius *Cicero* (106–43), vars skicklighet på området vi väl känner till genom att så många av hans tal räddats undan förgängelsen. Vid en analys ser vi hur han förenat den grekiska vältaligheten med sin egen latinska prosastil till en produkt, med vilken han kunde slå an på sina åhörare i domstol, senat och folkförsamling. I breven, som också till stor del bevarats till vår tid, närmar han sig talspråket, särskilt i de helt privata breven till vänner och anhöriga.

Ren historieskrivning var den litteraturart som romarna minst utmärkte sig i under republiken. Cicero har tydligt insett denna brist och efter att han lämnat sin politiska bana hade han planer på att skriva

Roms historia från dess början till sin samtid, om han fick tillfälle. Den ende verklige historikern under denna tid är Gaius *Sallustius* Crispus (86–o. 34) Caesars vän och partigängare, som efter Caesars död författade ett arbete om Catilinas sammansvärjning *(De coniuratione Catilnae)* och ett om kriget mot Jugurta *(Bellum Iugurthinum)*, vilka båda bevarats. Däremot har hans verk *Historiae* i fem böcker, som behandlade perioden 78–67, nästan helt förlorats. Också Sallustius är en mästare i retorikens konst, som i sin stil medvetet försöker efterlikna sin grekiske lärofader Thukydides. Någon objektiv historiker är han inte, då han alltför ensidigt framhäver optimaternas och sin tids förfall som orsak till motgångarna och olyckorna.

På gränsen till historieskrivning kan man räkna Caesars egna skildringar av sina krig mot gallerna *(Commentarii de bello Gallico)* och med borgarkriget mellan honom och Pompejus *(Commentarii de bello civili)*. Dessa kommentarer är eleganta och retoriska men ändå skrivna i en klar och koncis stil utan någon tendentiös propaganda.

Inom filosofin var romarna mer beroende av den grekiska andan än kanske inom något annat område. Romarna hade föga förståelse för att skarpt skilja på de olika grekiska filosofiska skolornas grundläggande teser utan romarna valde ut det som de ansåg bäst inom varje lära. Även på detta område var Cicero den store nyskaparen, som under två olika perioder av sitt författarskap ägnade sig åt filosofi. Den första perioden inföll efter hans landsflykt, då han avhöll sig från politiken men ändå stod nära sin statsmannagärning. Därför möter man ett starkt politiskt inslag i de filosofiska skrifterna från den tiden: Om talaren *(De oratore)*, Om staten *(De republica)* och Om lagarna *(De legibus)*, i vilka han framlägger synpunkter som fått stor betydelse för senare tiders politiker både i Tyskland och i Frankrike. Den andra perioden inföll från början av året 45, då han var en politiskt död man, varför han inte ägnade sig åt statsfilosofi. Hans mål var nu att öppna vägen för romarna till de grekiska filosoferna och att skänka sina landsmän en filosofisk litteratur på deras eget språk. Någon självständig filosof var han inte, utan hans filosofi grundades på den nyare akademien och den stoiska skolan, medan han däremot var ganska avvisande till epikurismen. Cicero var den förste romare som förmådde forma sina ideal på ett filosofiskt språk. Han skapade en filosofisk terminologi på latin. Som grundare av den latinska prosan fick han stort inflytande på äldre kristen litteratur, men även under renässansen och upplysningstiden.

RELIGION

Den filosofiska bildningen inverkade också starkt på romarnas religiösa liv och tänkande. Epikuros tog ju avstånd från myterna och tron på gudarnas ingripande i historien men de flesta romare följde den praktiska eklektiska filosofi som Cicero propagerade för, enligt vilken den gudomliga rätten strängt reglerade förhållandet mellan gudarna och människorna samt staten. Den generation romare som genomled inbördeskrigen betraktade tidens ondska som ett straff från gudarna. Den officiella statliga religionen kunde inte tillfredsställa de enskilda individerna. I stället vände de sig till främmande religioner som kom in med slavar och frigivna från Egypten, Mindre Asien och Persien. Soldater i den romerska hären lärde känna Mitraskulten, men framförallt de egyptiska gudomligheterna Isis och Osiris blev populära hos det lägre folket. De nya lärorna spreds främst i Rom och i hamnstäderna, medan landsbefolkningen höll fast vid de gamla gudarna.

UNDERVISNING

Till mitten av första århundradet dominerade det grekiska inflytandet den romerska undervisningen. Efter att ha fått den första undervisningen av en *ludi magister* (skollärare) som lärde dem skriva, läsa och räkna fortsatte eleverna för en *grammaticus*, som undervisade dem i litteratur, dialektik, aritmetik, geometri, astronomi och musik. Det var grekisk och inte latinsk litteratur som man huvudsakligen studerade, liksom studiet i övriga ämnen bedrevs enligt den grekiska skolan. Högre undervisning kunde man få i orators- och filosofiskolor, där undervisningen också leddes av grekiska filosofer och vältalighetslärare. En sista finslipning i undervisningen bedrevs ofta vid någon skola i Grekland, Mindre Asien eller på någon av de joniska öarna, varav Rhodos främst var känd. Där studerade även Cicero för den tidens mest kände retor, Molon. Mot mitten av århundradet inträdde en reaktion mot den grekiska dominansen, och studiet av latin och romerska förhållanden blev allt vanligare.

Samhällsklasser

Klyftan mellan de rika samhällsklasserna (senatorsståndet samt riddarna) å ena sidan och plebejerna å den andra, blev allt större i och med att de förra listigt och hänsynslöst utnyttjade alla fördelar som rikedomen kunde ge dem. Rom hade blivit både den politiska och ekonomiska huvudstaden i Medelhavsområdet. Romerska affärsmän, i allmänhet ur riddarklassen, uppträdde i alla provinser färdiga att investera stora summor för sina affärer, samtidigt som senatorsklassen mest investerade i jordagods ute i provinserna. Lyx och extravagans, mot vilket författare som Sallustius rasade, kunde de rika exponera både i sina hus i Rom och sina ofta talrika villor på landsorten. Mängder av lyxvaror importerades för att pryda de rikas palats och offentliga platser i städerna.

De gamla romerska sederna höll på att luckras upp. Kvinnorna var inte längre dominerade av männens auktoritet utan blev mer och mer fria och började att spela en allt större roll i samhällslivet jämfört med tidigare. Skilsmässor blev vanligare i de politiska kretsarna, där giftermål ofta ingicks på rent politiska grunder. I stark kontrast till de högre klassernas lyxliv stod de arbetande människornas liv i fattigdom och slumbostäder. Omkring 80 procent av den enkle arbetarens låga lön gick till mat och bostad. Många av stadens invånare försörjde sig på politikerna som deras klienter och väljare, och en mycket stor del av stadens befolkning fick gratis säd av staten, före Caesar omkring 320 000 människor. Latifundieväsendet existerade fortfarande men avtog både genom Sullas men främst Caesars organisation av militärkolonier. Fortfarande arbetade stora skaror av slavar ute på fälten, men de minskade något i antal genom Caesars bestämmelse att minst en tredjedel av dem som vaktade hjordarna skulle vara fria arbetare, en bestämmelse som tillkommit dels för att minska faran för slavuppror, dels för att bereda arbete åt de många proletärer som fanns i Rom och hela Italien.

FÖRHÅLLANDENA I ROM OCH ROMERSKA RIKET EFTER MORDET PÅ CAESAR

Sällan har väl en människas bortgång förändrat historiens gång i så hög grad som Caesars. Hans långt framskridna planer på ett krig mot partherna skrinlades. Egyptens drottning Kleopatra, som vistades i Rom, lämnade Italien, och när hennes broder-medregent Ptolemaios XIV dog, tog hon sin son med Caesar, den treårige Caesarion, till medregent varvid hon följde en sed från faraonsk tid att en kvinna inte ensam skulle vara regent i landet. Caesars förhoppning att förena Egypten med det romerska riket grusades. Mest kaotiska blev emellertid förhållandena i Rom. Ledarna för sammansvärjningen mot Caesar hade begått det stora misstaget att inte ordna för hur staden och riket skulle styras efter undanröjandet av envåldshärskaren. De hade inbillat sig att när väl denne var röjd ur vägen så skulle den fria romerska staten återställas. Mördarna förskansade sig själva på Capitolium, medan konsul Marcus Antonius och rytteriöverste Aemilius Lepidus soldater härskade i staden. Antonius utnyttjade situationen. Han lade beslag på både statskassan och Caesars privata förmögenhet jämte dennes arkiv och testamente. Vid ett första senatssammanträde som hölls två dagar efter mordet var Antonius försonlig mot Caesarmördarna och mot Cicero, som visserligen inte varit inblandad i komplotten mot Caesar men som gladde sig över tyrannens försvinnande. Det bestämdes att de sammansvurna inte skulle straffas, men då folkmassan började rasa över mordet vågade mördarna inte stanna kvar i Rom utan lämnade staden. Decimus Brutus begav sig till Gallien, som han fått som provins av Caesar, medan Marcus Brutus och Gaius Cassius, som var pretorer det året, slog sig ned i Roms närhet.

Antonius blev djupt besviken när han fann att Caesar i sitt testamente hade insatt sin systerdotterson *Gaius Octavius* som huvudarvinge och att denne adopterats av Caesar, varefter Octavius enligt romersk sed fick namnet Gaius Iulius Caesar *Octavianus*. Antonius, som var herre i Rom, tillfredsställde Lepidus genom att låta honom bli vald till *pontifex maximus*, och tog Ciceros svärson Publius Cornelius Dolabella till medkonsul. Därefter lät Antonius sig själv genom folkbeslut bli utropad till prokonsul över Gallien i stället för över Makedonien, som hade tilldelats honom, för en tid av fem år, vilket stred mot Caesars lag om endast tvååriga prokonsulat. Dolabella fick Syrien som provins samt uppgiften att föra kriget mot partherna, medan Caesars mördare Marcus Brutus och Gaius Cassius blev propretorer över Kreta och Cyrene.

En svår och oväntad rival fick Antonius i Caesars adoptivson Gaius Octavius. Denne, som bara var 18 år gammal, befann sig vid Caesars död i Illyrien med en här som samlats där inför kriget mot partherna. Trots sin ungdom visade han från början en beslutsamhet och äregirighet jämförlig med adoptivfaderns. Mot sin familjs råd återvände han till Rom och gjorde anspråk på att övertaga arvet efter Caesar. Han lovade att ordagrant följa Caesars testamente: trädgårdarna på höger sida om Tibern skulle bli offentlig park och varje romare skulle få en donation på 300 sestertier. Då Antonius redan förbrukat Caesars förmögenhet som han lagt beslag på, måste Octavianus låna upp pengar för att hålla sitt löfte. På kort tid lyckades han skaffa femtio miljoner sestertier. Hans mål var att bli ledare för Caesars anhängare trots motståndet från Antonius.

När Decimus Brutus vägrade att avstå från Gallien till Antonius, beslöt Antonius att driva honom därifrån. Antonius fick tillåtelse att återkalla fyra legioner från Makedonien för detta syfte, men två av legionerna gick i stället över till den unge Octavianus. Brutus förskansade sig nu i det starkt befästa Mutina (nuv. Modena), som Antonius belägrade. Senaten ställde sig på Brutus sida och befallde Antonius att överlämna

Gallien. Cicero kände sig åter manad att uppträda som frihetens förespråkare och inledde sina angrepp på Antonius i en serie tal som benämnts de Philippiska, eftersom de andades lika stor patriotism som de vilka Demostenes hade hållit mot Philip av Makedonien. I dessa tal avslöjade Cicero Antonius ytterst bedrägliga handlingssätt och krävde effektivare åtgärder mot inkräktaren. När Antonius besegrats i två strider i närheten av Mutina och tvingats att fly till Gallia Transalpina, lät Cicero föra sig i triumf upp på Capitolium. Han trodde att kriget var slut och föreslog en tacksägelsefest till gudarna samt ett monument över de stupade. Dessutom lyckades han förmå senaten att förklara Antonius för statens fiende.

ANDRA TRIUMVIRATET ÅR 43

Senaten kände sig åter stark och gav överbefälet över alla provinserna i öster åt Caesars mördare Marcus Brutus och Gaius Cassius samt gjorde den mördade Pompejus son, Sextus Pompejus, till prefekt över den romerska flottan vid Italiens kuster. Mycket snart visade det sig att både Cicero och senaten hade underskattat såväl den unge Octavianus som Antonius och Lepidus. Octavianus tågade mot Rom och genomdrev med härsmakt att han valdes till konsul, ännu inte 20 år gammal. Senatens makt bröts definitivt i och med att Octavianus förhandlade med Antonius och Lepidus och ingick det *andra triumviratet* med dem i Bologna år 43. Förhandlingarna fördes i närvaro av de tre agerandes härar. Till skillnad från det första triumviratet legaliserades detta genom en lag, *Lex Titia*, samma år. Triumvirerna fick för fem år framåt rätt att stifta lagar och utse ämbetsmän och ståthållare. Dessutom tilldelade de sig ett antal provinser i väster: Lepidus fick Gallia Narbonensis och Spanien, Octavianus Africa, Sicilien och Sardinien medan Antonius, som trots nederlaget vid Mutina var den mäktigaste, fick det av Caesar erövrade Gallien och Gallia Cisalpina, varifrån han kunde behärska hela Italien.

PROSKRIPTIONER

Omedelbart efter det att de tre ingått sitt triumvirat, började de sätta upp proskriptionslistor i samma stil som Sulla hade gjort, visserligen under förevändning att de ville hämnas mordet på Caesar men i själva verket för att de skulle skaffa pengar till underhåll av de stora härarna och till krig mot Caesars mördare genom konfiskering av de proskriberades förmögenheter. Inalles undanröjdes på så sätt 2 000 riddare och 300 senatorer, däribland Cicero, som väckt de maktägandes missnöje genom sitt motstånd mot den nya utvecklingen. Många romare räddades av Sextus Pompejus, som tillät dem ta sin tillflykt till hans flotta. Då de konfiskerades förmögenheter ändå inte räckte långt, lades särskilda skatter på de förmögnare i hela Italien, och 18 av de mest blomstrande städerna utsågs att skaffa jord åt veteransoldaterna.

SLAGET VID FILIPPI

I början av år 42 invigdes ett tempel åt Julius Caesar på Forum Romanum på den plats där hans kropp hade bränts; han själv förklarades för "gudomlig" *divus Iulius*. Octavianus fick svårighet att ta sina provinser i besittning, eftersom motståndaren Sextus Pompejus som behärskade havet med sin flotta intog Sicilien och Sardinien. Hela Italien blev ett enda härläger när trupper samlades där från Spanien och Gallien för ett krig mot Caesarmördarna. Under tiden hade dessa samlat inte bara Grekland utan hela Orienten under sitt kommando. I det avgörande slaget vid Filippi i Makedonien besegrade Antonius Cassius, som därefter tog sitt liv. Samtidigt erövrade Marcus Brutus Octavianus läger. Tre veckor senare inlät Brutus sig åter i strid vilken han förlorade mot Antonius. Filippi var ett avgörande slag som lade den romerska världen vid segrarens fötter. Segerherren var otvivelaktigt den 40-årige Antonius, som genom detta slag nådde höjdpunkten av sin militära och politiska bana, medan de båda andra triumvirerna hade mer blygsamma roller. Lepidus, som misstänktes ha hemliga kontakter med Sextus Pompejus, fick avstå från Spanien och Gallia Narbonensis och nöja sig med Africa.

Antonius fick hela Gallia Transalpina samt östern, medan Gallia Cisalpina inte tilldelades någon utan upphörde att vara en provins och tillhörde hädanefter Italien. Octavianus slutligen behöll Sicilien och Sardinien, som Pompejus intagit, samt fick nu även Spanien. Dessutom fick han det otacksamma uppdraget att i Italien skaffa jord till 100 000 veteraner, vilket han delvis lyckades men med mycket hårda medel, vilket gjorde honom impopulär i stora kretsar i Italien. Denna impopularitet försökte Antonius och dennes släkt, främst hans gemål Fulvia och broder Lucius, utnyttja för att om möjligt samla all makt i släkten. Men Fulvia och Lucius innestängdes och belägrades i Perugia, som måste kapitulera. Octavianus visade stor mildhet mot de besegrade och gav Lucius Antonius en av de spanska provinserna. När Antonius legat i Gallien avled, övertog Octavianus denna provins jämte elva legioner. Han började åter vinna framgångar i väster. För att neutralisera sin svåraste motståndare Sextus Pompejus, skilde han sig från sin gemål Clodia, en styvdotter till Antonius, och ingick nytt äktenskap med en avlägsen släkting till Pompejus, Scribonia. Antonius delade sitt intresse mellan östern och Egypten, vars drottning Kleopatra helt lyckades fånga honom.

FÖRDRAG I BRUNDISIUM

Trots misstänksamhet mellan triumvirerna ingicks ett nytt fördrag mellan dem i Brundisium (nuv. Brindisi) år 40, enligt vilket det romerska riket i praktiken delades mellan Antonius, som fick makten över östern, och Octavianus, som erhöll västern, inbegripet Gallien, samt Illyrien, medan Lepidus fortfarande satt kvar i Africa. För att bekräfta denna överenskommelse gifte sig Antonius med Octavianus syster Octavia, sedan Fulvia kort innan avlidit.

SEXTUS POMPEJUS BESEGRAS

Pompejus, som helt behärskade västra Medelhavet, åstadkom hungersnöd i Rom genom att hindra spannmålsimporten från Africa. En överenskommelse ingicks i Misenum mellan Antonius, Octavianus och Pompejus, enligt vilken den senare skulle härska över Sicilien och Sardinien samt Peloponnesos för fem år. Dessutom skulle han bli konsul och erhålla kompensation för faderns egendom i Rom. I gengäld lovade Pompejus fred på havet samt fri sädestillförsel till Rom. Dessa överenskommelser uppfylldes emellertid aldrig utan redan följande år utbröt åter kriget mellan Octavianus och Pompejus. Nu ville Octavianus inte ha fred utan ansåg att Pompejus måste krossas en gång för alla. Genom en förrädare, som Pompejus skonat, överlämnades Sardinien till Octavianus, som därefter skilde sig från Pompejus släkting Scribonia och ingick nytt äktenskap med Livia Drusilla av Claudiernas förnäma släkt.

Octavianus klarade emellertid inte av att ensam besegra Pompejus. Därför tvingades han att kalla in sin bäste general Marcus Vipsanius *Agrippa* från Gallien och dessutom be Antonius om hjälp med 120 krigsfartyg. För dessa skulle Antonius i gengäld få fyra legioner inför dennes krig mot parthherna. Vid Naulochus nordväst om Messina utkämpades ett av de största sjöslagen i antiken, i vilket Agrippa förstörde Pompejus flotta varefter denne flydde till Mindre Asien där han dödades följande år (35). Lepidus som deltagit i kriget mot Pompejus, ville behålla Sicilien för egen räkning, men när hans trupper övergick till Octavianus kunde denne utesluta honom ur triumviratet. Därefter förlorade Lepidus all politisk makt men fick behålla sin värdighet som *pontifex maximus* till sin död år 12 f.Kr.

År 36 ansåg sig Antonius förberedd att inleda det krig mot partherna som han länge planerat. För att undvika Mesopotamiens ökenområden, som hade varit så ödesdigra för Crassus, valde han en nordligare väg genom Armenien. Hans mål var parthernas huvudstad Ekbatana som han dock inte kunde belägra, eftersom han inte fört med sig några belägringsmaskiner. Han tvingades återvända med stora förluster bland trupperna, varav 20 000 tränade veteraner.

Antonius övergick till att alltmer söka stöd och hjälp hos Egypten och dess drottning Kleopatra, med vilken han redan hade tre barn. Han ingick formellt äktenskap med henne sedan han låtit skilja sig från

Octavia, vilket betraktades närmast som en krigsförklaring mot Rom och Octavianus. Kleopatra lät han utropa till "kungars drottning" och erkände Caesarion som Julius Caesars son och medregent. Även sina egna barn med Kleopatra förlänade han kungliga titlar och riken att regera över. De romerska konsulerna för år 32, som båda var Antonius personliga vänner, mottog en begäran från Antonius att låta senaten godkänna hans åtgärder i öster och hans donationer till Kleopatra och hennes barn. I gengäld lovade Antonius att efter triumviratets upplösning återställa den forna republiken. Octavianus infann sig med en beväpnad livvakt i senaten och fördrev båda konsulerna jämte omkring 300 senatorer, vilka begav sig till Efesos och där bildade en egen senat. Redan tidigare hade Antonius och Kleopatra med hennes kapital samlat en flotta i Efesos. Octavianus började driva en hård propaganda mot sin rival och fiende, han kom över Antonius testamente, som var deponerat hos vestalerna i Rom, och lät offentliggöra delar av detta. Propagandan hade verkan: Antonius berövades samtliga ämbeten och hans namn ströks från de offentliga handlingarna. Octavianus kunde genom en trohetsed förpliktiga samtliga medborgare i Italien och västra delarna av riket till att följa honom i striden mot Antonius.

SLAGET VID ACTIUM ÅR 31 F.KR.

På hösten 32 hade Antonius fört sin flotta på omkring 500 fartyg samt 90 000 man, varav 12 000 ryttare, och stora förråd livsmedel till Actium i Ambrakiska bukten och låtit trupperna gå i vinterkvarter. På våren 31 förde Octavianus och hans general Agrippa en här och flotta över Adriatiska havet, som till storleken kunde mäta sig med motståndarens. Medan Agrippa lyckades blockera Antonius flotta, kunde Octavianus trupper skära av landförbindelserna för Antonius varigenom dennes situation snabbt förvärrades. Antonius beslöt sig för att bryta blockaden och utkämpa ett avgörande slag. Av okänd anledning tog Kleopatra nästan genast till flykten och Antonius följde efter till Egypten. Någon strid till lands utkämpades inte vid Actium och striden till sjöss var ganska obetydlig. Men slaget vid Actium blev berömt och avgörande endast genom det faktum att det kom att markera slutet för republiken och början till en ny tid, kejsartiden. Segern var så fullständig att Octavianus inte ansåg det nödvändigt att omedelbart följa efter motståndaren till Egypten. Långsamt tågade han med sin här genom Syrien och Judéen och kom till Egypten först sommaren 30. Antonius legioner gjorde bara sporadiskt motstånd och efter en sista strid begick både Antonius och Kleopatra självmord.

Octavianus visade stor mildhet mot de flesta av Antonius vänner och anhängare. Men Caesars son, Caesarion, som redan utropats som medregent till Kleopatra och som kunde bli en farlig medtävlare, undanröjdes liksom Antonius äldste son med henne. Egypten förenades med det romerska riket, men styrdes i fortsättningen som en exklusiv kejserlig besittning av en romersk riddare som vicekung med titeln *praefectus Aegypti et Alexandreae*, som till sitt förfogande hade tre legioner. Senatorer var förbjudna att utan kejsarens särskilda tillåtelse besöka Egypten.

Efter återkomsten till Rom år 29 firade Octavianus en tredubbel triumf. Inbördeskrigen var slut efter att med kortare uppehåll ha pågått under ett århundrade från Tiberius Gracchus år 133 till Actium 31. Både krigen och proskriptionerna under Sulla och under triumvirerna hade kraftigt decimerat befolkningen i Rom och hela Italien. Särskilt Grekland och Makedonien hade lidit svårt av krigen under Caesar och Octavianus. Hela riket längtade efter fred.

KEJSARTIDEN IV

Principatet eller tidig kejsartid – 163
Flaviska kejsarna år 69–96 – 222
De goda kejsarna år 117–180 – 239
Utvecklingen under andra århundradet – 254
Övergång till militäranarki – 288
Tetrarkin – 314
Konstantinska epoken – 325

Principatet eller tidig kejsartid

Augustus 27 f.Kr.– 14 e.Kr.

Revolutionstiden från Caesars död till slaget vid Actium hade tydligt visat att den gamla romerska republiken och dess styrelsesätt var ett avslutat kapitel. Caesars försök att införa ständig monarki hade misslyckats. Den republikanska författningen hade upphört helt när det nya triumviratet bildades år 43, vilket ju inte var något annat än en kollektiv diktatur. Efter Actium återstod för Octavianus uppgiften att skapa en ny författning för det romerska riket. Han åstadkom en författning, principatet, som med vissa förändringar kom att gälla under tre århundraden och ur vilken den senantika statliga livsformen växte fram. Denna statsform varade ett halvt årtusende och kom att ha ett betydande inflytande på Europas historia under minst ett årtusende.

Den nya författningen och statsformen byggdes inte upp på en gång utan i flera etapper, varav de viktigaste var åren 27 och 23 f.Kr. Det tycks vara en skapelse av Octavianus själv. Redan tidigt hade han skaffat sig framstående män som rådgivare, främst Maecenas och Agrippa, men det är mycket oklart vilken roll dessa två kan ha spelat vid utformningen av den nya författningen.

Efter år 31 hade Octavianus fortsatt att leda konsulatet, ett uppdrag som förnyades varje år. Att konsulatet skulle förnyas varje år genom folkets val var en osäkerhetsfaktor för honom, som han ville eliminera. Den 13 januari 27 f.Kr., knappt fjorton dagar efter att han åter tillträtt sitt konsulat, förklarade han för den församlade senaten att han avsåg att återlämna samtliga ämbeten åt senaten och folket. Senaten bad honom då fortsätta att leda landets styrelse, eftersom man fruktade att inbördeskrig åter skulle bryta ut. Octavianus innersta önskan var naturligtvis inte att lämna ifrån sig makten utan tvärt om att lägga beslag på den. Senaten överöste honom med hedersbetygelser och Octavianus "lät sig övertalas" att mottaga en del av makten från senaten, i och med att han fick prokonsularisk makt *(imperium proconsulare)* på tio år.

DEL IV – KEJSARTIDEN

Octavianus var angelägen om att inte införa något helt nytt som kunde väcka avund eller misstänksamhet hos romarna. Denna prokonsulära makt var inte heller någon nyhet. Sedan Sulla begränsat konsulernas maktområde till Rom och Italien (s. 124), hade de ingen möjlighet att utöva *imperium* som de dittills haft från konsulsämbetets tillkomst. Verkliga innehavare av *imperium* var efter Sulla prokonsulerna och propretorerna, som stod med sina härar i provinserna. Men dessa ståthållare var inte aktiva ämbetsmän. Ett speciellt *imperium* fick Pompejus år 67, som dels skulle gälla under tre år och dels inte vara begränsat till någon särskild provins utan var utsträckt längs hela Medelhavets kuster. Från den tiden tilldelades fler oregelbundna imperia. Det var således ingen nyhet att Octavianus år 27 fick ett prokonsulariskt *imperium*, men det han fick hade större räckvidd än tidigare, eftersom det dels var på tio år och dels omfattade alla provinser i riket som ännu inte var pacificerade.

Rikets provinser delades i *senatoriska* och *kejserliga*. De förra (tio till antalet) var huvudsakligen sådana provinser som sedan länge hade pacificerats och låg i det inre av riket, nämligen Sicilien, Sardinien, Korsika, Illyrien, Makedonien, Grekland, Asia, Bitynien, Kreta-Kyrene samt Africa. Dessa skulle styras av f.d. konsuler och pretorer, som utsågs av senaten, samtliga med titeln prokonsuler. Två av provinserna, Asia och Africa, ansågs så betydelsefulla, att de skulle styras av personer, som verkligen innehaft konsulatet, de övriga åtta av f.d. pretorer. De kejserliga provinserna låg främst i gränsområdena, som behövde soldater för rikets försvar. Till dessa hörde Gallien, Spanien och Syrien, vilka tillsammans med Egypten var de viktigaste provinserna i riket. Ståthållarna i dessa utövade sina befogenheter på Octavianus uppdrag och blev kejsarens underbefälhavare, *legati Augusti*, ansvariga endast inför honom. Detta innebar även att deras ämbetstid inte begränsades till ett år som var fallet för prokonsulerna, vilka fortfarande i princip skulle växla årligen. Sina *legati* valde Octavianus ut bland sina trogna anhängare. Inkomsterna från provinserna förvaltade han genom sina frigivna och slavar.

HÄRSKARENS TITLAR

Den 16 januari 27 tilldelade senaten Octavianus ärenamnet *Augustus*, som var ett halvt sakralt namn; det betydde "den genom gudatecken *(augurium)* utvalde", den "upphöjde", "ärevördige", "majestätiske", vilket blev en av de viktigaste benämningarna för hans makt. Den nya författningen fick tack vare Octavianus konservativa läggning en stark förankring i republiken. Principatet växte fram ur republikens olika element. Det fanns ingen titel som helt täckte hans befogenheter och den nye härskarens titulatur blev en intrikat fråga.

Benämningen på kejsartidens första århundraden, principatet, härleder sig ur *princeps*. Historikerna har länge diskuterat om Augustus velat gälla som *princeps senatus*, den främste i senaten, eller *princeps civitatis*, statens främste. Men *princeps* har aldrig förlänats Augustus som titel och han har aldrig använt den som sådan. *Princeps* är inget statsrättsligt begrepp utan det betecknar den sociala och politiska kvalifikationen i hans härskarställning, som han i sina *res gestae* (s. 197) själv uttrycker det: "I auktoritet har jag överglänst alla, men i maktbefogenhet har jag inte framträtt framför mina kollegor". En *princeps* fick sin auktoritet endast genom sina goda handlingar. Den långa uppräkningen i *res gestae* av för staten goda och nyttiga handlingar och egenskaper: segrar, byten och erövringar, byggnader, gåvor till soldater och civila, hans mildhet, fromhet och tapperhet samt de många ärebetygelser som han uppräknar i sina "memoarer", bevisar tydligt att han var en värdig *princeps*.

Förnamnet *Gaius*, som han fick när Caesar adopterade honom, strök han och ersatte med *imperator*. Denna titel gavs honom av hären och senaten efter segern vid Mutina 43 och blev efter år 27 en permanent titel för härskaren i egenskap av överbefälhavare för den romerska hären. I de romanska språken lever det ännu kvar, i franskan "empereur", i italienskan "imperatore" etc. Nästa steg var att ersätta adoptivfaderns gentilnamn Iulius med hans cognomen Caesar, som ju lever kvar i *Kaiser, kejsare, tsar*. Detta namn var dock ingen direkt kejsartitel, då det bars av samtliga manliga medlemmar av kejsarhuset fram till Hadrianus, som införde regeln att denna titel bara innehades av den fungerande kejsaren samt den han utsett till sin efterträdare. Den mest betydande titeln blev *Augustus*, som endast bars av den fungerande härskaren.

Tribunicia potestas

Även efter den 16 januari 27 valdes Augustus årligen till konsul jämte en annan, denne var formellt likställd med Augustus men i själva verket underlägsen honom i makt. Varje år skulle en f. d. konsul utses som prokonsul över provinserna Asia och Africa. Augustus kunde inte överta en sådan tjänst, och då hans kollega i konsulatet ibland var hans medhjälpare Agrippa, blev det brist på prokonsuler över dessa provinser. År 23 började dåligt för Augustus. Under två års vistelse i Spanien för att pacificera den mest svårkuvade av hans provinser hade Augustus insjuknat allvarligt och återvänt till Rom. Dessutom upptäcktes en farlig sammansvärjning mot honom, vilket blottade svagheter i styrelsesättet, som hade gjort många senatorer missnöjda. En anledning var att de hindrades att uppnå det högsta ämbetet, eftersom Augustus ständigt utsågs till den ena konsulsplatsen. Av många orsaker nedlade han sommaren år 23 sitt konsulat; i kompensation fick han istället den tribuniciska makten *(tribunicia potestas)*.

Folktribunatet var ett av de äldsta och märkvärdigaste ämbetena i republiken. Det hade ju vuxit fram ur de sociala striderna i tidig republik (s. 59) och var från början ett revolutionsämbete. Tribunerna skulle vara folkets ledare i kampen för plebejernas likaberättigande bredvid de patriciska aristokraterna samt dessutom hjälpare för de enskilda medborgarna mot juridiska orättvisor och mannamån. Efter ståndstridernas slut omkring år 300 f.Kr. bibehöll tribunatet den senare funktionen. Varje handling av vilken ämbetsman som helst – utom diktatorn – kunde hindras genom tribunernas veto.

Tribunatet kom i regel att ledas av unga män av förnäm plebejisk familj, som här gjorde sina första läroår på den politiska banan. Den sociala sammansättningen av tribunkollegiet förde tribunatet närmare senaten, eftersom folktribunerna ofta var söner eller släktingar till plebejiska senatorer eller till personer som ville komma in i senaten. Senaten kunde därför fånga in tribunerna och utnyttja deras vetorätt och lamslå motsträviga ämbetsmän. Tribunerna å sin sida fick rätt att deltaga vid senatssammanträdena och slutligen även befogenhet att sammankalla senaten. Sedan början av tredje århundradet, då plebejförsamlingen hade upphöjts till *comitia*, hade de i själva verket rätt att även sammankalla folkförsamlingen.

Folktribunerna hade således rent juridiskt befogenheter, som bara tillkom högre ämbetsmän, konsuler och pretorer. Genom sin vetorätt höjde de sig t.o.m. över dessa. Men i ämbetsmännens ranglista, *cursus honorum*, var tribunatet ett av de lägsta och hade ringa anseende i senatorernas ögon. För den stora massan var det emellertid populärt. Ett skimmer av dess revolutionära ursprung fanns kvar, liksom den okränkbarhet som tillförsäkrades dess innehavare. Även i detta fall kunde Augustus knyta an till en redan införd sed och behövde inte införa något helt nytt. Redan år 48 hade Caesar fått rätten att sitta på folktribunernas bänk vid spelen och år 44 fick han tribunernas okränkbarhet, något som tilldelades Octavianus år 36. Den *tribunicia potestas* som gavs Augustus år 23 utsträcktes att gälla hela riket, medan folktribunerna bara kunde utöva sina befogenheter i Rom och dess närmaste omgivning.

Kejsarens *tribunicia potestas* förnyades varje år, som därefter daterades efter detta ämbete, eftersom år 23 innebar en ny fas för Augustus i hans ställning som Roms härskare. Under första århundradet e.Kr. räknades ämbete från kejsarens tillträdesdag men från och med Trajanus från den 10 december, samma dag som republikens folktribuner tillträtt sitt ämbete. *Tribunicia potestas* blev alltså ett eponymt ämbete och kom att delvis ersätta konsulsämbetet i det avseendet. Konsulsdatering förekommer ytterst sällan i gravinskrifter från år 23 f.Kr. till Konstantin den store, efter vilken tid *tribunicia potestas* fick mindre betydelse. Kejsar Gratianus avstod helt från den titeln år 383 e.Kr. Genom den tribuniciska makten kunde kejsaren både sammankalla och leda senat och folkförsamling och var i det avseendet inte underordnad konsulerna. Men tribunatet saknade *imperium*, som var kärnan i den konsulariska

DEL IV - KEJSARTIDEN

makten. År 23 fick emellertid Augustus på livstid en utvidgad prokonsularisk makt *(imperium proconsulare maius)*, som gällde både innanför Roms stadsgräns, *pomerium*, och i alla rikets provinser, varigenom han de facto blev överbefälhavare för hela romerska väldets krigsmakt och fick rätt att ingripa i förvaltningen av de senatoriska provinserna.

Tribunicia potestas och *imperium proconsulare maius* var de viktigaste organ med vilka Augustus regerade det romerska riket efter år 23. De var inte några ämbeten i republikansk mening utan innebar bara en hämtad makt från ämbeten, som Augustus utövade som *privatus* och just därför kunde inneha längre tid utan att formellt stöta sig med annuitetens princip.

Andra titlar

Augustus åtog sig en hel del tillfälliga uppgifter. När Rom år 22 led av hungersnöd på grund av sädesbrist och invånarna ville utropa honom till diktator, vägrade han att mottaga denna titel men åtog sig att själv sörja för stadens sädesanskaffning, vilken en av kejsaren tillsatt *praefectus annonae* ur riddarklassen i fortsättningen skulle ansvara för. När Lepidus skildes från triumviratet och berövades allt politiskt inflytande (s. 157), fick han behålla sitt ämbete som överstepräst, *pontifex maximus*, men vid hans död år 12 f.Kr., överlämnades det åt Augustus, som därmed förenade den högsta världsliga makten med det högsta prästämbetet i romerska riket. En ny hedersbevisning beviljades Augustus vid hans 25-års jubileum som regent år 2 f.Kr., då han för livstid tilldelades hederstiteln "Fäderneslandets fader", *pater patriae*, vilket skulle stå i inskrift över ingången till hans hus och på senatens sammanträdeslokal vid Forum Romanum.

AUGUSTUS OCH SENATEN

I motsats till sin adoptivfader Caesar behandlade Augustus, som själv inte stammade från högadliga familjer, senaten med största aktning och lät den framstå i all sin glans. Det var för att höja senatorernas anseende som han införde bestämmelsen att en senator skulle äga en förmögenhet på minst en miljon sestertier.

Han bildade således ett slutet stånd och inskränkte möjligheterna att komma in i detta. Flera gånger reviderade han själv senaten, vars medlemsantal återfördes till 600, sedan Caesar ökat det till 900.

Utan att vara censor granskade han ändå enskilda senatorers kompetens, avsatte några och satte i stället in nya medlemmar. Det är begripligt att han vid sådana tillfällen valde bort motståndare och hjälpte fram sina trogna anhängare. Många av de nya senatorerna var invånare i de romerska municipierna.

Augustus avsåg att senatorerna nu, liksom under republiken, skulle utgöra kärnan i administrationen. Genom ämbetsmän som utsetts bland senatorerna styrde de Rom och Italien och de s.k. senatoriska provinserna. Tidigt under sin regering (före år 18 f.Kr.) omgav sig Augustus med en mindre krets av rådgivare som bestod av framstående ämbetsmän, f.d. konsuler, och 15 senatorer som utsågs genom lottning. Detta ständiga råd (consilium) skulle tillsammans med honom förbereda frågorna inför senatssammanträdena. Dessutom fick senaten ökad prestige genom att den kom att användas som domstol i en del allvarliga processer, medan kejsarens egen roll som domare är högst oklar under Augustus och hans närmaste efterträdare.

AUGUSTUS OCH ARISTOKRATIN

Intimt sammankopplad med Augustus inställning till senaten är hans allmänna syn på aristokratin. Trots att aristokraterna gjorde kraftigt motstånd mot en hel del av Augustus reformer och nyordningar, ville han absolut inte motarbeta dem utan sökte tvärtom vinna dem. Det låg honom fjärran att spela ut aristokraternas gamla fiender riddarna mot dem, eller vidga den klyfta mellan de båda högsta samhällsklasserna som existerat i ett århundrade. Den största anledningen till det dåliga samarbetet mellan Augustus och aristokraterna var att dessa krävde ökat politiskt inflytande. Augustus hade ju utlovat republikens återinförande, vilket aristokraterna tolkade som att den gamla senatens makt skulle återupprättas. För republikens senatorer och politiker hade det därmed hägrat en förhoppning att genom en framgångsrik insats i en provins kunna bli beviljad en triumf, vilket emellertid upphörde med Augustus. Varje krig var hädanefter kejsarens och varje triumf tillhörde honom. Om någon härförare underställd honom beviljades denna heder, berodde det på kejsarens välvilja.

Spänningen mellan Augustus och aristokraterna ökades genom en del lagar, som i första hand träffade dessa. Till dessa lagar hör främst äktenskapslagarna (av år 18 f.Kr. och 9 e.Kr.), som tillkom huvudsakligen för att motverka den kraftiga minskningen av nativiteten inom de högre klasserna. De nya lagarna tvingade medlemmarna av senatorsfamiljer att leva i legitimt äktenskap; alla änkor under 50 och änklingar under 60 år skulle gifta om sig inom tre år. De ogifta fick inte mottaga arv efter mer avlägsna släktingar, och gifta men barnlösa fick endast ärva hälften mot dem som hade barn. Barnfamiljer gynnades vid tillsättningen av ämbeten, särskilt de som hade tre barn, vilka fick företräde till alla ämbeten (*Ius trium liberorum*, tre barns rätt). Att gifta sig med frigivna slavar förbjöds emellertid för senatorerna.

Lagarna inskred också hårt mot äktenskapsbrott: en fader fick rätt att döda sin dotter och hennes älskare och en make sin hustru, om de befanns skyldiga till sådant. Dessa äktenskapslagar fick emellertid föga verkan ens inom Augustus närmaste omgivning. Hans favoritskalder Vergilius och Horatius levde båda ogifta, och själv hade Augustus endast en dotter, medan hans vän och medhjälpare Maecenas var barnlös.

Det fanns således anledning till missnöje bland aristokraterna mot Augustus. Under hans regering riktades också flera politiska angrepp mot honom just från denna samhällsklass, mycket allvarliga sådana åren 22, 19 och 2 f.Kr. I det senare var hans egen dotter Iulia inblandad varför hon landsförvisades till en ö utanför Kampaniens kust. Hon fick aldrig återse Rom och vägrades att få bli begravd i Augustus mausoleum.

AUGUSTUS OCH RIDDARNA

Redan under Augustus ökades behovet av civila ämbetsmän mycket kraftigt, vilket sedan fortsatte under hela kejsartiden. Till de högre ämbetena, *pretur* och konsulat m.fl., var senatorerna fortfarande självskrivna men de hindrades av både sedvana och prestigehänsyn att åtaga sig många tjänster som rörde skatter, ekonomi och finanser (s. 74). Till dessa uppdrag hade däremot riddarna redan under slutet av republiken visat sig mycket lämpliga. Även för detta stånd visade Augustus stort intresse och ville höja dess anseende. Riddarståndet stod öppet för alla romerska medborgare som var 18 år, av fri börd och god karaktär. Dessutom krävdes en minimiförmögenhet av 400 000 sestertier. Riddarvärdigheten var inte ärftlig utan skulle förnyas åt barnen. Riddarnas karriär började i allmänhet inom hären och fortsatte inom finansväsendet för att sluta inom administrationen. En del höga och mycket betydelsefulla ämbeten förbehölls riddarna. De var ståthållare i de kejserliga provinserna och var i de senatoriska kolonierna kejsarens uppsyningsmän, och ansvarade för finanserna där. Efter olika slags uppdrag som kejsarens *procuratores* kunde riddarna uppnå några av de högsta ämbetena, såsom prefekt för flottan, i Egypten eller över pretoriangardet (s. 181). De som nådde dessa ämbeten kunde också skrivas in i senatorsståndet. Genom att riddarnas tjänster var intimt knutna till kejsaren, kunde han lätt få kontroll över deras lojalitet och ur riddarnas led utkristalliserades därför en adel, som var helt lojal med kejsaren och den nya regimen.

FRIGIVNA

Till de många ämbeten som skapades av både Augustus och följande kejsare krävdes också ett stort antal lägre tjänstemän. Till dessa tjänster utnyttjade Augustus ofta slavar ur sitt eget stora hushåll för de lägsta uppgifterna samt frigivna för de mer avancerade uppdragen. Dessa frigivna var i regel mycket tjänstvilliga, lojala och intelligenta, varför de snabbt kunde nå en stark position. De fick *kontrollera* rikets inkomster och utgifter, import och export, anslag till offentliga byggnader och skådespel samt "löner" och anslag till ståthållare och prefekter. En del frigivna hade i uppdrag att mottaga förfrågningar och petitioner från olika delar av riket, klagomål över ståthållare och deras tjänstemän, ansökan om civila och prästerliga ämbeten eller anhållan om frigivning. Redan under Augustus började således de frigivna att spela en inte oväsentlig roll inom förvaltningen och därmed lade Augustus grunden till ett system som byggdes ut under Claudius (s. 207).

AUGUSTUS OCH FOLKET, PLEBS

I de flesta framställningar om det romerska kejsardömet framhålls att folket, *plebs*, helt förlorade sin betydelse. Redan i slutet av republiken hade folkförsamlingen blivit ett redskap i makthavarnas händer. När Augustus efter de långa och uppslitande inbördeskrigen skapade lugn och fred i Rom och det romerska riket, gjorde han som vi sett inte folket utan senatorerna och riddarna till medhjälpare på de viktigaste positionerna. Men folket förlorade ändå inte all betydelse, utan Augustus har i själva verket gjort allt för att vinna även denna majoritet av sina medborgare. Men i början var folket ganska avogt inställt mot den unge Octavianus.

Folket kände avsky för Caesars adoptivson på grund av att han deltog i proskriptionerna år 43, ett deltagande som han bittert fick ångra. Efter slaget vid Filippi försattes Octavianus i ett svårt dilemma, när han fick uppdraget att tillfredsställa veteranernas krav på åkerområden. Men det var orimligt att i längden bara tillfredsställa soldaterna och låta folkmassan vara utan kompensationer. När arton rika städer ålades att skaffa fram den nödvändiga jorden till veteranerna, höjdes ett ramaskri i många av dessa städer, som krävde att hela Italien gemensamt skulle bära bördorna. En del av städerna vände sig till folket (plebs) i Rom, där svår hungersnöd rådde eftersom Sextus Pompejus (s. 157) hindrade regelbunden sädesimport till Italien. Om jord delades ut till soldaterna, fruktade folket i Rom att sädesimporten till huvudstaden från den italienska landsbygden skulle bli ännu mindre. I det läget ingrep soldaterna och gjorde räder mot Rom, plundrade och förstörde allt som de kom över. Slagsmål med den civila befolkningen förekom i stor skala. Befolkningen i Rom tillgrep passivt motstånd, affärsinnehavare och hantverkare stängde sina butiker. Som en räddande ängel uppträdde Lucius Antonius, broder till triumviren, och dennes gemål Fulvia, som ställde sig på folkets sida och därigenom åstadkom lugn för en tid men bara tillfälligt. Octavianus krossade med vapenmakt folket och dess räddare Fulvia och Lucius Antonius, som blev instängda och utsvultna i Perugia (s. 156) och tvingades att ge sig. Men Octavianus insåg ändå folkmassans makt och visade sig mild mot både Fulvia och Lucius Antonius. Denne fick en provins i Spanien, medan Fulvia fick fritt resa till sin make.

För den unge Octavianus fanns folket fortfarande kvar som ett hotande spöke om det inte kunde tillfredsställas. Det var fruktan för folket och dess krav på spannmål som tvingade Octavianus att göra den ena eftergiften efter den andra åt Sextus Pompejus, som med en viss rätt betraktades som de olyckligas ledare. När han emellertid försökte helt frigöra sig från både Antonius och Octavianus, och när Octavianus kände sig mer förberedd för en strid efter att ha fått förstärkning med elva legioner från Gallien, besegrade han Pompejus vid Naulochus på Siciliens nordkust. Efter striden flydde Pompejus till Mindre Asien, där han senare mördades. Den segern gjorde emellertid Octavianus allt annat än populär. Även om spannmålsimporten kunde anses säkrare sedan Pompejus var borta, hade denne ändå varit mycket populär bland folket, och framför allt var det inte Octavianus som vunnit segern utan hans medhjälpare Agrippa som hade sänkt större delen av Pompejus flotta. Iulius Caesar hade vunnit stor auktoritet hos folket tack vare sina glänsande framgångar i krig, men Octavianus hade inte mycket att uppvisa i den vägen: Slaget vid Filippi hade ju vunnits av Antonius och slaget vid Naulochus av Agrippa, medan segern vid Perugia var föga ärofull, då den inte vunnits på slagfältet utan genom inspärrning av motståndarna. När Agrippa valts till edil år 33, försökte han vinna folket för Octavianus genom populära åtgärder: uppförande av offentliga byggnader, varm-

DEL IV – KEJSARTIDEN

bad och vattenledning och gratis utdelning av olja, oliver och salt och gratis inträde till varmbaden.

Samtidigt som Octavianus i förening med Agrippa ville vinna folkets uppskattning genom sådana förmåner, sattes en väldig propaganda in mot Antonius. Denna propaganda blev framgångsrik bland folket, men mindre lyckad hos senatorerna och ämbetsmännen. Trots att borgarkrigen var slut och lugnare förhållanden kunde inträda sedan Octavianus blivit ensam härskare, gjorde ändå inte segern vid Actium att Octavianus blev mer populär, eftersom främst Agrippa även här var segerherren. När Octavianus återvände till Italien hyllades han bara av en liten del av folket.

Folk i allmänhet började inte uppskatta Octavianus förrän han blivit kejsare och Augustus. Men det är svårt att exakt ange när det skedde. Klart är att folket visade sin tillit till Augustus under det svåra olycksåret 22 då man ville utse honom till diktator, man stormade curian och stängde in senatorerna i denna och hotade att sätta byggnaden i brand om senaten inte ville följa folkets önskan. För att lugna massan åtog sig Augustus sädesförsörjningen, *cura annonae*, för det året. Även i fortsättningen var Augustus angelägen att vinna folkets gunst och det lyckades honom till slut att bli en populär härskare.

FOLKFÖRSAMLINGEN

Även om folkförsamlingen inte avskaffades under Augustus, minskades dess betydelse i hög grad. Val av ämbetsmän begränsades och kontrollerades av kejsaren, som också i kraft av sin tribuniciska makt effektivt kontrollerade de lagförslag som förelades folkförsamlingen.

AUGUSTUS OCH HÄREN

Som nämnts ovan var inte Augustus någon stor fältherre. Det var hans generaler, främst Agrippa och dennes styvsöner Tiberius och Drusus, som vann segrarna åt honom. Men Augustus hade en stor talang som organisatör av härväsendet. Under tidigare republiken hade den romerska hären bara rekryterats vid behov, och då bland romerska medborgare med en viss förmögenhet. Detta förhållande ändrades av Marius, som skaffade en legohär av mer bestående karaktär, men som hade det felet att den blev politikernas och inte romerska statens redskap. Nackdelarna härav visade sig tydligt under inbördeskrigen. Augustus tog som sin uppgift att skapa en krigsmakt åt staten, som var tillräckligt stark för rikets försvar men som å andra sidan inte var större än att staten kunde bära dess kostnader.

Efter slaget vid Actium stod omkring 50 legioner under fanorna. Dessa minskades till hälften. Förutsättning för att få inträda i den romerska hären var att äga personlig frihet och romersk medborgarrätt. Slavar var uteslutna. Legionstrupperna rekryterades huvudsakligen från Italien och från sedan länge pacificerade provinser. Vid sidan av legionshären stod hjälptrupperna, *auxilia,* som var provinsbor, vilka inte hade romersk medborgarrätt. Vid slutad tjänst, efter 25 år, beviljades romerskt medborgarskap både för dem själva och deras familjer. Hären utgjorde främst ett gränsförsvar vars tyngdpunkt låg i Germanien; vidare förlades trupper i Syrien i öster, i Spanien samt i Donauområdet.

En tredje kategori av trupper var pretoriangardet, som under Augustus utgjordes av nio kohorter på vardera 1 000 man, som följde kejsaren i dennes egenskap av överbefälhavare. Under Augustus var de förlagda dels inne i Rom och dels i Roms närhet, men redan under hans efterträdare Tiberius stationerades de alla i Rom. Pretoriantrupperna som alla hämtades från Italien, hade högre sold och kortare tjänstgöring, endast tolv år, jämfört med legionstrupperna, som från slutet av Augustus regering fick tjänstgöra i tjugo år.

Även legionstrupperna fick ganska god sold och efter slutad tjänst dessutom en pension, först i form av jord men från år 6 e.Kr. i kontanter. Detta år bildade nämligen Augustus en särskild militärkassa för pensioneringen av soldater, *aerarium militare.* Soldatyrket blev aktat och inte minst det underordnade befälet, centurionerna, kunde efter den militära tjänstgöringens slut få en lovande framtidsbana i den civila förvaltningen.

Den militära karriären blev således en inledning till den civila även för officerarna, av vilka de högre tillhörde senatorsståndet, medan de lägre var riddare.

Flottan

För att skydda Italiens kust och angränsande vatten och för att eskortera handelsfartygen, skapade Augustus en permanent flotta med en station i Misenum på västsidan av halvön och en annan i Ravenna på östsidan. Till flottan i Ravenna togs främst personer från öster, Grekland och Mindre Asien, medan den i Misenum fick sitt manskap från Egypten, Afrika och hela den västra rikshalvan. Även frigivna slavar ingick ofta i flottans besättningar.

HÄRENS BETYDELSE FÖR SPRIDNINGEN AV ROMERSK KULTUR

Eftersom legionerna, som rekryterades från områden med latinskt språk och kultur, var förlagda i det romerska rikets gränstrakter, kom dessa att i hög grad bidraga till romaniseringen av gränsområdena. Till denna bidrog också de kolonier som Augustus lät anlägga för att tjäna som militära utposter och säkra erövrade områden. Genom dessa spreds det latinska språket och romersk lag till stora delar av Medelhavsområdet.

Augustus ville gärna gälla som en fredens härskare, vilket han i själva verket också var, och han bedöms i allmänhet som sådan. Men man bör inte glömma att han mer än någon annan romare före honom utvidgade det romerska rikets gränser, och att han under sin långa regering förde fler krig än andra kejsare, överträffad endast av Trajanus. Om detta säger han i sina *res gestae:* "Till lands och sjöss mot medborgare och mot främmande härar har jag ofta och över hela världen fört krig." Hans strävan var att skaffa riket naturliga gränser, floder, hav eller öken. Det faller sig naturligare att behandla varje gränsprovins för sig än att skildra hela hans utrikespolitik i kronologisk ordning.

Utrikespolitik

SPANIEN

Den iberiska halvön hade länge varit en oroshärd och stammarna i nordväst var ännu fria och oberoende av romarna. För att säkra freden i denna del av riket beslöt Augustus att fullständigt underkuva de tämligen vilda folken. Åren 27–25 ledde han själv fälttågen, under vilka han blev svårt sjuk och måste återvända till Rom utan att fullständigt ha lyckats slutföra sitt krig. Stammarna gjorde en revolt som Agrippa kunde krossa år 19, varefter en nyordning infördes på halvön. På de erövrade områdena anlade veteraner kolonier och ett stort antal städer, dessutom stationerades romerska legioner för att hindra oroligheter. Till de tidigare romerska provinserna Baetica och Tarraconnensis inrättades en tredje, Lusitania, motsvarande nuvarande Portugal, som blev en kejserlig provins.

ALPOMRÅDENA

Folken i Alperna gjorde upprepade räder in i norra Italien och besatte dessutom passen i väster, varigenom de skar av de bästa vägarna mellan Italien och Gallia Transalpina. Augustus överlämnade åt sina styvsöner Drusus och Tiberius att kuva dessa folk, vilket de också lyckades göra. Genom deras framgångsrika fälttåg blev Donau gränsen mot norr och en väg öppnades in till Germanien. År 8 f.Kr. kunde slutligen de långvariga krigen mot alpfolken avslutas. De nyvunna områdena organiserades som kejserliga provinser, som styrdes av prokuratorer. Pannonien tillsammans med Dalmatien gjordes till en provins, *Illyrien*.

Men de nya Donauprovinserna var långt ifrån pacificerade och år 6 e.Kr. uppstod i Pannonien ett uppror, som spred sig i hela Illyrien och orsakade panik i Rom, som måste sätta in en ovanligt stark här på femton legioner och talrika hjälptrupper för att krossa de upproriska stammarna. Åter var det den metodiske och prövade härföraren Tiberius, den blivande kejsaren, som efter tre års hårda krig (5–9 e.Kr.) krossade motståndet och som för lång tid framåt säkrade Donau som nordgräns.

GALLIEN

Gallien hade visserligen erövrats av Caesar (58–51 f.Kr.) men på grund av krigen med Pompejus kunde han aldrig fullständigt ansluta området till det romerska riket. Man anade att Gallien var ett rikt land, men ingen visste hur rikt det var och hur mycket skatter man kunde utkräva av dess invånare. Det tillkom Augustus att fullborda organisationen av det nyerövrade Gallien, som uppdelades i tre distrikt, vilka styrdes av en gemensam ståthållare med Lugdunum (nuv. Lyon) som centrum för administrationen. Redan år 27 f.Kr. företogs *census* och skatterna bestämdes efter denna. Gallien blev en verklig inkomstkälla för kejsaren och ett rikt rekryteringsområde för hjälptrupperna i den romerska hären samt, en buffertstat mot det angränsande Germanien.

GERMANIEN

Rhen hade under Caesar blivit gränsen mellan Gallien och Germanien men även väster om denna flod bodde germanska stammar och det visade sig snart omöjligt att hålla denna gräns. Ubierna gick över floden och fick tillåtelse av Agrippa att slå sig ned vid nuv. Köln. Andra germanska stammar följde efter och deras härnadståg övertygade Augustus om nödvändigheten att flytta gränsen längre österut, i första hand till Elbe. Kejsarens styvson Drusus utsågs att leda operationerna, som blev en kombinerad här- och flottaktion. Först uppförde han en rad fort utmed Rhen (nuv. Bonn, Mainz, Strassbourg) och därefter lät han gräva en kanal från Rhen till Zuider Zee och vidare ut i Nordsjön.

Genom dessa operationer flyttades gränsen till Elbe, där Drusus lät sätta upp ett segermonument år 9 f.Kr. När han dog samma år, hedrades han bl.a. med hedersnamnet *Germanicus,* som blev ärftligt inom hans familj.

Efter Drusus blev hans broder Tiberius ledare för operationerna i Germanien. Tack vare dennes skickliga diplomati kunde de av Drusus vunna områdena behållas, dvs. landet mellan Rhen och Elbe, men de kunde ändå inte införlivas med riket som en romersk provins. Germanien blev under lång tid framåt ett olycksområde för de romerska härarna. En av de svåraste och mest kända katastroferna inträffade år 9 e. Kr., då romarna under befäl av P. Quinctilius Varus överfölls vid Teutoburgerskogen och större delen av tre legioner nedmejades. Denna katastrof övertygade Augustus om svårigheterna att erövra Germanien och göra Elbe till gräns.

ÖSTERN

Mellan de romerska provinserna i Mindre Asien och övre Eufrat låg en rad kungadömen, som styrdes av skyddslingar till romerske kejsaren: Galatien, Pontus, Kappadokien och Armenien samt Commagene. När kung Amyntas av Galatien mördades år 25 f.Kr. gjordes Galatien till en romersk provins, medan de andra rikena blev självständiga under sina inhemska härskare. Armenien tjänstgjorde som en buffertstat mellan romerska besittningar och Parthien. Augustus ville införa ett slags protektorat över Armenien och på något sätt utplåna den förnedring som romarna utstått mot partherna under Crassus och Antonius. Armenien hade alltsedan Antonius mer och mer frigjorts från Rom utan att Augustus ingrep. När dess kung Artavasdes dött år 20 f.Kr., sände Augustus Tiberius dit, vilken placerade den romvänlige Tigranes III på Armeniens tron. Men dessutom förmådde Tiberius parthernas kung Phraates IV att återlämna de romerska standar som tagits vid Carrhae samt frige de romerska soldater, som ännu levde i fångenskap hos partherna. Detta blev det stora ögonblicket i Augustus utrikespolitik när Rom visade sig vara den mäktigaste staten och kunde återvinna sin prestige även över partherna, t. o. m. utan strid. Augustus hälsades av sina trupper som Imperator. Det stolta ögonblicket då standaren överlämnades till Tiberius har förevigats på skölden i Augustus statyn från Prima Porta. Senare sände Phraates även fyra av sina söner som gisslan till Rom, varför Parthien nästan kom att betraktas som en klientstat.

Freden i öster bevarades till kung Tigranes III:s död år 1 f.Kr., då armenska nationalistgrupper fick överhanden med hjälp av partherna och uppsatte en av sina egna på Armeniens tron utan att rådgöra med Augustus. Denne sände då sin adoptivson Gaius Caesar, son till Iulia och Agrippa, till östern. Han underkuvade armenierna och förmådde partherna att erkänna Roms intressen och makt i Armenien. Sedan den tiden blev Eufrat romerska rikets gräns i öster, men partherna betraktades av romarna som deras jämlikar.

Romarnas makt i öster vilade på lojalitet från flera provinser (Asien, Bitynien-Pontus, Kilikien och Syrien) gentemot Rom. Denna lojalitet var i sin tur avhängig av romarnas behandling av provinserna, vilket Augustus klart insåg. Han höll en fast kontroll över ståthållarna i både de kejserliga och senatoriska provinserna. Han reformerade skattesystemet genom att inrätta regelbundna taxeringar av egendomen, och bröt skatteförpaktarens makt genom att överföra indrivandet av direkta skatter till honom underställda prokuratorer som biträddes av lokala tjänstemän. Dessa reformer åstadkom en snabb förbättring av ekonomierna i öster, vilket naturligtvis bidrog till provinsbornas lojalitet gentemot Rom.

Romarna respekterade de inhemska sedvänjorna och gav provinserna stort utrymme för självstyre. Dessutom fick de enskilda städernas råd rätt att samlas och att till kejsaren eller senaten i Rom framföra sina hyllningar eller klagomål. För att knyta provinsborna fastare till kejsarens person tillät Augustus dem i öster att dyrka honom och gudinnan Roma. Redan 29 f.Kr. hade han tillåtit vissa städer att uppföra tempel åt honom och Roma.

Söder om Syrien låg kungadömet Judéen, som styrdes av kung Herodes från 37 f.Kr. till dennes död 4 f.Kr., då riket delades mellan hans tre söner, Filip, Herodes Antipas och Archelaus. Den senare fick Judéen, men han visade sig snart vara en impopulär härskare, som både judar och samariter ville befrias från. Därför drev romarna honom i landsflykt år 6 e.Kr., varefter landet blev en romersk provins som styrdes av en prefekt som residerade i Caesarea. Vid detta tillfälle genomfördes den i julevangeliet omtalade *census* i Palestina.

EGYPTEN

Egypten hade genom Kleopatras död blivit en romersk provins som mer än någon annan knöts till Augustus och även i fortsättningen till den romerske kejsaren. Det var Roms rikaste provins, som gav en tredjedel av Roms spannmålsbehov. Landet oroades av anfall från Nubien i söder. Redan Egyptens förste prefekt, Augustus vän Gaius Cornelius Gallus, genomförde en expedition till Etiopien år 29, över vilken han skröt offentligt och lät inrista sina bedrifter på pyramiderna, vilket väckte Augustus raseri och Gallus avsattes som prefekt. Etiopierna återkom senare men blev slagna vid två tillfällen av en annan romersk prefekt i Egypten, som drev etioperna tillbaka ned till Sudan och deras huvudstad Napata. Gränsen mellan Etiopien och Egypten fastställdes till den första av Nilens sex katarakter.

I Egypten samlade Aelius Gallus, som efterträdde den störtade Cornelius Gallus som prefekt, en stor här med vilken han år 25 f.Kr. begav sig till Arabia Felix (området vid nuv. Aden vid Röda havet), som var viktig för handeln med Indien. Detta angrepp, som visar att Augustus inte bara förde krig för att skydda rikets gränser utan även i rent offensivt syfte, misslyckades visserligen men banade ändå vägen för senare anfall med lyckligare utgång.

Under Augustus långa regering utökades antalet provinser från 11 till 28, varav 10 fortfarande efter år 27 var senatoriska och 18 var kejserliga. Ökningen berodde inte enbart på erövringar, utan också genom att större provinser delades, t.ex. Gallien och Spanien delades vardera i tre. Delningen av större provinser fortsatte i slutet av första århundradet e.Kr. Ett genomgående drag i Augustus provinspolitik var en urbanisering dvs. koncentration av provinsborna till städerna.

Roms förvaltning

Augustus avsikt hade varit att Rom liksom Italien i övrigt skulle styras av senaten genom dess ämbetsmän. Men av många orsaker tvingades han ingripa i dess skötsel och ändra på sin ursprungliga plan. Ända

DEL IV – KEJSARTIDEN

sedan Gracchernas tid hade Rom plågats av pöbelvälde, särskilt under Marius och Sulla samt under de ständiga inbördeskrigen. Bildandet av pretoriangardet, som Caesar redan lagt grunden till genom sin tionde legion som ansågs vara en livvakt åt honom, bidrog till att undertrycka pöbelväldet och hindra uppror i Rom även om endast tre av de tio kohorterna i början var placerade i själva staden.

Dessutom organiserade Augustus tre kohorter på vardera 1 500 man, som skulle utgöra ett slags säkerhetspolis i staden. De ansågs stå något över vanliga legionssoldater men under pretoriangardets män. Dessa kohorter ställdes under stadsprefekten, *praefectus urbi*. En stadsprefekt tillsatte Augustus för första gången år 26 f.Kr., när han begav sig till den spanska krigsskådeplatsen. Men den då tillsatte prefekten avgick redan efter fem dagar och sedan dröjde det tio år tills en andra stadsprefekt utsågs. *Praefectus urbi* skulle vara kejsarens ställföreträdare vid dennes frånvaro från staden, men hade sitt ämbetsområde utvidgat till hela Italien, liksom övriga ämbetsmän.

Någon gång mellan 12 och 7 f.Kr. hade Augustus delat in Rom i 14 regioner, som i sin tur indelats i 265 distrikt, *vici*. Varje region ställdes under ledning av en av tribunerna eller edilerna. För de olika *vici* tillsattes kvartersväktare, *vicomagistri*, som vanligen var frigivna slavar, vilka dels skulle hjälpa edilerna vid eldsvåda, dels tjänstgöra vid offer åt *Lares Compitales*, skyddsgudar av korsvägarna, där altare var uppställda på vilka man även offrade åt Augustus Genius.

Det är förvånande att romarna med sitt sinne för ordning och organisation under hela republiken saknade såväl polis som brandkår, ett förhållande som gjorde det möjligt för pöbeln att fritt härja på stadens gator under de oroliga åren i mitten av första århundradet f.Kr., då Clodius band huserade i staden. Redan år 21 f.Kr. försökte Augustus göra edilerna ansvariga för stadens säkerhet med en styrka på 600 slavar, ett försök som emellertid misslyckades. År 6 e.Kr. skapade han en kår på 7 000 man, som skulle fungera både som polis och svara för brandsäkerheten i staden. Denna kår delades i sju kohorter, varje kohort anförtroddes att sköta säkerheten i två regioner. Dessa *vigiles* leddes av en *praefectus vigilum* av riddarklassen som utsågs av kejsaren. Ett annat svårt problem var Roms sädesförsörjning. Under republiken hade denna många gånger varit hotad. Men ännu värre blev det år 22 f.Kr., då Augustus åtog sig uppdraget att för tillfället sköta anskaffningen av säd. Den gamla ordningen som Caesar hade infört att tvåediler hade hand om ansvaret för sädesanskaffning bibehölls dock en tid framåt. Vid följande svåra sädeskris år 6 e.Kr. tillsattes två senatoriska *curatores*, som var underställda en prefekt av riddarklassen, *praefectus annonae*, vars uppgift var att se till att Rom alltid hade tillräckligt med säd till rimligt pris. Däremot är det omdiskuterat, huruvida denne fick i uppdrag att dela ut säd gratis till de fattiga, som Augustus hade gjort år 22 då han delade ut säd till fler än 200 000 invånare. Troligen fick andra riddare av lägre rang denna uppgift.

Ekonomiska förhållanden

Vid bedömning av romerska rikets ekonomi kan man inte förbigå den oerhörda roll som kejsaren själv spelade: kejsaren sörjde för solden till här och flotta, han stod för kostnader till rikets förvaltning och för sädesanskaffning till Rom samt för offentliga spel och för många offentliga byggnader såväl i Rom som i Italien i övrigt och provinserna. Alla dessa jättelika utgifter finansierades med inkomster från olika håll. Från provinserna inflöt skatter av olika slag, person- och förmögenhetsskatt som lades på en egendoms samtliga inventarier, även djur och slavar, indirekta skatter och tullar. Från år 27 samlades inkomsterna från var och en av de kejserliga provinserna i en särskild *fiscus* (vars betydelse egentligen är "korg", senare "kassa", jmf. svenska "fiskal") ur vilken bl.a. kostnaderna för legionerna betalades. Under Claudius förenades samtliga fisci till en enda central *fiscus*, som kom att ersätta den gamla statskassan *aerarium* (s. 184). För tullarna var hela riket indelat i ett antal distrikt som inte överensstämde med provinserna utan omfattar i regel flera sådana. Tullen upptogs vid huvudvägarna mellan de olika distrikten samt i alla hamnar. Ofta måste man betala tull vid både införsel och utförsel. Tull beräknades efter varans värde. Särskilt hög tull upptogs på alla lyxvaror, där den kunde uppgå till 25 % medan vanliga varor förtullades med 2–2,5 %.

Tack vare den enorma mängd pengar som segraren vid Pydna 168 f.Kr. förde till Rom, var romerska medborgare befriade från skatt ända till Augustus. Från början av kejsartiden pålades även romerska medborgare indirekta skatter av olika slag. En av de viktigaste var arvsskatten, som utgick med 5 % av alla större arv och gåvor genom testamenten utom till de närmaste släktingarna. Denna skatt drabbade främst senatorer och riddare, som ofta inte hade närmare anhöriga men ägde stora rikedomar och som länge varit befriade från skatt.

En annan skatt var en avgift på 1 % på allt som såldes på offentlig auktion, vilken inbringade stora summor eftersom auktioner spelade en mycket större roll i antiken än i modern tid. Redan i slutet av republiken, och än mer under Augustus tid, blev det vanligt att frige slavar. Vid frigivningen måste man betala en skatt av 5 % på slavens värde.

Under republiken hade skatterna och statens övriga inkomster samlats i den allmänna statskassan, *aerarium*. Denna avskaffade inte Augustus, utan betalade i stället från sina inkomster till denna, såsom han uppger i sina *res gestae:* "Fyra gånger har jag från min kassa överfört 150 000 000 sestertier". Härigenom fick han också anledning att kontrollera senatens finanser.

För att säkerställa veteranernas försörjning inrättade Augustus en särskild krigskassa, *aerarium militare,* till vilken han som startkapital donerade 170 miljoner sestertier. Denna kassa underhölls och förstärktes sedan genom en del av de nämnda skatterna.

Genom alla dessa inkomster av olika slag fick kejsaren en oerhörd makt och ett avgörande inflytande på hela förvaltningen av det romerska riket. Därtill kom att kejsaren var utan jämförelse landets rikaste person med en jättelik privatförmögenhet. Grunden till denna lades genom konfiskering av Antonius egendom och Kleopatras skatter. Rika romare utan barn hade som vana att testamentera sin förmögenhet till någon nära släkting eller någon vän. Genom testamenten fick Augustus

PRINCIPATET ELLER TIDIG KEJSARTID

gåvor (arv) som uppgick till 1 400 miljoner sestertier förutom väldiga domäner och palats i hela riket. För att förvalta sina förmögenheter och kontrollera inkomsterna samt ombesörja utgifterna använde Augustus slavar och frigivna ur sitt eget hushåll. En ordning som Claudius utnyttjade och utvidgade, när han införde olika departement med frigivna som högsta ansvariga.

MYNT

Under republikens sista dagar hade myntpräglingen nästan avstannat. Vid mitten av 80-talet f.Kr. hade präglingen av bronsmynt upphört på grund av brist på tenn och i början av 30-talet upphörde även präglingen av guld- och silvermynt i Rom. Olika myntverk både i Rom och på andra platser präglade mynt för handel och betalningen av sold till soldaterna. Under tiden närmast efter Actium (hela 20-talet) lät Augustus prägla mynt i olika valörer av både brons, silver och guld, först i öster (Efesus, Pergamon, Antiokia i Syrien) senare i väster både i Gallien och Spanien.

Någon gång efter år 23, troligen 19, började Augustus lägga grunden till ett verkligt kejsarmyntsystem. Han öppnade åter myntverket i Rom, som under ledning av *tresviri monetales* med kejsarens och senatens vilja präglade både guld-, silver- och bronsmynt. Dessutom lät han under sin vistelse i Gallien åren 16–13 starta ett stort myntverk för prägling av bronsmynt. Genom Augustus skapades ordning och reda i myntväsendet. I allmänhet präglade kejsaren guld- och silvermynt, medan senaten bestämde präglingar av brons- och kopparmynt.

Den äldre kejsartidens guldmynt hette *aureus* (varav vårt svenska "öre") som hade ett värde av 25 *silverdenarer*. Skiljemynt var *sestertier* i brons och kopparmynt *as*, en denar gällde för 4 sestertier eller 12 ass, som senare ändrades till 16 ass.

Utöver den kejserliga myntpräglingen fanns lokala myntverk som leddes av provinsguvernörer, allierade kungar och självständiga städer och stammar. Denna prägling hade en vida mindre betydelse än de kejserliga mynten, som spreds över hela det romerska riket och fick en mycket stor propagandaverkan.

MATERIELL OCH ANDLIG ODLING UNDER AUGUSTUS

Under det sista århundradet f.Kr. kom Augustus långa regering, som för Rom och Italien medförde fredliga förhållanden, att innebära en stark uppryckning för det romerska rikets och de enskilda människornas ekonomi. Även om Medelhavsområdet i sin helhet fick en viss uppblomstring inom industri och handel tack vare bättre och flera vägar och säkrare förbindelser till sjöss, så var det främst Italien självt som fick fördelarna av en stark konjunktur inom snart sagt alla områden. Östra delen av riket hade nämligen ännu inte hämtat sig efter de förödande krigen som där utkämpats. De västra provinserna var ännu för unga för att kunna konkurrera med Italien. Den tid var emellertid inte avlägsen, då flera industrier flyttade från Italien västerut, framför allt till Gallien. Augustustiden innebar för Italien en av de mest blomstrande perioderna både ekonomiskt, kulturellt och politiskt. Den stora allmänheten betraktade Augustus själv som upphovet och som den ledande kraften till detta uppsving. Karakteristiskt för allmänhetens uppfattning om Augustus under hans senaste regeringsår kan nog det hyllningsrop vara, som sjömännen och passagerarna på ett fartyg från Alexandria hälsade Augustus med när de mötte honom vid Puteoli: "Under ditt beskydd lever vi; under ditt skydd driver vi vår segling; under ditt skydd njuter vi frihet och välstånd".

JORDBRUK

Fortfarande under Augustus var jordbruket huvudnäringen. Under republikens sista århundrade hade detta utvecklats endast obetydligt i Italien. Förutom de forna latifundieägarna, senatorerna, fanns nu också som storgodsägare tempel, städer, staten och inte minst kejsaren själv, medan småbruken fortsatte att läggas ned. Vin- och oljeodlingen hade vuxit till det dubbla mot hundra år tidigare. Men fortfarande ägdes ganska stora områden, framför allt i Etrurien, Umbrien, Picenum och i Podalen, av småbönder som främst ägnade sig åt sädesodling på samma sätt som deras fäder och förfäder hade gjort. Den inhemska sädesskörden blev emellertid alltmer otillräcklig för den växande befolkningen, varför den mesta säden måste importeras från Sicilien, Sardinien, Egypten och norra Africa (nuv. Tunisien).

Under Augustus blev en ny typ av jordbrukare allt vanligare, nämligen *colonus*, torparen eller arrendatorn, som börjat uppträda redan i slutet av republiken. Dessa *coloni* var bundna vid torvan, slavar eller frigivna slavar. Horatius, som i sina dikter ofta talar om dem såsom de fattigaste, hade själv fem sådana på sitt jordbruk i Sabinerbergen, som han fått av sin vän och gynnare Maecenas. Även många krigsveteraner som fick jord i pension föredrog att arrendera ut jorden åt dessa *coloni* framför att själva bruka den.

BOSKAPSSKÖTSEL

En annan viktig näringsgren var boskapsskötseln som även den oftast bedrevs i stor skala och som krävde förhållandevis lite arbetskraft. En herde med hundar kunde övervaka och sköta hundratals djur. Särskilt södra Italien var i antiken liksom i våra dagar lämpat för fåravel, men även Etrurien och Poområdet var betydelsefulla för boskapsskötseln. Städer som Padua, Parma, Verona och Milano i norr samt Tarent, Canusium och Brundisium i söder var kända för sina textilier.

INDUSTRI

Visserligen kan man inte tala om någon masstillverkning av varor under Augustus som kan jämföras med våra dagars storindustri, men det förekom fabriker med åtskilliga hundratals arbetare, vars produkter spreds vida omkring. En av de mest omtalade tillverkningarna i Italien var vardagskeramik, som först hade sitt centrum i Arretium (nuv. Arrezzo) i Etrurien varför denna keramik ofta kallas arretinska kärl, men en vanligare benämning på detta rödglaserade lergods med vackra ornament är *terra sigillata*. Senare tillverkades denna keramik även i Puteoli (nuv. Pozzuoli) i Kampanien och från senare hälften av första århundradet e. Kr. igångsattes en tillverkning av den utanför Italien, först i södra och östra Gallien, men även i Spanien och Britannien samt Donauområdet.

Vida känd blev även glastillverkningen, som i första hälften av första århundradet e.Kr. var koncentrerad till Kampanien i söder och Aquileia i norr. Romarna, som troligen från Syrien lärde sig konsten att blåsa glas, framställde både glasbägare i många olika former samt även fönsterglas, vilket påträffats i Pompeji och Herculaneum samt i Aquileia. Glas från de italiska glasbruken har påträffats i både Skandinavien och Ryssland.

Romarna älskade särskilt glas i olika färger, för vars framställning användes ungefär samma metoder som i våra dagar. Under Augustus var Italien nästan ensam producent av glas i västra delen av riket men ett halvt århundradet senare började Gallien, främst i Lyon, och senare Germanien med Köln som medelpunkt, att tävla med Italien i glastillverkning. Glas från Germanien spreds till hela Östersjöområdet.

Metallvaror av olika slag framställdes huvudsakligen i Italien. För järnindustrin var Puteoli i Kampanien och Aquileia i norr de viktigaste centra. Järnmalm bröts på ön Elba och transporterades till hamnstaden Puteoli, där den förädlades och smiddes till vapen eller redskap för jordbruk och heminredning. Sedan det järnrika Noricum (nuv. Österrike) erövrats, försågs Aquileia med råmateriel därifrån. Från Aquileia exporterades järnvarorna till kusterna vid Adriatiska havet och Donauländerna och även till Germanien. Bronsartiklar av olika slag, såsom statyer, lampor, bord och kokkärl, tillverkades i stor mängd i södra Italien med Capua som medelpunkt, varifrån en ganska livlig export förekom till Skandinavien, Ryssland, Germanien och Britannien. Capua var även känt för sitt silversmide, som hade ett andra centrum i Tarent i södra Italien.

BYGGNADSMATERIAL

Augustus berömde sig enligt Suetonius (*Divus Augustus* år 28) av att ha mottagit en stad av tegel men efterlämnat ett Rom i marmor. Detta påstående är, när det gäller privathus, i hög grad överdrivet, eftersom byggnaderna före Augustus i regel var försedda med travertin- eller tuffasader, varvid tuffen sågades i små, regelbundna kvadratiska bitar som lades i nätmönster (*opus reticulatum*). Under republiken användes visserligen tegel ganska allmänt i norra Italien men ganska sällan i Rom, utom beträffande taktegel som använts från äldsta tider. Först under Claudius och ännu mer under Nero efter den stora branden i Rom år 64, blev tegelfasader allmänna. Till offentliga byggnader började man emellertid under Augustus använda marmor, både inhemsk från Luni (nuv. Carrara) i Etrurien som för första gången kom till full användning i Apollotemplet på Palatinen, och importerad marmor, t.ex. den vackra gula från Numidien.

ARKITEKTUR

Fred och ekonomiska framsteg gynnade i hög grad uppförande av offentliga byggnader i Rom och i provinserna. För att hedra sin adoptivfader Caesar uppförde Augustus ett tempel åt *Divus Iulius* i östra sidan av Forum Romanum, liksom han fullbordade det av Caesar påbörjade Forum Iulium med tempel åt Venus Genetrix. Också Augustus byggde ett eget forum, i vilket han placerade bronsstatyer av alla romerska triumfatorer från Aeneas till sin egen tid. Detta forum pryddes med ett tempel åt *Mars Ultor* (Mars Hämnaren), som hade utlovats före slaget vid Filippi, vilket av Octavianus (Augustus) betraktades som avslutningen på hämndkriget mot Caesars mördare. Den i unga år bortgångne svärsonen Marcellus hedrades med att få ge namn åt en stenteater, Theatrum Marcelli på Marsfältet, som idag framstår nästan i sitt ursprungliga skick sedan den grävts fram under Mussolini. Även Augustus Mausoleum, som började uppföras år 28 f.Kr., frilades under 1920-talet då man försökte rädda det som ännu fanns kvar av den ursprungliga byggnaden. Augustus medhjälpare Agrippa byggde dels de första stora varmbaden på Marsfältet i Rom, *Thermae Agrippae*, och en ny vattenledning till detta badhus, och dels Pantheon som enligt den ännu befintliga inskriften över ingången påbörjades år 27 f.Kr. då Agrippa var konsul för tredje gången. Både thermerna och Pantheon förstördes vid brand år 80. Thermerna tycks ha reparerats redan under Domitianus, då de omtalas vara flitigt frekventerade under hans tid, medan Pantheon återuppbyggdes först under Hadrianus.

När Augustus återvände till Rom år 13 f.Kr. efter att ha skapat lugn i de västliga provinserna ansågs freden vara säkrad för romerska riket, varför senaten beslöt att uppföra ett altare åt den Augusteiska Freden, *Ara Pacis Augustae*, och det invigdes i början av år 9 f.Kr. Altaret smyckades med relieffriser i två zoner. Den övre visade det högtidliga tåget som avslutas med Augustus offer åt Freden. Den nedre frisen med blommor och girlander visar Fredens under i naturen, hur växtlivet kunde få kraft under fredens magiska beröring. Blomsterfrisen på *Ara Pacis* blev en inspirationskälla för senare tiders konst, inte minst den kristna konsten: för de kristna var det Kristus som åstadkom alltings uppblomstring, liksom Augustus hade varit det för sin tids människor.

Byggnadsverksamheten begränsades inte till huvudstaden eller Italien. Även i provinserna, främst södra Gallien, finns ståtliga monument från Augustus regering. Dit hör det lilla vackra templet i Nemausus (nuv. Nîmes), vanligen kallat Maison Carrée och uppfört i romersk-etruskisk stil men med korintiska kolonner. Stora rester av den imponerande Pont du Gard reser sig ännu över flodbädden med sina ståtliga valv i tre våningar. Den översta bar upp en akvedukt som försåg staden Nemausus med friskt vatten. I Arausio (nuv. Orange) kan man fortfarande beundra två storartade monument från Augustus tid, en triumfbåge och en teater, vars scenbyggnad i dag är den bäst bevarade i västra delen av riket.

KONST

Av Augustus finns ett ganska stort antal porträtt, som alla är lätta att känna igen genom ett par detaljer i frisyren: en "hummerklo" av två lockar över högra ögat och en "skilsmässa" mellan två lockar över vänstra ögat. Augustus betraktades nästan som gud, vilket också visas i hans porträtt där han framställs ständigt ung. Hans bild fick tidigt sin kanoniska form och fick inte åldras, lika litet som gudarna åldrades.

Det mest kända Augustusporträttet är det som påträffades i Livias villa vid Prima Porta utanför Rom. Statyn, som framställer Augustus höjande sin högra arm liksom för att hålla tal till soldaterna, har lånat sin ställning från ett känt grekiskt original, Spjutbäraren av Polykleitos. Pansaret som Augustus bär är smyckat med reliefer, vars huvudfigurer återger det stolta ögonblick i Augustus liv när partherna återlämnade de 53 förlorade fälttecknen. Denna relief ger oss indicier på att statyns original har tillkommit strax efter denna händelse år 20 f.Kr., men på statyn från Prima Porta är Augustus barfota, vilket visar att han redan är *divus*, gudaförklarad. Hans efterlämnade gemål Livia har antagligen beställt statyn efter makens död. Statyn har ännu rester av färg både på pansaret och i ansiktet. Fältherrekappan visar rester av purpurfärg. I Augustus porträtt framträder två karakteristiska drag, *virtus*, tapperheten och mannakraften, samt *pietas* fromheten, två drag som går igen i nästan alla kejsarporträtt fram till Konstantin den store.

Med stigande smak för lyx ökade också romarnas intresse för gemmer. På en sådan gem av arabisk onyx, den s.k. *Gemma Augustea*, framställs Augustus som en ny Jupiter med spiran i vänster hand och Jupiters fågel örnen under tronstolen. Framför honom sitter gudinnan Roma och bakom honom står en kvinna som representerar den bebodda världen, *oikouméne*, som över Augustus huvud håller en krona, *corona civica*, som gavs åt dem som räddat romerska medborgares liv.

På silverbägare har man också framställt olika scener ur Augustus liv. Liksom gemmerna har relieferna på dessa bägare troligen sina original i målningar som är okända för oss.

LITTERATUR

Augustus var angelägen om att försöka vinna samtliga medborgares uppskattning och han insåg klart vilken betydelse författarna kunde ha i propagandasyfte. Tidigt utnyttjade han skaldekonsten som medel för att sprida kunskap bland medborgarna om sina ideal som statschef. Det är därför helt naturligt att han gynnade skalderna, och i denna ambition understöddes han kraftigt av sin vän riddaren Maecenas, som var nära vän med flera av tidens skalder. Dessa stödde han ekonomiskt för att de på heltid skulle kunna ägna sig åt sitt författarskap. Som en litteraturens gynnare lever hans namn än idag kvar i flera moderna språk i ordet mecenat.

Visserligen var skalderna själva besjälade av den anda och de ideal som Augustus hyllade. Därför var det för dem naturligt att sjunga om pietet och gudsfruktan, fosterlandskärlek, plikttrohet, rättrådighet och ädelmod, allt dygder som hade viktiga roller i Augustus reformprogram. Men trots ekonomiskt beroende av sina två gynnare Augustus och Maecenas, blev de aldrig underdåniga utan försvarade framgångsrikt sin självständighet: Horatius t.ex. vägrade att lyda Augustus som bett honom att antaga en tjänst hos kejsaren. Till Maecenas skrev Horatius en satir där han uppmanade Maecenas att taga tillbaka allt vad denne gett Horatius, om villkoret för gåvorna hade varit att Horatius skulle avstå från sin frihet och självständighet.

För romarna intog Publius *Vergilius* Maro (70–19 f.Kr.) främsta rummet bland skalderna. Han var född på en gård nära Mantua i norra Italien, men förlorade denna under de konfiskationer som Octavianus genomförde år 42. Strax efter år 40 debuterade han med *Bucolica*, en samling herdedikter, i vilka han besjunger sin egen hemtrakt men också anspelar på sin tids politiska händelser och hyllar räddaren och fredsfursten Octavianus. Dessa idylliska dikter följdes av diktverket *Georgica* i fyra böcker om jordbruk, vin- och fruktträdsodling, boskapsskötsel och biodling. Detta är hans mest mogna arbete och en hängiven predikan om lantlivet, och det hårda men hälsosamma arbetet med jorden. Sin största berömmelse vann Vergilius emellertid genom sin sista och ofullbordade dikt, *Aeneiden,* med vilken han arbetade under sina sista tio år. De sex första böckerna skildrar de vedermödor som hjälten Aeneas fick utstå under sin färd från det brinnande Troja till Italien, medan de sex sista böckerna handlar om grundandet av den romerska staten i Latium. Diktverket förutspådde Roms kommande storhet som världens ledande stat, vilket Rom kunde bli genom att införa fred och ordning. I Aeneiden tecknade Vergilius porträttet av den ideale romaren, som underordnade sina personliga känslor stat och samhälle, samt visade fromhet mot gudarna. Dikten ville inpränta hos sina läsare övertygelsen att individerna är ödets och samhällets redskap. Men å andra sidan är diktverket fyllt av sympati för det mänskliga lidandet och av känsla för natur och historia. Aeneiden bildar en litterär motsvarighet till konstverket *Ara Pacis Augustae,* som ju är en skulptural framställning av fredens välsignande inverkan på både natur och mänsklighet.

Vergilius hann aldrig avsluta sitt stora verk. På dödsbädden gav han order om att det skulle brännas, men på befallning av Augustus räddades det undan lågorna. Det blev sedan romarnas nationalepos, som kanske fick sin största uppskattning och beundran under medeltiden.

Av helt annat slag som konstnärlig skapare än Vergilius, var hans vän Quintus *Horatius* Flaccus (65–8 f.Kr.). Denne var son till en frigiven slav från södra Italien, kom tidigt till Rom, deltog i slaget vid Filippi på Caesarmördaren Brutus sida mot Octavianus. I likhet med Vergilius förlorade han sin fädernegård vid Octavianus konfiskationer. Genom sina tidigaste dikter, *Epoder,* som visserligen var bittra och sarkastiska, ibland vulgära men kvickt och elegant skrivna, vann han Vergilius beundran som introducerade honom hos Maecenas. Ännu mer tilltalades denne av Horatius andra diktverk, *Satirer,* på hexameter, i vilka man möter skalden som en vaken iakttagare och humoristisk skildrare av medmänniskornas laster och dårskaper. För eftervärlden har Horatius blivit mest känd genom sina lyriska dikter, *Oden* eller *Carmina,* av vilka de tre första böckerna utkom år 23 då skalden redan nått mogen ålder. Epikureisk njutningsfilosofi med uppmaning till läsarna att njuta av dagen och ungdomen, blandas med rent stoiska tongångar. Små poem om vänskapens betydelse, om livets korthet, om religion och filosofi omväxlar med dikter om kärlek och vindrickning. Efter dessa lyriska dikter med omväxlande versmått, om vilka han själv hade en hög uppfattning ("Jag har uppfört ett monument varaktigare än bronsen och högre än kungliga pyramiders byggnad.") återvände Horatius till sin diktning i hexameterform. Han skrev två böcker med titeln *Epistlar*, som emellertid inte är brev i egentlig mening sådana som Ciceros eller Plinius d.y.:s. Snarare ger de uttryck åt skaldens åsikter och tankar om livet och litteraturen. I det sista brevet som kallas *Ars Poetica*, ger han goda råd till skalderna om skaldekonsten i allmänhet och tragedin i synnerhet.

Elegisk kärleksdiktning hade sina mest kända företrädare i Albius *Tibullus* (55–19 f.Kr.), Sextus *Propertius* (c. 50–15 f.Kr.) och Publius *Ovidius* Naso (43 f.Kr.–17 e.Kr.). Tibullus var en mästare i kärlekens och klagans elegi med eleganta, musikaliska verser, i vilka han prisar lugn och fred samt livet på landet. Mer robust och mer passionerad än den veke och melodiöse Tibullus var Propertius, som i fyra böcker till sin älskade Cynthia prisar hennes oemotståndliga charm. Den mest talangfulle av elegikerna och av Roms skalder var onekligen Ovidius, som under sin första period som diktare ägnade sig åt kärleksdiktning på elegiskt versmått. Av de mest kända verken från denna tid kan nämnas *Amores*, Kärleksäventyr, och *Ars amandi*, Konsten att älska, i vilken han lär de unga männen konsten att vinna och behålla en kvinnas kärlek. Under sin andra skaldeperiod ägnade Ovidius sig åt mera allvarlig poesi. I ett stort upplagt verk på femton böcker samlade han antikens myter och sagor med förvandlingsmotiv från världens skapelse till sin egen tid, från vilken han berättar om hur Caesar efter sin död förvandlades till en stjärnbild. Verket bär det passande namnet *Metamorphoser*, Förvandlingar. I sitt andra stora verk med allvarlig prägel, på elegiskt distikon, *Fasti*, Kalendern, beskrev och förklarade Ovidius ursprunget till Roms viktigare fester för varje månad. Detta arbete hann Ovidius inte avsluta innan han landsförvisades till Tomi (nuv. Constanza) vid Svarta havet, där han måste tillbringa sina sista levnadsår (8–17 e.Kr.). Från sin förvisningsort författade han många klagovisor, *Tristia* och *Epistulae ex Ponto*, i vilka han bittert beklagar sitt öde att tvingas framleva sina dagar fjärran från världsstaden Rom i en trakt med så hårt klimat.

Aldrig tidigare hade skaldekonsten blomstrat som under Augustus. Den augusteiska tiden brukar också kallas skaldernas guldålder. Däremot uppvisade prosan bara en enda latinsk författare av rang, nämligen Titus *Livius* (59 f.Kr.-17 e.Kr.). I sitt jättearbete *Ab urbe condita* (Från stadens grundläggning, i 142 böcker varav endast 35 är i behåll) skildrar han Roms historia från dess början till sin egen tid. Liksom Vergilius i sin dikt Aeneiden fram manar Livius på prosa för sina läsare de gammalromerska dygderna som betydelsefulla drivkrafter för rikets växande styrka och folkets välstånd. Någon historiker i modern mening eller källkritiker är inte Livius, vilket inte hindrar att hans verk har spelat en oerhört stor roll för senare tiders skildrare av Roms öden. Hans verk måste mer uppskattas som skönlitteratur än som historia.

Även om Livius var den ende latinske författaren av någon betydelse under Augustus, var Rom också samlingspunkt för andra författare som skrev på grekiska. De mest betydelsefulla var Dionysius från Halikarnassus, som ger oss viktiga upplysningar om Roms äldsta historia, och geografikern Strabon från Amaseia vid Svarta havet.

Vem skulle efterträda Augustus?

Eftersom Augustus inte ville betrakta sig som rikets härskare utan bara som dess främste man, *princeps*, var det i och för sig uteslutet att hans makt kunde gå i arv. Problemet för Augustus var att ändå säkra makten åt sin familj inom den juliska ätten, vilket beredde honom många svårigheter och motgångar. Han var gift tre gånger men hade bara fått en dotter, Iulia, i sitt andra äktenskap. Hans tredje gemål, Livia Drusilla, medförde två söner till kejsarhuset, Tiberius och Drusus med sin förste man Tiberius Claudius Nero. Eftersom dessa två styvsöner tillhörde

DEL IV – KEJSARTIDEN

Claudiernas och inte Iuliernas ätt, ställde Augustus sitt hopp till att dottern Iulia skulle ge honom en arvtagare till kronan. Först gifte han bort henne – vid 15 års ålder – med den sjuttonårige Marcellus, som var son till hans syster Octavia. Den mycket lovande Marcellus dog emellertid två år senare utan att efterlämna något barn, varefter Iulia blev bortgift med den mer än dubbelt så gamle Marcus Vipsanius *Agrippa*, Augustus gode vän och medhjälpare. I det äktenskapet föddes tre söner och två döttrar. De två äldsta sönerna Gaius och Lucius Caesar adopterades genast av Augustus, som lät uppfostra dem under sin egen uppsikt till blivande tronföljare. När Agrippa avled år 12 f.Kr., tvingade Augustus styvsonen Tiberius att skilja sig från sin gemål, Agrippas dotter Vipsania som han älskade och levde lyckligt tillsammans med, för att i stället ingå äktenskap med Augustus dotter Iulia. Detta äktenskap blev ytterst olyckligt och efter en tid lämnade Tiberius Rom och föredrog frivillig landsflykt på Rhodos (6 f.Kr.-2e.Kr.).

För Augustus kom nu motgångarna slag i slag. År 9 f.Kr. dog Livias yngste son Drusus, för vilken Augustus hade hyst vida större sympatier än för Tiberius. De båda adoptivsönerna dog med kort mellanrum, Lucius år 2 e.Kr. och Gaius två år senare. Augustus hade visat stort tålamod med sin dotter Iulias sedeslösa leverne, men när hon inlät sig i en förbindelse med en son till triumviren Antonius, och dessutom säkerligen var inblandad i en sammansvärjning mot kejsaren, landsförvisade han år 2 f.Kr. sin egen dotter som aldrig mer tilläts att återse Rom. År 2 e.Kr. återvände Tiberius på begäran av både Augustus och Livia till huvudstaden och adopterades två år senare, varvid han fick den tribuniciska makten för tio år. År 13 förnyades denna makt och Tiberius gjordes till Augustus kollega med *imperium*.

Samtidigt som Tiberius adopterades av Augustus hade han tvingats att själv adoptera sin broder Drusus son Germanicus och göra honom arvsberättigad med förbigående av sin egen son Drusus. Trots många svårigheter hade nu Augustus lyckats ordna för arvsföljden inom sin egen familj två generationer framåt.

Augustus död

Efter en lång politisk bana på nästan sextio år dog Augustus i Nola i Campanien den 19 augusti år 14 e.Kr. Under nästan hela sitt liv hade han haft en svag hälsa men blev ändå nära 76 år gammal. Redan som yngling hade han efter Caesars död visat en analytisk förmåga och ovanlig beslutsamhet att genomföra sina planer. Att skynda långsamt (*festina lente*), som hans valspråk skall ha varit, blev den ledtråd som han följde senare i livet. Utan att vika från sin egentliga målsättning var han ganska villig att kompromissa om det ansågs fördelaktigt.

Augustus hade emellertid inte bara sörjt för arvsföljden. Han hade också sett till att hans gärningar skulle förbli kända för eftervärlden genom en utförlig redogörelse, *res gestae*, som han själv skrivit i klar och koncis stil, men reviderad efter hans död och uppsatt som inskrift i Rom och på andra platser. Kopior har man påträffat i Ancyra (nuv. Ankara), Apollonia i Galatien och Antiochia i Pisidien. Dessutom hade han givit en omfattande översikt över rikets resurser (*breviarium totius imperii*). Som arvtagare till sin personliga förmögenhet hade han insatt Tiberius till två tredjedelar och sin maka Livia till en tredjedel.

Tiberius 14–37

Vid Augustus bortgång innehade Tiberius redan den tribuniciska makten och *imperium proconsulare maius*, som gav honom förfoganderätt över hären och provinserna. Titeln Augustus övergick till Tiberius, liksom Augustus hade bestämt att Livia skulle få titeln Augusta. När senaten samlades för att officiellt överlämna *imperium* på livstid samt övriga titlar och maktbefogenheter, vägrade Tiberius kategoriskt att taga emot makten och hänvisade till sin höga ålder – 55 år – och sina svaga ögon samt framhöll den alltför stora arbetsbördan för en person i hans ålder att styra hela det romerska riket. Denna vägran var säkerligen uppriktig och inte hyckleri, som Tacitus betecknar det.

Han hade haft en föga lycklig barn- och ungdom. När han var fyra år gammal skilde hans moder sig från hans fader och gifte sig med Oc-

DEL IV – KEJSARTIDEN

tavianus, som sedan alltid föredrog den yngre brodern Drusus framför Tiberius. Augustus befallning till honom att skilja sig från sin gemål Vipsania och ingå äktenskap med Iulia (s. 196) gjorde Tiberius bittrare till sinnet, liksom äktenskapet och exilen på Rhodos gjorde honom misstänksam. Efter Agrippas död år 12 f.Kr. hade han i realiteten varit rikets högste befälhavare och de ständiga krigstågen hade slitit hårt på hans krafter. Han strävade inte efter mer makt och han hade fått avsmak för politik generellt sett. Större delen av sitt liv hade han motvilligt ägnat sig åt offentlig tjänst och han kände djupt det ansvar som vilade på *princeps*. Under en hel månad vägrade han således envist att acceptera kejsarvärdigheten, men när han väl accepterat denna, sökte han mer än någon annan kejsare att regera efter de riktlinjer som hans företrädare hade dragit upp och att upprätthålla goda förbindelser med senaten. Även hans argaste kritiker erkände att han under sina första regeringsår var en måttfull och noggrann regent, innan han år 26 drog sig undan till Capri. Han deltog i alla senatssammanträden, uppträdde korrekt mot senatorerna och visade respekt för deras rättigheter och privilegier. Han gjorde som regel att rådfråga senaten i nästan alla statens angelägenheter, de som rörde finanser, offentliga arbeten, utnämningar av befälhavare och ståthållare samt utrikesledningen. Men senaten vägrade att fullt ut utnyttja den roll som Tiberius erbjöd den att spela.

UPPROR BLAND TRUPPERNA

Strax efter övertagandet av makten ställdes Tiberius inför svårlösta problem. Trupperna i Pannonien (nuv. Ungern) och vid Rhen reste sig i protest mot den långa tjänstgöringen, minskning av solden och den hårda disciplinen. För att kuva upproret i Pannonien sände Tiberius sin son Drusus, som snart kunde återställa ordningen bland trupperna. Endast upprorets ledare straffades. Till Rhenområdet skickades Germanicus, son till Tiberius yngre broder och som av Tiberius adopterats och utsetts till arvinge. Denne inlät sig i krig med germanerna, gick över Rhen och i tre års fälttåg förhärjade han området mellan Rhen och Weser samt tillfogade germanerna åtskilliga nederlag. Men även romarna led svåra förluster. Bl.a. förstörde en våldsam storm på Nordsjön många män och fartyg destinerade till Germanicus trupper. Tiberius insåg klart svårigheterna att kunna besegra germanerna med militära medel. Han ville hellre sätta sin tillit till diplomati och menade, att germanstammarna skulle oskadliggöras genom att eggas till inbördes krig. Därför förbjöd han en förlängning av kriget och återkallade Germanicus, som vid sin återkomst till Rom fick fira en ståtlig triumf – en ovanlig händelse under kejsartiden eftersom bara kejsaren som högste befälhavare brukade få denna ära. Inte lång tid därefter uppstod en häftig strid mellan västgermanernas hövding Arminius och marcomannernas konung Maroboduus. Denne besegrades och förlorade sitt rike till germanerna samt tvingades fly till Rom. Sedan Arminius dödats av en mördare blev marcomannerriket (Böhmen) en vasallstat under Rom.

I väster hade tre oberoende provinser bildats av de tre Galliae: Aquitania, Belgica och Lugdunensis. I Germanien väster om Rhen skapades två nya administrationsområden, Övre och Nedre Germanien, under legater av f.d. konsuls rang.

ORO I ÖSTER

Strax efter sin återkomst till Rom skickades Germanicus till Mellersta Östern för att underhandla med parthernas konung om bl.a. möjligheten att på Armeniens lediga tron insätta en regent som var vänligt inställd till Rom. Han lyckades med sitt svåra uppdrag, när han som kejsarens representant kunde sätta det kungliga diademet på en romvänlig person, Artaxias, som sedan under sjutton år styrde Armenien. De förutvarande vasallstaterna Kappadokien och Commagene förvandlades till romerska provinser genom Germanicus skickliga diplomati.

Däremot väckte Germanicus kejsarens missnöje genom sin resa till Egypten. Först bröt han mot den av Augustus införda bestämmelsen att ingen senator fick beträda det landet utan särskilt tillstånd från kejsaren. Under sin vistelse där delade Germanicus vid en hungersnöd ut säd till

DEL IV – KEJSARTIDEN

folket, säd som lagrats i de offentliga magasinen, och mottog av det jublande folket nästan gudomliga hedersbetygelser. För sitt alltför fria och självständiga uppträdande under resan till Egypten fick han en allvarlig tillrättavisning av Tiberius. Denne hade tydligen redan insett, att framgångarna stigit Germanicus åt huvudet och att denne kunde misstänkas begå förhastade gärningar som skulle kunna skada det romerska riket. Därför skickade Tiberius Gnaeus Calpurnius Piso, som var ståthållare över Syrien till Egypten. Det var ett olyckligt val eftersom Piso var en hätsk fiende till Germanicus och vägrade också att underkasta sig dennes order. Ett allvarligt gräl bröt ut mellan Piso och Germanicus som slutade med att Germanicus befallde Piso att lämna Syrien. Kort därefter insjuknade Germanicus och dog år 19 efter en kort tids sjukdom, under vilken han anklagade Piso för att ha förgiftat honom. Piso ställdes senare inför en domstol av senatorer i Rom, frikändes dock från denna anklagelse, men fälldes för att ha vägrat lyda Germanicus order. Efter domen begick Piso självmord.

SEJANUS

Efter Germanicus död stod Tiberius egen son Drusus närmast som arvinge och efterträdare till Tiberius. År 22 blev Drusus dennes medregent och fick tribunicisk makt. Men redan följande år rycktes även denne efterträdare bort, troligen förgiftad av kejsarens närmaste man Lucius Aelius *Sejanus*, till vilken Drusus stod i bittert motsatsförhållande. Denne Sejanus, som härstammade från etruskisk riddarfamilj, hade blivit befälhavare över pretoriantrupperna. Dessa hade dittills till största delen varit förlagda i småstäder utanför Rom, men Sejanus lyckades förmå kejsaren att låta trupperna flytta in i Rom, så att de kom helt i händerna på sin befälhavare och därmed blev ett farligt och mäktigt redskap i Sejanus strävanden att nå högre makt.

Efter sonen Drusus bortgång blev Tiberius ännu mer nedstämd än tidigare och lämnade – möjligen på inrådan av Sejanus – den hektiska huvudstaden år 26 och slog sig ned på ön Capri, varifrån han styrde det romerska riket under resten av sitt liv. Frånvaron från Rom gav upphov till många missförstånd, och framför allt gav det större möjligheter för Sejanus att stärka sin egen makt på kejsarens bekostnad. År 31 blev han konsul tillsammans med kejsaren och fick av senaten prokonsulariskt *imperium* i provinserna. Han hade fått kejsarens tillåtelse att ingå förlovning med dennes sondotter Iulia. I Rom stod det statyer av Sejanus och Tiberius sida vid sida. Det enda som saknades för Sejanus i hans maktbegär var den tribuniciska makten.

Slutligen varnades kejsaren av några senatorer ur Sejanus egen krets. När Tiberius väl fick upp ögonen för Sejanus bedrägeri, trolöshet och hänsynslösa strävan efter makt, visade Tiberius prov på en viljestyrka och handlingskraft som jävar allt tal om svaghet hos den åldrade kejsaren. Det var inte lätt att störta den mäktige chefen för pretoriangardet, som hade spioner på Capri vilka bevakade Tiberius. Lugnt och metodiskt började denne undergräva Sejanus ställning och auktoritet i senaten och därigenom få honom osäker på sig själv. Slutligen kunde Tiberius genom liknande falskhet som den han själv utsatts för av Sejanus, förmå senaten att störta denne och döma honom till döden. Folket jublade över Sejanus fall. Hans statyer vältes omkull, och hans kropp släpades genom gatorna och kastades i Tibern. Det spreds oro i Rom. Man tog hämnd på en del av Sejanus medhjälpare. Upptäckten av Sejanus bedrägeri ingav Tiberius ytterligare förakt för människan i allmänhet och för politiker i synnerhet. Han misstänkte att Sejanus stod bakom hans sons död och varit orsak till många av de stridigheter som rått inom kejsarfamiljen. Med fast beslutsamhet ville Tiberius nu utkräva hämnd även på Sejanus medhjälpare.

Tiberius sista år

En svår tid av majestätsprocesser inleddes. Privata medborgare uppträdde mot betalning som anklagare *(delatores)*, ett system som Tiberius inte bekämpade utan som måste räknas som en belastning för honom vid bedömningen av hans regering. Hans kritiker bland de antika historikerna, Tacitus i *Annales* och Suetonius i sin biografi över honom, har emellertid alltför ensidigt framhållit Tiberius sista regeringsår samt majestätsprocesserna vid sin betygssättning av hans regering och personlighet. Under hela sin regering hade han visserligen varit föga omtyckt av den stora folkmassan, bl.a. på grund av sin ointresse för cirkus och gladiatorsstrider som folket älskade och krävde. Däremot hade han under större delen av sin regeringstid ärligt strävat efter att vinna senatorerna och att vara en rättvis härskare. Hans frånvaro från huvudstaden under senare tiden åstadkom en hel del missförstånd och därtill kom att han efter Sejanus fall förlorade intresset för att regera, underlät t.ex. att utnämna officerare och nya medlemmar till riddarståndet. När han våren 37 dog i Misenum, kändes det som en lättnad för många medborgare och särskilt för senatorerna som gripits av skräck inför majestätsprocesserna. Ändå hade senatorerna själva gått längre än Tiberius i sina yrkanden på straff för Sejanus anhängare.

Tiberius som kejsare

Tiberius hade särskilt strävat efter en bättre och rättvisare förvaltning av provinserna. Han var noggrann vid valet av styresmän till de kejserliga provinserna, höjde ståthållarnas löner för att därigenom lättare möjliggöra en hederlig och omutlig förvaltning. Även under de sista åren hade han en full kontroll över provinsförvaltningen och följde själv det råd, som han lär ha gett till en prefekt över Egypten: "En god herde klipper sina får, men flår dem inte". Många dugliga ståthållare fick förlängt förordnande till tio år eller ännu längre, medan odugliga och egoistiska ämbetsmän inte blev gamla på sina tjänster. Tiberius uppmanade även provinsförsamlingarna att skicka ombud till Rom och inför kejsaren och senaten framföra eventuella klagomål. Särskilt omtyckt blev Tiberius i Mindre Asien, där flera städer svårt skadades av en jordbävning år 17. Kejsaren efterskänkte då all skatt för fem år åt dessa olyckliga städer och bidrog själv med stora donationer för att bygga upp städerna igen. Även i andra provinser var Tiberius mån om att hålla skatter och pålagor så låga som möjligt. Den impopulära auktionsskatten sänkte han från en till en halv procent. Trots sänkta skatter kunde han efterlämna en statskassan på nära tre miljarder sestertier. Hans sparsamhet hade naturligtvis inte bidragit till att öka hans popularitet.

Tiberius avskydde all härskarkult, vägrade att antaga titlarna *imperator* och *pater patriae* (fäderneslandets fader). När senaten under hans senare regeringsår ville tilldela honom titeln *dominus* (herre, härskare), protesterade han häftigt. Han var skeptisk mot de orientaliska och egyptiska religioner som höll på att spridas i västerlandet. Efter en skandal i vilken Isispräster var inblandade, förbjöd han Isiskulten och förvisade dess präster och offertjänare från Rom. Även mot judarna intog Tiberius en negativ hållning till skillnad från både Caesar och Augustus. En del judar sändes till Sardinien för att arbeta i gruvor eller slåss mot sjörovare.

Gaius (Caligula) 37–41

Det fanns bara en tänkbar kandidat som efterträdare till Tiberius. Nämligen den ende kvarlevande sonen till Germanicus, Gaius Caesar, mer känd under namnet Caligula, "den lille stöveln". Ett smeknamn som han fått av trupperna vid Rhen, med vilka han som liten gosse umgicks under faderns fälttåg. Hans trontillträde hälsades med allmänt jubel, och majestätsprocesserna från Tiberius upphörde. I början av sin regering gjorde Caligula också allt han kunde för att bli en populär härskare. Sällan har väl en efterträdare varit så olik sin föregångare som Caligula var olik Tiberius. De pengar som Tiberius lämnat efter sig i statskassan förslösades snart på glänsande skådespel av olika slag och uppförande av dyrbara byggnader. Därtill kom att Caligula sänkte skatterna och även helt tog bort auktionsskatten, som Tiberius redan hade sänkt. När statskassan redan efter ett år hade tömts, tvingades den nye kejsaren införa nya skatter, konfiskationer och tvångsdonationer från rika medborgare. Den samvetsgranne pliktmänniskan Tiberius efterträddes av en renodlad autokrat, som krävde gudomliga ärebetygelser för både sig själv och sina systrar, främst den av honom älskade Drusilla, med vilken han enligt egyptisk sed ingick äktenskap. I sina krav att samtliga rikets invånare skulle hylla honom som gud, kom han i konflikt med judarna, som dittills varit befriade från formlig kejsardyrkan. I övrigt var Caligula tolerant mot orientalisk och egyptisk kult och religion, i motsats till sina båda företrädare. Särskilt Isiskulten fick nytt uppsving under hans regering.

Även i fråga om utrikespolitiken bröt Caligula mot sina föregångare Augustus och Tiberius och återgick i stället till den politik som Pompejus och Marcus Antonius hade tillämpat i öster, där han till skada för rikets säkerhet föredrog vasallstater framför provinser under romerska ståthållare. I Afrika däremot gjorde han Mauretanien (Västra Algeriet och Marocko) till romersk provins, sedan han låtit mörda dess med Rom förbundne konung Ptolemaeus för att kunna roffa åt sig dennes stora rikedomar. Mordet på Ptolemaeus resulterade i ett uppror i Mauretanien som Caligula inte hann kuva före sin död.

Redan under slutet av sitt första regeringsår drabbades Caligula av en svår sjukdom, efter vilken han började bli misstänksam och stämpla även mot åtskilliga personer av sin egen släkt. Sammansvärjningar bildades för att undanröja den nyckfulle, autokratiske härskaren. Den första sammansvärjningen upptäcktes och de sammansvurna dödades. Två av Caligulas systrar som varit invigda i komplotten landsförvisades. I början av år 41 mördades han emellertid av en pretoriansoldat i en hemlig gång i kejsarpalatset. Caligula hade vid ett tidigare tillfälle förolämpat soldaten, men bakom mordet fanns en sammansvärjning av framstående personer inom både hären och senaten.

Claudius 41–54

När Roms tron helt oväntat stod ledig, hoppades en del senatorer att tiden var mogen för att återställa det republikanska styrelsesättet. Andra satte sitt hopp till en *princeps* från en annan släkt än den julisk-claudiska. Men medan senatorerna diskuterade så handlade pretoriangardet och utsåg Caligulas farbroder Tiberius *Claudius* Germanicus till *princeps*. Senaten måste finna sig i nomineringen och tilldelade honom titeln

Augustus. Claudius glömde sedan aldrig att han hade pretoriangardet att tacka för sin upphöjelse. Han utökade antalet soldater i gardet från 9 000 till 12 000, och gav vid sin tronbestigning varje soldat en penninggåva på 15 000 sestertier, som sedan blev en årlig belöning till dem.

Ända tills Claudius utropades till kejsare hade han fört ett tillbakadraget liv och mest ägnat sig åt historiska och juridiska studier. Som historiker hade han dels skrivit ett stort och lärt verk om etruskerna i 20 band, dels sin egen samtids historia, i vilken det ingick en redogörelse av Augustus regering i 41 band. Olyckligtvis finns inget av hans historiska verk kvar.

Källor

Av antikens författare har två, Seneca och den judiske historikern Josephus, i sina tidigare arbeten skildrat Claudius i mycket berömmande ordalag, för att i senare skildringar teckna honom som en tyrann eller som en viljelös och osjälvständig härskare. Tacitus karaktäriserar honom i sina *Annales* som en ganska motbjudande och hjälplös individ, helt beroende av sina frigivna och sina sista två gemåler. Suetonius framställer honom i sin Claudius-biografi som en imbecill tyrann. Såväl inskrifter som papyrer och framför allt hans regeringsåtgärder, vittnar emellertid om att Claudius var en skickligare och mer självständig härskare än den som den fientliga traditionen har framställt honom.

INRIKES FÖRVALTNING

Till sin läggning var Claudius ganska konservativ och strävade efter att regera i samma anda som Augustus och Tiberius hade gjort. I likhet med Tiberius avstod han från såväl titeln *Pater patriae* som *Imperator*, fastän han av hären utropades till *imperator* nära trettio gånger för segrar som vunnits i hans namn. Mot senaten visade han respekt och ville samarbeta med denna. Han återgav provinserna Macedonien och Achaea till senaten, vilka Tiberius hade infört bland de kejserliga provinserna. Han återförde även val av kuruliska ämbetsmän till senaten, en rätt som Caligula fråntagit den och återgett till folkförsamlingen. Å andra sidan krävde Claudius en effektiv administration som inte fick hindras av gamla privilegier för senatorerna. Härigenom kom han naturligtvis i konflikt med dessas intressen. Åren 47-48 lät han utse sig själv till censor, enligt republikansk sed för 18 månader och tillsammans med en kollega. Som censor rensade han ut några gamla medlemmar ur senaten och satte in nya. Vid valet av dessa gick han utanför Italien och satte in några förnäma och förmögna adelsmän från Gallien som senatorer, vilket härigenom gjorde Gallien mer politiskt jämställt med Italien. Under denna *census* år 47 uppgick antalet romerska medborgare till nära sex miljoner, vilket var nästan en miljon fler än under Augustus. Även på andra sätt begränsade han de italiska senatorernas makt. Genom att öka de från riddarklassen hämtade militärtribunernas befogenheter på bekostnad av de senatoriska *legati* minskade han senatens inflytande inom hären. Från den gamla statskassan, *aerarium Saturni*, överförde han en del betydande inkomstkällor till den kejserliga *fiscus*, såsom den femprocentiga arvsskatten och skatten på värdet av frigivna slavar. I praktiken kom den kejserliga *fiscus* att hädanefter ersätta den gamla statskassan. Från *fiscus* utbetalades utgifter för sädesförsörjningen, byggandet och underhållet av vägar, kanaler och hamnar. Allt detta ställdes under kejsarens och de kejserliga ämbetsmännens kontroll, och därigenom inkräktade han ytterligare på senatens ansvarsområden.

Av särskild betydelse var byggandet av en hamn nära Ostia. Denna Roms "hamnstad" saknade före Claudius en riktig hamn. Större fartyg måste ankra upp på den oskyddade redden och föra över sin last till pråmar som kunde gå uppför Tibern till Rom. Redan Caesar hade umgåtts med planer att bygga en hamn och under nära ett århundrade hade projektet diskuterats. Vid Claudius trontillträde var Rom nära hungersnöd på grund av otillräcklig sädesimport, och för att hindra en upprepning beslöt Claudius att anlägga en hamn trots ingenjörernas och rådgivarnas invändningar och protester på grund av de svårigheter som projektet skulle medföra.

Denna hamn placerades ett par kilometer från Ostia och i samband med hamnbygget grävdes en kanal från Tiberkröken ut till havet. Denna kanal sandades snart igen och måste därför förnyas av kejsar Trajanus, varför den allmänt kallas Trajanuskanalen. Innanför hamnen anlades en hel stad av varuhus, magasin och bostäder för tusentals människor. Denna hamn, som tidigare varit ganska dåligt känd i detalj men som delvis utgrävts på 1960-talet i samband med anläggandet av Roms första flygplats, hade felet att den var för stor och hade placerats alltför öppen för havets stormar. Den blev inte färdig under Claudius utan först under hans efterträdare Nero. Redan under dennes tid förstördes ett stort antal fartyg i hamnen av en storm. Därför byggde Trajanus en något mindre och mer skyddad hamn innanför den claudiska.

CENTRALFÖRVALTNING. DEPARTEMENT

Redan Augustus hade använt sina slavar och frigivna för de många administrativa arbetsuppgifterna inom förvaltningen som växte i en allt snabbare takt. Claudius tog steget fullt ut och satte frigivna slavar som chefer för särskilda departement, *scrinia,* som blev första början till den stora kejserliga byråkratin under senare kejsartid. Pallas gjordes till chef för finansministeriet, *a rationibus,* och som sådan samordnade han alla provinsernas fisci. Narcissus fick på sin lott korrespondensen *(ab epistulis)* och författade alla lagar och beslut, som sändes ut över imperiet i kejsarens namn. En annan frigiven, Callistus, granskade petitioner, som sändes till kejsaren från provinserna *(a libellis),* medan en fjärde departementschef, Polybius, skötte det kejserliga biblioteket *(a studiis).* Samtliga dessa (av Claudius själv frigivna slavar) var intelligenta och duktiga men samtidigt också äregiriga människor, som i praktiken övervakade samtliga grenar av förvaltningen och kom att utöva ett stort inflytande på kejsarens beslut och hela politik. Ofta missbrukade de sin makt genom att mot betalning bevilja förmåner och kunde därigenom samla stora förmögenheter. Tack vare dessa departementchefers inflytande kunde många frigivna slavar bli kejsarens prokuratorer i provinserna.

UTRIKESPOLITIK

Det uppror som uppstod i Mauretanien på grund av Caligulas mord på dess kung Ptolemaeus måste Claudius mot sin vilja kuva vid övertagandet av makten. Efter två års hårda strider bröts motståndet. Mauretanien delades i två kejserliga provinser, Mauretania Caesariensis i öster och Mauretania Tingitana (nuv. Tanger) i nordväst. I övrigt ville Claudius följa samma riktlinjer som Augustus och Tiberius, alltså en mer defensiv än offensiv politik, med undantag för i Britannien som han beslöt att erövra. Troligen har överdrivna rykten om landets rikedomar av mineraler, virke, boskap och slavar som han ville göra tillgängliga för romerska affärsmän, varit en starkt bidragande orsak till hans krigsförklaring. Dessutom hade kejsaren fått begäran om hjälp från mindre furstar på ön som fruktade angrepp från mäktigare grannar. Det uppgavs även att soldater från Britannien hade slagit sig ned i Gallien och där motarbetade romarna. År 43 landade en romersk här på 50 000 man i Kent, besegrade de inhemska härarna i en två dagars strid och avancerade mot Themsen, dit Claudius själv anlände och övertog befälet. Han lyckades besegra den svåraste motståndaren på ön och beviljades en triumf för den segern av senaten.

Vid Donaugränsen förvandlade Claudius vasallstaten Noricum (nuv. Österrike) till en romersk provins, vars städer genomgick en fortskridande romanisering med utvidgad handel med bl.a. den viktiga handelsstaden Aquileia i norra Italien. Genom att även Trakien ändrades till en romersk koloni kom allt land söder om Donau att direkt införlivas med det romerska väldet.

I stort måste Claudius regering anses ha varit framgångsrik för riket, trots den kritiska skildring som antikens historieförfattare gett av honom. Till deras negativa inställning har med all sannolikhet hans olyckliga äktenskap inverkat. Hans tredje gemål Messalina blev år 48 häftigt förälskad i en adelsman Gaius Silius. Deras förhållande gav upphov till rykte att de hade planer på att störta kejsaren och låta Silius efterträda honom. Claudius gjorde proceduren med dem kort och lät avrätta både hustrun och hennes älskare. Därefter gifte han sig med sin brorsdotter Agrippina d. y.

Med Messalina hade Claudius en dotter och sonen Britannicus, vilken betraktades som hans efterträdare. Men den äregiriga Agrippina beslöt att säkra makten åt sin egen son Domitius, vars fader var hennes förste man Gnaeus Domitius Ahenobarbus. Hon lyckades år 50 förmå Claudius att adoptera honom under namnet Nero Claudius Caesar. Följande år fick han titeln *princeps iuventutis* samt *imperium proconsulare* utanför Rom, och därigenom var han öppet utpekad som den blivande kejsaren. I sina strävanden att säkra makten åt sin son hade Agrippina ett värdefullt stöd i prefekten för pretoriangardet Afranius Burrus, medan däremot Narcissus (s. 207) kämpade för Claudius egen son, dock utan framgång. För att avlägsna varje osäkerhet beträffande utgången av striden om efterträdare lät Agrippina mörda sin make, kejsaren, med gift år 54.

Nero 54–68

Den endast sextonårige Nero hyllades efter Claudius död som *imperator* av pretoriangardet, vars soldater fick en gåva liknande den Claudius hade gett dem vid sitt maktövertagande, samt förklarades för *princeps* av senaten. Nero var helt oerfaren som regent, men tack vare två kvalificerade rådgivare, pretorianprefekten Afranius Burrus och Neros lärare, dramatikern och filosofen Lucius Annaeus Seneca, blev Neros första regeringsår framgångsrika för romerska riket. Olyckligt för såväl kejsaren själv som för väldet i stort var däremot de häftiga motsättningar och rivalitet som redan från början rådde mellan honom och hans äregiriga moder Agrippina. Hon blandade sig i politiken, tog emot sändebud och lät avsätta några av Claudius frigivna som nått de högsta posterna inom förvaltningen. När hon hotade att sätta Claudius son Britannicus på tronen, undanröjde Nero av fruktan denne rival, troligen genom gift år 55. Agrippina fortsatte emellertid sitt intrigspel mot den unge, obehärskade kejsaren, som till slut lät mörda sin moder år 59. Troligen var han pådriven av sin älskarinna Poppaea Sabina, som han kort därefter gifte sig med sedan han skilt sig från Octavia, dotter till Claudius och Messalina.

DEL IV – KEJSARTIDEN

År 62 började Nero regera allt mer efter sitt eget huvud. Det året dog Afranius Burrus, och Senecas inflytande avtog. Mätt av ära och rikedom drog sig Seneca undan till privatlivet för att ägna sig åt sitt författarskap. Rådgivare blev i stället den nye pretorianprefekten Ofonius *Tigellinus*, som i stället för att ge goda råd underblåste kejsarens infall och passioner och kom därigenom att utöva ett ytterst dåligt inflytande på kejsaren och regeringen.

Sommaren 64 utbröt en katastrofal brand i Rom, som – med ett kort uppehåll – varade i nio dagar och lade sju av stadens fjorton regioner i rykande ruiner och delvis ytterligare tre. Vid eldens utbrott var Nero vid kusten i Antium (nuv. Anzio) några mil söder om Rom, men skyndade till staden och erbjöd de drabbade invånarna all möjlig hjälp. Marsfältet och sina egna trädgårdar öppnade han för dem. Trots alla hans hjälpåtgärder spreds snart ryktet att Nero själv skulle ha anlagt branden, för vilket det emellertid inte finns något som helst bevis. Hans eget palats, *domus transitoria*, som ännu inte var färdigbyggt, och en stor del av hans boksamling och konst blev lågornas rov. Men katastrofen kom inte direkt oläggligt för kejsaren, då han genom den kunde få fria händer att realisera sina egna storslagna byggnadsplaner för Rom. Nu breddades gatorna för att minska brandfaran, staden fick fler fontäner och öppna platser, tegel användes i större utsträckning som byggnadsmaterial i de nya husen. Ståtligast blev naturligtvis hans eget nya palats, *domus aurea*, som med trädgårdar, parker och kolonnader sträckte sig från Palatinen till Esquilinen.

För att avleda misstankarna från att själv ha anlagt branden lät Nero skjuta skulden på de kristna, mot vilka han enligt historikern Tacitus började den första stora förföljelsen. Sambandet mellan Roms brand och denna kristendomsförföljelse omtalas emellertid bara av Tacitus och Sulpicius Severus omkr. 400 men nämns inte av andra författare, som Suetonius och Cassius Dio eller ens av de kristna författarna. Av den anledningen har några moderna historiker velat tolka Tacitus berättelse som en förfalskning, men det finns mycket som talar för att hans version kan vara riktig.

UTRIKESPOLITIK

I likhet med Tiberius och Claudius strävade Nero efter att bibehålla fred och att främja provinserna genom att utse hederliga och kunniga ståthållare. Romerska väldet i stort hade också fredliga förhållanden under Nero, med undantag för Armenien i öster och de nyerövrade områdena i Britannien.

Den romvänliga kungen i Armenien hade dödats, varefter parthernas härskare grep tillfället att göra sin broder Tiridates till kung över Armenien. När denna nyhet nådde Rom sände Nero en av den tidens skickligaste härförare, Gnaeus Domitius Corbulo, till Mellersta Östern för att tillvarataga romarnas intressen. Eftersom partherkungen var upptagen av oroligheter i sitt eget land, kunde Corbulo invadera Armenien, intaga och förstöra huvudstaden samt fördriva Tiridates. I stället tillsatte han den romerske vasallen Tigranes V som ny härskare i Armenien. Bara ett par år senare fördrevs emellertid denne av partherna och Tiridates blev åter kung. Först sedan Corbulo åter fått kommandot i öster kunde partherna besegras, men både de och romarna var krigströtta varför det hela slutade med en kompromiss: Armenien blev en vasallstat under romarna men med den av partherna tillsatte Tiridates som härskare. Denne reste till Rom och fick högtidligen mottaga kungadiademet av Nero.

I Britannien fortsatte romarna sina erövringar mot norr. De uppträdde mycket tyranniskt mot de besegrade inhemska folken, konfiskerade stora områden och gjorde de forna ägarna till slavar. Romarna ville påtvinga britannerna sina egna seder, lära dem sin konst och vetenskap och på så sätt kuva det nationella motståndet. Men befolkningens uppror kom snart, många romare påstås ha dödats. Till slut kunde romarna tack vare sin större militära skicklighet slå ner motståndet.

NEROS SISTA ÅR

Redan år 62, när de dugliga rådgivarnas period upphört, inleddes processer för högförräderi dels mot personer vilkas förmögenhet Nero vil-

DEL IV – KEJSARTIDEN

le konfiskera, dels mot dem som han misstänkte skulle kunna konspirera mot honom. En allmän osäkerhet spred sig bland senatorerna. En allvarlig sammansvärjning med vittomfattande förgreningar bland både senatorer och riddare bildades år 65 under ledning av Gaius Calpurnius Piso, men den avslöjades och följden blev att många dömdes till döden eller tvingades att begå självmord. Bland offren fanns tre av de främsta författarna, Lucanus, Petronius och Seneca (s. 217), vidare den berömde fältherren Corbulo, som hade gjort Nero och riket stora tjänster i östern. Ingen kände sig längre säker.

Resan till Grekland 66–67

Nero hade onekligen konstnärliga anlag, han var förtjust i konst, musik och poesi samt även sport. För att tillfredsställa sina "hobbies" begav han sig i september år 66 på en konstresa till Grekland tillsammans med en stor skara unga män, vilka liksom han själv var konstintresserade. Med på resan var även pretoriangardet under ledning av Tigellinus, som gjorde allt för att underblåsa kejsarens fåfänga. På otaliga platser under resan uppträdde Nero som sångare, skådespelare eller som kusk vid kapplöpningar. Överallt smickrades han med segrar. Han vann inte mindre än 1 808 priser och troféer, som han vid sin hemkomst till Rom skänkte åt musernas beskyddare Apollon i dennes tempel på Palatinen. Till den 28 november 67 hade han kallat så många som kunde komma till Korint, där han proklamerade Greklands frihet och befrielse från skatter och andra pålagor. Hans tal till de församlade grekerna är bevarat i en inskrift. Samma höst hade han tagit första spadtaget på ett storslaget arbete med en kanal genom Korintnäset (vilket inte slutfördes på grund av hans död följande år). På nyåret 68 tvingades Nero återvända till Italien. I Neapel nåddes han av meddelandet, att ståthållaren Gaius Iulius Vindex i Gallia Lugdunsis hade brutit med kejsaren och samlat en här på 100 000 upproriska. Dennes exempel följdes av legaten i Hitre, östra (dvs. Spanien) Sulpicius *Galba*, och ståthållaren i Lusitanien (nuv. Portugal) Salvius *Otho*. Även befolkningen i Rom blev upprorisk som en konsekvens av uteblivna sädestransporter. Galba mutade pretoriangardet med löfte om 80 000 sestertier. Till slut förklarade senaten Nero för statens fiende, varpå han insåg slaget förlorat, lämnade Rom och lät en av sina trogna frigivna döda honom.

Både Tacitus, Suetonius och Dio Cassius talar om den glädje som spred sig efter tyrannens död. I denna glädje deltog emellertid bara de båda högre klasserna, senatorer och riddare, samt de stoiska filosoferna, som alltid hatade honom. För den stora massan framstod Nero även under de sista åren, både i Rom och ännu mer i Italien och provinserna, som folkets vän som gav dem "bröd och skådespel", *panem et circenses*. Att dessa kretsar inte betraktade honom som någon fiende inser man av att det efter hans död uppstod flera "pseudoneroner" som ville göra anspråk på Roms tron och så sent som i fjärde århundradet förekommer Neros huvud på contorniat-mynt.

ÖVERSIKT ÖVER DEN JULISK-CLAUDISKA PERIODEN EFTER AUGUSTUS

FÖRVALTNING

Med Nero utslocknade den julisk-claudiska dynastin. Trots principatets svagheter och trots en del försök att avskaffa detta för att återgå till de republikanska förhållandena hade principatets idé visat sig riktig och bärkraftig. För folket och inte minst för provinserna hade denna epok varit en tid av fred och framåtskridande. Rikets säkerhet hade inte hotats av någon. Ganska sällan hade större anfallskrig förts, som de i Britannien. Redan vid Augustus död hade det romerska riket blivit en världsmakt med naturliga gränser nästan överallt, vilka de följande kejsarna sällan överskridit i krigisk avsikt. Den fredliga handelns gränser utvidgades däremot avsevärt. Noricum med sina järngruvor hade blivit en romersk kejserlig provins, som fick stor betydelse för handeln via Aquileia söderut och norrut till Östersjökusten. Av särskilt intresse blev Roms handel med Indien och Kina. Importen från Indien, som mest bestod av kryddor (peppar), bomull, pärlor, ädelsten och elfenben, gick dels sjö- och dels landvägen, men den låg inte i händerna på romarna utan var starkt beroende av främmande folk. På samma sätt gick handeln med Kina genom parthernas förmedling, som förde den viktigaste importartikeln, silke, på karavanvägar från Centralasien till Kaspiska havet, varifrån den fördes antingen norrut eller på en mer sydlig väg. Över huvud rådde under denna tid en kraftig ekonomisk utveckling både i Italien men framför allt i provinserna, som både Tiberius, Claudius och Nero var angelägna om att gynna.

Romaniseringen av provinserna gick stadigt framåt i väster, särskilt i Gallien och Spanien, där urbaniseringen ökade kraftigt, liksom industrialiseringen och latifundieväsendet, medan småbruken fortsatte att minska i antal. Kejsarna blev allt större markägare, inte minst Nero, och genom sin ökade rikedom stärkte de samtidigt sin maktställning. Kejsarens ökade makt gick naturligtvis mest ut över senatorerna.

Formellt behöll senaten sina gamla befogenheter och det blev regel att höga ämbetsmän som utövade någon befälsrätt över medborgare skulle tillhöra senatsklassen. Under kejsartiden blev senatorsståndet ärftligt, så att sönerna till senatorer kunde inträda i den senatoriska ämbetskarriären. De som inte tillhörde denna klass kunde bara få denna möjlighet direkt av kejsaren, som antingen kunde ge senatorstecknet, *latus clavus*, åt yngre medlemmar av riddarståndet eller förläna senatorsvärdighet åt kejserliga ämbetsmän av riddarklassen, som då inträdde i senaten och under sin fortsatta karriär behandlades som senatoriska ämbetsmän. Eftersom senatsbeslut därefter alltmer trädde i stället för folkförsamlingens fastställande av lagar, och då val av ämbetsmän fr.o.m. Tiberius i själva verket ägde rum i senaten samt att senaten fick domsrätt dels över senatorer och dels i frågor som kejsaren inte önskade avgöra, så fick senaten formellt större befogenheter än tidigare.

Denna utökade makt för senaten var emellertid bara formell. I själva verket minskade senatens betydelse avsevärt. Senatorerna var sällan självständiga i sitt uppträdande gentemot kejsaren, eftersom de var beroende av honom för sin karriär. Många hade dessutom denne att tacka för sitt inträde i senaten. Före alla viktiga avgöranden kom förslag från kejsaren till senaten, som i regel endast hade att godkänna dem. Tiberius retade sig på senatorernas brist på självständighet. De gamla aristokratiska släkterna, som Augustus i så hög grad hade utnyttjat i förvaltningen, fick under Claudius sina befogenheter väsentligt begränsade och makten övergick i stället till frigivna som blev chefer för förvaltningen. Under Tiberius och Neros sista regeringsår hade många av de bästa männen inom senatorsklassen landsförvisats eller avrättats. Särskilt inom hären minskade senatens inflytande, medan härens, särskilt pretoriangardets, makt väsentligt ökade. Under de fyra sista åren av Neros tyranniska regering motarbetades aristokraterna och det tog sig uttryck inte bara i landsförvisning och avrättningar utan lika mycket i ekonomiska utpressningar. Ekonomin försämrades nämligen kraftigt för den romerska staten under Caligula och Nero, vilka båda orsakade inflation eftersom värdet sänktes med ungefär 10 % på både guldmyntet (*aureus*) och silvermyntet (*denarius*).

Men eftersom man fortfarande under kejsartidens första århundrade höll fast vid att endast senatorer och deras anhöriga skulle inneha vissa ämbeten, kunde kejsaren trots allt inte vara utan personer från detta stånd för den ständigt växande förvaltningen. I Rom och Italien hade viktiga förvaltningsgrenar överlämnats åt kejsaren, t.ex. utdelning av säd till folket, ordningen på gator och torg, vattenledningar, tempel och andra offentliga byggnader. För dessa uppgifter tillsattes kommissioner med senatorer av pretors eller ibland konsuls rang. Eftersom de gamla senatorsfamiljerna började dö ut, måste nya tagas upp. Detta gjorde Claudius som censor och den siste fungerande censorn Vespasianus måste välja in ännu fler (s. 223) för att kunna hålla antalet senatorer till sexhundra, ett antal som förblev oförändrat under hela kejsartiden.

I ännu högre grad än de senatoriska ämbetena ökades antalet ämbeten som innehades av riddarna. Den vanligaste titeln för en riddares befattning var *procurator* (förvaltare), medan *praefectus* (föreståndare) förbehölls de högsta ämbetsinnehavarna.

Både senatorer och riddare måste göra krigstjänst som officerare innan de kunde börja sin egentliga civila karriär. För riddarna var denna obligatoriska militärtjänst mycket längre än för senatorerna, vilka också mycket snabbare kunde avancera i de olika ämbetena, varav det högsta var konsulatet som kunde innehas vid 33 års ålder.

ARKITEKTUR, KONST OCH LITTERATUR

Den julisk-claudiska arkitekturen är välkänd bl.a. genom de kejsarpalats som uppfördes och varav ännu ruiner finns kvar. Tiberius uppförde ett stort palats på Palatinen som länge varit dolt under trädgårdar och fortfarande är ganska dåligt undersökt. Bättre kan man studera hans tids byggnadsstil i palatset på Capri, den s.k. Villa Iovis, en storartad anläggning på öns topp alldeles invid kusten, som stupar brant ned mot havet. Murarna var gjorda av *opus concretum* ("betong") med fasad av *opus reticulatum* (små tuffstenar i nätmönster) men med förstärkning av tegel i hörn och bågar. Claudius är den store byggherren, som först anlade den stora hamnen vid Ostia och kompletterade den med en fyr i fyra våningar liknande den kända fyren vid Alexandria. Rom försåg han med två nya akvedukter av vilka fortfarande ståtliga bågar finns kvar vid Porta Maggiore. Det största och ståtligaste byggnadskomplexet från denna tid var Neros *Domus aurea*, ett konglomerat av byggnader, kolonnader, trädgårdar, sädesfält och vinberg samt en konstgjord sjö på den plats där idag Colosseum reser sig. Branden år 64 hade gjort det nödvändigt att bygga upp mer än halva Rom. Arkitekterna fick chans att rationalisera, bygga bredare gator samt bostadshus av fastare och eldsäkrare material som concretum med fasader av tegel. Efter branden fick tegeltillverkningen verklig fart runt omkring Rom.

Tack vare förstörelsen av en annan stad, Pompeji, känner vi väl till väggmåleriet från Neros tid. En jordbävning vid Pompeji redan år 62 förstörde många hus helt och hållet och ännu fler förlorade sina målningar, vilka sedan restaurerades fram till stadens slutliga undergång år 79 e.Kr. De flesta målningarna i Pompeji är med andra ord från tiden mellan dessa två jordbävningar, och utförda i den s.k. fjärde stilen.

PRINCIPATET ELLER TIDIG KEJSARTID

Väggarna är fyllda med fantastiskt målad arkitektur, med girlander och med perspektiv sedda genom dörrar och fönster.

Inom porträttkonsten dominerar helt naturligt porträtten av kejsarna och kejsarinnorna, vilkas mode blev normgivande för de högre klasserna som ville kopiera kejsarinnornas frisyr etc. I porträtten av Tiberius både från tidigare och senare tid möter oss ett karaktärsfullt ansikte med lugna drag utan överdrivet angivande av detaljerna. Det är ett porträtt som bättre svarar mot den uppfattning man numera har av denne kejsare än mot den karakteristik som Tacitus och Suetonius gett av honom. Porträtten av Caligula och Nero visar egoistiska drag, som skarpt kontrasterar mot balansen i Augustus och Tiberius karaktärsdrag. Nero är den förste kejsare som under sin livstid framställdes med solgudens strålar på mynten. Även jätteporträttet av honom på den fyrtio meter höga kolonnen vid ingången till hans gyllene hus visade honom som Solguden, vilket man också ser på ett porträtt i Florens. Detta skall visserligen ha gjorts först under barocken men det går helt säkert tillbaka till ett antikt original, där man ser honom med Solgudens strålkrans bakom en mäktig krans av lockar i samma stil som Alexander den stores avbildningar.

Claudius och Neros regeringar betecknar början till den s.k. silveråldern inom den latinska litteraturen. Men det tragiska var att de tre förnämsta författarna under denna tid tvingades att begå självmord av Nero.

Lucius Annaeus *Seneca* (o. 4 f.Kr.-65 e.Kr.) var född i Corduba i Spanien men kom tidigt till Rom, där han studerade retorik och filosofi. Efter en tids vistelse i Egypten blev han kvestor och fick därmed inträde i senaten. Men genom Messalinas intriger år 41 blev han landsförvisad till Korsika, varifrån han fick återvända år 49. Efter Claudius död blev han lärare och sedan rådgivare åt den unge Nero, under vilken tid han skaffade sig väldiga rikedomar. År 62 lämnade han hovlivet och drog sig tillbaka till sina gods utanför Rom och i Kampanien och ägnade sig helt åt författarskap. På grund av påstått deltagande i Pisos sammansvärjning mot Nero tvingades han av denne som nämnts ovan att begå självmord.

DEL IV - KEJSARTIDEN

Senecas filosofiska arbeten behandlar frågor av praktisk etik och i någon mån naturfilosofiska problem men i mycket ringa grad logik. Filosoferna vid denna tid ville vara etiska och religiösa rådgivare åt människorna, som i sin tur också behövde dem, eftersom den grekisk-romerska religionen var en rent statlig religion utan intresse för individerna. Han är ingen renodlad stoiker utan närmast en eklektiker i likhet med Cicero. Hans mest mogna verk är hans brev, *Epistulae morales ad Lucilium*, 20 böcker i vilka han visar sig som en mästare i det latinska språket. Hans stil är rik på bilder, ganska ofta satiriska och ibland sarkastiska. Satirisk är han också i *Apocolocynthosis* (Förgurkningen) en nidskrift över den avlidne Claudius, som efter sin död förvandlades till en gurka i stället för till en gud, *divus*, som andra kejsare. Samme Claudius hade han tidigare hyllat med krypande smicker. Under Senecas namn finns också nio tragedier. Det konstnärliga intresset i dessa verk koncentreras till en effektfull framställning av nedbrytande känslor såsom avund och maktbegär. Dramerna är inte skrivna för scenen utan bara för recitation.

Marcus Annaeus *Lucanus* (30–65), Senecas brorson, kom redan som barn från Spanien till Rom, där även han studerade filosofi, och upptogs i Neros vänkrets men tvingades också han att begå självmord år 65, då han deltagit i Pisos sammansvärjning. Av hans arbeten är bara *Pharsalia* bevarat, ett epos som behandlar kriget mellan Caesar och Pompejus. De historiska handlingarna är reducerade till minimum, de militäriska operationerna endast antydes. Kriget betraktas som en följd av Caesars och Pompejus maktbegär. Skalden tar avgjort parti för Pompejus, särskilt i de senare sångerna.

Gaius *Petronius* Arbiter (död år 66) anses allmänt vara son till Gaius Petronius, som var *consul suffectus* år 25. Under Petronius namn går ett stort arbete i sexton böcker med titeln *Satyricon*, en blandning av komisk äventyrs-, rese- och sedesroman. Hjälten Encolpius är en karikatyr av Odysseus. Den mest kända delen av romanen handlar om uppkomlingen Trimalchios gästabud *(Cena Trimalchionis),* en strålande satir över den nyrike, frigivne slavens vräkighet, hans vulgära och svulstiga språk.

Fyrkejsaråret 68–69

Hittills hade senaten formellt varit den institution som utsett en kejsare och gett denne hans fullmakter, även om pretoriangardet ibland hade avgjort tillsättningen innan senaten hunnit handla. Efter Neros död ville emellertid även legionstrupperna blanda sig i och tillsätta sina generaler som kejsare, vilket ledde till stridigheter mellan generalerna och legionerna.

Servius Sulpicius *Galba* var den förste general som utropades till kejsare, då han var den ende tronpretendenten som hade en här till förfogande. Han var av gammal senatorssläkt och hade lång erfarenhet som ämbetsman och fältherre. En del av senaten hoppades att han skulle återställa det republikanska styrelsesättet. Som regent visade han sig snart vara mindre lämpad och blev överallt impopulär genom en rad olyckliga beslut och handlingar. Han retade pretoriangardet genom att vägra att utbetala pengar som det fått löfte om. I stället förenade sig gardessoldaterna om en annan tronpretendent, Marcus Salvius *Otho,* som betalade dem med pengar och inte med löften och som därför kunde utropas till kejsare med gardets hjälp. Det militära läget försämrades ytterligare för Galba när trupperna vid nedre Rhen utropade Aulus *Vitellius* till kejsare. För att stärka sin ställning adopterade den barnlöse Galba, Lucius Calpurnius *Piso* som sin son och gjorde honom till medregent, varför Rom samtidigt hade fyra kejsare, Galba, Piso, Otho i Rom och Vitellius, som befann sig i Germanien. Men redan samma dag blev Galba nedstucken på Forum och Piso i Vestas tempel, där han sökt asyl. Otho var därmed ensam kejsare i Rom och försökte förhandla med Rhenhärens kejsare Vitellius för att hindra inbördeskrig. Men denne var i händerna på sina trupper, vilka nu förstärktes med härarna från Gallien, Britannien samt Spanien. Otho ville göra sin makt gällande genom att återuppliva minnet av företrädaren Nero och kallade sig själv "den nye Nero", ställde upp statyer av denne i Rom och beviljade femtio miljoner sestertier för att fortsätta byggandet av Domus aurea. Dessutom stod hans hopp till Donauhären. Vitellius tågade emellertid med sina trupper ned över Alperna till Italien och besegrade Othos trupper vid Cremona i norra Italien. Otho begick självmord och omedelbart därefter erkände senaten Vitellius som ende kejsare, vars trupper intog Rom och utsatte staden och hela Mellanitalien för plundringar och våldsdåd. Vitellius själv försökte återställa de privilegier som hans föregångare infört samt garantera rättssäkerheten. Men han saknade vilja och energi att ordna upp statens invecklade förhållanden.

Under tiden hade trupperna i öster utropat sin egen kejsare, Titus Flavius *Vespasianus*, som av Nero hade sänts till Palestina för att slå ned judarnas resning. Han lämnade sin son Titus som befälhavare för trupperna i Palestina och begav sig till Egypten för att behålla sin kontroll över denna Roms kornbod, medan hans närmaste man Gaius Licinius Mucianus, som vägrat att acceptera sina truppers utropande av honom till kejsare, marscherade med 20 000 man för att invadera Italien. Även Donauhären slöt sig till Vespasianus och utan att invänta Mucianus och dennes trupper tågade omkring 50 000 man ur Donauhären in i Italien över Aquileia. För andra gången på kort tid utkämpades striden mellan tronpretendenternas trupper vid Cremona. Denna gången stormades och brändes staden, dess invånare massakrerades. Efter detta slag övergick även västerns legioner och flottan till Vespasianus.

I Rom hade Vitellius inlett förhandlingar om villkoren för sin abdikation med Vespasianus broder Titus Flavius *Sabinus*, som var stadsprefekt och som hade förskansat sig på Capitolium. Vitellius trupper, som motsatte sig dennes abdikation, stormade Capitolium där Sabinus befann sig, varvid Jupitertemplet gick upp i lågor och Flavius Sabinus dödades. Följande dag infann sig emellertid Donautrupperna och intog Rom genom stormning då 50 000 människor uppges ha omkommit. Även Vitellius dödades och kastades i Tibern.

Omgående utropade senaten den nye segraren till *princeps*. Redan i slutet av december 69 begåvades Vespasianus med *imperium proconsulare* och *tribunicia potestas* samt titeln Augustus, men först på hösten följande år kunde han själv komma till Italien.

DEL IV – KEJSARTIDEN

Flaviska kejsarna 69–96

Vespasianus 69–79

Efter ett års krig hade Titus Flavius Vespasianus utgått som segrare om makten, en kamp som skakat och förstört stora delar av Rom och Italien. I och med Vespasianus kom den italiska landsbygden in på Roms tron, en man av plebejisk bondesläkt. Hans fader hade börjat som tullinspektör i Mindre Asien och sedan blivit skatteindrivare och slutligen skaffat sig en gård vid Reate i Sabinerlandet, där den blivande kejsaren föddes år 9 e.Kr. Den äldste sonen, Titus Flavius Sabinus, hade blivit stadsprefekt i Rom, där han dog under striderna år 69. Vespasianus fick en god uppfostran. Av naturen var han praktisk, klarsynt och osentimental, ägde en frisk aptit på livet och en ganska stor portion humor. Han var snarare sniken än sparsam, men kunde å andra sidan spendera stora summor på det som intresserade honom och som han ansåg vara till gagn för riket eller staden. Hans övertagande av makten blev en återgång till Augustustidens principat. När han sextioårig blev kejsare, var han väl förtrogen med rikets behov och svagheter. Problemen för honom var många: den romerska hären var förvildad och måste återföras till disciplin, i stora delar av riket rådde oordning och statskassan var tom. Förvaltningen led brist på dugliga ämbetsmän, eftersom de gamla aristokratiska familjerna ur vilka de högsta ämbetsmännen tagits nu var nästan utdöda.

En av Vespasianus första åtgärder blev att skapa ordning och disciplin inom hären. De legioner som hade understött de germanska och galliska resningarna (s. 219) ströks från den romerska hären. I hjälptrupperna, *auxilia*, blandade han män av olika ursprung och nationalitet för att motverka soldaternas nationella känslor samt placerade soldaterna långt borta från sina egna hemländer under befäl av italiska officerare. Legionerna utökades kraftigt genom rekrytering från Gallien och Spanien, två områden som fortsatte att romaniseras under Flavierna. Vespasianus fortsatte Tiberius och Claudius provinsvänliga politik och anlade kolonier och städer runtomkring i riket. Särskilt gynnade han Spanien, som både politiskt och militärt blev rikets kärnland nummer två. Först utdelades latinsk rätt till 350 spanska städer och år 74 utsträcktes denna rätt till alla städer i Spanien. Vespasianus tog många av de förnämsta ätterna i både Gallien och Spanien till tjänst i den kejserliga administrationen, och en del gav han dessutom plats i den romerska senaten. Många av de gamla patricierna i Italien hade antingen undanröjts av Nero eller alltför mycket komprometterats genom samarbete med denne. Striderna under 68–69 hade ytterligare decimerat aristokraternas antal och konfiskationer hade ruinerat många så att de inte längre ägde det minimikapital som krävdes för en senator, en miljon sestertier. Som censor tillsammans med sonen Titus åren 73–74 skapade Vespasianus en ny klass senatorer, som han till stor del hämtade från riddarklassen, vilken också måste förnyas och det till en del med personer från Spanien och Gallien. Vespasianus är den förste kejsare som öppnade dörren till högre poster inom det romerska riket för personer från Spanien. Mot senaten önskade Vespasianus uppträda korrekt och med vördnad – liksom Augustus – dock utan att tilldela senatorerna någon ökad makt inom förvaltningen. En del senatorer, som i början av hans regering sökte försäkra sig om en viss kontroll över förvaltningen, uteslöt Vespasianus ur senaten i sin roll som censor. De nytillsatta var i allmänhet skickliga och kunniga män, som genom honom kom in i förvaltning och senat och som ganska snart nådde de högsta ämbetena i staten.

Från ett annat håll än förvaltningen kom motstånd mot den nye kejsaren, nämligen från en del cyniska filosofer som angrep inte bara kejsaren personligen utan även principatet som sådant. År 74 genomförde kejsaren en allmän landsförvisning från Rom och Italien av dessa filosofer och ett flertal astrologer. I övrigt var Vespasianus ingen fiende till andlig odling. Han inrättade den första fasta statliga befattningen av en lärare i latinsk och grekisk vältalighet, vars förste innehavare blev Marcus Fabius *Quintilianus* från Spanien, som fick en ganska furstlig lön och senare konsuls rang. Under en vistelse i Egypten hade Vespasianus lärt känna den höga vetenskapliga nivå som bedrevs vid Museion i

Alexandria och i all synnerhet blivit intresserad av medicin. Mängder av förstörda inskrifter och förfallna tempel lät Vespasianus restaurera. Som få andra kejsare uppförde han i Rom kostnadskrävande byggnader. Jupitertemplet på Capitolium, som gått upp i lågor under Vitellius strider, återuppbyggdes och på den plats där Nero anlagt en konstgjord sjö uppfördes den stora amfiteatern med plats för omkring 50 000 åskådare som allmänt kallades Colosseum. För att symbolisera kejsarens fredliga politik byggdes ett fredens torg, Forum Pacis, med Templum Pacis och ett bibliotek. I provinserna anlades vägar, broar och vattenledningar. Alla dessa byggnader kostade enorma summor pengar. Men Vespasianus var något av ett finansgeni och en mästare i att finna nya skatteobjekt. Provinsernas skatter fördubblade han. Privilegier som Nero hade infört åt t.ex. Grekland, Rhodos, Bysans och Samos upphävdes.

UTRIKESPOLITIK

Judéen

Vespasianus var redan invecklad i ett krig mot judarna när han utropades till kejsare (s. 222). Från Palestina hade judarna under långa tider utvandrat till olika delar av den kända världen. I Babylon, Mindre Asien och i all synnerhet i Egypten hade judiska hantverkare och affärsmän slagit sig ned. I Judéen hade en stark och välordnad stat bildats under Herodes den store, en grym härskare men skicklig diplomat, vars vänskap romarna satte stort värde på. Efter dennes död år 4 f.Kr. blev tio år senare (6 e.Kr.) både Judéen och Samarien kejserliga provinser. Kungadömets upphörande ökade nu judarnas nationalkänsla. De lyckades tillkämpa sig en privilegierad ställning bland de romerska undersåtarna, med bl.a. befrielse från militärtjänst och offer till kejsarnas genius. Dess privilegier förorsakade avundsjuka hos andra folk, främst grekerna i Palestina. Trots privilegierna upplevdes Roms skatter betungande för många judar och de romerska procuratorerna mildrade knappast judarnas inställning till Rom.

Oron växte och år 66 utbröt upproret. Romarna drevs ut ur Jerusalem och de politiska förbindelserna med Rom upphörde. Resningen spred sig över hela Judéen och även utanför dess gränser mot Syrien och Egypten. Romarna var oförberedda på upproret och blev därför inledningsvis förlorare. Sent på året 67 sände kejsar Nero ut befälhavaren Vespasianus i kriget mot judarna. Först erövrade denne Galiléen där judarna gjorde tappert motstånd i bergsfästningarna. Många stupade och ännu fler togs till fånga. Vespasianus gjorde sig redo att storma Jerusalem där stora flyktingskaror samlats. Utropandet av honom till kejsare gav staden en frist, men den belägrades oavbrutet av Vespasianus son Titus, som Vespasianus gett överbefälet när han själv återvände till Rom. Först på hösten 70 stormades Jerusalem, dess tempel lades i aska, befolkningen, som under belägringen lidit av hunger, nästan utrotades.

I kriget skall 97 000 judar ha tagits tillfånga, varav de flesta såldes som slavar eller skickades till gruvorna. Fler än en miljon uppskattas ha omkommit genom pest, hunger eller på slagfältet. De judiska sakrala institutionerna med överstepräst och prästerskap upphörde att existera. Jerusalem blev kejsarens egendom och Judéen en romersk provins skild från Syrien under en kejserlig legat med Caesarea som huvudstad. De överlevande judarna måste betala en särskild skatt, *fiscus Iudaicus*, åtta sestertier per individ, som skulle erläggas till Jupiter Capitolinus tempel i Rom. Helt naturligt blev judarnas hat mot romarna enormt. På sommaren 71 kunde Titus tillsammans med sin fader i Rom fira triumf över judarna. Tio år senare reste hans broder Domitianus den triumfbåge till Titus ära på Forum Romanum som ännu finns kvar och vars reliefer i valven på ena sidan visar triumfatorn stående i sin vagn bekransad av segergudinnan, och på den andra sidan romerska soldater med krigsbytet från Jerusalem.

Germanien och Gallien

För romarna blev nästan ett uppror i Nedre Germanien och Gallien ett allvarligare hot än kriget i Palestina, även om det blev kortvarigt. Det fick emellertid snabbt stor spridning inte bara bland de romerska trupperna vid Rhen utan även galliska stammar anslöt sig till de upproriska. Dålig disciplin rådde bland de romerska trupperna i Rhenområdet, som gjorde myteri och dödade många officerare, och flera romerska läger gick upp i lågor. Lyckligtvis för romarna var germanerna och gallerna inte eniga, många av dem vägrade att göra gemensam sak med de upproriska som ville utropa en självständig stat i Gallien. Så småningom återställdes ordningen bland de upproriska legionerna så att galler och germaner kunde besegras. Sedan freden återställts koncentrerade sig Vespasianus på att stärka gränsskyddet. Nya soldater ersatte veteranerna som deltagit i resningarna. Legionerna vid Rhen ökades till tio, två nya militära provinser, Nedre och Övre Germanien, skapades, vilka administrativt skulle vara helt skilda från de galliska. Utmed Donau byggdes militärvägar och fästningar, och landet mellan Rhens och Donaus källor, *Agri decumates*, erövrades.

Titus 79–81

Vid Vespasianus död utropades hans äldste son Titus till ny kejsare, som redan efter sin återkomst från Palestina fått *imperium proconsulare* och *tribunicia potestas*. Han var en utmärkt fältherre, en rättvis och duglig regent. Hans tid som kejsare är dock mest känd för de tre svåra olyckor som inträffade under hans korta regering, nämligen Vesuvius utbrott år 79 som förstörde de blomstrande städerna Stabiae, Pompeji och Herculaneum. En svår pest härjade i Rom och en katastrofbrand utbröt som förstörde stora delar av staden, bl.a. det nyligen återuppbyggda Jupitertemplet på Capitolium. Titus dog i en febersjukdom i Reate, sörjd av hela den romerska världen där han av många ansetts som den ideale härskaren.

Domitianus 81–96

Redan på broderns dödsdag hälsades Titus Flavius Domitianus av pretoriangardet som den nye imperatorn, och följande dag erkändes han av senaten som *princeps*. Till skillnad från sin äldre broder som vid sin tronbestigning redan hade stor militär och administrativ erfarenhet, hade Domitianus inte alls deltagit i det offentliga livet, tillbakasatt som han var av både fader och äldre broder. Bedömningarna om Domitianus pendlar mellan det hårdaste förtal av Suetonius, Tacitus och Plinius d.y. i skrifter som tillkommit efter kejsarens död, till krypande smicker av skalder som Martialis och Iuvenalis (s. 229). Tyvärr är det historiska källmaterialet i inskrifter ganska magert.

Domitianus tog sig genast an ledningen av riket i alla dess former. Han hade mycket bestämd uppfattning om en stark kejsarmakt. Till skillnad från föregående kejsare, som ytterst sällan beklätt konsulsämbetet, gjorde Domitianus det inte mindre än sjutton gånger. Han lät göra sig till ständig censor och kunde som sådan, även om han inte fullgjorde *census* som Claudius och Vespasianus gjort, utöva en ständig kontroll över senaten och dess medlemmar som han strävade efter att placera i en underdånig ställning. Detta framkallade helt naturligt fientlighet från senaten mot kejsarmakten.

För den romerska aristokratin innebar Domitianus regering en svår tid. Det är från aristokratisk synvinkel som Suetonius och Tacitus har skildrat härskarna under första århundradet, vilket förklarar dessa författares negativa inställning till de kejsare som visat sig vara dugliga och arbetsamma härskare och som nedlagt stort arbete på att prioritera de lägre klasserna och provinserna. Med stor energi försökte Domitianus främja sädes- och vinodlingen i Italien – delvis på bekostnad av provinserna – genom att införa fasta priser på skörden. Italiens bönder hade ingen anledning att klaga över tyranni från Domitianus men å andra sidan ingrep han hårt, särskilt i provinserna, mot försök till ockerpriser. Om han upptäckte fel som begåtts av ämbetsmännen i Rom eller ståthållarna i provinserna var han hård. Han var själv en duktig och intresserad domare som slog ned på alla slags mutförsök. För såväl rättsordningen som rikets förvaltning sörjde han utmärkt och utsåg med omsorg och framgång dugliga ståthållare för provinserna.

Den stora massan sökte han vinna på olika sätt. Tre gånger delade han ut penninggåvor, 1 000 sestertier per individ. Han gav dyrbara skådespel av olika slag, gladiatorsstrider på Colosseum, som hans fader påbörjat och som han själv fullbordade, vidare kappkörningar på cirkus. År 86 instiftade han till Jupiter Capitolinus ära en fest, som skulle återupprepas vart fjärde år och som hade de Olympiska spelen till förebild. I dessa spel ingick tävlingar i litteratur, kappkörning och musikaliska övningar. Varje år hölls spel till hans skyddsgudinna Minervas ära.

KONSTENS UTVECKLING UNDER DOMITIANUS

Många av de byggnader som Domitianus lät bygga i Rom var avsedda för folkets nöjen: en anläggning för sjöstrider (naumachier) vid Tibern, en konsertsal (Odeum) samt ett stadium för grekisk idrott på Marsfältet (nuv. Piazza Navona). Mellan Augustus och Vespasianus torg anlade han ett nytt, som hade formen av en promenadplats och därför kallades *Forum transitorium* (genomgångstorget) men som nu oftare kallas Nervas torg. Det var prytt med ett tempel åt Minerva. Det finns fortfarande kvar imponerande ruiner av hans ståtliga palats, *Domus Flavia* på Palatinen, som även innehöll administrations- och representationslokaler. Palatsets plan går tillbaka till den gamla romerska hustypen men i ett helt nytt format, med ett jättelikt valv och kostbar utsmyckning i bl.a. sällsynta marmorsorter, som arkitekten Rabirius tydligen fick fria händer att laborera med. Den svåra branden år 80 (s. 225) hade även härjat på Capitolium och förstört Jupitertemplet. Detta återuppfördes igen och nu ståtligare och dyrbarare än någonsin tidigare med kolonner av vit pentelisk marmor, som inte tidigare använts i någon annan romersk byggnad, med förgyllda portar och med ett tak av förgyllda takpannor av brons, som gav ett intryck av att templet svävade under himlen ovanpå Capitoliumklippan *(aurea Capitoli culmina)*. I det ståtliga utförandet fick templet bestå under resten av kejsartiden. Under femte århundradet inledde Stilicho förstöringen när han monterade ned portarnas guldplattor. Men under sjätte århundradet stod det fortfarande kvar som ett av världens underverk.

Trots hatet mot brodern Titus hedrade Domitianus honom med en triumfbåge. De välbekanta, redan omtalade (s. 221) relieferna på denna båge ger utmärkta exempel på den flaviska illusionismen inom reliefkonsten, i vilken man får ett starkt intryck av rörelse och djup. Ett utmärkt prov på denna konst i hellenistisk anda finner man också i ett par reliefer, som på 1930-talet påträffades under den påvliga cancellerian i Rom. Den ena bildfrisen skildrar Domitianus och hans soldaters ankomst till Rom efter en seger, möjligen år 83. Domitianus (vars huvud har omarbetats till ett Nerva-porträtt) mottas av Victoria, Mars, Minerva, Roma samt senatens och romerska folkets genier. På den andra frisen ser man Domitianus mottaga Vespasianus vid dennes ankomst till Rom år 70. Motsättningen mellan den gamle soldaten Vespasianus och den unge gudalike Domitianus är ytterst karakteristisk. Samma skillnad ser man i övriga porträtt av de båda kejsarna. Vespasianus- och även Titusporträtten är fullkomligt i avsaknad av härskarkaraktärer. En rörlig muskulatur ger ett förbluffande livligt privatporträtt som skänker ett intryck av ögonblicksbild. Domitianusporträtten visar däremot en återgång till klassicismen, bort från illusionismen i Vespasianus och Titus konst.

LITTERATURENS UTVECKLING UNDER DOMITIANUS

Med Domitianus inleddes en ny blomstringsperiod för den latinska skaldekonsten. Utom de mindre kända *Silius Italicus* med sin episka dikt *Punica* i 17 böcker, som handlar om andra puniska kriget, *Valerius Flaccus* med *Argonautica*, en episk-mytisk berättelse om argonauterna, och *Papinius Statius* med bl.a. en samling tillfällighetsdikter, *Silvae*, bör som de främsta skalderna under denna period också nämnas Marcus Valerius *Martialis*, (omkr. 40–102) epigramdiktarens mästare som på olika versmått kvickt, ibland satiriskt gisslade sin samtid, samt den bitande satirikern Junius *Juvenalis*, (omkr. 60-omkr. 140) som i sina *Satirer* framträder som den skoningslöse samhällskritikern. Domitianus hade från unga år haft stort intresse för de sköna konsterna, och bl.a.

hade han i en dikt skildrat kriget mot judarna. Inte utan skäl hade han tagit konstens och konsternas gudinna Minerva till sin skyddsgud. Under denna tid tillkom även en del lärda verk på prosa, av vilka man främst bör nämna *Naturalis historia* av Plinius d.ä. (Gaius Plinius Secundus, 23-79), som omkom vid Vesuvius utbrott när han som kommendant för flottan i Misenum ville hjälpa människorna i de drabbade städerna och samtidigt på nära håll kunde studera det ovanliga vulkanfenomenet. *Naturalis historia* är ett monumentalverk som i 37 böcker behandlar naturens uppkomst, medicin, geografi och konstens historia. Materialet är samlat från ett stort antal verk och återgivet utan större kritisk urskillning. Trots detta ansågs det i slutet av antiken och under hela medeltiden som ett i högsta grad auktorativt arbete. Av större litterärt värde är Marcus Flavius *Quintilianus* (35-0. 95) arbete om undervisning i talekonst, *Institutio oratoria*, i 12 böcker. Quintilianus såg i Cicero en förebild för talaren och satte ett enkelt, naturligt språk före sin egen tids konstlade modestil.

UTRIKESPOLITIK

Domitianus fortsatte i det stora hela sin faders utrikespolitiska linje, om än med större aktivitet. Redan under Vespasianus sista år hade romarna under ledning av den energiske och framgångsrike Gnaeus Iulius *Agricola* utökat sina erövringar norrut i Britannien. När Agricola ville tränga ännu längre mot norr, hemkallades han av Domitianus eftersom det ansågs att romarnas militära resurser bättre behövdes i Rhen- och Donauområdena. Irland erövrades aldrig och de romerska fynden där är ytterst sparsamma. Domitianus mål var att stärka gränsförsvaret och för den skull byggde han den första fästningsvallen, *limes*, från Taunusberget ända till Main. Landet längs Rhengränsen romaniserades efter hand och fick stor betydelse för handeln österut till Castra Regina (nuv. Regensburg) vid Donau och vidare på denna flod till Svarta Havet. Donaugränsen var den längsta och mest sårbara. Norr om nedre Donau hade ett starkt rike Dacien (ungefär nuvarande Rumänien) bildats under Decebalus. Denne gick över floden och tillfogade romarna ett svårt nederlag. Till slut kunde dock Domitianus besegra dacerna år 88 och göra deras rike till en romersk vasallstat. För att säkra Donaugränsen byggdes en dubbel limes och befästa städer anlades i Pannonien, medan Moésien uppdelades i två provinser som också befästes. Som ett ytterligare skydd mot folken i norr skapade Domitianus en flotta med den dubbla uppgiften att skydda Donau från anfall samt patrullera i Svarta havet för att hålla Bosporen öppen för den viktiga sädestillförseln från Sydryssland till härarna vid Donau och i de östra provinserna.

I öster var förhållandena jämförelsevis lugna under flavisk tid. Både Vespasianus och Domitianus var intresserade av att förbättra förbindelserna mellan Rom och Östern. Mindre provinser slogs samman till större enheter och framför allt anlades vägar, som blev av stor betydelse för handeln och för de krig som skulle följa under Trajanus.

DOMITIANUS SISTA ÅR

Med åren blev blev Domitianus ytterst misstänksam och bitter mot alla, även mot sina närmaste. Hans spioner fanns nästan överallt. År 89 lät han utvisa astrologer och filosofer från Rom. Några år senare riktades hans angrepp mot alla stoiker, och år 95 förvisades enligt ett senatsbeslut samtliga filosofer från Italien. Sin tillit satte kejsaren till folkmassan och soldaterna. Han ville försäkra sig om soldaternas lojalitet genom att höja deras sold från 1 500 till 2 000 sestertier. De sista månaderna av hans regering blev emellertid en veritabel skräcktid. Till slut bildades en sammansvärjning, i vilken båda pretorianprefekterna deltog och även Domitianus gemål Longina var invigd. En frigiven slav stack ned honom i hans sovrum år 96.

Nerva 96–98

Efter mordet på Domitianus utsågs den sextioårige senatorn Marcus Cocceius *Nerva* till kejsare. För första gången i principatets historia var det senaten som utropade denne till *princeps*, utan att pretorian- eller legionstrupperna dessförinnan hade agerat. Nerva hade varken uppträtt som en betydande talare eller framstående militär. Han hade varit konsul både under Vespasianus, år 71, och Domitianus, år 90, utan att efter denna värdighet ha blivit ståthållare i någon provins. Han var därför okänd för soldaterna. Men både pretoriangardets soldater, vars chefer aktivt deltagit i mordet på Domitianus, och legionssoldaterna lugnades för tillfället med gåvor och löften om fler sådana. Senaten betraktade Nerva som en lämplig *princeps*, som till senaten återlämnade en del av dess förlorade befogenheter och som lovade att inte avrätta någon senator. Han återkallade politiska flyktingar och landsförvisade filosofer. Judarna befriade han från skatten *fiscus Iudaicus* till Jupiter Capitolinus i Rom, och han utvidgade befrielsen från den femprocentiga arvsskatten. Genom krediter ville han hjälpa bönderna i deras ekonomiska kris till följd av Galliens och Spaniens konkurrens med Italien inom både jordbruk och industri. Redan Domitianus hade konfronterats med denna jordbrukskris och för att stabilisera priserna hade han förbjudit nyodling av vingårdar och påbjudit förstöring av hälften av de redan existerande. År 97 använde Nerva den kejserliga *fiscus* som en lånebank åt bönderna, vilka skulle betala den för den tiden ganska låga räntan av fem procent till särskilda lokala myndigheter, som skulle sörja för friborna barns uppfostran. För underhållet av behövande barn bildades stiftelser som gratis delade ut säd, ett system som togs upp och utvidgades av de följande kejsarna.

Trots Nervas många goda och lyckliga åtgärder var pretoriansoldaterna missnöjda. De gjorde myteri och dödade åtskilliga av de som deltagit i mordet på Domitianus, vilken varit mycket populär bland dem. På sina vänners inrådan utnämnde Nerva, som själv var barnlös, legaten i Övre Germanien, Marcus Ulpius Trajanus till sin efterträdare. Denne fick titeln Caesar och *tribunicia potestas* samt *imperium proconsulare* och blev Nervas medregent hösten 97. Några månader senare dog Nerva i januari 98.

Trajanus 98–117

Marcus Ulpius Trajanus var född i Italica (nära Sevilla) i provinsen Baetica och blev därmed den förste kejsaren som var född utanför Italien. Men Spanien var sedan länge ett kärnland för riket och många av dess invånare var lika goda romare som de i Italien. Även hans fader hade haft flera de högsta ämbetena i riket. Trajanus hade tidigt utmärkt sig som en ytterst skicklig fältherre. Det är framförallt hans krigiska bedrifter som gjort hans regeringstid så välkänd för eftervärlden. Han var emellertid inte bara krigshjälten utan också den humane härskaren personifierad. Hans fältherretalang och framgångsrika krig får inte överskugga hans fredliga uppbyggnadsarbete och i all synnerhet hans storstilade byggnadsprojekt både i Rom, Italien och i provinserna. I Rom reparerades och utvidgades Circus Maximus, och Trajanus termeranläggning fick en normgivande lösning på termerarkitekturen, som levde vidare i Caracallas och Diocletianus jätteanläggningar.

Hans mest beundrade skapelse i Rom var hans torg, som den grekiske arkitekten Apollodoros från Damascus gjorde till det största och magnifikaste av Roms kejsartorg med kolonnader av marmor, basilika, bibliotek samt som kronan på verket den ännu välbevarade segerkolonnen med en spiralformad relief på mer än 200 m och omkring 2 500 bilder, som illustrerade kriget mot dacerna. Överst kröntes kolonnen med en staty av kejsaren och i postamentet förvarades urnan av guld med hans aska. I Ostia lät han bygga en ny hamn i stället för den som Claudius hade anlagt men som sandats igen liksom den av Claudius grävda kanalen från Tibern ut till havet. Hamnar anlades även i Terracina söder om Ostia, i Civitavecchia samt Ancona på ostkusten. Vägar reparerades och byggdes nya både i Italien och i provinserna och nya städer grundades.

Många provinser hade stora ekonomiska svårigheter. För att avhjälpa dessa sände kejsaren rådgivare eller inspektörer, av vilka vi känner en viss Maximus, som år 109 skickades till Grekland och som före sin avresa fick goda råd av Plinius d.y., vilken två år senare sändes till Bitynien. Genom Maximus brevväxling med kejsaren har vi kännedom om

DEL IV - KEJSARTIDEN

den omsorg Trajanus tog sig an provinsens bekymmer och vi kan följa de utmärkta men kortfattade råd, som kejsaren gav åt den villrådige ståthållaren.

Jordbrukskrisen från Nervas dagar fortsatte i Italien och människor utvandrade härifrån för att slå sig ned i provinserna. För att hejda denna utvandring införde Trajanus en lag, som förpliktade de nya senatorerna att placera en tredjedel av sin förmögenhet i jordegendomar i Italien. Småbrukarna, vilkas antal ständigt sjunkit under lång tid, understödde han med lån på samma villkor som Nerva hade infört (s. 232), liksom han fortsatte och även utvidgade utdelningen av säd till barn och ungdom med fattiga föräldrar.

UTRIKESPOLITIK

Men Trajanus är ändå mest känd som erövrare och han är den förste store erövraren efter Caesar. Han bröt mot Augustus försiktiga anvisning att behålla naturliga gränser för riket och återgick till republikens erövringspolitik. Avsikten med dessa erövringar var att skaffa riket guld och främja handeln med länderna i öster.

Krig mot Dacien

Sitt första angrepp riktade Trajanus mot Dacien. Vi känner inte själva anledningen till kriget. På försommaren 101 inledde kejsaren fientligheterna mot den daciske kungen Decebalus, som gjorde häftigt motstånd och orsakade romarna kännbara förluster. Följande år måste denne emellertid kapitulera och åter erkänna sig som romersk vasall, varvid de romerska erövringarna förenades med provinsen Övre Moesien. Trajanus återvände till Rom mot slutet av år 102, där han firade triumf över de besegrade dacerna och antog tillnamnet *Dacicus* (Dacienbesegraren).

Ännu var emellertid Dacien inte slutbesegrat. År 105 bröt Decebalus freden, anföll en stam som var lierad med Rom, krossade de romerska garnisonerna i Dacien och invaderade Moesien. För andra gången begav sig Trajanus till Donaufronten, nu med en här på tretton legioner och bröt ännu en gång ned det daciska motståndet varefter Decebalus begick självmord. Dacien blev en romersk provins. Trajanus genomförde en grundlig ommöblering av befolkningen. Många av invånarna släpades som fångar till Italien, där de såldes som slavar eller hamnade i gladiatorskasernerna.

Till Dacien strömmade nu folk från många håll, framför allt från Dalmatien, för att arbeta i gruvorna i det guld- och silverrika Dacien. Många köpmän från östern och Grekland lockades dit av landets rikedomar.

Arabien

År 106 hade den romerske legaten Aulus Cornelius Palma i Syrien skapat en romersk provins på Sinaihalvön med namnet Arabia. Härigenom kom romarna i besittning av en stor del av Sinaihalvön samt dessutom kontrollen över Akababukten och fick även en dominerande ställning vid Röda havet. Hela den östra världens handel mynnade ut i den Persiska viken i norr och Röda havet i söder. Huvudstad förblev det gamla Petra, som är känt för sina klippbyggnader med en egendomlig arkitektur. Liksom i andra erövrade områden byggde romarna även här vägar. Viktigast för handeln blev den stora vägen som förband Damaskus i norr med Ailana vid Akababukten, där romarna förlade en flottavdelning för att skydda handelsfartygen i öster.

Krigen mot partherna 113–117

Partherna, som ständigt varit en oroshärd för romarna alltsedan triumvirn Crassus död, hade under Trajanus krig med Dacien tagit kontakt med kung Decebalus.

Omkring år 110 fördrev parthernas härskare Armeniens kung Tiridates, som var Roms klient, och i hans ställe tillsattes en medlem av det parthiska kungahuset utan att man hade rådfrågat den romerske kejsaren. Romarna förlorade härigenom kontrollen över Armenien, vilket gav Trajanus anledning till krig. Hösten 113 lämnade han Rom för ett fälttåg österut. Följande vår kunde Armenien erövras utan större motstånd och organiseras som en romersk kejserlig provins. Trajanus fort-

235

satte sitt fälttåg genom övre Mesopotamien, varvid en del parthiska vasaller gav sig åt honom medan andra flydde, varför landet ansågs erövrat av romarna. I Rom präglades år 115 mynt som erinrade om denna erövring. Till sina tidigare äretitlar kunde Trajanus lägga titeln *Optimus*. Trajanus var emellertid inte nöjd med de redan gjorda erövringarna utan gick 115 över Tigris och riktade ett angrepp mot parthernas kärnområden och intog deras huvudstad Ktesifon, varvid perserkonungarnas gyllene tronstol föll i hans händer. Av områdena öster om Tigris bildade han provinsen *Assyria*. Romarna jublade och ansåg att de hårda och farliga partherna nu var fullständigt besegrade. Trajanus antog titeln *Parthicus* och fortsatte sin färd nedför Tigris. På två år hade han utvidgat det romerska imperiet ända fram till Persiska viken. Han kände sig som en Alexander den stores efterföljare, om än något för gammal att döma av ett yttrande som tillskrivs honom: "Om jag hade varit yngre, skulle jag ha tågat mot Indien". Någon marsch mot Indien skulle det inte ha blivit vid det tillfället även om han hade varit yngre. I Babylon nåddes han nämligen av meddelandet att revolter hade uppstått i Mesopotamien och att partherna hade angripit Armenien. Efter en del nederlag i början, då romarna var oförberedda på dessa resningar, kunde de till slut bemästra situationen på de flesta ställena. Södra Mesopotamien överlämnades emellertid till en parthisk adelsman, som övergått till romarna och som kröntes till kung av Parthien. På försommaren 117 lade Trajanus upp planerna för ett nytt fälttåg mot Mesopotamien. Tre års krig i östern hade försvagat hans hälsa och han insjuknade under förberedelserna. Han lämnade sitt huvudkvarter i Antiokia för att bege sig till Rom. På vägen dit förvärrades sjukdomen och han dog i Selinus vid Kilikiens sydvästkust den 9 augusti 117.

Judarnas resning

Erövringen av Jerusalem och förstöringen av dess tempel under Titus samt romarnas behandling av de överlevande judarna hade hos dessa väckt ett oerhört hat mot romarna. Men i lika hög grad också mot grekerna. Sedan lång tid tillbaka hade judar spritt sig över stora delar av den grekisktalande världen och till viss del anpassat sig efter grekerna. Grekiska var umgängesspråket och många judar kunde bara grekiska och läste sin heliga skrift i den grekiska översättningen Septuaginta. Bland grekerna hade judarna vunnit ganska många nya anhängare. Men judarna var trogna sin lära, sina riter och föreskrifter, som inte kunde förenas med icke-judiska religioner, vilket hade till följd att människor som tillhörde den judiska läran blev åtminstone delvis isolerade. Misstro och fiendskap uppstod mellan framför allt greker och judar.

Romarnas seger under Vespasianus och Titus betecknade judarna också som en seger för den grekisk-hedniska världen och deras hat vände sig främst mot grekerna och "hedendomen". År 115, när den romerska kejsaren var upptagen av krig i Mesopotamien, fjärran från de förnämsta judiska områdena i Egypten, Kyrene, Palestina och på Cypern, började judarna samtidigt på flera platser uppror med fruktansvärda massakrer på grekerna. På Cypern uppges 240 000 och i Afrika 220 000 personer ha dödats. Trots sammandragningen av trupper till Mesopotamien var romarna inte helt utan starka trupper i sina provinser i öster. I Egypten kunde de slå ned de judiska upproren och vidta hårda motåtgärder, och även på övriga platser återställdes ordningen något så när för en tid framåt.

TRAJANUS – "DEN GODE OCH STORE KEJSAREN"
Trajanus hade som kejsare fört ett ytterst aktivt liv. Som administratör hade han vidtagit reformer av bestående värde och framför allt hade hans väldiga byggnadsverksamhet kommit både huvudstaden och även hela riket till godo. Han hade erövrat det guld- och silverrika Dacien, som skall ha tillfört Rom inte mindre än fem miljoner pund guld och tio miljoner pund silver samt mer än en halv miljon krigsfångar. Genom erövringen av Arabien hade han underlättat för en ökad handel med östern. Och han hade flyttat Roms gränser i öster till Tigris och Persiska viken. För romarna framstod han som den store härskaren och senatinkens kejsare kom i fortsättningen att hälsas av senaten vid trontillträdet

med en önskan att den nye kejsaren måtte bli "lyckligare än Augustus och bättre än Trajanus" (*felicior Augusto, melior Traiano*).

Trots alla militära framgångar och lyckosamma erövringar innebar Trajanus regering emellertid inledningen till romarrikets sakta tillbakagång. Trots tillgången till guld- och silvergruvorna i Dacien var den romerska statskassan tom vid Trajanus bortgång och mängder av människor dignade under skatteskulder till staten. Han hade utvidgat riket utanför lättförsvarade, naturliga gränser. De nyerövrade områdena i öster var inte alls pacificerade utan skulle komma att kräva fortsatta enorma ansträngningar av romarna för att med militär styrka skapa lugna förhållanden i partherriket.

De goda kejsarna 117–180

Efter Trajanus inleds en tid i romarrikets historia som ofta har kallats "De goda kejsarnas" århundrade. Kejsaren blev humanist och filosof. Karakteristiskt för hans humanitet var de stora kejserliga stiftelserna för sämre lottade personer i samhället, i all synnerhet för fattiga och föräldralösa barn. Dessa stiftelser, *alimenta*, hade redan tillkommit under Nerva och fortsatt under Trajanus men utvidgades under denna tid. En utmärkt illustration till dessa stiftelser finns på en relief som påträffats på Roms Forum och som felaktigt går under Trajanus namn, *anaglypha Traiani*, men i själva verket är från Hadrianus regering. På reliefens ena del ser man en staty av den avlidne Trajanus hyllad som instiftare av *alimenta*, medan den andra delen av reliefen visar Hadrianus stående talande till det romerska folket. På en andra relief från samma monument visas ett annat bevis på kejsarens humanitet, nämligen efterskänkandet av femton års restskatter som tyngde det romerska folket.

Denna humanitet gentemot medborgarna kopplades till en fromhet, *pietas*, gentemot gudarna. Det är en fläkt av grekisk anda som genomsyrar kejsarna och även många av de rika och mäktiga inom samhället. Män som Plinius d.y. (under Trajanus) och Herodes Atticus (under Hadrianus) tävlade om att använda sina stora rikedomar till allmännyttiga insatser som bibliotek, Odeion, Stadion eller offentliga vattenledningar. Även i sina skrifter har de visat sig vara humanitetens förespråkare.

De nya idealen visade sig också i konsten och i modet. För första gången efter Alexander den store uppträdde kejsaren i långt skägg som ett uttryck för denna helt förändrade mentalitet. Det var en återgång till Platons Grekland, till det grekiska tänkesättet och Platons filosofi. Härskaren skulle vara filosof och filosofen härskare, varför mildhet och inte härskardrag slår emot oss i porträtten av Hadrianus, Antoninus Pius och Marcus Aurelius samt Lucius Verus.

DEL IV – KEJSARTIDEN

Hadrianus 117–138

Ända tills han överraskades av sin sjukdom hade Trajanus, som var barnlös, undvikit att offentligt planera för en efterträdare. Först under sjukdomen i Selinus meddelades att han hade adopterat Publius Aelius Hadrianus och därmed utpekat honom som sin efterträdare. Det har ifrågasatts om en adoption verkligen har ägt rum, vilket dock är sannolikt eftersom Hadrianus hade starka förespråkare i Trajanus gemål Plotina och den ene pretorianprefekten. Liksom Trajanus härstammade Hadrianus från en ansedd familj i Italica i södra Spanien, och var dessutom släkt med Trajanus. Redan tidigt hade han grundlagt en stor kärlek för Grekland och den grekiska kulturen. Han var en gåtfull och sammansatt person, rikt begåvad och med ett otroligt intresse för konst och litteratur. Han ägde goda kunskaper inom skilda ämnen som geometri, aritmetik, medicin och astronomi, var dessutom målare och bildhuggare, sångare och musiker och framför allt en originell arkitekt. Hans aptit på att lära känna alla områden inom det romerska väldet var enorm. Särskilt stort intresse hyste han för gångna tider och deras seder och historia. På sina många resor älskade han att uppsöka historiska platser. Samma smak för det förgångna visade han i språk och vid valet av litteratur: i språket var han arkaist och inom litteraturen satte han Cato framför Cicero och Ennius före Vergilius.

Trots alla dessa humanistiska intressen hade Hadrianus även tid att sörja för hären, där han var mest angelägen om att uppehålla en fast disciplin. Personligen inspekterade han förbanden över hela riket, vilket var en av de viktigaste anledningarna till hans resor som sträckte sig främst till gränsområden där hären var förlagd. Personligen deltog han i tröttande marscher som han själv gav order om; klädd som en enkel soldat marscherade han tillsammans med sina soldater och bar själv sin ränsel. Ingen romersk kejsare har haft en mer hängiven och disciplinerad armé.

Hadrianus var en djupt religiös människa, som i likhet med många andra romare inte fann någon tröst i den romerska statsreligionen. Han drogs mer till den grekiska religionen och lät bl.a. inviga sig i de eleusinska mysterierna, som fortfarande vid denna tid spelade en viktig roll inte bara för religionen utan även för filosofiskt tänkande. För astrologin hyste han stort intresse och stor respekt. Den gudastyrda kosmos och främst Solen intog en framträdande plats i Hadrianus religiositet. Två gånger besteg han berg för att beundra soluppgången: en gång på vulkanen Etna och den andra gången på Mons Casius i Syrien. Bergsbestigningarna var inte bara bevis på hans solkult, utan i lika hög grad på hans känsla för och kärlek till naturen.

UTRIKESPOLITIK

Senatens utropande av Hadrianus till kejsare hälsades inte med glädje av alla. Fyra ansedda generaler och konkurrenter om kejsarmakten bildade en sammansvärjning som avslöjades. De skyldiga dömdes till döden av senaten och avrättades innan Hadrianus hade återvänt till Italien. Hadrianus hade en lång tids militärtjänst bakom sig och kände väl till ett krigs kostnader. Han var övertygad om att Trajanus erövringskrig i själva verket inneburit en kraftig åderlåtning av rikets resurser, trots de stora erövringarna. Hadrianus släppte därför allt land öster om Eufrat och Tigris, och Armenien blev åter igen en vasallstat. Med partherna slöt han fred i och med att han avstod från alla anspråk på Assyrien och Mesopotamien. Hans mål var fred, som inte skulle vinnas genom krig utan genom diplomati, samt en effektiv här och ett starkt gränsförsvar. Han hade även haft planer på att uppge Dacien men avråtts av sina vänner, som framhållit faran av att prisge ett land där så många romerska medborgare slagit sig ned och som hade vital betydelse för rikets ekonomi. Dacien delades upp i två provinser, Övre och Nedre Dacien. Ett led i uppbyggnaden av ett starkt gränsförsvar, som Hadrianus ansåg vara nyckeln till rikets räddning, var utbyggnaden av ett system med vänskapligt sinnade vasallstater både vid Eufrat i öster samt längs Rhen och Donau. Dessa vasallstater var nära förbundna med romerska riket. Den romerske kejsaren hade stort inflytande över deras härskare som han kunde avsätta om de inte fullgjorde sina förpliktelser mot romarna.

Hären

För att kunna möta eventuella anfall krävdes en effektiv här, som skulle vara organiserad för ett defensivt försvar och inte för erövringskrig. Men rikets försvagade ekonomi tillät inte en utökning av hären för att kunna bevaka de långt utdragna gränserna. Den befintliga härens slagkraft måste i stället ökas genom en hård exercis och disciplin samt genom omorganisatoriska reformer. En sådan reform var upphävandet av den gamla skillnaden mellan legionerna och hjälptrupperna, *auxilia*.

Tidigare hade endast romerska medborgare kunnat tjänstgöra i legionerna, medan icke-romare utskrivits till *auxilia* och först efter avslutad militärtjänst blivit romerska medborgare. Hädanefter kunde såväl romerska medborgare som icke-romare utskrivas till båda slagen av vapentjänst. De flesta soldaterna skrevs ut på de platser där de skulle tjänstgöra, många var söner till soldater. Soldatyrket började bli ärftligt. För att förstärka hjälptrupperna som låg förlagda i permanenta fästningar längs gränserna, införde Hadrianus en ny typ soldater som kallades *numeri*, små lättrörliga avdelningar med infanteri och kavalleri, som bestod av barbarstammar och trupper från vasallfurstar. Trots att dessa *numeri* oftast kommenderades av romerskt befäl, fick de behålla sitt modersmål, sina vapen och stridsmetoder. Införandet av dessa *numeri* samt rekryteringen av soldaterna från tjänstgöringsområdena medförde en minskning av härens romaniserande betydelse i gränsprovinserna. Soldaternas arbetsdag upptogs inte bara av exercis utan i hög grad också av fredligt uppbyggnadsarbete, bygga hus och fästningar, tillverka tegel och annat byggnadsmaterial. Hadrianus reformer inom hären blev normgivande för de närmast följande århundradena. Den stora felbedömningen var att koncentrationen av trupper till gränserna samtidigt försvagade rikets inre försvar.

Drömmen om fred kunde enligt Hadrianus förverkligas om gränsförsvaret var tillräckligt starkt, en tro och uppfattning som många politiker efter honom har hyst ända in i vår egen tid. Gränserna skulle förstärkas med fästningsvallar. Riket kom att omges av murar och gränsvallar. I norra England uppfördes en *limes* tvärs genom landet från väster till öster, *valium Hadriani*, en 5–6 meter hög stenmur med befästa läger och vakttorn. På liknande sätt stärktes gränserna vid Rhen, Donau, i Syrien samt framför allt i Afrika.

Judiska upproret 132–135

Trots sin defensiva politik tvingades Hadrianus genom sin egen oförsiktighet in i krig. På ruinerna av det förstörda Jerusalem beslöt han att grunda en koloni med namnet *Aelia Capitolina* och på platsen för den gamla, nedbrända judiska helgedomen uppförde han ett tempel åt Jupiter Capitolinus. Detta återuppväckte judarnas hat mot romarna. Under ledning av en berömd gerillaledare, Bar Kochba – som man nu vet mer om tack vare fynd som gjorts i Juda öken – gjorde judarna uppror och tillintetgjorde en romersk legion. Upproret slutade med att Jerusalem jämnades med marken och landet ödelades. Tusentals judar togs tillfånga. Judarna som själva tidigare hade dödsstraff för de icke-judar som gick in i de inre delarna av templet, blev nu vid dödsstraff förbjudna att själva ens beträda sin heliga stad, det nya *Aelia Capitolina*.

Hadrianus resor

Hären, gränserna och provinserna var för Hadrianus hörnpelarna i det romerska riket. Att lära känna och inspektera dessa var en viktig anledning till hans många och vidsträckta resor. Ingen kejsare har tillbringat så stor del av sin regeringstid på resor som han: av sina 21 regeringsår tillbragte han ungefär hälften på resor. Den första långa resan, 121–125, förde honom först till Gallien, därifrån till Rhengränsen, där han fullbordade den av Domitianus och Trajanus påbörjade *limes*. I Britannien inspekterade han planerna på sin ovan omtalade mur som skulle skydda gränsen i norr. Över Gallien och Spanien begav han sig till Mauretanien (nuv. Marocko), där han fick meddelandet att partherna förberedde krig, varför han lämnade Afrika och begav sig till Orienten. Kriget kunde avvärjas, men han stannade kvar i östern ytterligare två år, varunder han besökte provinserna vid nedre Donau-Trakien, Moesien och Dacien samt stannade en vinter i Athen. Nästa långresa, som sträckte sig över fler än fem år (128–132 eller 133) förde honom tillbaka till östern, närmast till Athen. Under sina resor var han ständigt verksam. Genom hans försorg växte en helt ny stadsdel upp i Athen vid sidan av Teseus gamla stad, *Hadrianopolis*, med ett stort tempel åt den olympiske Zeus, Olympieion, ett tempel åt Hera, bibliotek och gymnasium. Hans kärlek till den grekiska kulturen var äkta. Personligen lärde han känna nästan samtliga grekiska landskap. Otaliga grekiska inskrifter vittnar om grekernas tacksamhet mot deras välgörare. Under sina senare år lät han uppföra *Athenaeum* med lärostolar i grekisk grammatik och litteratur i Rom efter mönster av *Museion* i Alexandria.

INRIKESPOLITIK

En av Hadrianus första åtgärder som *princeps* var att efterskänka omkring 900 000 000 sestertier i restskatter åt de krigströtta och skattetyngda medborgarna. Den ständigt växande administrationen ökade oupphörligt statens utgifter. Trots sina många resor hann Hadrianus genomföra många viktiga reformer inom många grenar av förvaltningen, reformer som fick avgörande betydelse för rikets styrelse under kommande århundrade.

Redan de första kejsarna hade omgett sig med en krets av rådgivare. Hadrianus byggde ut detta system till en fastare organisation, *consilium principis*, som regelbundet höll sammanträden och vars medlemmar till stor del bestod av jurister med en fast lön. I stället för frigivna som Claudius hade satt i spetsen för de av honom inrättade departementen (s. 207), engagerade Hadrianus riddare. Dessa trädde för övrigt in i alla förvaltningsgrenar, även på sådana poster som tidigare beklätts av senatorer. Allt efter rang och värdighet fick dessa riddare (indelade i klasser) lön och titel: de högsta ämbetsmännen med en lön på 300 000 sestertier, följande klass med 200 000, därefter 100 000 och de lägsta 60 000 sestertier. *Vir eminentissimus* var den högsta titeln som bara gavs till pretorianprefekterna. Under Marcus Aurelius tillkom titeln *vir perfectissimus* och som den lägsta riddartiteln *vir egregius*. I tredje århundradet användes denna senare om samtliga kejserliga *procuratores*, medan *vir perfectissimus* reserverades för högre prefekter utom pretorianprefekterna. Titeln *vir clarissimus* var fortfarande förbehållen senatorerna. Augustus hade gjort tjänst i det militära som en introduktion till den civila karriären, ett system som dittills hade bibehållits men som visade sig vara otillräckligt för den växande byråkratin. Den militära karriären bibehölls, men vid sidan av den öppnades en rent civil karriär för vilken det krävdes juridisk utbildning. För högre poster inom förvaltningen krävdes grundlig kännedom om den romerska rätten varför det blev en gyllene tid för juristerna i staten. Den ene pretorianprefekten var efter denna tid nästan alltid jurist, som vid kejsarens frånvaro presiderade i *consilium principis*. Hadrianus gav en av sina mest framstående rättslärda, Salvius Iulianus, i uppdrag att samla tidigare pretorers kungörelser (s. 257) till ett permanent sådant *(edictum perpetuum)*, som skulle vara bindande för kommande pretorer. För att minska antalet domstolsärenden för pretorn i Rom, delade Hadrianus in Italien i fyra domstolsområden under ledning av en f.d. konsul, *iuridicus consularis*, vilket visserligen blev av kort varaktighet men som var ett försök, som senare återupptogs av Diokletianus.

Byggnadsverksamhet

Som ovan nämnts var Hadrianus en djärv och intresserad arkitekt, som själv var högste byggherre för en del av sina projekt i Rom och i provinserna. Av de förra kan nämnas Roms största tempel, Venus och Romas tempel, till vilket han själv gjorde ritningarna. Pantheon, som uppförts av Agrippa men som skadats vid branden år 80, lät han återuppföra nästan helt från grunden. Det är idag den bäst bevarade av de antika byggnaderna, den ändrades till en kristen kyrka 609 och är sedan förra århundradet ett nationalmonument, en av kejsartidens mest glänsande skapelser. På andra sidan Tibern reser sig fortfarande Hadrianus fästningslika mausoleum, som den redan sjuklige kejsaren lät uppföra under sina sista år. Det mest imponerande byggnadskomplexet som Hadrianus lät bygga var emellertid hans villaanläggning vid Tibur (nuv.

DEL IV - KEJSARTIDEN

Tivoli). Där ville han på ett jämförelsevis begränsat område förena det vackraste han sett under sina långa resor: palats, bibliotek, bad, fontäner, parker, kolonnader, allt förenades här på ett något osymmetriskt och bisarrt sätt. Det tog sexton år att uppföra detta villakomplex. I denna villa tillbragte han sina sista år, efter att han år 135 återvänt till Italien från kriget mot judarna. Därefter lämnade han inte Rom.

Successionen säkras

Samma år insjuknade han i en svår och obotlig sjukdom som tvingade honom att utse sin efterträdare, eftersom han själv inte hade några barn som kunde övertaga makten. Hans val föll först på Lucius Ceionius Commodus, som adopterades under namn av Lucius Aelius och som genom titeln Caesar designerades till efterträdare (jfr s. 165). Men när denne dog den 1 januari 138, adopterade Hadrianus en rik senator, Arrius Antoninus, av romersk familj från Gallia Narbonensis, som fick namnet Titus Aelius Caesar Antoninus. Denne måste i sin tur adoptera den sjuttonårige Marcus Annius Venis (den blivande kejsar Marcus Aurelius) samt den sjuårige sonen till den avlidne Lucius Aelius Verus, vilken fick faderns adoptivnamn och som blev Marcus Aurelius medregent Lucius Verus. Efter att på så sätt ha sörjt för successionen, önskade Hadrianus att få dö i lugn och ro och befrias från sina plågor som fördystrade hans sista dagar. Både läkare och slav vägrade dock att lyda hans böner att förkorta hans liv. Han dog i Baiae den 10 juli år 138.

Antoninus Pius 138–161

Vid Hadrianus död övertog Titus Aurelius Antoninus ensam makten över romerska riket. Hans familj härstammade från Nemausus (nuv. Nîmes) i Gallia Narbonensis men han var född och uppfostrad i Lanuvium i Latium. Hans familj ägde åtskilliga gods i Italien och flera tegelfabriker i Roms närhet. Helst bodde han på sitt gods i Lorium nära Rom, fjärran från huvudstadens palats, eller i sin företrädares villa i Tivoli. Sitt tillnamn Pius (den fromme) fick han genom att vid övertagandet av makten, mot senatens vilja, genomdriva att hans företrädare förklarades för *divus*. Som motprestation gick han med på senatens krav att upphäva indelningen av Italien i fyra domstolsområden, ett system som väckt senatorernas höga missnöje. Han benådade också fyra senatorer som Hadrianus under sina sista dagar hade dömt till döden. Hadrianus reformer och grekisk-vänliga inställning hade misshagat en stor del av senaten. Liksom företrädaren var Antoninus en human härskare som önskade hjälpa de fattiga. Ett led i denna strävan var införandet av allmän arbetsplikt, vilket han enligt en antik källa skall ha infört. Alla skulle hjälpa till att bära statens bördor, som blev lättare om de delades av alla.

Antoninus Pius önskade vara en kejsare med många vänner och få fiender och ville vara en fredshärskare i ordets verkliga betydelse. Hans tjugotre regeringsår tillhör också de lugna i Roms historia, i varje fall när det gäller Rom och Italien. Men helt förskonad från krig var inte hans regering. Tvärtom vittnar mynten om att efter år 145 så var det ständigt krig på åtminstone någon plats i den romerska världens utkanter. Det började med krig i Mauretanien åren 145–152, sedan följde oroligheter i Judéen, Grekland och Egypten. I Britannien visade det sig att Hadriani mur var för lång att försvara effektivt, varför Antoninus förkortade gränsen genom erövring av landet norr om *valium Hadriani* till endast hälften så lång som denna. Den nya muren måste emellertid överges redan under efterträdaren Marcus Aurelius.

Utanför rikets gränser fick den fredsälskande Antoninus Pius stort anseende. Härskare i öster sökte hans råd och sändebud kom till honom ända från Indien. Däremot förmådde han inte höja eller ens bibehålla romerska rikets makt och anseende. Hans intresse var främst att skapa ordning i rikets dåliga ekonomi, och tack vare fred och sparsamhet i förvaltningen kunde han efterlämna 2,7 miljarder sestertier i statskassan, den största behållning som funnits i kassan sedan Tiberius dagar.

Redan år 146 tillerkände senaten *tribunicia potestas* och *imperium proconsulare* åt den äldste adoptivsonen Marcus Annius Verus, som då

blev medregent åt Antoninus Pius. När denne dog i mars år 161, blev
Marcus Annius Verus ensam *princeps*. Utan något motstånd förklarades
den avlidne Antoninus för *divus* och till hans minne restes en kolonn på
Marsfältet, av vilken sockeln ännu är kvar med reliefer som visar hans
upptagande bland gudarna.

Marcus Aurelius 161–180 och Lucius Verus 161–169

Som regent antog den nye *princeps* namnet Imperator Caesar Marcus
Aurelius Antoninus Augustus. Hans släkt var ursprungligen från Spanien men hade sedan generationer tillbaka tillhört den förnämsta senatorsaristokratin i Rom. Han hade aldrig undervisats i offentlig skola
utan fått privat undervisning av flera utmärkta lärare av vilka Cornelius
Fronto, en berömd advokat och vältalare från Afrika, var den lärare som
betytt mest för honom. Undervisningen var ytterst allsidig: konst, poesi, filosofi, matematik, musik, dans, målning och även sport; han var en
entusiastisk boxare, fäktare och bollspelare. Särskilt väl bevandrad var
han emellertid i den stoiska filosofin, som ville lära människorna inre
sinnesro, lära dem konsten att inte låta yttre omständigheter påverka
själens lugn. En sådan oberördhet ser man hos Marcus Aurelius i den
välkända ryttarstatyn av honom på Capitolium som kan beundras än
idag, på vilken han fullständigt lugn och avspänd styr sin häst med lätt
hand. Hans stora kunskaper i den stoiska filosofin gav utmärkta förutsättningar för romerska rikets härskare och ersatte mer än väl det som
saknades i hans utbildning, nämligen praktisk erfarenhet som härförare
och administratör. Sina filosofiska tankar "Självbetraktelser" eller "Till
sig själv" skrev han under sömnlösa nätter i slutet av sitt liv när han deltog i kriget mot marcomannerna. Många av dessa tankar överensstämde med kristendomens principer. Men han hade inte mycket tillit till
de kristna, vilka han betraktade som farliga individer för staten. Deras
envisa vägran att lyda ämbetsmännens order att offra åt den romerska
statens gudar och kejsarens genius ansåg han som ren protest mot kejsarens ansträngning att återuppväcka den gamla kulturen och religio-

DE GODA KEJSARNA 117-180

nen. Av den anledningen tillät han förföljelse av de kristna, mot vilka han sannerligen inte uppträdde som en humanitetens milde fanbärare. Svårast var förföljelserna i Gallien, men sådana förekom även på många andra platser.

Marcus Aurelius utsåg sin adoptivbroder Lucius Verus till medregent och Augustus, som skulle vara likställd med honom själv utom i det att Marcus Aurelius ensam var *pontifex maximus*. Någon lycklig regeringstid blev det inte för Marcus Aurelius. Redan från första början hopade sig olyckor: svår översvämning av Tibern, jordbävning i staden Cyzicus, hungersnöd och revolter på flera ställen. Det är en ödets ironi att denne filosof på tronen tvingades föra krig under nästan hela sin regering. Av hans nitton kejsarår upptogs inte mindre än sjutton av fälttåg i öster mot partherna och i norr mot germanerna.

Krig mot partherna 161–166

Strax efter det att Marcus Aurelius hade blivit kejsare invaderade parthernas kung Armenien och besegrade den romerska här, som under ledning av den romerske legaten i Kappadokien skulle möta dem. Tillsammans med armenier och några romerska vasaller, som hade gått över till partherna, ryckte dessa in i Syrien där de vann en seger över den romerska garnisonen. Som överbefälhavare för de romerska härarna i öster sändes Lucius Verus, vilken till sitt förfogande hade skickliga härförare, främst syriern Avidius Cassius. Det var huvudsakligen dennes förtjänst att kriget avlöpte med romarnas seger. År 164–65 tågade Cassius in i Mesopotamien och intog både Seleukia och parthernas huvudstad Ktesifon som förstördes. Han kunde inte utnyttja segern eftersom pest bröt ut i hären som därför tvingades återvända till Syrien. Härifrån spreds nu pesten till hela romerska riket över Grekland och Donauområdena vidare till Italien och Rom där kampagnan utanför huvudstaden såg ut som ett gravfält. Pesten krävde fler offer än krigen. På grund av denna pest slöt Marcus Aurelius år 166 fred med partherna på villkor att Armenien liksom västra Mesopotamien skulle bli romerska vasallstater.

Krig vid Donaufronten 166–175

Redan innan förhållandena i öster hade fått en tillfredsställande lösning, uppstod i norr vid Donaufronten en ännu större fara. Germanska stammar under samlingsnamnet goter hade satt sig i rörelse från nedre Weichsel genom Polen till Svarta havet, och trängde ner mot Donau där de krävde att få tas upp i det romerska väldet. De farligaste av dessa invaderande folk var quader och marcomanner, de senare gav namn åt det krig som följde, marcomannerkrigen. De kom ner över Alperna och belägrade den viktiga handelsstaden Aquileia i norra Italien. Rom och Italien drabbades därmed av det dubbla hotet från dels pesten och dels germanerna. Kriget mot partherna hade tömt statskassan. För att skaffa pengar till detta nya krig utan att tvingas skriva ut extra skatter lät Marcus Aurelius sälja bl.a. kejserligt husgeråd på auktion. Och för att fylla luckorna i hären, som kraftigt decimerats genom pesten och kommendering till partherkriget, lät han värva slavar och gladiatorer. Både Marcus Aurelius och Lucius Verus begav sig till krigsfronten i norra Italien, befriade snart Aquileia från belägringen och trängde germanerna mot norr över Donaugränserna. Båda kejsarna avsåg att återvända till Rom, men på vägen dit dog Lucius Verus år 169 av ett slaganfall.

För Marcus Aurelius, som nu var ensam regent, hopade sig orosmolnen och bekymren ytterligare. Quader och marcomanner, som hade förenats med jazyger, var ännu obesegrade och än mer hotfulla. Partherkungen ryckte åter in i Armenien, oroligheter uppstod i övre Rhenområdet, i Spanien och ända nere i Africa samt Egypten. Men det kanske mest olycksbådande var ett nytt anfall av germaner som gått över Donau och trängde in i Balkan och vidare ner mot Grekland. Där plundrade de det berömda mysterietemplet i Eleusis vid Athen. Energisk och pliktuppfylld beslöt Marcus Aurelius att först besegra fienderna i norr, quader, marcomanner och jazyger, mot vilka han redan 169 var beredd att inleda sitt andra krig. Han besegrade i tur och ordning det ena folket efter det andra: först quaderna, därefter marcomannerna och sist, år 175, jazygerna. De besegrade folken tvingades att frige sina krigsfångar samt lämna en stor mängd boskap och dessutom göra krigstjänst åt

Rom. Händelserna i detta hårda och hänsynslösa krig är framställda på reliefbandet på Marcus Aureliuskolonnen i Rom. Dessa reliefer skildrar krigsåren 172–175 och visar, hur byar och städer gick upp i lågor och hur man dödade tillfångatagna soldater. Långt ifrån det förhärligandet av kriget och soldaternas tapperhet som man kan se i Trajanuskolonnens reliefer, har konstnärerna på Aureliuskolonnen i stället velat markera krigets vidrigheter. En berömd episod som är omtalad i litteraturen finns också framställd på reliefs: regnundret. När romarna var nära att dö av törst, räddades de genom ett överraskande oväder. Det förunnades emellertid inte Marcus Aurelius att slutgiltigt besegra dessa germanfolk. I stället tvingades han att bege sig till fronten i öster.

Avidius Cassius kejsare
Kriget mot partherna hade år 166 kunnat vinnas tack vare Avidius Cassius. Som belöning för sina tjänster hade denne av Marcus Aurelius fått *imperium maius* över romerska provinserna i öster. Vid ett falskt rykte att Marcus Aurelius hade dött, lät Cassius utropa sig till kejsare; Egypten och främre Asien anslöt sig till honom. Senaten förklarade Cassius för landets fiende. I hast ingick Marcus Aurelius fred med de ännu obesegrade quaderna och jazygerna och tågade österut. På vägen fick han meddelandet att Avidius Cassius hade mördats. För att förhindra andra resningar i öster fortsatte Marcus Aurelius marschen. Som det anstod en humanitetens härskare behandlade han Avidius Cassius familj och anhängare milt. Efter en kort resa till Egypten återvände han till Mindre Asien, där hans gemål Faustina d.y. avled, dotter till Antoninus Pius. För att hedra hennes minne upphöjde han den lilla plats där hon dog till koloni som han gav namnet Faustinopolis. Till Rom återkom han 176 och firade tillsammans med sin son Commodus en stor triumf. På Via Lata (nuv. Corson) restes en triumfbåge som stod kvar fram till år 1602. År 177 proklamerade han sin son Commodus som Augustus och medregent.

Marcomannerkriget 177–180

Quader och marcomanner hade fått en ganska billig fred när Marcus Aurelius tvingades lämna den fronten. Men de var inte nöjda. Oroligheter uppstod igen och kejsaren insåg att folken måste definitivt och grundligt besegras för att romarna skulle få en varaktig fred vid Donau. Provinserna måste erövras helt. År 178 drog han åter till Donauområdet och förde ett hårt och grymt krig mot quader och marcomanner, medan han uppträdde milt mot jazygerna, tillämpande romarnas gamla regel: *divide et impera*. Innan folken slutgiltigt krossats, rycktes Marcus Aurelius bort av pesten i Vindobona den 17 mars 180. Marcus Aurelius regeringstid var fylld av krig och han hade föga tid för den inre politiken och statens skötsel, till vilket han ändå inte saknade intresse. Med senaten försökte han alltid samarbeta. Även som kejsare var han naturligtvis mest angelägen om att främja filosofin och under ett besök i Athen inrättade han där fyra lärostolar i filosofi: Platons, Aristoteles, den stoiska och epikureiska filosofigrenarna.

Commodus 180–192

Alltsedan Flaviernas tid hade de romerska kejsarna varit barnlösa och överlämnat makten till adoptivsöner. Först Marcus Aurelius kunde överlämna den åt sin köttslige son. Men sällan har fader och son varit så olika varandra. Den plikttrogne och arbetsamme Marcus Aurelius efterträddes av en person som föga intresserade sig för statens skötsel och affärer. Förvaltningen råkade snart helt i oordning. År 189 skall det ha funnits inte mindre än 25 konsuler! Finanserna som varit dåliga under Marcus Aurelius på grund av de ständiga krigen försämrades ytterligare. Någon stark regent var förvisso inte Commodus, även om han ville identifiera sig med jätten bland gudar, Hercules, och lät avbilda sig som denne med klubban och lejonhuden. När en sammansvärjning mot hans liv upptäcktes, lät han sin vrede och misstänksamhet gå ut över senatorerna. Nu kom han att söka stöd hos pretoriansoldaterna som han ville vinna genom gåvor och förmåner. Många sammansvärjningar skall ha funnits mot honom, i vilka även hans närmaste lär ha deltagit. Men först år 192 blev en sammansvärjning framgångsrik. Den leddes av en pretorianprefekt, och även Commodus kristna älskarinna Marcia var invigd. Commodus blev strypt i badet på årets sista dag. Dagen innan hade han planerat att fira tillträdet av sitt eget konsulat efter att först ha låtit mörda de båda lagligt utsedda konsulerna.

DEL IV - KEJSARTIDEN

Återblick på utvecklingen under andra århundradet

Kejsar Trajanus död år 117 och Hadrianus bestigande av tronen utgjorde en viktig gränslinje i det romerska rikets historia – erövringskrigen slutade och långa, hårda försvarskrig vidtog. De "goda kejsarnas", som också kan kallas "adoptivkejsarnas", regeringstid innebar i mycket en fortsatt utveckling av de förhållanden som skapats under principatets första århundrade.

Kejsaren och senaten

Under hela andra århundradet var kejsaren fortfarande endast *princeps*, den främste, som i ord och handling var rikets förste tjänare. Allmänt aktad och som genom sin duglighet stärkte kejsarnas och kejsarmaktens anseende. Ingen (undantaget Commodus) hade genom födelsen blivit kejsare utan samtliga hade adopterats av sina företrädare och av dem designerats till *princeps*, varför både här och senat förlorat sin roll som kejsarmakare. Senaten var fortfarande bärare av den politiska och författningsrättsliga kontinuiteten. Visserligen varken avsatte eller tillsatte senaten kejsare, men formellt skulle den lämna sitt godkännande av den nye härskaren och till honom överlämna titlar och befogenheter. Fortfarande var det senaten som uttalade sin förkastelsedom, *damnatio memoriae*, över en förhatlig kejsare som undanröjts på ett eller annat sätt. Men senaten var inte längre någon härskande myndighet. Redan under första århundradet hade dess befogenheter beskurits väsentligt och under andra århundradet berövades senaten nästan all makt. Visserligen låg förvaltningen av de senatoriska provinserna i händerna på senatorer, men kejsarna såg till att de senatoriska ståthållarna inte blev någon maktfaktor inom riket. Senaten hade ingen möjlighet att motsätta sig kejsarens vilja eller beslut, utan den hade blivit en församling av notabiliteter mer än en beslutsmässig senat. Dess uppgifter var snarare av social än av politisk natur. Fortfarande krävdes en förmögenhet på minst en miljon sestertier för inträde i senaten, som alltjämt räknades som rikets förnämsta och mest glänsande församling vilken det var en ära att tillhöra.

I stället för senaten hade nu kejsaren blivit den allenarådande makten. Denna var från första början obegränsad. Formellt byggde den på *tribunicia potestas* och *imperium proconsulare maius*, men kejsarens maktbefogenheter var inte reglerade genom lag och dessa utökades nästan omärkligt under hela århundradet. Detsamma gäller den ära och de ärebetygelser som visades honom personligen. Var kejsaren än befann sig skulle råda en helig tystnad som övervakades av särskilda tjänstemän, de s.k. *silentiarii*. Redan under andra århundradet blev det sed att vanligt folk hälsade kejsaren med knäfall. Han betraktades inte som gud i Rom eller i Italien, men redan Augustus hade tillåtit att tempel i Mindre Asien helgades åt honom under hans livstid. Även annat som tillhörde kejsaren blev heligt, *sacer*, hans palats och framför allt hans sovgemak.

Kejsarens yttre makt blev obegränsad. Dels ökades hans personliga förmögenhet i hög takt genom arv, donationer, konfiskationer eller fördelaktiga inköp. Kejsaren blev en av de största godsägarna i riket med bl.a. stora *latifundier* i Africa. Dels inflöt skatter och andra statliga inkomster till kejsarens kassa, *fiscus*, som ersatt den gamla statskassan, *aerarium*. På så sätt fick kejsaren den ekonomiska kontrollen över den allt mer växande kejserliga förvaltningsapparaten.

Finansförvaltningen byggdes ut och överlämnades åt kejserliga ämbetsmän som fick hand om skatter och tullar. De förvaltade samtidigt även inkomsterna från kejsarens jordegendomar och gruvor. Ämbetsmännen var inte längre som under republiken oavlönade, utan samtliga ämbetsmän utanför Rom (även senatoriska) hade fast lön som varierade för riddarna efter dessas olika klasser (s. 244).

Skatterna var dels direkta *(tributa)* och dels indirekta *(vectigalia)*. Italien var fortfarande befriat från direkta skatter. Dessa bestod dels av en personskatt *(tributum capitis)*, som ansågs vara ett bevis för underkastelse under romarna och som därför inte kunde utkrävas av romerska medborgare. Dels var det en jordskatt *(tributum soli)*, som innefattade även inventarier, hus och redskap samt djur och slavar och därför i realiteten var en förmögenhetsskatt. De indirekta skatterna var huvudsakligen tullar, en femprocentig skatt på värdet av frigivna slavar samt den likaledes femprocentiga arvsskatten som drabbade endast romerska medborgare. Den största skatteintäkten kom från provinserna. Under republiken hade skatterna där drivits in av privata bolag, som garanterade staten en viss summa men som sedan drev in mycket mer skatt av provinsborna för egen räkning. Detta system hade ersatts med att prokonsuln och hans ämbetsmän skötte både skatteindrivningen och taxeringen i de senatoriska provinserna, medan kejserliga prokuratorer hade hand om detta i de kejserliga provinserna. För en rättvis beskattning krävdes en stor organisation vid taxeringen. Varje skattskyldig skulle deklarera sin förmögenhet och skatteväsendets ämbetsmän granskade sedan de detaljerade uppgifterna. För t.ex. en jordbrukare innebar detta att han skulle deklarera sin odlingsareal, antalet vinstockar och olivträd, arealen på ängar och skogar, fiskevatten, vidare antalet slavar, deras ålder och nationalitet samt speciella yrkeskunnighet.

Riddarna

I och med att staten själv tog hand om skatteindrivningen hade således riddarna förlorat sitt privilegium från republiken att som privatpersoner driva in skatterna i provinserna. Riddarna blev nu det egentliga ämbetsmannaståndet, som alltmer kom in i alla förvaltningsgrenar och så småningom till och med trängde ut senatorerna.

De viktigaste ämbetsmännen av riddarklass var prefekt *(praefectus)* och prokurator *(procurator)*. Riddarna var uteslutna från högre militära befäl utom de två högsta kommandona, praetorsprefekten och prefekt över Egypten. Antalet kejserliga prokuratorer steg ständigt men ökningen var särskilt hög under och efter Hadrianus. Denne var den store reformatorn till riddarnas fördel. Med Hadrianus började den verkliga byråkratiseringen i det romerska riket. Hans reformer fick stor betydelse även för det kommande århundradet. I stället för frigivna, som av Claudius satts i spetsen för de av honom upprättade departementen, valde Hadrianus att utse riddare. Nästan överallt fick man specialicerade ämbetsmän varför ämbetsmannastaten växte fram under Hadrianus. De på s.244 omtalade titlarna och löneklasserna vittnar om byråkratiseringen, som var ganska väl utvecklad i slutet av andra århundradet

Före Hadrianus hade statliga ämbetsmän av både senators- och riddarklasserna genomgått en militär utbildning. Hadrianus befriade juristerna från plikten att göra krigstjänst och skapade därigenom en ny, rent civil karriär som blev likvärdig med den militära. Under Hadrianus och följande kejsare blomstrade den juridiska vetenskapen som aldrig tidigare i Rom. Salvius *Julianus* är redan nämnd (s. 245), vilken på Hadrianus uppdrag samlade tidigare pretorers edikt till ett stort verk (*edictum perpetuum*) som oförändrat utan ytterligare tillägg av pretorerna skulle vara bindande för all framtid. Andra kända jurister från denna tid är *Gaius*, en grek från Mindre Asien, som på latin skrev en ännu bevarad inledning till privaträtten, vidare Aemilius *Papinianus* från Syrien och Domitianus *Ulpianus*. Den senare bidrog med ungefär halva materialet till *Corpus iuris* (s. 61). Dessa jurister nådde höga poster inom förvaltningen. Papinianus blev pretorianprefekt under Septimius Severus, men avrättades av Caracalla därför att Papinianus vågat fördöma Caracallas mord på sin broder Geta. Juristerna var i allmänhet av grekisk härkomst och genom dem har den romerska lagen fått en fläkt av grekiskt tänkesätt och filosofi. Under Antoninus Pius fastslogs det att en anklagad skulle betraktas som oskyldig om man inte kunde bevisa hans skuld. Det mänskliga förnuftet och inte lagens bokstav skulle vara det viktigaste i rättsväsendet.

Provinserna

Under de två första århundradena var Rom naturligtvis fortfarande centrum för administrationen eftersom kejsaren hade sitt residens där.

DEL IV – KEJSARTIDEN

Rom fick huvudparten av de monument och byggnader som kejsarna uppförde, och Roms fattigare befolkning kunde glädja sig åt gratis utdelning av brödsäd. Rom och Italien var i mycket den mottagande parten, medan provinserna länge hade fått nöja sig med att vara de betalande. Under andra århundradet blev emellertid provinserna av allt större betydelse inom alla områden och romarrikets verkliga hörnpelare.

Antalet provinser ökades ständigt: i början av principatet fanns 13 provinser, vid Augustus död hade de stigit till 28 och under Hadrianus till 45. Nya provinser hade före Hadrianus bildats antingen genom erövringar eller genom delning av större provinser, vilket blev det enda sättet att öka antalet efter denne kejsare. Sådan delning genomfördes för att underlätta förvaltningen men även för att minska faran från alltför mäktiga ståthållare i alltför stora provinser. Den av Augustus genomförda indelningen i senatoriska och kejserliga provinser bibehölls, men gränserna mellan dem kom att suddas ut nästan helt och hållet eftersom kejsaren övertog allt större kontroll över även de senatoriska provinserna. Dessa, som fortfarande bestod av samma antal som år 27 f.Kr., styrdes av prokonsuler utsedda av senaten, vilka var och en biträddes av en kvestor och tre *legati*. Valet av dessa senare skulle godkännas av kejsaren, som dessutom själv utsåg ståthållarna i de kejserliga provinserna *legati Augusti*, och i mindre provinser *prokuratorer*. Redan Claudius och Vespasianus hade utsett personer från de västra provinserna, främst Gallien och Spanien, till ämbetsmän och även senatorer. Under Trajanus och följande kejsare tillsattes höga poster i de västra provinserna även med personer från de östra delarna av riket.

Varje provins hade sin nationella särprägel och det var i enlighet med romersk praxis att respektera de olika folkens språk, seder, religion och författning. Romarna skilde alltid på den centrala och den lokala förvaltningen. Varje provins omfattade många kommuner *(civitates)*, av vilka några var organiserade som städer, andra som bysamhällen. I sitt förhållande till Rom hade de under republiken och början av kejsartiden indelats i tre klasser, av vilka en del var skattebefriade. Denna förmån drogs så småningom in under kejsartiden. En strävan från både

ÅTERBLICK PÅ UTVECKLINGEN UNDER ANDRA ÅRHUNDRADET

Rom och provinserna var att förändra lantkommunerna till stadssamhällen och till kolonier med romersk eller latinsk rätt, varigenom invånarna befriades från personskatten (s. 255). Under andra århundradet hade det romerska riket sin största omfattning. Dess befolkning uppgick troligen till omkring 100 miljoner människor av olika folkslag och nationaliteter. Detta väldiga rike var delat i två delar med två huvudspråk, latin och grekiska.

Genom språken delades imperiet också i två hälfter, en västerländsk latinsk del och en grekisk-orientalisk del med grekiska språket som det dominerande. Alla lagar och påbud, som gällde denna del, översattes till grekiska varför Roms korrespondens med östern fördes på det grekiska språket.

Även den lokala förvaltningen var olika i de båda rikshalvorna. I den östra delen bibehölls den gamla stadstypen *(polis)* med en folkförsamling, ett råd *(boulé)* och årliga ämbetsmän. Folkförsamlingen hade under republiken rätt att föreslå lagar och att välja medlemmar i rådet samt ämbetsmän, som också kunde utses genom lott. Alltmer hade detta demokratiska sätt efterträtts av ett mer timokratiskt, i vilket förmögenheten var utslagsgivande för valbarhet. Under principatet förlorade folkförsamlingarna sin rätt att föreslå lagar, och rätten övertogs av ämbetsmännen. Rådet *(boulé)* kom att bestå av f. d. ämbetsmän, som liksom senatorerna i Rom behöll sina platser på livstid.

Städer och kommuner i den västra rikshalvan fick i allmänhet samma lokala administration som municipierna i Italien hade med ett råd *(curia* eller *ordo)* och årligen valda ämbetsmän samt en folkförsamling, som emellertid från Trajanus era endast formellt sammanträdde utan att ha någon betydelse. Ämbetsmännen var två *duoviri,* som hade hand om den lokala juridiska förvaltningen (vart femte år kallades de *quinquennales,* vilka då också skötte *census* i staden), två ediler, som hade vård om offentliga arbeten, ordningen på gator och torg samt handeln. Dessutom skulle edilerna se till att folket fick bröd till rimligt pris och skådespel av olika slag. Stadens ekonomi hanterades i regel av två kvestorer. Alla ämbetsmän valdes offentligt och intresset för kommunalpolitiken var under första århundradet ytterst livligt bland alla samhällsklasser, såsom man kan se av tusentals valaffischer på Pompejis husväggar. Man fick betala för äran att bli stadens ämbetsmän. Inte nog med att ämbetena var oavlönade hedersuppdrag; vid sitt val skulle varje ämbetsman dessutom betala en summa pengar till den lokala stadskassan, ett belopp som kunde variera mellan kommunerna. Under det andra århundradet bidrog de dessutom ofta med frivilliga medel till olika allmännyttiga ändamål. Att vara ämbetsman var med andra ord förenat med stora kostnader som endast de förmögna hade råd med. Politik i antikens städer var inte en sak för vanligt folk. Uteslutna från den lokala liksom den centrala förvaltningen var naturligtvis slavar, frigivna samt kvinnor.

Medlemmarna i stadens råd, som i flesta fall uppgick till 100, kallades *decuriones*, vilka i regel bestod av f.d. ämbetsmän. Dessa *decuriones* skulle övervaka ämbetsmännen och över huvud leda den kommunala förvaltningen.

Invånarna betalade inte direkt skatt utan städerna fick indirekta skatter från sina jordegendomar, hyra av försäljningsplatser på torg och andra offentliga platser (t.ex. sittplatser på teater eller amfiteater), samt tullar på varor som fördes in till städerna. Utgifterna gick huvudsakligen till offentliga byggnader, bad, teater och vattenledningar samt kostnader för skådespelen.

Den ljusa bilden av förhållandena i den kommunala förvaltningen under första århundradet mörknade väsentligt under det andra århundradet. Många kommuner råkade i ekonomiska svårigheter. De förmögna familjerna i kommunerna minskade i antal till stor del på grund av de växande statliga skatterna. Skötseln av den lokala ekonomin var ofta bristfällig och inkomsterna från jordbruk och industri sjönk, särskilt i Italien. De lokala ämbetena, som tidigare varit attraktiva hedersuppdrag, började i slutet av andra århundradet att sakna lämpliga kandidater. Under följande århundraden måste de ofta tvångstillsättas av decurionerna, som också själva inte sällan mer av tvång än av fri vilja kom in i rådet.

Collegia, corpora

Frigivna samt de lägre och fattigare klasserna hade inga möjligheter att aktivt ägna sig åt politiken vare sig i Rom, eller i Italiens kommuner eller i provinserna. De fann riklig ersättning i skrån, *collegia*. Dessa var föreningar av personer som ägnade sig åt samma yrke eller hantverk eller dyrkade samma gudar. Genom otaliga inskrifter från bl.a. Pompeji och Ostia känner vi ganska väl till dessa *collegia*. Deras organisation var uppbyggd precis enligt samma modell som förekom i den lokala förvaltningen. De hade sina *patroni* och tjänstemän, *magistri* eller *quinquennales*, och kvestorer. Menigheten av medlemmarna kallades *populus*. Dessa collegier var stödkassor och sällskapliga föreningar med huvudsaklig uppgift att tillvarataga medlemmarnas sociala intressen och att ombesörja deras begravning, även om det fanns särskilda *collegia* för detta speciella ändamål. De romerska *collegia*, som liknade dem i det hellenistiska Egypten, var inte alls jämförbara med våra dagars fackföreningar, eftersom de inte hade på sitt program att arbeta för höjda löner eller bättre arbetsförhållanden etc.

Ända sedan äldsta tid existerade yrkesföreningar i Rom, som ibland tagit del i politiken. År 64 f.Kr. förbjöds alla sådana föreningar i Rom på grund av att några politiska klubbar hade startat oroligheter. Endast sex år senare tilläts de igen för att sedan åter förbjudas av Julius Caesar, som endast tillät gamla och lagliga föreningar. Under Augustus reglerades föreningsväsendet genom lag. Nya *collegia* kunde bildas i Italien och provinserna bara efter tillåtelse av senaten eller kejsaren, vilket noga anges i inskrifterna genom ett tillägg "vilka har rätt att sammanträda enligt senatens beslut". När en eldsvåda utbrutit i Nikomedia i Bitynien under Plinius d.y.:s ståthållarskap, anhöll denne hos kejsar Trajanus om tillåtelse att sätta upp en brandkår som saknades i staden. Plinius föreslår att brandkåren inte skall omfatta fler än 150 personer. Han lovar att själv se till att ingen obehörig skall komma in i denna kår och att den inte skall användas för något annat ändamål. Eftersom medlemmarnas antal är så lågt skall det vara lätt att övervaka det hela, försäkrar Plinius. Men han fick blankt avslag från kejsaren som skriver: "Det är nog av behovet att upprätta en brandkår i Nikomedia, men vi må inte glömma, att detta slag av föreningar har stört lugnet i din provins och dess städer i synnerhet. Vilket namn vi än ger dem och för vilket ändamål som de än beviljas, kommer personer som sammanslutit sig att bli politiska oroshärdar."

Samme Trajanus tillät emellertid att det lägre folket i Rom, som inte deltog i politik, fick bilda föreningar *(collegia tenuiorum)* vilka huvudsakligen vårdade dödskulten och sörjde för en anständig begravning och begravningsplats åt sina medlemmar. Marcus Aurelius gav collegierna samma rättigheter som juridiska personer hade, med rätt att äga och frige slavar och mottaga donationer. Från denna tid gynnade nämligen kejsarna bildandet av *collegia*, eftersom de nu övergått från att ha varit fria och frivilliga föreningar för att tillvarata medlemmarnas intressen till att huvudsakligen tjäna staten. Samtidigt med att kommunernas självständighet och oberoende upphävdes, blev *collegia* tvångsföreningar vars medlemmar skulle utföra bestämda arbeten för staten. Medlemskap i *collegia* blev så småningom ärftligt. När den enskilde medborgaren inte längre – under det tredje århundradet – kunde bära de bördor som staten ålade dem, överflyttades pålagorna till *collegia*, som naturligtvis fick det svårare att fullgöra sina plikter. Tvångssamhället lade sin hand över den enskilde såväl som över korporationerna.

JORDBRUKET

Under de båda första århundradena e.Kr. var jordbruket i Italien ännu blomstrande och bedrevs ganska intensivt. Även om småbönder existerade i vissa distrikt, särskilt i Podalen och Mellanitalien, ägdes större delen av jorden av storgodsägare, som bedrev jordbruket i kapitalistisk anda ivrigt spejande efter vilken odling som för tillfället kunde ge största behållning. Under republiken då krigen hade försett romarna med stora skaror slavar till billigt pris hade det mesta arbetet utförts av slavar. Men jordbruket är säsongarbete som kräver mycket arbetskraft främst vid sådd och skörd, medan slavarna skulle sysselsättas hela året.

Dessas lott var oftast mycket hård. Med alltför stora samlingar av slavar på gårdarna fanns risk för uppror, som inte sällan också hade skett under republiken. Redan i slutet av republiken hade godsägarna därför delvis övergått till att anlita fri arbetskraft, de s.k. *coloni*. Dessa var ett mellanting mellan arrendatorer och fria arbetare. Deras ställning kunde närmast jämföras med forna tiders torpare i Sverige. De fick arrendera jord, som de inte kunde friköpa, men för vilken de skulle betala ett visst arrende. Dessutom skulle de utföra en del arbete när jordägaren eller dennes ställföreträdare så önskade och behövde dem. Under principatet blev *coloni* allt vanligare samtidigt som antalet slavar sjönk då romarna inte längre förde anfallskrig. Det sista krig som gav romarna något större tillskott av slavar var kriget mot dacerna (åren 101–106).

Jordbruket i Italien nådde sin höjdpunkt omkring 100 e.Kr., även om en nedgång märkts redan under Domitianus som ville skydda näringen genom lagar och förordnanden (s. 227). I början av andra århundradet skedde en emigration från Italien till kolonierna i provinserna, vilken Trajanus försökte hejda genom bestämmelsen att de som ville komma in i senaten måste investera en tredjedel av sitt kapital i Italiens jord. Marcus Aurelius behöll bestämmelsen men sänkte andelen till en fjärdedel av förmögenheten. Kejsarna började också gynna småbönderna genom lån till låg ränta. Man hade kommit till insikt om betydelsen av ett fungerande småbruk.

I stället för Italien trädde provinserna fram i främsta ledet som spannmålsproducerande länder. Gallien och de germanska provinserna fick en blomstringsperiod under de två första århundradena, då särskilt Gallien levererade säd, vin och boskap till de romerska härarna vid Rhen. I början av kejsartiden bibehöll man i Gallien den keltiska seden med isolerade gårdar omgivna av den tillhörande jorden. På de större gårdarna fanns även bostäder åt arbetarna och slavarna. Under romerskt inflytande blev stadslivet lockande för jordägaren, som flyttade till staden och helt lämnade skötseln av gården till förvaltare och arrendatorer. Liknande system med isolerade gårdar tillämpades i Britannien, där dock fria småbönder var vanligare än i Gallien.

I de nordafrikanska provinserna upplevde särskilt jordbruket en glansperiod under de två första århundradena e.Kr. Den södra delen av provinsen Africa (ungefär nuv. Tunisien) hade enorma olivplanteringar, vars oliver Italien inte kunde konkurrera med. Numidien och Mauretanien (nuv. Algeriet och Marocko) odlade också oliver men framför allt var de milsvida slätterna uppodlade till bördiga sädesfält, som jämte Egypten försåg Italiens befolkning med säd. I Africa övertogs jorden redan från Neros tid i mycket stor utsträckning av kejsarna, som blev de största och rikaste jordägarna i detta område.

Förvaltare *(procuratores)* arrenderade i regel ut jorden till arrendatorer *(conductores)*, som behöll en del av jorden under sin egen skötsel men överlämnade återstoden till *coloni*. Förvaltarna var ofta mäktiga och penningstarka personer, som skrev långtidskontrakt med ägarna och sedan i sin tur arrenderade ut småområden till *coloni*. Dessa uppmanades att göra nyodlingar på ledig mark när de inte utförde dagsverken eller brukade sin arrendegård. Hadrianus gav *coloni* äganderätten till sådana nyodlingar. På det sättet kom skogar, myrar och stäpper under odling. Tack vare dessa nyodlingar ökades åkerarealen väsentligt under andra århundradet, trots att jordbruket då upplevde en ganska svår kris på grund av låga priser och överproduktion av vissa produkter.

Landsbygdens befolkning fick ingen del av den välfärdspolitik som kejsarna och de rika bedrev. Inte heller offentliga byggnader som uppfördes i romerska riket under de "goda kejsarnas" tid kom landsbygden till del. Skillnaden mellan stad och landsbygd blev alltmer markant under denna epok. Böndernas liv var hårt och strävsamt. Hur de levde och om deras bostäder, har vi långt sämre kunskaper om än om förhållandena i städerna.

Livet i städerna

SMÅSTADEN

Arkeologiska utgrävningar har gett oss rikligt material för kunskap om förhållandena i såväl en romersk småstad som storstaden. Kejsarnas byggnadsintressen gynnade huvudsakligen Rom och en del andra storstäder, som hamnstaden Ostia, medan småstäderna själva och deras mecenater ansvarade för utvecklingen i dessa. Man försåg städerna med god tillgång till vatten genom stora vattenledningar, man ordnade med kloaker samt byggde för torghandeln, saluhallar, badhus, domstolslokaler och inte minst anläggningar för nöjeslivet, teatrar och amfiteatrar. Pompeji och Herculaneum, som förstördes år 79 e.Kr. och som till stora delar utomordentligt skickligt har grävts ut, kan tas som mönster för en antik småstad. De är typiska villastäder, Pompeji med en befolkning på omkring 20 000 och Herculaneum endast 5 000 invånare. Städerna var inte överbefolkade utan bostäderna kunde breda ut sig horisontellt. Man har inte haft behov av att bygga hyreskaserner i flera våningar. Pompejihuset är en kombination av det etruskisk-italiska atriehuset och det grekiska "peristylhuset". Husen hade inga fönster mot gatan från vilken man genom en smal gång kom in i huvudrummet, *atrium*, som nästan alltid hade en öppning i taket för ljus och för regnvattnet som samlades upp i en bassäng i rummets mitt. Mitt framför ingången bakom atriet fanns ett ganska stort rum, *tablinum*, som med tiden blivit "herrummet", och på båda sidor om atrium fanns små rum. "Peristylhuset" grupperade sig kring en trädgård som var omgiven av en kolonnad. Trädgårdsplanteringar och fontäner gav ett lantligt intryck åt denna del av huset. Runt peristylen låg övriga rum, bl.a. matsal, *triclinium*. Väggarna var prydda med målningar som i flera fall var ytterst väl bevarade vid utgrävningarna, och golven var täckta med mosaiker i förnämligt lagda mönster, t.ex. Alexandermosaiken. Det förekommer att husens övre våning delvis byggts över trottoarerna, såsom man ännu kan se i flera moderna städer i Italien. Trottoarerna var tydligen husägarnas angelägenheter och var därför av mycket varierande kvalitet, från grustrottoarer till sådana av marmor. Däremot har staden anlagt gatorna som är ganska lika över hela staden, med stora flata stenar som översta lager. För bekväm övergång från den ena sidan av gatan till den andra fanns övergångsstenar, särskilt i gatukorsningarna, vilket var nödvändigt eftersom trottoarerna genomgående var höga. Gatubelysning fanns inte men gatorna var inte helt mörklagda på kvällarna. Man har påträffat lampor vid ingångarna till de många bodarna samt även i gathörnen.

I husen saknas oftast kök. Man har köpt mat i de talrika barer *(thermopolia)* och restauranger, som fanns i hela staden. Hittills har man påträffat fler än hundra sådana och ett tjugotal hotell (flest vid stadsportarna) i en stad med endast 20 000 invånare.

Invånarna i dessa städer dyrkade huvudsakligen de grekisk-romerska gudomligheterna och har uppfört tempel åt dem, Apollon, Jupiter etc. Men även främmande religioner har trängt in. Den egyptiska Isis var sjöfartens beskyddarinna och hade tydligen ganska många anhängare här. När hennes tempel förstördes vid jordbävningen år 62 e.Kr., byggdes det snart upp större och magnifikare än tidigare.

För lyx och nöjen var det väl sörjt. Man har påträffat tre varmbadhus, varav det senast byggda inte hann bli färdigt före stadens slutliga undergång. Vidare fanns en teater och en konsertsal samt en amfiteater för gladiatorspel, byggd omkring år 80 f.Kr., som är den äldsta fasta stenamfiteater vi känner till i Italien. Den kunde rymma omkring 15 000 åskådare, vilket var i överkant för en stad på endast 20 000 personer. Men amfiteatrarna var i regel byggda så stora för att de också skulle kunna ta emot publik från den omgivande landsbygden och närliggande städer. Vi vet genom inskrifter att amfiteatern i Pompeji besöktes av flera grannstäder. Invånarnas liv i helg och söcken känner vi ganska ingående tack vare de fler än 10 000 inskrifter som påträffats i Pompeji. De är av varierande slag, en del målade med röd eller svart färg på husväggarna i stora bokstäver så att man lätt kunde läsa dem. Detta slags inskrifter, som kallas med det italienska ordet *dipinti*, användes i annonser av olika slag. Andra av mera privat karaktär har ristats in i stuck eller tegel med något skarpt föremål, *graphium,* varför dessa kallas grafitti. I dessa inskrifter ser vi vilka författare som skolbarnen huvudsakligen sysslade med, när de på väg till skolan i arla morgonstund eller på väg hem från skolan på eftermiddagen har ristat in verser från olika författare som de tydligen haft i läxa. Vi kan läsa om uthyrning av hus och matsalar, om människornas vardagsliv eller om kejsarens besök i staden, men framför allt kan vi genom dessa inskrifter följa den politiska propagandan tack vare de otaliga valaffischerna.

Det offentliga livet var koncentrerat till stadens torg vid vars ena kortsida ämbetslokaler av olika slag låg. Torget var också samlingspunkten för stadens befolkning som efter arbetsdagens slut diskuterade "dagens händelser".

STORSTADEN

Det antika Rom har under århundradena förstörts genom främmande folks härjningar och inte minst de kristnas förstörelselusta mot allt som var hedniskt, samt genom senare tiders byggnation ovanpå det antika. Därigenom är det svårt att få en klar bild av livet i kejsartidens Rom. Lättare kan man lära känna storstadsmänniskornas levnadsförhållanden om man reser ut till hamnstaden Ostia, som under andra århundradet antagligen hade 60 000–75 000 invånare.

Under republiken, då staden var liten och invånarna få, bodde man även här i enfamiljshus av Pompejityp. Sedan Claudius anlagt sin hamn (s. 207) och staden började växa, blev tomterna dyra och man var tvungen att bygga på höjden. Man fick hyreskaserner i fyra-fem våningar. Husen, som uppförts av hård betong med en fasad av tegel eller små tuffbitar lagda i nätmönster, *opus reticulatum*, öppnade sig mot gatan med stora fönster och ingångar. Många hus har haft balkonger. Nästan alla hustyper förekommer i denna stad: förutom tidiga enfamiljshus i Pompejistil, som försvinner under Flavierna, och de höga hyreskasernerna, har man påträffat mer lyxbetonade hus med trädgårdar i "palatsens" mitt. Dessutom förekommer radhus för två familjer samt (från slutet av tredje århundradet) stora enfamiljshus som ersatt äldre hyreskaserner. När stadens storhetstid var förbi kunde man åter breda ut sig horisontellt. Det är lyxhus som nästan alltid är försedda med fontäner och magnifika mosaiker och ofta uppvärmningsanordningar i väggarna av samma slag som användes i varmbadhusen (centralvärme).

Liksom i alla antikens städer var det offentliga livet koncentrerat till stadens torg, som i Ostia var mycket mindre än i Pompeji. Antalet restauranger är också betydligt mindre än i småstaden Pompeji. I Ostia har hittills endast ett tiotal påträffats. Det förvånar att en hamnstad av Ostias storlek har haft så få hotell och restauranger. Förklaringen är att kejsarna var restriktiva med tillstånd för sådana inrättningar, eftersom de var rädda för att dessa skulle bli samlingslokal för politiska motståndare. Som kompensation för det ringa antalet restauranger hade invånarna i stället varmbadhusen, som man funnit nära tjugo stycken, medan Pompeji hade bara två användbara. Termerna var inte endast badhus utan där fanns även idrottsanläggningar, bibliotek och inte minst restauranger. Men baden stängdes vid solnedgången varför de inte kunde bli tillhåll för politiska oroshärdar på samma sätt som restaurangerna.

För nöjen har Ostia haft en teater, som är ganska väl restaurerad och där antika skådespel numera uppförs varje sommar. Både cirkus och amfiteater tycks ha saknats, vilka också var obehövliga på grund av närheten till huvudstaden.

I få städer har man påträffat så många tempel som i Ostia. Många grekisk-romerska gudomligheter har där haft sina tempel, men dessutom har hamn- och handelsstadens invånare dyrkat flera främmande österländska gudar. Magna Mater med Attis har sina tempel som använts in på 400-talet, Isis-Serapis har haft sitt tempel och man har påträffat nära ett tjugotal mitrea utplacerade lite varstans i staden. Under de stora grävningar som utfördes i Ostia under åren 1938–42 fann man också en kristen kyrka, som tydligen byggts in i ett gammalt badhus. På 1960-talet påträffade man intill Ostia en judisk synagoga, den bäst bevarade utanför Palestina.

Man har funnit ett ganska stort antal offentliga och privata inskrifter i Ostia. De privata är i allmänhet gravinskrifter från gravplatserna utanför stadens mur, utmed de stora huvudvägarna. För vår kunskap om invånarnas levnadsförhållanden kan emellertid inskrifterna i Ostia inte alls mäta sig med de intressanta, spontana grafitti i Pompeji.

Finanserna

INDUSTRI OCH HANTVERK

Staten och kejsarna ingrep allt mer i det privata och offentliga livet men i allmänhet lämnade de näringslivet i fred, med undantag för Roms sädesförsörjning samt råvaror till industrin. Under detta århundrade nådde det romerska riket sin ekonomiska höjdpunkt, vartill olika faktorer bidrog: fred hade åstadkommits i det inre av riket, överallt igångsattes stora offentliga arbeten av kejsarna och rika medborgare, provinserna förvaltades av ansvarsfulla ståthållare som ytterst noggrant övervakade publikanerna tills dessa helt och hållet eliminerades. Med undantag för Egypten exploaterades inte provinserna; allt fler av deras invånare blev romerska medborgare som därmed upplevde en större samhörighet med Rom.

En annan starkt bidragande faktor var myntets stabilitet som var närmast permanent under två hundra år från Augustus till Commodus. Myntenheten var *sestertius*, ett enkelt bronsmynt. De stora affärerna gjordes i silver, *denarius*, som var värd fyra sestertier. Augustus präglade även ett guldmynt, *aureus*, som var likvärdigt med 25 denarer eller 100 sestertier. Myntfoten blev därefter *aureus*, varför man kan säga att kejsartiden arbetade med en guldmyntfot som var något nytt. Under den hellenistiska tiden var silvermyntet det dominerande. När förhållandet mellan guld och silver varierade, förblev guldmyntet konstant medan silvermyntets värde varierade. Under Augustus var detta förhållande mellan guld och silver 1:12, men föll under Trajanus till 1:9 till följd av kriget i Dacien. Smärre devalveringar inträffade under Nero och särskilt under Marcus Aurelius, då hans krig mot marcomannerna krävde stora ekonomiska ansträngningar. Silverhalten sjönk när procenten av annan metall steg från 2 till 25 % och sedan till 40 %. Därefter reducerades myntens vikt. Dessa manipulationer blev huvudorsaken till prisstegringar under Commodus.

Tillgången av metaller var på det stora hela tillräcklig för rikets behov, eftersom Claudius, Domitianus och Trajanus erövrat metallrika områden. Italien självt var det minst metallproducerande landet inom riket. Däremot hade Spanien god tillgång på järn vid Numantia och dessutom tenn, koppar, guld samt silver. Erövringen av Britannien blev av stor betydelse för romarna tack vare förekomsten av bly, som bl.a. användes till vattenledningsrör, men dessutom lämnade Britannien järn, guld och silver. För dessa senare metaller blev dock Dacien största producenten.

Under första århundradet transporterades råvaran från väster antingen till de hellenistiska rikena i öster eller till Italien, som ganska avsevärt dominerade industrin under inledande hälften av första århundradet. Men i slutet av århundradet gick Italiens blomstring inom såväl industri som jordbruk snabbt tillbaka. I dess ställe trädde först Gallien fram som ledande industriland, då det hade både egna råvaror och tillräcklig arbetskraft. Den galliska terra sigillata-keramiken blev snart en stark konkurrent till den arretinska. Textilvaror av olika slag tillverkades i Mindre Asien och Syrien. Tyrus var centrum för finare purpurfärger. Romare och romarinnor som önskade följa med i klädmodet köpte sina kläder från Antiokia, som var slutstation på "sidenvägen" och där det fanns en berömd konfektionsindustri.

Industri och hantverk i mindre skala existerade sida vid sida men hantverket var vida vanligare med undantag för tegel- och takplattsindustrin. Fastän man inte kan tala om någon storindustri i modern mening, kan man vid denna tid notera fabriker med hundra arbetare och med egna försäljare långt utanför rikets gränser. Teknisk utveckling var obetydlig och ignorerades av industriägarna. Hantverkare inom samma bransch slog sig ned i samma kvarter och ofta fick gatorna därför namn efter hantverkarna, t.ex. skomakaregatan, en tradition som levde kvar långt in i medeltiden.

De framgångsrika exemplen från Roms ekonomi kan emellertid inte dölja en ekonomisk och geografisk obalans som tenderade att förvärras. Åkerbruksproduktionen stagnerade, särskilt den av vete vilket utgjorde basfödan. Skälet till stagnationen var att priset hölls för lågt på ett konstlat sätt. De bönder som kunde övergick därför till att producera vin och olja. Domitianus förbjöd plantering av nya vinstockar i Italien och befallde att hälften av redan existerande skulle förstöras. Konsumenterna, särskilt stadsborna, var privilegierade och svåra att tillfredsställa. Många arbetade inte. Städerna blomstrade i regel men var alltför många och dessutom överbefolkade för antikens produktions- och transportkapacitet. Därför fanns ett latent hot för en kommande livsmedelsbrist. Dessutom fanns det för mycket som drog människorna bort från produktionen: spel och festdagar samt byggandet av monument och andra improduktiva projekt. Rom intog en särställning. Världens då ledande stad hade en stor, sysslolös och njutningslysten mobb som ständigt satte i gång intriger och till stor del levde på subventioner. Denna sysslolösa skara krävde *panem et circenses* (bröd och skådespel). För sädesanskaffningen skapades under Augustus och Claudius en stor administration, *annóna*, under ledning av en *praefectus annonae*. Omkring 200 000 människor fick ett slags kuponger som berättigade dem till gratis säd. En särskild handelsflotta avdelades för transport av denna. Dessutom mottog klienterna varje dag *sportula*, sportler, av sina patroni.

Rikets övriga storstäder var inte alls lika favoriserade. Egyptens, Siciliens och Afrikas vete reserverades för Rom, medan Scytiens vete gick till Donauhären. Det återstod ganska lite för de andra städerna. I Grekland tillämpade man ofta det gamla beprövade sättet med leiturgier, som tvingade de rika att finna någon utväg att förse den fattigare befolkningen i landets städer med säd.

HANDEL OCH TRANSPORTER

Varor transporterades över hela det romerska riket och långt utanför detta. Mest transportkrävande var livsmedel (vin, olja och vete) som gav arbete för en reguljär skeppsfart, liksom byggnadsmaterial främst marmor. Medelhavet var centrum för sjöfarten. Andra århundradet var gynnsamt för handeln inom och utanför riket. Freden hade återställts, haven var fria från sjörövare, det påbörjades stora arbeten för att anlägga hamnar och hamnpirar, fyrar byggdes, dockor och förbindelsekanaler anlades. Romarna misslyckades däremot med att stoppa igensandningen och igenfyllningen av flera viktiga hamnar. Bland de viktigaste hamnarna i Italien var Puteoli och det allt mer blomstrande Ostia, samt i öster Alexandria och Efesos, "den viktigaste handelsplatsen i hela Mindre Asien" som Strabon kallar den. De flesta floderna i Medelhavsområdet var inte segelbara. Däremot var de mer perifera floderna Nilen, Eufrat, Rhen och Donau viktiga transportleder, liksom Gallien gynnades av sina betydelsefulla flodsystem: Rhône, Saône, Seine, Garonne och Loire. Romarna byggde få större kanaler. Nero hade planerat anläggandet av en kanal genom Istmos, dit Vespasianus sedan sände judiska fångar för att gräva genom näset, men utan framgång. Trajanus rensade upp den gamla kanalen mellan Nilen och Röda havet, men trots detta blev den knappast användbar.

Sjöfarten var utan tvekan viktigast för alla slags transporter, men en stor mängd varor forslades även landvägen både inom och utanför rikets gränser. Inget tidigare välde, inte ens det persiska, har byggt så många vägar och broar som det romerska. Från Rom som medelpunkt utgick anlagda vägar i alla riktningar och till nästan alla delar av riket med en sammanlagd längd av 70 000 km. De romerska vägarna var mycket solitt byggda, så att de även kunde användas in i och efter medeltiden. De sträckte sig över berg och sankmarker samt vidsträckta ökenområden utan någon större hänsyn till svåra terrängförhållanden. På varje romersk mils avstånd stod en milstolpe uppsatt. Den romerska administrationen försökte på bästa sätt sörja för säkerheten på vägarna genom polis, men trots detta råkade vägfarare inte sällan ut för rövare. Även om transporten på land inte var den mest betydande bidrog den i hög grad till handelns expansion under principatet.

Rom och Italien hade en kraftigt negativ handelsbalans, eftersom livsmedel och andra nyttoartiklar samt lyxvaror importerades i stor mängd, medan exporten därifrån var ganska begränsad. Nästan varje provins levererade sina specialiteter till Italien: Egypten lämnade glas, papyrus, linne och juveler, Syrien huvudsakligen glas och purpurtyger, Mindre Asien bomull, järn och stål. Från Grekland hämtades den bästa olivoljan, vidare fikon och marmor. Av provinserna i väster exporterade Spanien (förutom metaller) ull, fisk och olja, medan Gallien mest bidrog med jordbruksprodukter samt ull, och Britannien försåg Italien med ull, boskap, fjäderfä och slavar.

Romarna drev även handel med folk utanför rikets gränser, särskilt med folken i öster. Vissa varor kunde inte produceras inom riket, såsom silke, elfenben, kryddor, rökelse och bärnsten. Handeln i österled gick dels sjövägen och dels på karavanvägar. För sjövägen var Alexandria utgångspunkten, varifrån färden gick uppför Nilen till omkring första katarakten. Den resan tog ungefär två veckor. Sedan tog man av österut genom öknen mot Röda havet till Leuke Kome på östra sidan av viken, där man vid återresan måste betala tull, 25 % på de flesta varor som ansågs vara lyxartiklar. De som skulle vidare på den långa resan till Indien fortsatte från Arabia Felix, och därifrån tog det bara omkring sex veckor efter att man på Neros tid upptäckt monsunvinden.

I Indien hämtade man kanel, som var mycket dyr, cirka 6 000 sestertier för ett pund. Den användes både som krydda och till läkemedel. Den viktigaste kryddan var peppar, vilken romarna ansåg så nödvändig, att tullen på den varan satts mycket låg. I Rom kunde därför ett pund peppar kosta endast sexton sestertier. Indien försåg romarna även med finare bomullstyger, pärlor, elfenben och ädelstenar. Varorna betalade romarna delvis med korall, som fiskades i Medelhavet i så stor mängd att den utrotades. I övrigt var exporten till Indien från Rom ganska liten, eftersom bara en begränsad mängd tenn, koppar och glasvaror exporterades dit. Den mesta importen från Indien måste romarna betala med guld och silver.

Till lands gick karavanvägen från Kina över Irans högplatå, *en* av dem i en nordlig riktning över Turfan och *en* annan sydligare över Chotan. Båda vägarna löpte samman i Östturkestans västligaste stad Kashgan, varifrån karavanerna fortsatte in i Baktrien och vidare till Ekbatana. Sidenvägen slutade i Antiokia som blev känd för sin fina textilindustri. Senare blev den huvudstad i den östra rikshalvan, då det var en av rikets mest strålande städer, känd för bl.a. sin gatubelysning om natten.

Från norr importerade romarna bärnsten från Östersjöområdena samt hudar och slavar. Importen gick på vägar som löpte samman vid Adriatiska havet eller Svarta havets stränder. Romerska mynt har påträffats i Skandinavien och Östersjöns södra kustområden.

Förut har man trott att romarnas handel i Afrika begränsades till de nordliga kustområdena, varifrån de fick olivolja, säd och frukter samt fisk och marmor. Senare undersökningar har visat att de även har haft förbindelser med centrala delar av de afrikanska kontinenten, varifrån man hämtade elfenben och guld, strutsfjädrar och värdefullt virke samt slavar. Kamelen, som länge varit känd som transportmedel i Asien, uppträdde först under principatet på den afrikanska kontinenten. I hela Afrika fångades och såldes vilda djur till arenorna på amfiteatrarna, där inte endast gladiatorer uppträdde utan även vilda djur i s.k. *venationes*, djurjakter av olika slag.

Inrikeshandeln spelade en mycket större roll för Roms finanser än utrikeshandeln. Liksom fallet var inom jordbruk och industri gick handeln i Italien tillbaka, medan provinsernas handel ökade, vilket hängde samman med att de vid gränserna förlagda härarna fick sina förnödenheter från provinserna. Endast Donauhären fick sina varor från norra Italien genom den viktiga handelsstaden Aquileia. I mellersta och södra Italien stagnerade handeln till en del på grund av att man skapade direkt förbindelse mellan producent och konsument och i möjligaste mån undvek mellanhänder. Detaljhandeln skedde i småaffärer. Våra tiders varuhus var okända begrepp men butikerna samlades ofta i centra så som i Trajanus saluhall i Rom.

Andlig odling

UNDERVISNING

Vid studiet av de enkla människornas nedkrafsade inskrifter på väggarna i Pompeji förvånas man över hur utbredd konsten att läsa och skriva tydligen var under kejsartiden. I små krypin för portvakter eller i enkla vinstugor har kärleksdikter nedskrivits av slavar och andra gäster. Sol-

ÅTERBLICK PÅ UTVECKLINGEN UNDER ANDRA ÅRHUNDRADET

datbrev bland papyrusfynd i Egyptens gamla sophögar vittnar om att även den gemene soldaten har behärskat läs- och skrivkonsten. Under principatet följde den romerska uppfostran samma linje som under republikens sista dagar. Någon offentlig grundskola existerade inte utan den första undervisningen gavs i hemmet, där husfadern eller någon slav lärde gossarna och flickorna att läsa och skriva. Oftast sändes emellertid barnen vid sjuårsåldern till någon privatlärare, som mot en ringa ersättning lärde dem läsa, skriva och räkna. Efter denna grundundervisning flyttades de i trettonårsåldern till en *grammaticus,* som undervisade dem i grekiska och latin samt i litteraturen på dessa språk. Under andra århundradet skedde även en förskjutning i undervisningen till förmån för grekiskan. I filosofi och litteratur, ja i hela kulturen, inträffade en grekisk renässans. Den grekiska litteraturen överglänste den latinska som bärare av tidens kulturströmningar. Kejsarna intresserade sig personligen för att höja undervisningen. Vespasianus inrättade som nämnts den första professuren i latinsk och grekisk vältalighet. Trajanus ordnade så att 5 000 fattiga barn fick undervisning. Hadrianus grundade skolor i provinserna och gav skattefrihet åt lärare som var villiga att slå sig ned på enskilt liggande platser. Senare blev både skattefrihet och befrielse från militärtjänst ett allmänt privilegium för lärare. Antoninus Pius höjde lönerna och befriade lärarna i varje municipium från flera skatter. Under tredje århundradet växte det fram ett system med kommunalt understödda skolor under statens-kejsarens överinseende.

Efter tre års studier för *grammaticus* övergick gossarna till retorskolan för att därefter eventuellt avsluta sina mer avancerade studier i Grekland. För retorn studerade man grekisk och latinsk litteratur och för att förstå denna läste man historia, mytologi, geografi, astronomi, matematik och musik närmast som kommentar till litteraturundervisningen. Dessutom undervisades i filosofi. Den humanistiska bildningen dominerade som aldrig förr uppfostran och det offentliga livet. Retorerna älskade att uppträda offentligt, många drog från stad till stad och höll tal inför hänförda åhörarskaror. I högsta retorklassen skedde undervisningen på grekiska. Dess mål var att lära eleverna behärska grekiska lika bra som latin samt att uppträda offentligt.

Upprättandet av offentliga bibliotek bidrog i högsta grad till att höja bildningsnivån. Caesar och Augustus hade skapat sådana i Rom; Vespasianus och Trajanus inrättade nya bibliotek på sina torg. I biblioteken sattes porträtt upp av författarna med viktigare data om deras liv och författarskap. Inte bara huvudstaden fick bibliotek utan rika personer donerade också pengar till bibliotek ute i landsortsstäderna. I föreläsningssalar hölls uppläsningar av författarnas skrifter, skrivna på papyrus, d.v.s. märgen av papyrusväxten som huvudsakligen kom från Egypten eller på särskilt preparerade gethudar, som efter den viktigaste tillverkningsorten Pergamon från sen antik tid kallas pergament. Någon författarrätt eller författarhonorar existerade inte, utan bokförläggarna, som ofta även var bokhandlare, kunde fritt låta sina slavar göra avskrifter, som sedan såldes till ganska låga priser.

LITTERATUR

Latinsk litteratur

Den mest framstående författaren under denna period är historikern Cornelius *Tacitus* (55–120). Han hade sina rötter i den romerska senatsaristokratin, som före och under hans egen tid fått sina befogenheter starkt reducerade, vilket satt djupa spår i hans historieskrivning. Hans arbeten präglas av misstro till kejsarna och principatets system, som krossat friheten och den gamla romarandan. Han påstår själv att han ämnar skriva sin historia *sine ira et studio,* utan antipatier eller sympatier. Men han är en mästare i insinuationer och drar sig visst inte för hån, ironi och eller ens vrede, när han skriver om kejsare som inte fallit honom i smaken. Grundtonen i hans historiska arbeten är pessimistisk: förkvävandet av friheten började med Augustus principat. Hans stora intresse är skildringen av människor, av kejsarna och deras omgivning. Som historisk källa kan Tacitus inte användas utan en noggrann kritik.

Hans författarskap infaller under hans sista tjugo år, sedan han ägnat sig åt ämbetsmannabanan och varit pretor och slutligen *consul suffectus* år 98. Hans första arbete var en försvarsskrift för sin svärfar Agricola, som under Domitianus hade fört framgångsrika krig i Britannien. I ett följande arbete, *Dialogus de oratoribus* (Dialog om talarna), behandlar han den vid denna tid mycket diskuterade frågan om orsaken till vältalighetens förfall och förklarar varför han övergår till litterär verksamhet i form av historieskrivning. I denna retoriska skrift närmar han sig i stil helt naturligt Cicero. Av utomordentligt intresse är den första historiska beskrivning som vi äger om de germanska folken, *Germania,* i vilken han sätter germanernas enkla levnadssätt som mönster i motsats till romarnas mer förvekligade vanor.

Tacitus huvudarbeten är de båda rent historiska verken, *Historiae,* i 14 böcker, varav de fyra första och slutet av femte boken är bevarade. I detta arbete skildrar han den tid som han själv upplevt, nämligen från Galba till och med Domitianus, och det sista som är kvar slutar med Jerusalems förstöring. Det andra historiska verket går under benämningen *Annales,* som är ett senare namn för det ursprungliga *Ab excessu Divi Augusti.* Det behandlar tiden efter Augustus död fram till och med Neros regering. Det omfattade 16 böcker, varav böckerna 1–6 och 11–16 finns i behåll.

Tacitus vän, *Plinius d.y.* (Gaius Plinius Caecilius Secundus, 62–113) har en ljusare bild av kejsarna. I sin panegyrik till Trajanus ger han en inställsam och insmickrande skildring av denne, enligt Plinius egen uppfattning, idealiske härskare. Av större både litterärt och historiskt värde är hans brev, som ger en god bild av de förnämas liv och kultur under denna tid. Mest kända är breven till Tacitus, i vilka han detaljerat skildrar Vesuvius utbrott år 79, samt hans korrespondens med kejsar Trajanus, som ger sin ståthållare klara och koncisa råd inom ytterst varierande problemområden. I just den brevsamlingen upptar breven som talar om behandlingen av de kristna det största intresset. Kristna personer som avslöjades skulle nämligen bestraffas om de inte följde lagen och offrade åt statens gudar. Men man skulle inte inleda jakt på dem och man fick absolut inte bry sig om anonyma anklagelser som var ovärdiga hans upplysta tidevarv, hette det i kejsarens svar.

DEL IV – KEJSARTIDEN

Enligt en ganska nyligen funnen inskrift härstammade Gaius *Suetonius* Tranquillus (o. 70-o. 140) från Hippo Regius i Afrika. Som ämbetsman hade han tillträde till arkiven och kunde få kontakt med goda källor för sitt historiska verk "Biografier över tolv kejsare från Caesar till Domitianus". Hans tillgång till utmärkta källor gör att dessa biografier är av visst historiskt värde, men tyvärr offrar han alldeles för mycket utrymme åt skvaller och rykten, vilket visserligen gör boken till delvis underhållande läsning men i högsta grad förringar dess värde som historisk källa.

Under andra århundradet inträdde en strävan att plagiera äldre perioders litteratur. Det blev en ganska andefattig upprepning av tidigare författare. Denna arkaism uppmuntrades av ingen mindre än kejsar Hadrianus, som svärmade för Cato, Ennius och Plautus. Den arkaiserande tendensen märker man hos Aulus *Gellius* (123–165) i hans *Noctes Atticae* (Attiska nätter), en löst hopfogad samling hämtad från inte mindre än 275 författare, som behandlar filosofi, mytologi, historia, litteratur och språkvetenskap. Det är ett ganska imponerande arbete som har sitt stora värde framför allt genom att man där finner upplysningar från en sedermera försvunnen litteratur.

På samma sätt som provinserna fick större betydelse för ekonomi, handel, industri och administration, uppstod under andra århundradet en självständig litteratur i provinserna. Det var inte bara Spanien som hade litterära talanger utan även Afrika bidrog. Den förste mer representative författaren från denna provins var Lucius *Apuleius* (125–180), som visserligen var arkaist och retoriker men ägde en större konstnärlig förmåga än de flesta i hans samtid. Av hans omfattande produktion på latin och grekiska märks främst *Metamorphoser* (på svenska översatt till Den gyllene åsnan), den första fullständigt bevarade romanen från antiken. Den skildrar hur en man, Lucius från Tessalien, genom trolldom förvandlades till en åsna men sedan åter blev människa. Det grekiska folkets vardagsliv skildras i glada färger. Några sagor är insprängda i vardagsberättelsen, t.ex. den fina sagan om Amor och Psyche.

Grekisk litteratur

Den romerska freden skapade förutsättningar för ett återuppväckande av grekisk litteratur, som gynnades av de filosofiska kejsarna med grekisk inriktning. Grekiska författare inom skilda genrer som historia, geografi och filosofi, skrev på grekiska inte endast för greker utan också för alla bildade kretsar inom det romerska väldet. Även romare skrev på grekiska, såsom kejsar Marcus Aurelius som skrev sina självbetraktelser på detta språk.

Det bäst kända namnet i kejsartidens grekiska litteratur är *Plutarchos* (o. 50-o. 120), en renodlad typ för det antika humanistidealet. Inget var honom främmande och han behandlar alla slags ämnen i sitt mycket omfångsrika författarskap. För eftervärlden har hans "Biografier över kända greker och romare" fått det största inflytandet. Han intresserade sig inte så mycket för själva de historiska händelserna som för människornas fel och förtjänster. Han var förespråkare för den gyllene medelvägen och hatade all överdrift. Han var ingen renodlad stoiker men inte heller någon epikuré.

Lucianos (o. 120-o. 180) var en av tidens bästa grekiska stilister, trots att han inte hade grekiska som sitt modersmål. Först ägnade han sig åt retorik utan att där finna tillfredsställelse, varför han övergick till filosofin. Ämnen för de omkring åttio skrifter som tillskrivs honom hämtade han från historia, kulturhistoria, filosofi och religion, språk- och litteraturvetenskap. Han skapade satiren på prosa, med vilken han gjorde skarpa angrepp på retorer och filosofer av alla skolor, på religiösa föreställningar, på tidens förkärlek för trolldom och övertro.

KONST OCH ARKITEKTUR

Konst och arkitektur nådde under andra århundradet sin högsta utveckling. Offentliga byggnader uppfördes i alla städer, och monument restes till gudarnas, kejsarnas och stadspolitikernas ära. Varje stad hade sitt forum, omgivet av tempel, basilikor och kolonnader, dessutom badhus och teatrar. Vägar med broar och vattenledningar tillhörde

DEL IV – KEJSARTIDEN

varje stats nyttobyggnader som krävde medverkan från arkitekter. Överallt restes statyer över kejsare och lokala mecenater samt åt gudar. Romersk konst hämtade sin inspiration inte endast i religionen utan främst från det politiska livet. Även om konstnärerna var greker, arbetade de i romersk anda och åt romerska beställare. Den romerska porträttkonsten kan studeras på de många statyer som har prytt städernas torg och som nu fyller många museer, men i nästan lika hög grad på de otaliga mynt som bevarats från hela kejsartiden. Vidare i historiska reliefer på altare, triumfbågar och sarkofager, medan de många bildgallerierna på Trajanus och Marcus Aurelius kolonner blir något tröttande. Av Trajanus finns flera utmärkta porträtt, det bästa är funnet i Ostia och är troligen ett original av en förnämlig konstnär. En viss strävhet utmärker Trajanusporträtten liksom tidens kvinnoporträtt. Denna konst söker sina ideal i den hellenistiska stilen från republiken, en viss arkaism är märkbar även här. Porträttbystens format ökade gradvis från Augustus och dess storlek kan vara ett hjälpmedel för dateringen. Under Trajanus omfattade den hela axlarna och nådde ned ett stycke under bröstvårtorna.

Arkaismen blev mer påtaglig under Hadrianus, vars konst dock inspirerades mer av de grekiska konstnärerna, särskilt Fidias. Under Hadrianus tid började man borra pupillerna, som tidigare bara varit färgade. Sarkofagkonsten blomstrade, vilket hörde samman med det ändrade begravningsskicket. Likbränning, som varit allenarådande alltsedan republikens sista århundrade, började trängas ut av jordande som infördes så småningom utan inverkan från de kristna. Från Hadrianus tid till århundradets slut användes båda begravningssätten. För konsten innebar återgången till jordande en blomstring för en ny konst, de reliefsmyckade sarkofagerna, en konstart som senare gynnades särskilt av de kristna.

Under Antoninerna polerade man hudpartierna så att de fick en porslinsaktig glans. Tekniskt nådde man en fulländning som man ej förut hade sett. Med mejsel och drillborr arbetade man ut håret till ett lätt och luftigt locksvall och med små hjälpmedel gjorde man blicken mer levande än på tidigare porträtt.

ÅTERBLICK PÅ UTVECKLINGEN UNDER ANDRA ÅRHUNDRADET

Imponerande ruiner i vitt skilda delar av romerska riket vittnar om att den arkitektur som tillämpades i Rom även använts i provinserna i både privathus och offentliga byggnader såsom termer, teatrar, triumfbågar, altare och tempel. I privathusen har målningar påträffats, visserligen huvudsakligen från första århundradet i Pompeji, men i några fall även från senare tid, t.ex. i Ostia, där de emellertid bleknat väsentligt. Bättre bevarade är målningarna från de kristna katakomberna i Rom och Neapel, liksom i en del kristna kyrkor från början av tredje århundradet t.ex. i Dura-Europos.

Som ovan framhållits inträdde under andra århundradet en strävan att återgå till republikens konst och litteratur, vilket fick den följden att verkligt nyskapande blev mindre framträdande. I stället breddades både konst och litteratur på bekostnad av kvalitet och originalitet. De äldre periodernas litteratur kopierades ganska slaviskt. Denna kulturella stagnation sammanföll med en period, då det romerska riket stod på sin höjdpunkt inom både politisk och ekonomisk utveckling.

RELIGION

Grekisk-romersk religion.
Den offentliga romerska religionen var en statsreligion som under principatet hyllades av både stat och kommuner. De italiska templen upplevde en tid av växande intresse. Både stat och familj höll fast vid de gamla festerna. Den capitolinska triaden Jupiter, Juno och Minerva spreds till städerna i provinserna och de gamla italiska helgedomarnas skattkamrar var fyllda med pengar och andra dyrbarheter. Prästämbetena bekläddes av högt uppsatta personer: kejsaren som *pontifex maximus* och många senatorer som ledare för prästkollegier.

Gammalitalisk ritual och formalism levde vidare under kejsartiden. Före viktiga åtgärder offrades djur, vilkas inälvor *haruspices* tolkade på samma sätt som under republiken, och *augurerna* läste framtiden ur fåglars flykt eller Jupiters blixtar.

Något väsentligt nytt kom under kejsardömet, nämligen kulten runt

DEL IV – KEJSARTIDEN

Roma och Augustus. Denna började i provinserna, där den var ett synligt tecken på invånarnas lojalitet mot Rom och dess härskare, medan man i Rom endast kunde dyrka hans genius. Den kejserliga kulten spelade sedan en oerhörd roll för att skapa en diktatorisk härskarmakt: att offra åt och tillbedja kejsaren blev med tiden jämställt med att offra åt staten, kejsaren identifierades med staten. De som vägrade att offra åt kejsaren begick högförräderi även mot staten. Det var en anledning till att just de bästa och starkaste kejsarna ansåg sig berättigade och tvungna att ingripa mot de kristna som vägrade att förrätta sådana offer.

Även oraklen upplevde en ny glanstid under andra århundradet. I början av kejsartiden hade tilltron till dessa minskat eftersom då *haruspices* oftare anlitades för att spå in i framtiden. Men i slutet av första århundradet skedde en omsvängning. Höga och låga började åter vända sig till oraklet i Delfi för att få sina tvivel skingrade vid sjukdom, barnlöshet eller vid viktigare avgöranden. Även andra orakel i Grekland och främre Asien levde upp igen. Till Dodona i Epirus strömmade åter människor, liksom resande från hela riket rådfrågade oraklet i Karos i Mindre Asien.

Den grekiska religionen levde vidare i Grekland och i östern och fick en kraftig uppryckning under Hadrianus, som ville samla de grekiska religiösa krafterna till ett värn mot anstormningen av nya religioner från öster. Nya tempel uppfördes och stängda öppnades på nytt. De olympiska, istmiska och pytiska spelen fick stora skaror av deltagare och åskådare, som visserligen drogs dit lika mycket av intresse för sporten som för religionen.

Den grekisk-romerska religionen var tolerant mot andra religioner och var i och för sig inte någon missionerande religion. De erövrade folken fick behålla sina kulter och sin tro, men mycket ofta inträffade det att de inhemska gudarna växte samman med de erövrande romarnas, så att gudarna uppträdde under dubbelnamn, t.ex. Lenus Mars i Trier och Mars Caturix hos helvetierna. Ytterst sällan fick de ursprungliga inhemska gudarna i väster något inflytande på romarna. Soldater som i ganska stor utsträckning rekryterades från Gallien medförde dock sina inhemska gudar till lägren i Rhenområdet. Den galliska gudinnan Epona, som beskyddade hästsporten, blev en populär gudinna för hästintresserad ungdom i Rom och i Italien.

Punisk religion

I Afrika hade de puniska gudomligheterna Tanit och Baal vunnit spridning utanför de gamla kartagiska områdena in i Libyen och Numidien. Baal var en naturgud, regn-, sol- och himmelsgud, samt dessutom en fruktbarhetens gudomlighet och jämställdes med både Zeus-Jupiter och Helios och utbredde i förening med dessa sin kult över hela Medelhavsområdet. Tanit, Kartagos skyddsgudinna, var mångudinnan och beskyddare av all fruktbarhet. Hon identifierades av romarna som Juno. Under namn av Caelestis, "Den himmelska", blev hon skyddsgudinna för den romerska staden Kartago. Troligen kom hon till Rom först i slutet av andra århundradet genom Septimius Severus.

Den iberiska halvöns befolkning dyrkade en mängd lokala gudomligheter som hade dels inhemska, för romarna svåruttalade namn, och dels rent latinska benämningar. Ju längre romaniseringen fortskred, desto mer övergick invånarna helt naturligt till de romerska kulturerna.

Orientalisk religion

Den offentliga grekisk-romerska religionen var som nämnts en statsreligion, som föga intresserade sig för individerna. De enskilda människorna fick söka sin tröst hos andra själasörjare. Många filosofer ägnade sig åt moralisk uppbyggelse och etisk predikan och önskade dessutom vara till hjälp och tröst för den stora allmänheten. Men hos dem fick man inte uppleva den gudomliga uppenbarelse som folket längtade efter. Räddningen för den stora massan av folket blev oftast en tillflykt till någon av de främmande religioner som österifrån vällde in i riket. Ytterst sällan ställde sig staten eller kommunerna i spetsen för införandet av någon främmande gudomlighet. Det hade hänt med den först introducerade orientaliska gudinnan Magna Mater (Cybele) med hennes älskare Attis, som redan 204 f.Kr. under Hannibalskrigets svåra nödtid gjorde sitt intåg i Rom. Hennes orgiastiska kult med bl.a. självstympande präster *(galli)* blev förhatlig för romarna, som förbjöds att engagera sig som präster inom denna kult. Först sedan denna mildrats under Claudius, vann den större spridning hos romarna, särskilt hos patricierna som felaktigt ansåg att den införts från Idaberget vid Troja. Under andra århundradet knöts Magna Mater samman med flera grekisk-romerska gudinnor.

Den orientaliska kult som i slutet av andra och under tredje århundradena överglänste alla andra var Mitras. Denne gammal-iranske gud hade sina rötter i 14:de århundradet f.Kr. I Zoroasters heliga böcker var Mitras ljusets gud, som använde sol, måne och stjärnor som fordon. Senare blev han alstringens, vapnens och segerns samt sanningens gud. Enligt Mitras förs en ständig strid mellan det goda och det onda i världen. Hans anhängare skulle hjälpa till att utrota allt skadligt och osunt, ogräs på marken och ohyra i husen. Deras budord var: arbeta, tala sanning och skjuta. Helt naturligt blev denna religion populär bland soldaterna. Mitras föddes ur en klippa, ur vilken han sprang fram med den frygiska mössan på huvudet. Hans kapell liknade ofta grottor, fick sitt ljus endast uppifrån. Dessa mitrea är alltid smala och långsträckta. Den församlade menighetens intresse var riktat mot "altartavlan", som framställde den tjurdödande Mitras. På reliefer ser man ofta under tjuren en hund som hoppar upp för att slicka i sig tjurens blod, samt en orm och en skorpion. Vid sidan om Mitras står ofta två fackelbärare, Cautes som håller facklan nedåt, och Cautopates med facklan uppåt. De bildade tillsammans med Mitras ett slags treenighet.

Stridens gud var soldaternas specielle gudom. Hans kult spreds längs fronterna, där man påträffat mängder av mitrea. Den missionerande Mitras fick i regel på varje plats flera små mitrea avsedda för högst ett femtiotal personer hellre än att man byggde ett stort mitreum. I Carnuntum (nära Wien) har man påträffat sju mitrea, i Aquincum (Budapest) fem. Mitraskulten spreds dessutom av sjömän och köpmän till hamnstäderna i nästan hela Medelhavsområdet med undantag för Grekland, där denna kult aldrig blev uppskattad.

Mitras hade många likheter med kristendomen: han föddes den 25 december och den sjunde dagen i veckan, solens dag, söndag, var helig. Mitras själv blev den oövervinnerlige solguden, *Deus invictus Sol*. Hans anhängare, som kallades bröder, var organiserade i föreningar med socialt arbete på sitt program. Många inskrifter vittnar om deras strävan att hjälpa fattiga och slavar. I slutet av andra och under hela tredje århundradet hade Mitras sin storhetstid. En orsak till att denna kult inte helt erövrade den romerska världen var att den utestängde kvinnorna, som annars spelade en stor roll inom alla religioner.

Egyptisk religion

Av de egyptiska gudomligheterna var det främst Isis-Serapis som tilldrog sig uppmärksamhet. Isis blev moder till all kultur och alla goda seder, mänsklighetens frälsare från barbariets bojor. Hon blev äktenskapets beskyddare och framför allt unga flickors hjälpare. Varje morgon och kväll samlades de trogna vid templet för att deltaga i prästerskapets ceremonier vid dess öppnande och stängning. Människorna blev därigenom engagerade i denna kult på ett helt annat sätt än i de offentliga grekisk-romerska kulterna.

Om stat och kommun inte officiellt engagerade sig för införandet av främmande kulter, hindrade de å andra sidan inte heller nya kulter att komma in i riket på vissa villkor, nämligen att de nya religionerna inte fick vara politiskt opålitliga eller moraliskt undermåliga samt att de inte fick störa statens dominerande ställning. Dessa regler iakttog i allmänhet de österländska religionerna. Mitrasanhängare kunde t.ex. sätta upp konstverk åt Jupiter Optimus Maximus. Ej heller motarbetades i regel de nya kulterna av de gamla. Österns religioner spred sig snabbt även i Rhenlandet, där man beräknar att 14 % av samtliga inskrifter till gudarnas ära tillhör de orientaliska gudomligheterna.

Judendom

Det fanns emellertid två religioner som inte ville underkasta sig romerska statens bestämmelser och därför inte kom i åtnjutande av sam-

DEL IV – KEJSARTIDEN

ma tolerans som övriga religioner, nämligen judendomen och kristendomen. Under första århundradets första hälft hade anhängarna av den judiska läran visserligen fått ganska stora privilegier, men i Judéen och hela östra Medelhavsområdet hade romarna tvingats ingripa med krig (s. 157), varefter alla fördelar gick förlorade för judarna i öster. Däremot tycks judarna i väster inte ha fått sina relationer till romerska staten på något väsentligt sätt förändrade genom Trajanus och Hadrianus krig i öster. Från början av andra århundradet fanns judiska församlingar i södra och mellersta Italien, på Sicilien och Sardinien, liksom i Spanien. I Afrika fanns också judar inte endast i hamnstäderna utan även i de inre delarna t.o.m. på ganska små orter. Däremot finns det ytterst få spår efter judiska församlingar från denna tid i Gallien, Germanien eller Britannien.

Kristendom

I början betraktade romarna kristendomen som en judisk sekt, vilken opponerade sig mot mer ortodoxa och konservativa anhängare. Judarna kom också att bli de första som förföljde de kristna. De första kristna var övertygade om Kristi nära ankomst och bekymrade sig föga om detta livet. De vägrade allt samarbete med andra religioner och deltog inte i offentliga festligheter. De kristna blev isolerade och betraktades snart som en störande faktor mot den bestående ordningen. Just genom sin isolering och genom att utestänga icke-kristna från sina möten och mässor, så anklagades de för att ägna sig åt hemliga riter och blev impopulära hos den stora allmänheten.

Den kristna läran var till sin natur icke-romersk och icke-nationell. Eftersom de kristna dessutom vägrade att offra till statens gudar och därmed inte heller till kejsaren, ansågs de begå högförräderi för vilket krävdes dödsstraff.

Kejsarnas inställning till den nya läran och dess anhängare känner vi väl bl.a. genom Plinius d.y.:s brevväxling med kejsar Trajanus. Denne visar inte några tecken på hat eller förföljelsemani mot de kristna men en fast övertygelse att de som bryter mot statens förordningar skall straf-

ÅTERBLICK PÅ UTVECKLINGEN UNDER ANDRA ÅRHUNDRADET

fas. En strängare attityd mot de kristna visade Marcus Aurelius, t.ex. mot den kristna församlingen i Lyon i Gallien, där en verklig förföljelse förekom. De första kristna bildade ett antal små, av varandra oberoende församlingar, som till det yttre liknade de romerska religiösa *collegia* med social verksamhetsinriktning. Även om de flesta kristna tillhörde de lägre sociala skikten var de inte begränsade till dessa, utan ganska tidigt började folk av alla samhällsskikt i städerna sluta sig till den nya läran. På landsbygden var man däremot mer motsträvig och höll fast vid de gamla hedniska religionerna, vilket också framgår av förändringen av ordet *paganus* betydelse. Ursprungligen betydde det "byinvånare", men inom kristendomen kom det att beteckna "hedning", en betydelse som lever kvar i eng. *pagan* och fr. *payen*. Varje församling styrdes av en kommitté vars medlemmar ibland kallades presbyterer (de äldsta) och ibland biskopar, som biträddes av valda medhjälpare, diakoner inom församlingen. Sedan omkring år 100 uppträdde i öster monarkiska biskopar som valdes av församlingen och vars ledare han ensam blev. Redan från första början var kristendomen missionerande och spreds tidigt från Mindre Asien västerut till Grekland och i mitten av första århundradet till Italien, först till Rom och hamnstäderna. Österut följde läran de stora handelsvägarna in i Partherriket och Mesopotamien. Det kristna språket var grekiska (liksom judendomens) både i öster och väster långt in i andra århundradet. Som första land fick Afrika en latinsk översättning av bibeln. I Gallien finns spår av kristna från andra århundradet, medan sådana ännu saknas i Britannien och Donauländerna från denna tid.

DEL IV – KEJSARTIDEN

Övergång till militäranarki

SEVERERNA 193–235

Förhållandena i Rom efter mordet på Commodus påminde om de kaotiska år som rådde efter Neros död. Pretoriangardets soldater utropade en senator Publius Helvius Pertinax till kejsare, som var *praefectus urbi*. Senaten accepterade proklamationen och gav honom kejserlig makt och värdighet. Den nye kejsaren föresatte sig att bringa ordning i rikets dåliga affärer samt att införa disciplin inom hären. Han sänkte skatterna och gav krigshärjade provinser tio års skattefrihet. För att kompensera en del av inkomstbortfallet efter dessa åtgärder, sålde han de stora konstskatter av olika slag som Commodus samlat i sitt palats. Men han klarade ändå inte av att infria sina löften till soldaterna om 12 000 sestertier till var och en. I stället envisades han att vilja införa disciplin bland dem. Något hundratal pretoriansoldater marscherade då till hans palats och mördade honom efter endast tre månaders regering.

RIVALERS STRID OM MAKTEN

Pretoriangardets soldater höll därefter auktion på Roms tron – kejsarmakten – och sålde denna till högstbjudande, en förmögen senator Marcus Didius *Iulianus* som lovade dem en gåva på 25 000 sestertier vardera. Den hjälplösa senaten hade bara att bekräfta utnämningen av den nye kejsaren. Men liksom år 68 blandade sig legionssoldaterna också denna gång i valet av ny kejsare. Legionerna i Syrien utropade legaten i denna provins Gaius Pescennius Niger till kejsare, medan trupperna vid Donau utropade sin legat Lucius Septimius *Severus* till innehavare av kejsarmakten, och trupperna i Britannien gjorde i sin tur sin härförare Clodius Albinus till kejsare. Den av pretoriangardet utropade Iulianus försökte försvara Rom mot inkräktarna och lyckades få senaten att förklara Septimius Severus för statens fiende. Då denne i spetsen

ÖVERGÅNG TILL MILITÄRANARKI

för sina Donauhärar snabbt närmade sig Rom, avsatte senaten Iulianus som förgäves försökte vinna sin rival genom att erbjuda honom medregentskap. Iulianus mördades, liksom de pretoriansoldater som deltagit i mordet på Pertinax. Severus upplöste hela det gamla pretoriangardet och satte i dess ställe 15 000 väl utvalda soldater från Donauhären. Mot senaten visade Severus sig vänlig och gjorde sitt intåg i Rom som en fredens och inte krigets kejsare, iklädd toga och inte fältherredräkt.

Av rivalerna var Pescennius Niger i Syrien den farligaste, särskilt som han kontrollerade Roms viktigaste kornbod, Egypten. För att undvika att under ett krig i öster anfallas i ryggen av den tredje tronpretendenten, Clodius Albinus, adopterade Severus denne och gjorde honom till Caesar och därmed till tronföljare. Under tiden hade Pescennius kommit i besittning av sunden vid Mindre Asien, med bl.a. den viktiga staden Bysans (nuv. Istanbul), varifrån han kunde hota Donauhären. Trots detta fördelaktiga utgångsläge för Pescennius gjordes proceduren mot honom mycket kort. Severus tågade ned till Kilikien i södra Mindre Asien och besegrade honom i en avgörande drabbning vid Issus (år 194). När Pescennius försökte undkomma till Parthien dödades han under flykten.

Bysans som ställt sig på Pescennius sida belägrades men kunde intagas först efter två års strider, varefter dess fästningsmurar revs ned, garnisonerna dödades och invånarnas förmögenheter konfiskerades. Staden degraderades till by och förenades förvaltningsmässigt med Perinthos.

Clodius Albinus insåg att det fredliga förhållandet mellan honom och Severus inte skulle kunna bli långvarigt, och att Severus sannolikt skulle föredraga sina egna söner som arvtagare till makten framför Albinus. Understödd av ett antal senatorer lät han sina trupper utropa sig till Augustus, gick över till Gallien där han tog Lugdunum (nuv. Lyon) till huvudkvarter. Severus svarade med att låta sina trupper förklara Albinus för statens fiende, lämnade östern och begav sig till rikets västra delar. Sin äldste son, den åttaårige Bassianus, lät han utropa till Caesar och tronföljare under namn av Marcus Aurelius Antoninus, men som blev mer känd under tillnamnet Caracalla.

DEL IV – KEJSARTIDEN

De båda rivalernas jättelika härar (enligt antika uppgifter på vardera 150 000 man) möttes vid Lyon, där segern efter en förbittrad strid till slut vanns av Severus, varefter Albinus begick självmord. Lyon, den rikaste staden i väster, stacks i brand och behandlades som fiendestad. Severus tog en blodig hämnd på sin rivals anhängare i Britannien, Gallien och Spanien. I Rom skall fler än femtio senatorer ha undanröjts och deras förmögenheter konfiskerats.

KRIG MED YTTRE FIENDER

Partherna hade under striderna med Pescennius Niger lovat denne sitt stöd och även visat sin avsikt att intaga norra delen av det med Rom förbundna Mesopotamien. När Clodius Albinus utropade sig till Augustus hade Septimius Severus dragits bort från sitt tilltänkta krig med partherna. Efter att ha besegrat Albinus återupptog Severus sina krigsplaner i öster. Redan under första krigsåret föll de viktiga städerna Babylon, Seleukia och Ktesifon, som han lät bränna ned till grunden. Mesopotamien gjordes till ny romersk provins under en prefekt av riddarklassen, och två legioner förlades där för rikets försvar i öster. Resultatet av detta krig blev en ytterligare försvagning av partherriket utan att Rom dock hade kunnat besegra det. I samband med detta krig genomförde Severus ett fälttåg till Egypten och återvände därefter över Donauområdena till Rom. Efter tio års krig kunde han nu ägna sig åt inre uppbyggnad av riket.

Septimius Severus och hans familj

Septimius Severus var född år 146 i Leptis Magna inte långt från Tripolis. Han härstammade från punisk släkt av riddarklassen men hade av Marcus Aurelius tilldelats senators ställning och fått en gedigen romersk uppfostran, studerat filosofi och litteratur i Athen. Efter att ha varit *advocatus fisci* i Rom hade han avancerat i ämbetskarriären och var ståthållare i Pannonien när han utropades till kejsare. I början av sin

ÖVERGÅNG TILL MILITÄRANARKI

regering önskade han hålla fast vid traditionen från "de goda kejsarna". Han förklarade sig genom adoption vara son till Marcus Aurelius och broder till Commodus. I inskrifter låter han sin stamtavla gå tillbaka till Nerva. Han förmådde senaten att upphäva sin förkastelsedom över hans "broder" Commodus och i stället *divus*förklara honom. De tidigare porträtten av Septimius Severus är fortfarande helt i antoninsk stil, ett skäggigt filosofansikte men med något grövre och något vulgärare drag. I senare porträtt inkommer drag som visar helt nya strömningar. Porträtten blir mer och mer lika Severernas skyddsgud Serapis. Den kejserliga familjen förklarades gudomlig, *domus divina*. Inom denna familj spelade hans gemål Iulia Domna en betydande roll. Hon härstammade från Syrien, var dotter till Baals överstepräst i Emesa. Hon var litterärt bildad och intresserad. I Rom samlade hon omkring sig en grupp litterära personer och filosofer, men dessutom önskade hon taga aktiv del i det politiska livet. I inskrifterna kallas hon ofta *mater Augustorum* och *mater castrorum*, kejsarmoder och lägrets moder. Hon jämställdes med flera gudinnor, såsom Hera och Demeter. Av de båda sönerna blev den äldre, Bassianus, redan år 196 proklamerad som Caesar och två år senare som Augustus och medregent till Severus. Samtidigt fick den yngre brodern Geta titeln Caesar och år 209 titeln Augustus. Därmed hade det romerska riket tre härskare samtidigt fram till Severus död två år senare.

REFORMER

Septimius Severus var knappast någon nydanare inom förvaltningen utan fortsatte i de spår som dragits upp av tidigare kejsare. Ännu mer än tidigare utestängdes senatorerna från att deltaga i förvaltningen. Personer från öster favoriserades mer än tidigare vid tillsättandet av ämbetena och därmed även till senaten. Däremot har det visat sig att folk från Afrika inte gynnades speciellt under Septimius Severus; flertalet senatsplatser och högre militära poster besattes under denne kejsare och en tid framåt med personer från Italien eller det romaniserade Spanien. Däremot berövades Rom och även Italien sin favoriserade ställning och behandlades hädanefter som vilken annan del som helst av riket. Rikets enhet och alla delars likställighet ansågs viktig och ingen skillnad skulle existera mellan Rom och provinserna. Även i sitt palats på Palatinen poängterade Severus att Rom hade upphört att vara medelpunkten för hela riket. Detta palats byggdes med framsidan mot Via Appia, den klassiska färdvägen söderut mot Afrika och andra provinser, och vände baksidan mot centrala Roms Capitolium och Forum Romanum, mot vilka de tidigare kejsarpalatsen hade orienterats.

Severus fortsatte den linje som främst Hadrianus hade slagit in på, nämligen att favorisera riddarna inom förvaltningen. Antalet prokuratorsplatser som innehades av riddare ökades väsentligt, enligt beräkningar med inte mindre än 46. I all synnerhet fick pretorsprefekten väsentligt utökade befogenheter. Han fick domsrätt utanför den hundrade milstolpen från Rom och mottog appeller från provinsdomstolarna, han ersatte *praefectus annonae* i övervakningen av sädesanskaffningen till Rom och han blev överbefälhavare för samtliga trupper i Italien.

Från pretoriangardet uteslöt inte Severus italerna men det rekryterades allt fler soldater från provinserna, särskilt Illyrien. På Albanerbergen i Roms närhet placerades en nyinrättad legion under befäl av pretorianprefekten. Denna legion tjänstgjorde som en lättrörlig fälthär, färdig att ingripa var och när helst det behövdes. Italien behandlades som en provins. Severus strävade efter att göra militärtjänsten mer lockande. Han tillät soldaterna att ingå legala äktenskap och leva tillsammans med sina familjer i närhet av lägret. De meniga soldaterna fick möjlighet att avancera till centurioner och därifrån till de högsta militära posterna. Privilegiet för italer och romare att i första hand komma i fråga vid tillsättandet av officerstjänster upphörde, och legionerna kommenderades inte längre av *legati* ur senatorsklassen utan ur riddarståndet, som hädanefter till stor del nybildades ur militärernas led. Dessa fick över huvud mycket större inflytande och anseende, och efter slutad militärtjänst bildade de en privilegierad klass då förmånliga civila tjänster väntade dem.

Provinserna och deras förvaltning låg Severus varmt om hjärtat. Gränsförsvaret stärktes för att skydda provinserna från yttre angrepp. För att befria provinserna från inre oroligheter ville han först och främst förbättra deras finanser. Både Antiokia och Bysans, som straffats hårt för deras hjälp åt Pescennius Niger, gjorde han åter självständiga. Däremot hade han samma rädsla som tidigare kejsare hade haft för alltför stora provinser under ledning av alltför mäktiga ståthållare. Både Syrien och Britannien delades i två provinser, och Numidien skildes från provinsen Africa. Varje ståthållare, som hädanefter hade titeln *praeses* (plur. *praesides*) – med undantag för de prokonsulariska – övervakades noga för att de inte skulle kunna suga ut provinsborna. Dessa tillgodosågs med spel och festligheter, och förnämliga offentliga byggnader uppfördes i provinserna lika väl som i Rom och i Italien.

Sina motståndare behandlade Severus hårt. Konfiskeringen av de förmögenheter som tillhört anhängare till rivalen Albinus gav så stora tillskott till kejsarens kassa, att Severus bildade en *res privata principis* som, skild från den statliga *fiscus*, betraktades som kejsarens privata förmögenhet vilken förvaltades av en prokurator. Krigen och generositeten mot soldater och provinser samt det stora byggnadsprogrammet tärde ytterligare på den redan vid hans trontillträde ganska tomma statskassan. Konfiskeringarna kunde endast för en kort tid ge lindring i den nästan permanenta penningbristen. Severus tillgrep då det vanliga medlet för att skaffa mer pengar, nämligen att försämra myntets värde och minskade silverhalten med en tredjedel så att koppar ingick i silvermyntet till 80 %. Bristen på pengar drev fram en återgång till naturahushållning. Medborgarna tvingades att lämna livsmedel, material och fartyg samt göra tjänster åt stat och kommun. För övervakningen av dessa tjänster och naturaskatter krävdes inrättandet av ännu en ny förvaltning, varför byråkratin växte något redan Hadrianus hade lagt grunden till. Genom härens ökade anseende och inflytande inträdde en militarisering inom hela förvaltningen.

Inom domstolsväsendet infördes en del helt nya reformer. De permanenta domstolarna från republikansk tid avskaffades och deras ju-

DEL IV – KEJSARTIDEN

risdiktion i Rom och inom en omkrets på hundra romerska mils radie överlämnades åt stadsprefekten. En annan reform fick större betydelse för invånarna. Dessa delades nämligen in i två klasser: *honestiores*, d.v.s. senatorer, riddare och kommunala ämbetsmän samt soldater av alla slag, och *humiliores*, övriga medborgare. Dessa båda samhällsklasser behandlades olika vid utmätande av straff. För samma brott som en privilegierad kunde dömas till landsflykt, kunde en person av den lägre klassen dömas till tvångsarbete i gruvorna. En person som tillhörde *honestiores* kunde dessutom vädja om nåd hos kejsaren, en möjlighet som inte stod öppen för de andra.

KRIG I BRITANNIEN

När Clodius Albinus år 196 lämnade Britannien med en del av de romerska trupperna, försvagades romarnas möjligheter att försvara sina erövringar i norr. Romarna måste överge landet mellan Antoninus Pius och Hadrianus försvarsvallar, och denna senare raserades på flera ställen. År 208 var Severus trots sjukdom redo att dra i fält tillsammans med sina båda söner till dessa trakter, som angreps norrifrån. Han lyckades tränga långt norrut mot Skottland och även reparera Hadriani mur. Men det var uppenbart att det skulle krävas ett omfattande fälttåg för att helt pacificera folken i norr. Under förberedelserna till ett sådant dog Severus i Eburacum (nuv. York) år 211. Hans söner skyndade att sluta fred med fienderna i norr och återvände till Rom.

Caracalla 211–217 och Geta 211–212

Severus båda söner var redan vid faderns död Augusti, men den verkliga ledningen av staten innehades av deras moder Iulia Domna, som lyckades förhindra deras plan att dela riket. Däremot lyckades hon inte att försona de båda bröderna med varandra. Efter endast ett års samregering dödade Caracalla sin yngre broder. Hären och senaten förnedrade sig till att sanktionera detta mord som dock klandrades av många, bl.a. av juristen och f.d. pretorianprefekten Papinianus, som åtnjutit stort anseende och förtroende hos Septimius Severus och innehaft den betydelsefulla prefekturen över pretoriangardet från år 193 till 205. När han vägrade att försvara brodermordet, lät Caracalla mörda honom, och 20 000 människor skall ha dödats under den skräcktid som följde på mordet av Geta. Getas namn togs bort från offentliga monument och byggnader, t.ex. från Septimius Severus triumfbåge på Forum Romanum.

Strax efter mordet på Geta utfärdade Caracalla det viktiga och ännu omdiskuterade edikt, *Constitutio Antoniana*, enligt vilket alla rikets fria invånare fick romersk medborgarrätt. Med undantag för *dediticii*, en grupp människor med lägre, men ännu inte helt nöjaktigt förklarad rättsställning. Genom denna frikostighet blev alla fria invånare i riket skattskyldiga och måste bl.a. erlägga den femprocentiga arvsskatten. Man har alltför ensidigt framhållit att detta skulle ha varit drivfjädern till utsträckandet av medborgarrätten. En annan viktig orsak till ediktet var säkerligen Caracallas önskan att utjämna skillnaderna mellan rikets invånare. För Severerna var de gamla privilegierna otidsenliga; detta edikt bidrog till att utplåna skillnaden mellan italer och provinsialer, mellan erövrare och erövrade samt till en romanisering av provinserna. Med Caracalla började militärkejsarnas regemente. En helt ny porträttyp trädde fram i stället för filosofkejsarnas – soldatkejsaren med kortklippt hår och skägg samt i allmänhet bistert ansiktsuttryck. Det välkända brutala Caracalla-porträttet bryter våldsamt av mot de lugna antoninska filosofansiktena. Genom att se så grym och aggressiv ut som möjligt trodde Caracalla att han liknade sitt stora ideal Alexander den store, som han i så hög grad beundrade och ville efterhärma att han lät sätta upp en makedonsk falang på 16 000 makedoner med samma beväpning och utrustning som på Alexanders tid. Med sin häftiga vridning av ansiktet och sitt ondskefulla uttryck stämmer detta porträtt väl överens med litteraturens beskrivning av Caracalla.

KRIG MOT GERMANER OCH PARTHER

Provinsen Raetien hotades av en germansk folkgrupp, alamannerna, vars namn nu för första gången möter oss. Efter att snabbt ha besegrat dem gick Caracalla vidare mot några germanska stammar vid övre Rhen. I övrigt hyste Caracalla en viss förkärlek för germanerna, lät omge sig med en livvakt av germaner och klädde sig i germansk dräkt.

I öster försvagades partherriket av tronstrider, varför Caracalla ansåg tiden lämplig för ett angrepp. Men kriget rann ut i sanden för denna gång, helt enkelt för att partherna inte önskade något krig. I stället fick oroligheter i Egypten Caracalla att fortsätta dit. Lugnet återställdes snabbt varefter befolkningen straffades strängt; staden delades i två delar av en hög mur. Efter vistelsen i Egypten inledde Caracalla förberedelser för ett krig mot partherna, men nära det för romarna historiskt ödesdigra Carrhae mördades han år 217 på order av pretorianprefekten Marcus Opellius *Macrinus*.

Macrinus 217–218

Macrinus hälsades som *imperator* av Caracallas soldater och erkändes av senaten som den nye *princeps*. Han var den förste riddare som upphöjdes till romersk kejsare. Med partherna önskade han fred, som han också fick genom att betala ett jättelikt krigsskadestånd på 200 000 000 sestertier samt genom att återlämna de parthiska fångarna. Denna fred gjorde honom föga populär bland soldaterna, som i stället såg upp till Severernas släkt. Representanter för denna beslöt nu att gripa makten i Rom. Den mäktiga och maktlystna Iulia Domna var död, men hennes syster Iulia Maesa förklarade sin fjortonårige dotterson Bassianus för tronpretendent, och en stor del av den syriska hären hälsade honom som Imperator Marcus Aurelius Antoninus och senaten hyllade honom som *princeps*.

Elagabal (Heliogabalus) 218–222

Bassianus hade varit präst åt Elgabal i Emesa och kallades Elagabal eller i grekiserad form Heliogabalus. Sitt prästämbete ville han inte glömma ens när han blivit Roms kejsare. Till Rom förde han med sig Solgudens heliga sten och själv uppträdde han som präst och dansade vid de heliga processionerna till solgudens ära. Sitt intåg i Rom gjorde han sminkad och överhopad med juveler och klädd i purpursidenkläder. Regeringen låg i händerna på hans mormor och moder, vilka båda tog plats i senaten bredvid de båda konsulerna. Romarnas ovilja mot den ointresserade kejsaren stegrades och för att tillmötesgå folkviljan lät Iulia Maesa förklara Elagabals kusin Alexander Bassianus för Caesar och medregent. I striden om makten mellan de båda regenterna mördade pretoriansoldaterna Elagabal och hans moder och båda kastades i Tibern.

Severus Alexander 222–235

Utan motstånd utropades Alexander till kejsare och för att markera sin samhörighet med den severiska dynastin kallade han sig Severus Alexander. Under denne svage kejsare fortsatte kvinnoregementet under ledning av hans moder och mormor. Men trots hans svaghet var hans regering inte utan nyttiga reformer. Många förbättringar infördes särskilt inom rättsväsendet tack vare framstående jurister, som spelade en ledande roll i *consilium principis* (s. 244). En av de mest framstående juristerna under denna tid, Ulpianus, var pretorianprefekt samt de kejserliga kvinnornas rådgivare.

I Alexanders uppfostran saknades nästan helt och hållet militär utbildning. Han misslyckades också fullständigt med att vinna soldaternas förtroende. År 228 gjorde pretoriansoldaterna uppror och dödade sin prefekt Ulpianus utan att kejsaren försökte skydda honom eller straffa de skyldiga. Kejsarens inkompetens som befälhavare blev så mycket allvarligare för riket som det hotades i öster av en ny stat, sassanidernas persiska rike. Denna nya härskarsläkt stammade från det gamla Persiens kärnland. Genom seger över parthernas konung 224 lycka-

297

DEL IV - KEJSARTIDEN

des den förste sassaniderkungen Ardaschir (Artaxerxes) lägga grunden till ett nytt mäktigt rike, som under mer än 400 år (224-642) kämpade med romarna om överhögheten i öster. Den nye perserkungen ryckte in i Mesopotamien utan att vinna större framgångar, men trots detta blev situationen allvarlig för romarna. År 232 försökte Severus Alexander via tre skilda vägar invadera perserriket men misslyckades. Perserna led emellertid så stora förluster att de inte kunde utnyttja sin seger över romarna, som lämnade östern eftersom germanska stammar hotade fronterna vid Rhen och Donau. Alamannerna hade gått över Rhen in i Gallien. I stället för att vinna en fred föredrog Alexander att köpa en sådan, varigenom han helt förlorade soldaternas aktning. Ett myteri utbröt och både kejsaren och hans moder mördades 235.

MILITÄRANARKIN 235-285

Severernas regering innebar en hård tid för det romerska riket och en inledning till den svåra kris som under femtio år kom att skaka väldet. För att uppnå och behålla makten tvingades kejsarna att alltmer lita till de militära styrkorna, varför hären fick ökad betydelse. Rivalitet mellan å ena sidan pretoriansoldaterna i Rom och å andra sidan legionssoldaterna vid gränserna, minskade härens handlingskraft. Varje häravdelning ville utropa sin kejsare, dvs. den ledare som mest framgångsrikt kunde leda dem till seger i strider mot främmande fiender eller mot rivaliserande trupper. De som "utsågs" till kejsare av soldaterna var oftast skickliga generaler, som emellertid hade föga samvetsbetänkligheter mot att genom mord på sina rivaler själva bereda sig väg till makten. Kort tid efter det att de utsetts till kejsare föll de ofta själva offer för mäktigare rivaler eller för sina egna soldater. I snabb följd till- och avsatte hären kejsare, varför kontinuiteten i rikets högsta ledning upphörde. Under femtio år hade Rom fler än tjugo kejsare, av vilka endast få med säkerhet kan sägas ha dött en naturlig död. Under den mycket korta tid som de flesta av dem regerade kunde de inte sätta en egen prägel på regeringen, varför det är ganska meningslöst att kronologiskt redogöra för de olika kejsarna och deras förvaltning. Bara för ett par av de mer betydande kejsarna lämnas en kort redogörelse, medan för de övriga hänvisas till den kronologiska tabellen s. 393. Denna tids historia är dunkel och de antika källorna är föga givande. Dio Cassius historia slutar med Alexander Severus och även inskrifter och papyrer, som för övriga epoker av kejsartiden ger god kännedom om de inre förhållandena, är sparsammare just för denna tid. Perioden dominerades av skräck, mord och konfiskationer, en tid då det gamla raserades och nytt forcerades fram i ständigt ökad takt, då förändringar ägde rum inom alla områden. Gamla samhällsklasser upphörde eller ändrade karaktär, den gamla bildningen försvann, på det ekonomiska området uppstod fullkomligt kaos, nya skatter lamslog människornas initiativkraft.

SENATEN

Den romerske kejsaren kunde med viss rätt säga om sig själv: "Staten det är jag", eftersom han spelade en väsentlig roll i kejsartidens Rom såväl i fråga om handel, industri och jordbruk som utrikespolitik. Den verklige ledaren av den romerska staten under republiken – senaten – hade under Augustus fått behålla en stor del av sin forna glans och ställning, och män från senatorsståndet hade övertagit de högsta ämbetena inom provinsförvaltningen och de förnämsta rangerna i hären. Under de två första århundradena begränsades emellertid, som vi sett, senatens makt mer och mer. Själva senatorsståndet förändrades också mycket snabbt. Många gamla senatorssläkter dog ut, och många senatorer uteslöts på grund av sitt motstånd mot vissa kejsare. Nya senatorsfamiljer uppstod, av vilka många kom från aristokratin i provinserna, först Gallien och Spanien och från och med Trajanus även den grekiska östern.

Redan under tidig kejsartid hade hären ofta spelat en avgörande roll vid tillsättning av nya kejsare, men rent formellt hade senaten alltid givit makten och titlarna till den nye kejsaren. Maximinus Thrax (235–238) som var av enkel härkomst och endast litade på sin popularitet hos sol-

DEL IV – KEJSARTIDEN

daterna ansåg det emellertid onödigt att låta senaten bekräfta hans värdighet som kejsare, och utan senatens hörande utsåg han sin son till efterträdare. Carus (282–283) nöjde sig med att informera senaten om sin nya rang och värdighet då han av sina soldater hade utropats till kejsare. Samma likgiltighet gentemot senaten visade hans efterträdare Diocletianus och följande kejsare. Även i övrigt förlorade senaten fullständigt den makt och det anseende som den trots alla inskränkningar behållit under de två första århundradena. Gallienus (s. 307) uteslöt personer av senatorsståndet från alla högre militära befälsposter, eftersom en senator med militäriskt kommando alltid kunde vara en farlig tronpretendent. De högsta ämbetena, konsulat, *pretur* och *kvestur*, tillsattes fortfarande med senatorer. Men dessa ämbetsmäns egentliga uppgift var att hålla Roms befolkning lugn genom i regel mycket kostsamma spel. Från de inkomstbringande posterna som ståthållare i provinserna utestängdes de av Gallienus, som ersatte dem med folk ur riddarklassen. Dessutom hade förföljelser mot de högre klasserna starkt decimerat antalet senatorer, bl.a. genom ett fruktansvärt blodbad på dem under Septimius Severus.

RIDDARNA

Sedan Hadrianus (s. 244) hade infört en civil karriär och satt riddare i spetsen för de olika departementen, hade den civila banan varit jämställd med den rent militära. Från mitten av tredje århundradet gavs emellertid företräde åt denna senare. Även riddarna hade emellertid lidit svårt av förföljelserna. I stället för den gamla riddarklassen uppstod ett nytt skikt riddare ur soldaternas led. Gallienus gav alla soldater rätt att vid festtåg bära den vita paraddräkten samt guldring, som tidigare varit riddarnas privilegium. Söner till centurioner fick från födelsen riddarrang, och möjligheterna för meniga soldater att avancera till befäl ökades, samtidigt som såväl officerares som soldaternas bildning av olika anledningar sänktes till ett minimum.

Allmän tillbakagång

Överallt skedde en tillbakagång, handeln avstannade så småningom och valutaförsvagningen tilltog. Efter Severerna smälte de enskilda människornas förmögenhet snabbt bort genom olika pålagor från staten. De förmögna i varje stad fick garantera inbetalningen av städernas utgifter till staten. Förut hade det gällt som en ära att hjälpa sin hemstad, och solidariteten med den hade uppmuntrat de rika till frivilliga åtaganden att förse den med thermer, bibliotek och andra nyttobyggnader. Under tredje århundradet blev det en olycka att vara rik, och lusten att skänka bidrag till sociala förmåner för de fattiga försvann liksom viljan att åtaga sig ämbeten i städerna. Dessa hade förut gällt som äreämbeten, *honores,* nu blev de en börda, *munus,* för innehavaren. Det hände att de rikaste i en stad betraktades som ett råd som skulle se till att skatterna inflöt ordentligt, vilket oftast innebar ekonomisk ruin för dem. Vad gemene man inte frivilligt ville göra för staten och kommunen, tvingades de rika att göra. För att genomföra offentliga arbeten tillgrep myndigheterna tvångsarbete, som de berörda naturligtvis med alla medel försökte undkomma. Konfiskering blev allt vanligare. Varje dag kunde order komma till de förmögna att ställa livsmedel, husrum, dragare eller tjänster till soldaternas förfogande. Ingenting var säkert. Den som den ena dagen var rik, kunde den andra dagen vara utfattig. Vad staten inte tog, tog ofta tjuvar och rövare som uppträdde överallt. Inskrifter vittnar om att edikt och påbud har utfärdats av en del kejsare för att hejda laglösheten och oordningen, men själva roten till det onda angrep man inte: människorna hade inte längre något förtroende till staten och dess system. Hela det politiska, ekonomiska och sociala livet gick från en decentraliserad administration över till ett ökat centraliserat ämbetsmannavälde. Den rika variation av lokalt särpräglade förhållanden, som i början av principatet hade rått i provinserna samt städerna med kommunalt självstyre och egen administration, försvann och efterträddes av en allmän nivellering: Roms och Italiens privilegierade ställning framför andra städer och provinserna upphörde och likhet infördes mellan de olika befolkningsskikten. Man strävade efter

DEL IV – KEJSARTIDEN

en fullkomlig jämlikhet i alla romerska provinser. Borgare och bönder blev lastdjur i den allsmäktiga statens tjänst, alla klasser blev bundna till sitt yrke, bonden till sin jord, arbetaren vid sin verkstad, handelsmannen och skeppsredaren vid sin korporation, soldaten vid sin krigstjänst. Individen levde inte sitt eget liv utan ett liv för staten.

Allmän militarisering

Samtidigt skedde en militarisering av hela statslivet. Administrationen ordnades alltmer efter militära kategorier. De civila ämbetena uppfattades som militära tjänster. Varje tjänsteman från den lägste till den högste gällde som soldat eller officer. Lönen för de civila tjänsterna kallades *stipendia*, som tidigare betecknat soldaternas sold. För att skilja militärtjänsten från den civila infördes termen *militia armata*. Staten ställde samma krav på den civile tjänstemannen som på soldaten i fråga om disciplin. Kejsaren blev kejsarguden, inför vilken varje form av invändning förstummades. Hans bud blev lag som blint måste lydas, människorna som helhet, som ett block, underordnade sig kejsaren vilken var den allsmäktiga statens ledare. Men det militäriska kejsardömet fick en stark förankring i religionen. Kejsarhuset blev gudomligt, *domus divina*, och för allmänheten blev kejsaren "Vår herre och vår Gud". Under Aurelianus (s. 310) förekommer på mynten *deus et dominus* som officiell benämning. Det var inte längre som under de två första århundradena, att bara de avlidna kejsarna dyrkades som *divi* utan i lika hög grad de härskande. Kejsarna utfärdade sina lagar utan senatens godkännande men efter att *consilium principis* rådfrågats, där rikets förnämsta jurister satt. Särskild roll spelade pretorianprefekterna av vilka den ene vid denna tid alltid var jurist.

MILITÄRA FÖRÄNDRINGAR

Roms förste kejsare Augustus hade haft som mål att så långt som möjligt skapa naturliga gränser, som kunde skyddas med ett minimum av soldater. Samma försvarsidé hade de följande kejsarna som stärkte

ÖVERGÅNG TILL MILITÄRANARKI

gränsförsvaret. Starka fästningsvallar med torn i förening med välutrustade legionstrupper skulle hindra fiender att tränga in i riket. Från och med Hadrianus rekryterades legionstrupperna huvudsakligen från trakten kring förläggningsorten, medan man tidigare hade låtit Italien och de västra provinserna Gallien och Spanien lämna det mesta soldatmaterialet. Även om de långa gränserna försvarades av ett förhållandevis litet antal trupper, uppstod snart brist på soldater. I början av tredje århundradet rekryterade man folk som tidigare hade varit fiender, såsom germaner, mauretaner och framför allt folk från Donauområdet, illyrer och dalmater. Hela stammar av främmande folk fick jord längs försvarsvallen, *limes*, på villkor att de vid anfall skulle förstärka de romerska trupperna. Septimius Severus hade tillåtit både legions- och hjälptrupperna att ingå äktenskap och leva tillsammans med sina familjer utanför kasernerna, och Alexander Severus hade medgivit dem rätt att äga och odla jord i närheten av lägren. Dessa förmåner hade beviljats soldaterna i den goda avsikten, att dessa skulle få ett större intresse för försvaret när de också skulle försvara sin egen jord förutom riket i sin helhet. Men snart började soldaterna glömma både sina militära plikter och underhållet av gränsvallarna. Dessutom började de känna sig bundna vid sina hem- och förläggningsorter, som de ogärna ville lämna. Med tiden övergick jorden med tjänsteplikt till soldaternas söner, som därmed blev militäriskt organiserade bönder.

Systemet med i huvudsak ett starkt gränsförsvar lämnade de inre delarna av riket utan försvar och fungerade bara så länge riket inte anfölls av yttre fiender eller oroades av inre stridigheter. I mitten av tredje århundradet, då riket skakades av både anfall utifrån och av försök att isolera och frigöra provinser från riket (som inte var något nytt för romarna), blev dessa angrepp förödande just på grund av de inre svåra förhållandena. I väster ockuperade saxare Nordsjöns kust mellan Rhen och Weser, och deras flotta härjade även Britanniens och Galliens kuster. Alamanner hotade *limes* vid Övre Germanien och Raetien. Något längre österut utgjorde markomanner och kvader fortfarande ett hot vid övre Donau, medan sarmater och vandaler trängde på mot Dacien och Nedre Moesien. Dessa folk angrep emellertid inte med några större härar under århundradets första hälft, utan de flesta ställde endast upp med något tiotusental man. Den största faran i väster för romarna var att gränsförsvaret blev försummat och att romarna vid den tiden inte hade några rörliga härar att möta attackerna med. Samtidigt växte faran från öster, där parthernas rike under arsakidernas överhöghet störtades av en upprorisk vasall Ardaschir (lat. Artaxerxes), som stammade från det persiska rikets gamla kärnland Pars (eller Persis). Efter att ha besegrat partherna bildade Ardaschir ett nytt persiskt välde under sin egen dynasti, den sassanidiska. Detta välde knöt an till det gamla achamenidiska riket. Perserna ville inte acceptera Roms överhöghet i öster. Under mer än 400 år (224–642) förde de långa krig mot romarna med växlande framgång. Redan den förste kungen Ardaschir (224–241) besatte viktiga städer som Nisibis och Carrhae, och hans son och efterträdare Schapur I (latin Sapor), vars regering inföll under Roms värsta svaghetsperiod (242–271), angrep den romerska provinsen Mesopotamien och Syrien. Efter ganska många år av lugn blev östern åter krigsskådeplats. Visserligen kunde romarna återtaga det förlorade, men när Philippus Arabs blivit kejsare 243, var han belåten med att köpa en fred av perserna. Romarna skall ha betalt 500 000 denarer och förpliktigat sig till fler utbetalningar, på villkor att romarna fick behålla de gamla gränserna. Men Schapur ändrade bara på målen för sina angrepp. Efter att ha låtit mörda kungen av Armenien, som varit en trogen bundsförvant till Rom, placerade han en perser på Armeniens tron, varefter han inledde en serie anfall mot Mesopotamien, Syrien och Kappadokien samt intog Antiokia, vars befolkning massakrerades.

RELIGIÖSA FÖRHÅLLANDEN

Det var helt naturligt att inte bara kejsaren utan också det romerska folket ville söka syndabockar som de kunde avlasta skulden på för de katastrofala förhållandena i riket. Under ganska lång tid hade de kristna kunnat sprida sin lära jämförelsevis lugnt och vinna nya anhängare, inte

ÖVERGÅNG TILL MILITÄRANARKI

bara bland de lägre och medelklasserna utan även bland de högre särskilt i öster.

Församlingar bildades nästan överallt med en stark organisation under ledning av biskopar. Men de kristna intog ju en helt fientlig inställning till de av staten godkända kulterna, och de kristna ställde sig avvisande till militärtjänst och slöt sig strängt inom sina egna församlingar dit ingen icke-kristen fick tillträde. Därför betraktades de av både de styrande och den stora folkmassan som illojala medborgare vars religion kunde splittra staten, medan den statliga religionen var något som inte kunde skiljas från de politiska och sociala organisationerna. Varje romersk medborgare hade skyldighet att deltaga i de officiella offren, vilket de kristna som sagt vägrade att göra. Att krossa denna statsfientliga rörelse som vunnit anhängare inom alla kretsar t.o.m. bland senatorerna, blev en folket behaglig gärning för de kejsare som ville gälla för äkta romare, trots att de själva härstammade från ursprungligen icke-romerska delar, som Illyrien.

Under Maximinus Thrax (235–238) inleddes ett angrepp mot ledarna av den kristna kyrkan, eftersom det var de som var ansvariga för propagandan av de kristna trossatserna. Någon allmän förföljelse riktades inte vid denna tid mot de kristna, och angreppen begränsades huvudsakligen till Rom och Palestina vad gällde kyrkans ledare. Efter Maximinus död 238 inträdde en kort period av lugn och tillväxt för de kristna. Under Decius korta regering (250–251) inleddes det första verkliga försöket att utrota de kristna och deras lära i romerska riket. År 250 utfärdade Decius ett edikt (som dock inte har bevarats) att alla medborgare i Italien och provinserna skulle fullgöra officiell dyrkan av statens gudar. De som vägrade skulle straffas med döden, men de som offrade skulle få ett skriftligt bevis härpå. Flera sådana intyg om förrättade offer har påträffats. Många kristna led martyrdöden, såsom den store kyrkofadern Origenes som dog i ett fängelse i Palestina, medan andra genom flykt sökte undkomma döden såsom Kartagos biskop Cyprianus. Denna förföljelse ebbade emellertid ut redan i slutet av 250, och upphörde helt vid Decius bortgång 251. Men de kristna utsattes för en ännu svårare prövning några år senare under kejsar Valerianus. År 257 befallde Valerianus att alla skulle offra åt statens gudar. Han förbjöd biskoparna att hålla gudstjänst samt menigheten att samlas till församlingsmöte och stängde slutligen kyrkogårdarna. I ett andra edikt följande år bestämdes att biskopar och präster genast skulle dödas om de greps, medlemmar av senators- och riddarstånden skulle hotas med dödsstraff om de inte avsvor sin tro. Om de gjorde detta nöjde sig staten med att konfiskera deras förmögenhet. Under hot av dylika straff avsvor sig många sin tro, men många led även denna gång martyrdöden, bl.a. den nyssnämnde Cyprianus. Genom dessa förföljelser "renades" emellertid den kristna kyrkan, som genom alla lidanden kom triumferande ut från motgångarna. Förföljelsen avstannade och Valerianus son Gallienus tillät de kristna att använda sina kyrkor och kyrkogårdar och utfärdade förbud mot förföljelser 260. Kyrkan kunde därefter under nära ett halvt århundrade ostört utvecklas och växa. Under denna period kunde den kristna läran spridas till miljontals människor och i humaniserande riktning påverka otaliga personers handlingssätt. Även om de kristna inte ställde sig avvisande till slaveriet, bidrog läran i hög grad till en humanare behandling av slavarna.

Gallienus 253–268, ensam härskare 260–268

Det var emellertid inte bara de kristna som under denna kaotiska och militäristiska tid verkade för bättre och mer humana förhållanden. En av epokens märkligaste kejsare var Gallienus, som först under sju år var medregent till sin fader Valerianus, och sedan efter dennes död 260 regerade ensam under åtta år. Den längsta tid som någon kejsare under militäranarkin kom att härska.

Gallienus såg att en räddning av romarriket låg i en återgång till den grekiska kulturen, och under hans regering grundades det sista stora filosofiska systemet under antiken, nämligen nyplatonismen. I mycket liknade Gallienus kejsar Hadrianus: han delade dennes intresse för konst och litteratur och inte minst intresserad var han av filosofi. Liksom Hadrianus lät han sig invigas i de eleusinska mysterierna och visade sitt intresse för Grekland bl.a. genom att antaga arkontämbetet i Athen. Understödd av sin grekiska gemål ville Gallienus främja och förnya den grekiska odlingen. Särskilt favoriserade han den tidens störste filosof *Plotinos* (204–270). Denne var född i Egypten men grundade en skola i Rom som han förestod till sin död. Gallienus planerade att grunda en stad i Platons anda i Kampanien, Platonopolis, vars invånare skulle leva efter Platons principer. Ett projekt som aldrig utfördes på grund av kejsarens plötsliga död. Många av Plotinos lärjungar deltog aktivt i politiken. En av dem, *Porphyrios* från Tyros, utgav efter Plotinos död hans föreläsningar som mest var kommentarer till Platons, Aristoteles och stoikernas lärosatser, till vilka Plotinos fogat sina egna funderingar. Filosofens mål är att höja själen ur den materiella världen till förståndets sfär. Förståndet, möjligheten att använda sina sinnen, är den mänskliga själens högsta funktion, men över det mänskliga förståndet vilar den gudomliga tanken och över den finns i sin tur det högsta, Gud, som inte kan förstås med vare sig tanken eller förståndet utan bara genom en ofattbar mystisk erfarenhet.

Gallienus regering utgjorde höjdpunkten av olyckor och katastrofer för det romerska riket. Både Italien och Mindre Asien drabbades av jordbävningar, pest utbröt i Egypten och spred sig därifrån till hela riket, där den härjade under mer än 15 år. I Alexandria dog ungefär två tredjedelar av befolkningen och i Rom dog en tid 5 000 personer om dagen. Värst följder fick denna farsot för hären som genom pesten kraftigt decimerades på alla fronter. Tjuvar och rövare härjade överallt och sjörövare gjorde Medelhavet och dess kuster osäkra liksom på Pompejus tid. Och som aldrig förr ansattes nu riket samtidigt av yttre fiender på flera fronter.

YTTRE FIENDER
Gallien

I väster trängde franker in i Gallien, där de erövrade ett sextiotal städer och spred skräck bland invånarna. Frankerna nöjde sig inte med att härja i Gallien utan bröt även in i Spanien, där de bl.a. förstörde staden Tarragona (Tarraco). Något senare fortsatte de sina härjningar vid Mauretaniens kust.

Gallien frigjorde sig för en tid från det romerska imperiet. Efter en seger över frankerna utropade sig en hög ämbetsman av gallisk härkomst, Postumus, till kejsare och lät mörda en son till Gallienus, som denne lämnat kvar som befälhavare över trupperna vid Rhen. Både Spanien och Britannien besegrades av denne Postumus, som utvalde Trier (Augusta Treverorum) till sin huvudstad. Där bildade han en romersk senat och tillsatte årliga konsuler, präglade egna mynt och omgav sig med sitt eget pretoriangarde. Tack vare sina framgångar kunde Postumus effektivt försvara sig mot de invaderande germanerna och ge Gallien möjlighet att återhämta sig efter frankernas härjningar.

Till slut mördades Postumus av sina egna soldater och det självständiga riket i Gallien kunde återförenas med det romerska väldet 274.

Marcomanner

Marcomanner bröt genom det romerska gränsförsvaret vid Donau och trängde ned i Italien ända till Ravenna, där Gallienus 254 hejdade dem. Han ingick förbund med dem och beviljade dem landområden söder om Donau i Övre Pannonien. Något år senare gjorde alamannerna ett angrepp in i Italien och nådde fram till Milano. Även i Rhenlandet förvärrades situationen allvarligt för romarna, men de svåraste prövningarna kom från öster.

Persien

Den persiske härskaren Schapur besegrade redan under Gallienus första regeringsår en romersk här på 60 000 man och krossade försvaret av den viktiga staden Dura-Europos. Förhållandena i öster blev ytterst kritiska för romarna. Vi känner numera ganska väl till dessa genom en inskrift som påträffades på 1930-talet, skriven på tre språk, två persiska dialekter och grekiska. Inskriften skildrar förhållandena från persisk synvinkel och är därför ingen helt objektiv källa men oavsett det ger den oss en djupare kunskap om den romerska statens svaghet under denna tid. Schapur berömmer sig av att ha erövrat 37 städer. För att möta den persiska hären drog Valerianus samman trupper från alla håll. Vid Edessa möttes de båda härarna. Den romerska hären, som kraftigt minskats i antal genom pesten, drabbades av ett svårt nederlag och Valerianus själv hamnade i persisk fångenskap. Inte mindre än fyra gånger har perserna i reliefer på klipporna låtit framställa den romerske kejsaren i kedjor och knäböjande bönfalla inför den segerrike Schapur. Det var en händelse av största triumf för perserna och samtidigt av djupaste förnedring för det romerska riket.

Sedan den romerske kejsaren råkat i fångenskap, fortsatte perserna sina härjningar över Syrien, Kilikien och Kappadokien. När Schapur återvände med rikt byte kom han i konflikt med en oväntad fiende, den romerske klientfursten Odenathus av Palmyra.

Palmyra

Palmyra var en oas i den syriska öknen vid korsvägen mellan de viktiga karavanvägarna från Medelhavet till Centralasien och till Persiska viken. Där samlades varor av olika slag från Arabien, Kina, Indien och Persien. Dess befolkning hade sedan Trajanus dagar utgjort ett värdefullt tillskott till den romerska hären och även bildat en av romarna delvis oberoende armé i Syrien. Odenathus framgångar berodde till största delen på det utmärkta rytteriet med dess pansarbeväpning. När Schapur genom sina erövringar skurit av tillfartsvägarna för Palmyra till Persiska viken och därmed hotade karavanhandeln söderut, ingrep Odenathus och drev bort perserna från det romerska Mesopotamien och Armenien, invaderade själva Persien och belägrade huvudstaden Ktesifon, men utan större framgång. Från den misslyckade belägringen av Ktesifon vände sig Odenathus mot goterna som hade invaderat Mindre Asien och bl.a. förstört det stora Dianatemplet i Efesos. Någon drabbning mellan Odenathus och goterna blev det inte, eftersom dessa frivilligt seglade i väg med ett rikt byte och många fångar. Strax därefter föll Odenathus offer för en mordkomplott och efterträddes av sin vackra, begåvade och ytterst bildade gemål Zenobia som övertog makten i Palmyra för den omyndige sonen Vaballathos räkning.

Goter

Följande år (258) kom emellertid goterna tillbaka och inledde en invasion i stor skala av romerska riket. En flotta på 500 fartyg och en landhär som uppskattas till 320 000 man, trängde in i Balkan och på de Egeiska öarna, skövlade Grekland och intog Athen, Argos och Sparta. På sin återväg norrut genom Epirus och Makedonien mötte de Gallienus vid Naissus i Moesien, där 50 000 goter stupade i ett ytterst blodigt slag. Gallienus kunde inte utnyttja segern fullt ut eftersom han kallades hem till Italien av inbördesstrider där. Han mördades av sina illyriska officerare som sannolikt kände missnöje med att Gallienus inte tillräckligt ägnat sig åt försvaret av Donaugränsen.

Under hela sin regering måste Gallienus vistas i fält och utkämpa det ena slaget efter det andra mot olika fiender. Det ständiga krigarlivet drog honom likväl inte bort från hans intresse för den andliga odlingen. Skillnaden mellan Gallienus och de övriga militärkejsarna framträder också tydligt i hans porträtt. I övriga kejsares bilder ser man soldatidealet klart: kejsaren med kort skägg och hår och ett uttryck så skräckinjagande som möjligt. Gallienusbilden verkar däremot inte genom sin aggressivitet utan sin elegans och förfining och i porträtten från senare dagar genom sin makt och pondus. Man ser en tänkande kejsare med blicken uppåtriktad mot himlen och vilande långt bort i fjärran. Det är filosofkejsaren som vi åter möter, i skarp kontrast till soldatkejsarna med det barska utseendet. Filosofkejsaren som representerar den traditionella grekisk-romerska kulturen.

Aurelianus 270–275

Vid Gallienus plötsliga död var goterna inte helt besegrade. Hans efterträdare Claudius lyckades emellertid besegra dem så grundligt att hotet från dem var undanröjt för ett århundrade framåt. Som tack för sina

ÖVERGÅNG TILL MILITÄRANARKI

segrar över goterna fick han attributet *Gothicus*. När han rycktes bort av pesten efter endast två år vid makten, återstod emellertid många fiender på flera fronter för hans efterträdare Aurelianus, som kan betraktas som den andre mer märklige kejsaren under denna period. Tack vare utomordentliga soldategenskaper hade denne illyrier av enkel härkomst svingat sig upp till de högsta graderna i kavalleriet och av sina ryttarsoldater utropats till kejsare. Även som kejsare utmärkte han sig mer som en skicklig general än som diplomatisk härskare. Italien hotades fortfarande av invasioner, närmast från några stamfränder till alamannerna. Aurelianus besegrade dem och tillintetgjorde hälften av deras här. I tur därefter kom vandalerna, som hade invaderat Pannonien. Efter en hård strid tvang han dem till fred på villkor att de ställde 2 000 ryttare till förfogande för den romerska hären. Marcomanner och alamanner trängde då åter in över Italien och belägrade bl.a. Milano. Visserligen kunde Aurelianus driva dem bort ur Italien men insåg att landet inte var säkert skyddat för nya invasioner. Huvudstaden måste försvaras mot angrepp. Rom omgavs med en jättelik mur, 19 km lång och med en genomsnittlig höjd av 7–8 m. Den uppfördes av gammalt, hårt tegel under mycket stor brådska. Gamla byggnader, t.ex. Cestiuspyramiden, byggdes in i försvarsmuren. Man har diskuterat om Aurelianus har tillgripit tvångsarbeten eller rent av förstatligat de gamla korporationerna (*collegia*), för vilket dock inte finns något bevis. Trots all brådska blev muren inte färdig under kejsar Aurelianus utan först under hans efterträdare. I början av 300-talet, troligen under kejsar Maxentius, har denna mur gjorts högre och förstärkts. Men trots detta kunde den inte hindra goterna att under 400-talet tränga in i det romerska rikets forna huvudstad.

Östern var ännu inte pacificerat av romarna. Men närmast gällde inte striden de tidigare fienderna perserna, utan dessas besegrare och Roms nya bundsförvant Palmyra. Då Aurelianus var upptagen av krigen i väster, passade detta rikes nya härskarinna Zenobia på att utöka sitt välde med Egypten och Mindre Asien och hon hade t. o. m. slutit förbund med perserna. Aurelianus beslöt sig för att återerövra östern. På sin väg österut passerade Aurelianus Donau och besegrade goterna där. Det av

DEL IV – KEJSARTIDEN

Trajanus erövrade guldlandet Dacien övergavs nu helt och hållet. Både civilbefolkning och militära styrkor fördes söder om Donau. Trots den ganska kortvariga erövringen av området har både romarnas språk och civilisation överhuvud satt djupa spår i landet ända fram till våra dagar.

Vid Emesa hamnade Aurelianus i strid med en palmyrensk här på 70 000 man som han besegrade, varefter han fortsatte marschen till själva Palmyra som han belägrade. Först när den skräckslagna drottningen Zenobia försökte fly till perserna, gav staden upp sitt envisa och modiga försvar. Zenobia hanns upp av romarna och fördes fången till Aurelianus som skonade hennes liv. Även staden och dess invånare behandlade han milt, lämnade kvar en romersk garnison och återvände till Europa. När han kommit till Donau, fick han meddelande att Palmyra hade rest sig och huggit ned den romerska garnisonen. Han vände omedelbart om, intog åter Palmyra som denna gång fick känna på kejsarens hårdhet. Knappast någon människa undkom, stadens murar revs ned och de oerhörda skatterna fördes bort. Staden lämnades öde och övergiven ute i öknen, tills den under modern tid åter har grävts fram.

Aurelianus var övertygad om att det var solguden i Emesa som hade hjälpt honom till seger mot Palmyra, och beslöt att överföra dennes kult även till Rom. Men han ville inte införa den rent österländska kulten, som Heliogabalus (s. 297) hade gjort utan han önskade "romanisera" kulten. På Marsfältet restes ett nytt tempel åt Solen, vilket fick ett eget romerskt prästerskap, *pontifices Solis*, som inte var beroende av övriga prästkollegier men som ändå var underställt kejsaren i dennes egenskap av *pontifex maximus*.

Denna Solkult var avsedd att införas i hela det romerska riket. En enda Gud skulle råda i hela imperiet. Dessa planer genomfördes aldrig på grund av kejsarens plötsliga död.

EKONOMISKA FÖRHÅLLANDEN
De ständiga krigen kostade oerhörda penningsummor. Den krympande handeln och industrin samt statens ökade skattetryck på medborgar-

na försatte rikets ekonomi i ett fullkomligt katastofalt läge. Penningvärdet sjönk i botten. Det gamla silvermyntet, *denarius*, var nästan värdelöst. Man fyllde då en påse med 3 125 denarer som fick ersätta det gamla myntet. En sådan påse kallades *follis*. Aurelianus devalverade denaren från åtta till en sestertie, alltså till en åttondedel av sitt forna värde, vilket snart visade sig vara helt otillräckligt. Vidare stängde han de lokala myntverken och satte för alltid stopp för senatorernas rätt till prägling av mynt i Rom. För att hindra alltför kraftig stegring av brödpriserna ställde han bagerierna under statlig kontroll och för att lindra nöden hos de fattiga delade han dagligen ut bröd till dessa, och dessutom ordnade han med regelbundna utdelningar av kött, olja och salt samt vin till reducerat pris. Men trots alla ansträngningar kunde Aurelianus inte hindra att både de ekonomiska och sociala förhållandena förvärrades alltmer i det romerska riket.

Förutom genom rikliga utdelningar av livsmedel hölls Roms befolkning på gott humör genom dyrbara spel av olika slag. Storstadens befolkning vande sig vid att alltmer leva helt på statens bekostnad.

På grund av ett falskt rykte att Aurelianus planerade att låta avrätta en del officerare i sin livvakt, gick dessa snabbt till handling och mördade sin kejsare 275.

DEL IV – KEJSARTIDEN

Tetrarkin

Diocletianus 285–305

Under ett halvt århundrade hade det varit hårda tider för invånarna och det romerska riket i stort. Ständiga krig, pest, ekonomisk ruin, ökande skatter och höjda priser hade fört riket allt närmare en fullständig upplösning. Krisen måste bemästras, och det skedde till priset av en maktpolitisk och organisatorisk revolution med efterverkan långt in i följande period. Den kräver en ganska detaljerad framställning för att bli förståelig.

Två Augusti

När Valerius Diocletianus efter mordet på företrädaren utropades till kejsare 285 av sina officerare och soldater, föll valet på en kraftfull och energisk person, som inte ryggade tillbaka för genomgripande reformer i avsikt att reorganisera väldet och dess författning. Diocletianus var född nära Salona i Dalmatien (nuv. Kroatien) troligen omkring 245, son till en frigiven slav. Hans enkla börd hade inte varit något hinder för honom från att snabbt avancera i de militära graderna. Ännu rådde fullkomligt kaos i rikets inre, ännu hotade invasioner i både väster och öster. När Diocletianus blivit kejsare insåg han att han inte ensam kunde svara för hela rikets försvar och samtidigt sanera förvaltningen, varför hans första mål var att finna en medhjälpare som han kunde lita på och som inte med soldaternas hjälp själv tog makten och störtade Augustus. En sådan fann han i en något yngre vapenbroder, Valerius *Maximianus*, som han utsåg till Caesar och Augustus son (*filius Augusti*) och från 1 april 286 också till Augustus. Maximianus var en typisk representant för den tidens militärer. En illyrier av låg börd, tapper och ganska kunnig i krigföring men i avsaknad av all humanistisk bildning och utan intresse för förvaltning eller organisation. Organisation var däremot Diocletianus stora lidelse, medan han gärna överlämnade åt sina medhjälpare att utkämpa krigen. I det avseendet liknande han den förste kejsaren Augustus. Även i mycket annat liknade Diocletianus Augustus. Till sin läggning var han konservativ och ville med sina reformer knyta an till redan beprövade idéer. Främmande religioner fann inte nåd inför honom, varför Aurelianus planer på att införa Solkulten inte förverkligades. I stället ansåg Diocletianus att soldaternas utropande av honom till kejsare skett med Jupiters vilja. Han skulle som en ny Jupiter övervinna de kaotiska förhållandena och införa ordning i det romerska riket på samma sätt som Jupiter infört kosmos i världen. Han lät kalla sig själv för *Jovius*, medan Maximianus benämndes *Herculius*. Redan genom dessa titlar markerade Diocletianus för sina undersåtar, att Maximianus egentligen var underställd denne och en medhjälpare till honom på samma sätt som Hercules varit son och medhjälpare åt Zeus (lat. Jupiter). Något dubbelprincipat kan man inte kalla samarbetet, lika litet som man kan tala om en delning av riket, även om Maximianus kom att ta sig an den västra halvan och Diocletianus den östra. De två kejsarna hade bara ansvar att sköta försvaret av sin del av riket. Men båda skulle härska i fullständig enighet. När de båda härskarna inte var i fält hade Diocletianus Nikomedia vid Marmarasjön som huvudstad. Maximianus valde Aquileia alternativt Mediolanum (nuv. Milano), som blev den nya huvudstaden i väster. I Rom uppehöll sig Maximianus ytterst sällan och då endast kortvarigt.

Tetrarkin skapas

Utanför Galliens kuster härjade pirater. Striden mot dem anförtroddes åt en german i romersk tjänst, *Carausius*, som hade stor erfarenhet av sjökrig. Men i stället för att driva bort sjörövarna lät han dem fara ut på plundringståg och när de kom hem med rikt byte slog han dem och beslagtog bytet, för vilket han kunde köpa soldater åt sig själv. När Maximianus insåg förräderiet dömde han honom till döden, men Carausius lämnade Gallien och for till Britannien där han hälsades som Augustus. Troligen var det denna motgång som förmådde Diocletianus till ytterligare en delning av makten. Själv adopterade han gardesprefekten *Galerius*, medan Maximianus adopterade sin prefekt *Constantius* med tillnamnet *Chlorus*. Banden mellan dessa fyra stärktes genom giftermål: Galerius blev svärson till Diocletianus och Constantius var gift med Maximianus styvdotter. Båda utropades till Caesares från den 1 mars 293. Det dubbla principatet blev därmed en tetrarki. Caesares anförtroddes särskilda verksamhetsområden. De två var snarare *socii Augusti* än underställda dessa: Constantius fick Gallien med Trier som huvudstad samt med uppgift att återerövra Britannien. Galerius fick Illyricum, d.v.s. allt land söder om Donau från Svarta havet till Inn, med Sirmium nordväst om nuvarande Belgrad som huvudstad. Deras huvuduppgifter var således att skydda riket dels i norr vid Rhen- och Donaugränsen. Fortfarande betraktade Diocletianus riket som en enhet. Allt sammanhölls av hans personlighet och auktoritet. Lagar utfärdades i samtliga fyras namn, och triumfer som vunnits av någon av de fyra gällde dem alla. Å andra sidan hade var och en av dem sitt eget hov och sin egen livvakt och hade rätt att prägla mynt med sin egen bild.

De båda Caesares måste omgående gå i aktion, och de infriade redan från början Diocletianus förväntningar på dem som dugliga militärer i strider med yttre fiender. Constantius gick omedelbart till angrepp mot usurpatorn Carausius, underkuvade frankerna och andra germanska stammar som var i förbund med denne, vilken mördades 293 av en rival. År 296 gick Constantius över till Britannien och återtog allt land upp till Hadriani mur, samt försökte skydda sjöfarten mot de germanska och piktiska sjörövarna genom att anlägga en rad fort utmed kusten och förstärka flottan. Därefter återvände han till fastlandet och drev germanerna över Rhen samt förstärkte *limes* på flera platser.

Med Diocletianus hjälp rensade Galerius Donauområdet från goter och andra fientliga folk samt byggde nya fort längs gränsen. När Diocletianus senare befann sig i Egypten för att slå ned ett uppror, tvingades Galerius att ta upp striden med Persien som invaderat Syrien. Slutligen gick Persien med på att överlämna Mesopotamien fram till Tigris åt romarna, som därefter var befriade från persiska angrepp under femtio år.

REFORMER

Diocletianus insåg klart att hoten mot det romerska rikets framtid kom lika mycket från de inre missförhållandena som från yttre fiender. Att förbättra levnadsförhållandena för rikets invånare var därför lika nödvändigt som att försvara sig mot fientliga angrepp. Som nämnts utmärkte sig inte Diocletianus i sina reformer genom några radikala nymodigheter utan tillämpade i allmänhet bara mer strängt de reformer som redan införts av de föregående kejsarna från Augustus till Aurelianus.

Stats- och provinsförvaltningarna

Diocletianus ville stärka den centrala förvaltningen och förhindra att alltför mäktiga ståthållare i provinserna skulle kunna resa sig mot kejsaren. Denne skulle vara den enda auktoriteten inom alla delar av förvaltningen, såväl den administrativa som militära, lagstiftande som dömande. Eftersom kejsaren var ensam lagstiftare, var han också den högsta dömande myndigheten och uttolkaren av lagen. Makten att härska hade beviljats honom av gudarna genom folkets och härens val. Därför stod kejsaren över lagen och han kunde inte ställas till ansvar för sina lagstiftande och administrativa handlingar. Diocletianus utvecklade vidare det påbörjade sönderstyckandet av provinserna i mindre förvaltningsområden och fortsatte att jämställa på alla områden. Skillnaden mellan senatoriska och kejserliga provinser upphävdes. Senatorerna avlägsnades helt från riksförvaltningen. Italien och även Egypten, som dittills intagit en särställning bland provinserna, uppdelades i småprovinser.

Prefekten av Egypten behöll sin titel men blev ledare endast för norra delen av landet. Helt uppdelat blev Egypten först efter Diocletianus abdikation, mellan åren 307 och 309.

Ståthållarposterna blev rent civila. Endast förvaltningen av Asia, Africa och Achaia leddes av senatoriska prokonsuler. Alla övriga ståthållare som togs från senatorsståndet med konsuls rang kallades *consulares*, de med pretors rang kallades *correctores* och riddarna *praesides*. Skillnaden mellan titlarna upprätthölls inte strängt och ett gemensamt namn för alla ståthållare var *iudex*, domare. De 100 (senare 120) provinserna delades in i tolv områden, *dioceser*, som vart och ett styrdes av en *vicarius* som ställföreträdare för de fyra pretorianprefekterna, vilka var chefer för de fyra prefekturerna Orienten, Illyrien, Italien och Gallierna. Dessa vicarier, som var civila ämbetsmän, togs alltid ur riddarklassen och hade uppsikt över ståthållarna, även de senatoriska. Diocletianus skilde strängt på civila och militära tjänster. Troligen på grund av den ringa bildning som militärerna hade vid denna tid, uteslöt han dem helt från alla civila ämbeten, men trots detta gällde varje statstjänsteman som officer eller soldat.

Hären

Den största reformen gällde härväsendet. Pretoriangardet hade flera gånger visat sig vara opålitligt i förhållande till kejsarna. Därför minskades dess makt och pretorianprefekten var inte längre dess chef. Gardet blev nu bara en garnison för Rom vilket kunde motiveras med att kejsaren, till vars skydd den förut fungerat, så sällan befann sig i Rom. I stället fick var och en av de båda Augusti var sin prefekt och efter 293 även de båda Caesares, som ständigt vistades utanför Rom och som efter Konstantin endast hade civila befogenheter.

Diocletianus höll fast vid Hadrianus idé om ett starkt gränsförsvar. Överallt, men främst i öster längs gränserna mot Arabien och Syrien, byggdes storartade gränsbefästningar med kastell på djupet. För att gränshären skulle kunna spridas över större områden minskades antalet soldater i varje legion från 6 000 till 1 000, och samtidigt ökades antalet legioner så att hären uppgick till sammanlagt omkring 500 000 man. Var och en av de fyra ledarna försågs dessutom med en rörlig här som betraktades som deras följe, *comitatentes*. Dessa soldater gällde för mer och hade högre sold än gränssoldaterna och hade i fredstid sin placering i huvudstäderna. De var utrustade med beridna avdelningar och dessutom med en elitkår infanterister, *lanciarii*, f.d. legionssoldater. På grund av provinsernas delning spreds legionssoldaterna ut mer än tidigare. I regel fick varje provins som ansågs behöva ett militärt försvar två legioner till sitt skydd under en general, *dux* (varav eng. duke, fr. duc). Dessa *duces* hade inget inflytande på civilförvaltningen. Med tiden uppstod svårigheter att rekrytera till hären. Söner till soldater tvingades då att bli soldater. Godsägarna fick skyldighet att alltefter gårdens storlek ställa mindre eller större kontingenter till härens förfogande, men kunde ofta mot betalning befria sig från denna börda. Dessutom kunde personer ur de lägre samhällsklasserna som inte hade någon fast tjänst, tvångsvis skrivas ut till soldater. För att fylla behovet måste staten till slut även värva soldater bland främmande folk, främst germanerna. Genom att hären därmed blev sammansatt av många olika folkgrupper, till stor del barbariska folkstammar, var hären i allmänhet hatad och föraktad av civilbefolkningen.

Skatteväsendet

Hären liksom mängden av ämbetsmän i den ökande byråkratin och statsförvaltningen krävde enormt med kapital för sin drift. Därtill kom att utgifterna var gigantiska för den väldiga byggnadsverksamheten runt om i hela riket, till exempel Diocletianus termer i Rom, de största i staden, och senatsbyggnaden, curian, samt hans väldiga palats i Split (nuv. Kroatien) eller Maximianus anläggning i Piazza Armerina på Sicilien. För allt detta krävdes oerhörda summor pengar och därför blev det nödvändigt att reformera finansväsendet. Diocletianus system är rent fiskalt. Han hade en blind tilltro till statens förmåga att kunna hindra privatpersoners profitbegär. Han besjälades även av en strävan att så rättvist som möjligt fördela medborgarnas bördor. Hans avsikt var ärlig i det avseendet, men resultaten av hans reformer blev ytterst begränsade. Mer än kanske under någon annan period i historien visade det sig att alltför långtgående statlig styrning av ekonomin med därtill hörande spionsystem i längden är dömda att misslyckas. Diocletianus införde en ny värdeenhet för beskattning, *capitatio*, som förenade den nya personskatten, *caput*, med den traditionella jordskatten, *iugum*. *Caput* innefattade emellertid inte bara människorna utan också boskapen, inventarierna och jordegendomen. *Iugum* var måttet för ett jordområde, vars storlek varierade efter jordens bördighet, 20 *iugera* (5 hektar) av den bästa jorden, 40 *iugera* av andra klassens och 60 *iugera* av tredje klassens jord avsedd för sädesodling, medan det krävdes bara fem *iugera* jord planterade med vinrankor. Även personskatten, *caput*, varierade: en man som arbetade på lantbruk räknades för *en caput*, medan en kvinna endast för en halv.

I början förekom taxering för skatten vart femte år, senare vart femtonde. Hur stora skatter som skulle drivas in från riket i dess helhet och från varje dioces och provins bestämdes genom en kejserlig förordning, *indictio*, som också kom att beteckna perioden mellan två taxeringar. Beräkningarna av skatteunderlaget gjordes av kejserliga kommissarier, som skulle bestämma antalet *iuga* på varje gård efter jordens bördighet och dess användning. Sedan kunde skatteuttaget, baserat på dessa *iuga*, ändras under mellantiden.

Genom Diocletianus hårda skattesystem nådde det redan under tredje århundradet påbörjade undertryckandet av individuell frihet sin höjdpunkt. Även arbetskraften belades med skatt, *munera*, d.v.s. dagsverken som skulle utföras som en form av skatt. På grund av den fortskridande utarmningen av invånarna blev det allt svårare att driva in skatterna. För att övervinna dessa svårigheter överfördes ansvaret för indrivandet till de kapitalbärande skikten, i städerna till *curialis*, medlemmarna i stadens råd, *curia*, och på landet till godsägarna. Helt naturligt sökte dessa pressa ut så mycket skatter som möjligt av borgarna och bönderna. En lika naturlig följd blev att *curialis* fick en vittgående kontroll över borgarna, som nu tvångsorganiserades i *collegia* (jfr 261), liksom godsägarna över bönderna, som "bands vid torvan", d.v.s. blev livegna *coloni*. På landet blev detta system en grundsten för den senare feodalismen i Europa och grunden till den senromerska kast- och tvångsstaten, i vilken medborgarna inte blev något annat än lastdjur redan från födelsen.

Penning- och prispolitik

Avsikten med Diocletianus skattereform hade bl.a. varit att ge staten en långsiktig plan och kontroll över tillgångar och utgifter för att på så sätt ge den möjlighet att stabilisera penningvärdet. Detta hade stadigt försämrats under det tredje århundradets krisförhållanden trots Aurelianus försök till sanering av ekonomin. År 286 återupptog Diocletianus präglingen av fullvärdiga guld- och silvermynt, nämligen *aureus* till 1/60 av ett skålpund på 327 gr och *argenteus* till 1/96 av ett skålpund. *Argenteus* fick samma värde som *denarius* haft under Nero. För dagligt bruk präglades bronsmynt med silveröverdrag i olika valörer, av vilka *follis* var det tyngsta och *denarius* det lättaste, som motsvarade ungefär 1/50 000 pund guld.

När Diocletianus tillträdde regeringen var det romerska väldets ekonomi i ett ytterst besvärligt läge. Staten hade tillgripit medel som kunde bota för tillfället men inte i längden: försämring av penningvärdet, höjda löner men även stegrade priser. Genom sina myntreformer försökte Diocletianus få ordning i rikets ekonomi, men han begick felet att ändra för ofta. På femton år införde han fyra myntreformer. Genom den snabba takten i bytena hindrade han de tidigare beslutade reformerna att få någon effekt. Följden blev att man inte litade på reformerna, och priserna steg ännu mer.

I sin starka tilltro till statliga regleringarnas förmåga att skapa rättvisa i den ekonomiska världen, införde Diocletianus år 301 en prislag som fastställde maximitariffer för alla varor och löner. Denna lag reglerade således inte bara höga priser på varor, utan den reglerade även lönerna för allt arbete från grovarbetarens till professorns. Själva roten till det ekonomiska eländet var enligt Diocletianus människornas egoism. Utan en tanke på medmänniskorna och de svagaste i samhället försökte den enskilde individen roffa åt sig mesta möjliga för sin egen vinning. Även om varor fanns i tillräcklig mängd pressades priserna i höjden på grund av människornas hänsynslösa girighet. Som människosläktets fader och räddare måste kejsaren ingripa till allas gemensamma bästa. Brott mot för höga priser drabbade både säljare och köpare och straffades med döden, eftersom bara rädsla kunde avhålla människorna från deras egoism. Samma priser skulle gälla i hela den romerska världen, vilket var en grov felbedömning och en viktig orsak till maximitariffernas misslyckande. God tillgång på varor och arbetskraft på *en* plats

DEL IV - KEJSARTIDEN

sänkte inte sänkte priserna och lönerna där, då dessa i allmänhet reglerades efter bristorternas prisnivåer.

Kristendomsförföljelserna
Diocletianus var inte hård och misstänksam av naturen som hans medregent Maximianus. Diocletianus avskaffade t.ex. den hemliga polisen och var under den första tiden efter sin tronbestigning mild. Men han ansåg att motstånd mot hans system var likställt med motstånd mot romerska staten, och i det avseendet var han oförsonlig. Liksom Jupiter en gång hade räddat universum skulle Jovius-kejsaren med Jupiters hjälp rädda det romerska riket från kaos. Överallt, i alla reformer som Diocletianus genomförde var den allsmäktige Jupiter den allrådande och allordnande makten. Gammalromerska seder och lagar skulle återupplivas i hela det romerska väldet. Alla i detta rike måste offra åt Jupiter och dennes representant på jorden, Jovius-kejsaren. Främmande kulter kunde bara accepteras om de underordnade sig dessa krav och inte störde statens säkerhet. I ett edikt från 297 inskred han med stränga straff mot anhängarna av manikeismen (en gren av en iransk religion som fått sitt namn efter dess stiftare Mani, d. 277 e.Kr.), "vilka satt nya och förut okända läror upp mot de äldre religionerna". I tretton år hade Diocletianus haft kristna i sin omgivning utan att visa något hat eller driva förföljelse mot dem. Många försök har gjorts att förklara hans plötsliga sinnesändring mot dem. Enligt den kristne författaren Lactantius, som vistades vid Diocletianus hov som lärare åt den unge Konstantin, var det Galerius som hetsade Diocletianus. Mer sannolikt är att det var kristendomens snabba utbredning som oroat kejsaren. I femtio år hade kyrkan haft fred och invaggats i säkerhet. Antalet kristna hade stigit kraftigt och kristna basilikor hade uppstått i flera städer. Diocletianus förföljelse är den enda i stor skala och det enda försöket att helt undertrycka kristendomen. Alla tidigare hade varit tillfälliga eller kortvariga.

Redan 297 genomfördes en utrensning av de kristna i statsförvaltningen och hären. Offret till kejsare, som de kristna hade varit befriade från, gjordes obligatoriskt för alla män i officiell ställning. Övertygade kristna tog hellre avsked än svek sin tro. Den 23 februari 303 kom den första offentliga rivningen av en kristen helgedom, då pretorianprefekten lät bryta upp portarna till katedralen i Nikomedia, bränna de heliga skrifterna, plundra inventarierna och slutligen jämna byggnaden med marken. Följande dag offentliggjordes ett kejserligt edikt med order att förstöra kyrkorna och bränna de heliga skrifterna. Alla kristna församlingar förbjöds. De kristna fick inte inneha några ämbeten eller hedersposter, de kunde underkastas tortyr. Kristna slavar fick inte friges. Målet för denna förföljelse var således inte som de tidigare bara riktad mot präster och biskopar, utan nu skulle kristna av alla samhällsklasser undertryckas. De kristnas förbittring mot förordningarna bara ökade kejsarens hårdhet. Två gånger utbröt eld i kejsarpalatset och man misstänkte att de kristna hade anlagt bränderna. Fyra olika edikt utfärdades, av vilka det sista vid dödsstraff ålade alla människor att fullgöra de vanliga offren åt statens gudar. Trots den hänsynslösa och grymma förföljelsen av de kristna segrade ändå åter kristendomen. Många människor hade nämligen under de fredliga åren övergått till kristendomen utan att ha tillräcklig övertygelse. När förföljelserna härjade som värst lämnade dessa fort den nya läran, och endast de verkligt troende stannade kvar. Hela denna tid blev således – liksom vid tidigare förföljelser – en reningsprocedur för den kristna kyrkan, som kom att bestå av personer som var beredda att våga sina liv för sin tro. Förföljelsen genomfördes inte lika hårt i hela riket. I öster rasade den värst under Diocletianus och Galerius, medan i väster där de kristna inte var lika många, visade Constantius Chlorus större skonsamhet.

KEJSARNAS ABDIKATION

Sommaren 303 begav sig Diocletianus med hela sitt hov till Italien för att i Rom, som han nu för första gången besökte, fira sitt tjugonde regeringsår. Under ståtliga festligheter hyllades Diocletianus, som även accepterade en triumf för samtliga segrar som han vunnit. Men snart lämnade han huvudstaden Rom, som han fann både korrumperad och föråldrad, och begav sig till Donaufronten där han tillbragte vintern 304. Den var kall och regnig och gav Diocletianus en kronisk feber. Denna sjukdom har säkerligen påskyndat hans beslut att avsäga sig kejsarvärdigheten, vilket han gjorde i sin egen huvudstad Nikomedia den 1 maj 305. För de församlade trupperna förklarade han att han var alltför sjuk och gammal för att längre kunna klara av den tunga uppgiften att styra det väldiga romerska riket. Samma dag nedlade Augustus Maximianus sitt ämbete i Milano – motvilligt men in i det sista trogen den äldre och mäktigare Augustus.

Till nya Augusti utsåg Diocletianus Constantius Chlorus som den äldre, med Britannien, Gallien, Spanien och Marocko som verksamhetsområden, samt Galerius som regent över Balkan och större delen av Mindre Asien. Trots att Constantius formellt var den äldre Augustus, blev Galerius snart den mäktigaste. Galerius utsåg Caesarer, och då förbigick han såväl Maximianus son Maxentius som Konstantin, en oäkta son till Constantius med en konkubin Helena. Utvalda blev i stället *Maximinus Daia* i öster och Flavius Valerius *Severus* i väster, vilka båda kunde förväntas vara fullkomligt trogna och pålitliga mot Galerius.

Efter avsägelsen drog sig Diocletianus tillbaka till sitt fästningslika slott som han låtit uppföra åt sig i Spalato (nuv. Split), där han ägnade sig åt trädgårdsskötsel. Maximianus begav sig till Lukanien i Syditalien, där han inväntade första bästa tillfälle att åter gripa den makt som han tvingats att avstå från.

Konstantinska epoken

Konstantin den store 305–337

STRIDER OM MAKTEN 305–324

Nästan omedelbart efter de båda Augustis abdikation visade det sig att Diocletianus storslagna plan med två Augusti och två Caesarer (som var underställda Augusti) inte kunde fungera, när riket saknade en kraftfull organisatör av Diocletianus kaliber. Konstantin, som ganska länge uppfostrats vid Diocletianus hov i öster, begav sig nästan flyende till Gallien för att ansluta sig till sin fader Constantius. Denne dog emellertid i Eburacum (nuv. York) efter att ha vunnit en lätt seger över pikterna i Britannien. Soldaterna utropade genast Konstantin till Augustus i faderns ställe, en utnämning som Galerius inte kunde acceptera. Han utsåg i stället Severus till ny Augustus. Men å andra sidan ville Galerius undvika öppet krig och beviljade därför den endast 21-årige Konstantin titeln Caesar, som denne för tillfället nöjde sig med. Konstantin var övertygad om att tiden arbetade för honom. Med stor skicklighet behärskade han konsten att bedöma vid vilka tillfällen det var fördelaktigt att tillämpa maximen "wait and see", och när det i stället passade sig att handla snabbt och bestämt.

För tillfället hotades hans planer från annat håll, nämligen från Maximianus och dennes son Maxentius. Denne senare, som kände sig förbigången vid utnämningen av caesarer, gjorde sig till Roms och Italiens försvarare, när Severus upplöste pretoriangardet i Rom och ville införa personskatt, *caput*, även i huvudstaden, som dittills varit befriad från den. Pretoriangardet utropade Maxentius till *princeps*. Maximianus lämnade sin påtvingade tillbakadragenhet i Lukanien och skyndade till sonens hjälp. Galerius befallde Severus att tåga mot Rom och krossa usurpatorn, men Severus sveks av sina egna soldater och överlämnades åt Maximianus som förrädiskt lät döda honom. Därefter upptog Galerius själv striden, tågade mot Italien och Rom, men misslyckades med att intaga denna stad som hade starka försvarsmurar. En del av

Galerius soldater övergav honom, och för att undvika att liksom Severus bli utlämnad åt Maxentius slog han snabbt till reträtt och lämnade Mellanitalien.

Både Maximianus och Maxentius tog titeln Augustus. Snart blev de emellertid ovänner, varefter Maximianus sökte stöd hos Konstantin i Trier. För att vinna denne för sin strid mot Galerius och sonen Maxentius gav han sin unga dotter Fausta som gemål till Konstantin och erbjöd honom Augustustiteln. För att om möjligt rädda Diocletianus hotade skapelse, tetrarkin, kallade Galerius Augusti och Caesarer till ett möte i Carnuntum nära Wien och övertalade både Maximianus och Diocletianus att infinna sig till detta. Diocletianus vägrade emellertid att återtaga makten, och Maximianus tvingades att för andra gången abdikera medan Galerius kunde utse en av sina vapenbröder, *Licinius*, till Augustus efter den mördade Severus. Maxentius förklarades för statens fiende eftersom han olagligt hade gripit makten. Till mötet i Carnuntum infann sig varken Maximinus Daia eller Konstantin, men efter mötet krävde de av Galerius att få titeln Augustus. Det enda som Galerius var beredd att ge dem var titeln *filius Augusti*, en titel som inte alls behagade dem. Maximianus som inte lyckats avsätta sin son, tog åter sin tillflykt till Konstantin. Denne tvingade emellertid honom till att begå självmord, eftersom han försökt utnyttja Konstantins frånvaro på grund av ett krig med germanerna vid Rhen och utropat sig till kejsare.

Konstantin ingrep inte direkt mot Maxentius. Han marscherade istället till Spanien, som blivit en viktig kornbod för Rom och Italien sedan Afrika ett par år tidigare frigjort sig från Rom och utsett egen kejsare. Följden av att Konstantin kontrollerade Spanien blev livsmedelsbrist och hungersnöd i Rom och som följd därav uppror. För att ersätta förlusten av Spanien försökte Maxentius återerövra Afrika. Han lyckades om än med ytterst hårda medel, som inte gjorde Maxentius populär. Sädestransporten från Afrika kunde emellertid åter börja och hungersnöden lindras i Rom, varigenom också lugnet kunde återställas.

Toleransedikt för de kristna 311

Förföljelserna mot de kristna hade inte alls fått det avsedda resultatet, nämligen att krossa den kristna kyrkan. De troende hade i stället svetsats samman fastare än någonsin tidigare. Förföljelserna blev så småningom också impopulära bland de icke-kristna, som ofta beskyddade de kristna. Förföljelserna fortsatte endast i öster där Galerius och framför allt Maximinus Daia var oförsonliga. Med tiden insåg emellertid Galerius meningslösheten med denna förföljelse och utfärdade år 311, då han redan var dödligt sjuk, ett edikt som gav de kristna rätt att fritt utöva sin religion och att återuppbygga sina kyrkor på villkor att de bad för honom och staten samt att de inte på något sätt störde denna. Några dagar efter detta edikt dog Galerius.

FORTSATTA STRIDER OM MAKTEN
Maxentius

Konstantin hade fram till nu förhållit sig ganska välvillig mot Maxentius och varit mer avvaktande mot Galerius. Med dennes död ändrades läget. Mellan Licinius och Maximinus Daia, som snabbt lade beslag på de av Galerius behärskade områdena i öster, uppstod en spänning. Konstantin och Licinius kom överens att angripa Maximinus Daia var och en på sitt håll. För att visa att de sinsemellan skulle iakttaga fred lovade Konstantin sin halvsyster Constantia som gemål åt Licinius. För Konstantin var det mest angeläget att undanröja hotet från Maxentius, som med hårda tyglar styrde Rom och som beskyllde Konstantin för att ha mördat Maximianus, vilket han också hade gjort även om han endast hade tvingat honom att begå självmord. Konstantin lämnade Gallien, gick över Alperna och efter att ha besegrat Maxentius i en strid vid Turin tog han den ena staden efter den andra i norra Italien och fortsatte marschen mot Rom. Där hade Maxentius förlagt sina trupper innanför murarna och hade ursprungligen haft för avsikt att försvara sin här och staden innanför de starka murarna. Om han hade hållit fast vid denna plan är det möjligt att han hade utgått som segrare, eftersom

Konstantins trupper knappast hade kunnat storma staden eller haft tålamod att belägra den under någon längre tid. I stället förde Maxentius trupperna ut ur staden över Tibern på en pontonbro, som han i hast lät uppföra som ersättning för den gamla Pons Milvius som han låtit riva för att hindra Konstantins trupper att använda den. Han beslöt sig för att möta Konstantin vid en plats, *Saxa rubra,* cirka åtta romerska mil norr om Rom, och ställde upp sina trupper med Tibern i ryggen. Denna position med floden i ryggen, som Maxentius hade trott skulle bli hans räddning, blev hans olycka.

Kristna författare berättar att Konstantin natten före slaget haft en dröm: en författare talar om att Konstantin sett ett kors på himlen med X och R, initialerna i det grekiska ordet för Kristus och under korset de grekiska orden för "I detta tecken skall du segra" (mest kända under den latinska formen *In hoc signo vinces).* En annan författare uppger att Konstantin i drömmen uppmanats att låta soldaterna sätta initialerna X R på sina sköldar. Segern blev i varje fall fullständig för Konstantin, som lät kavalleriet först angripa och lyckades driva många av Maxentius soldater i den till brädden fyllda floden Tibern. Efter striden flydde resterna av Maxentius här mot staden över den provisoriska pontonbron som brast under trycket. Tusentals soldater och även Maxentius själv drunknade. Konstantin tågade triumferande in i Rom som hälsade honom som befriare. Den inställsamma senaten lät sin förkastelsedom falla över Maxentius minne och upphävde hans *acta* samt proklamerade Konstantin som *Augustus senior* i hela riket. Under sin korta tid som kejsare i Rom hade Maxentius påbörjat en del stora byggnadsprojekt: en cirkus vid Via Appia, ett tempel till minne av sin tidigt bortgångne son Romulus och framför allt en ny basilika, som Konstantin fullbordade och uppkallade efter sig.

Även om Konstantin tillskrev segern över Maxentius de kristnas gud, som skulle ha uppenbarat sig för honom före striden, var han politiskt alltför klok för att undertrycka de gamla religionerna. Själv hyllade han *Sol Invictus* (s. 336), som förekommer som hans skyddsgud på den triumfbåge som senaten lät uppföra (313–315) efter slaget vid *Saxa rubra,* och han lät prägla mynt till denna guds ära under ännu ett decennium. Han fortsatte att kalla sig *pontifex maximus*, men någon förföljelse mot de kristna tillät han inte. Han befallde Maximums Daia att inställa allt förföljande mot dem i östern, vilket också skedde. I väster gav han order om att en del förstörda kyrkor skulle återuppbyggas och om befrielse för biskopar från kommunala pålagor.

Konstantin närmade sig alltmer Licinius. I början av år 313 lämnade han Rom och begav sig till Milano för att träffa Licinius. Till mötet hade även den gamle Diocletianus inbjudits men han uteblev. Han dog ett par år senare (troligen 316). Gemensamt utfärdade Konstantin och Licinius ett edikt, som gav alla religioner likaberättigande och gav alla medborgare religionsfrihet. De kristnas kyrkor skulle återställas och konfiskerad egendom lämnas tillbaka. Vänskapen mellan de båda kejsarna bekräftades genom att Licinius gifte sig med Konstantins halvsyster Constantia.

Toleransediktet i Milano riktade sig mot den tredje Augustus, Maximinus Daia, som var en ivrig hedning och som i sina provinser tillsatte överstepräster, som skulle spionera på och hålla uppsikt över de kristna. Han vågade inte låta bli att publicera toleransediktet, eftersom han stod ensam mot de båda andra Augusti.

När Konstantin hade begett sig till Gallien för att slå tillbaka en invasion av franker mot Rhenlandet, fann Maximinus Daia tiden vara inne för ett anfall mot Licinius. Han ryckte mot Bysans som föll efter en kort belägring. Licinius lämnade snabbt Milano med en liten men vältränad här, mötte och besegrade Maximinus Daia nära Adrianopel. Maximinus Daia räddade sig undan till Mindre Asien, där han insjuknade och dog strax efteråt.

Konstantin och Licinius
Bara de två Augusti återstod. Det romerska riket var delat i öst och väst, vars delar styrdes av kejsare som hade slutit både vänskapsförbund och släktskapsband. Men trots detta litade de inte på varandra. Konstantin ville skapa en neutral zon mellan de båda halvorna, som skulle styras

DEL IV – KEJSARTIDEN

av en särskild Caesar. Den som Konstantin ansåg lämplig och dessutom utsåg, övertalades av Licinius till att i hemlighet revoltera mot Konstantin. Denne avslöjade emellertid förräderiet innan planerna sattes i verket. Kriget mellan Licinius och Konstantin blev alltmer oundvikligt. Licinius, som i striden mot Maximianus hade utfärdat ett nytt toleransedikt, började snart åter förfölja de kristna, något som irriterade Konstantin vilken i sin rikshalva beviljade de kristna allt fler förmåner. Den verkliga orsaken till att kriget mellan kejsarna till slut bröt ut var ett anfall av goter i Licinius rikshalva 323. Konstantin ryckte mot dem och besegrade dem men måste för detta marschera genom delar av Licinius områden, vilket denne inte ville finna sig i. För att förekomma Licinius ryckte Konstantin med landhären mot Adrianopel, där han genom sin skicklighet och tapperhet avgjorde slaget trots motståndarnas numerära överlägsenhet. Hans unge son Crispus förstörde Licinius flotta i Hellesponten. Den besegrade Licinius måste lova att träda tillbaka som kejsare, men räddades till livet tack vare sin gemål Constantias medling. Han fick slå sig ned i Thessalonike. Ett halvår senare dömdes han emellertid till döden på grund av ett påstått upprorsförsök. Konstantin, som hela tiden strävat efter att bli ensam härskare i romerska riket (medan Licinius önskat bevara delningen), hade nu nått sitt mål: han regerade ensam över ett enat romerskt välde och fick regera i fred till sin död 337, bortsett från några mindre uppror bland germanerna.

KONSTANTINOPEL – DEN NYA HUVUDSTADEN

Redan samma år som Konstantin blivit ensam härskare i det återförenade romerska riket lades grunden till en uppdelning i Öst- och Västrom i och med att en ny huvudstad började byggas på platsen för det gamla Bysans. Staden hade planerats redan från 324, men arbetet gick så långsamt, att den kunde invigas först 330. Knappast någon huvudstad har ett så utomordentligt läge, såväl militärstrategiskt som för den merkantila utvecklingen, där öst och väst möttes, Asien kontra Europa, där handelsvägarna löpte samman från Mindre Asien och mellersta östern till

KONSTANTINSKA EPOKEN

Balkan, där sjötrafiken mellan Svarta havet och Medelhavet måste passera. Då staden dessutom hade en djup hamn blev den snart centrum för handeln mellan öst och väst, norr och söder.

Den nya staden, som efter kejsaren kallades Konstantinopel (nuv. Istanbul), skulle bli ett andra Rom. Den smyckades med konst som kejsarens agenter samlade från hela den romerska världen. Nya byggnader uppfördes, såväl hedniska tempel som kristna kyrkor, byggnader för administration och offentliga nöjen, bibliotek och universitet, kejserligt palats och senatslokal, *curia*. Den nya staden skulle vara en skattkammare för allt som ansågs bäst och vackrast i den antika världen. De välkända statyerna av muserna fördes från Grekland för att pryda den nya senaten, en staty av Zeus hämtades från Dodona och Ormkolonnen i Delfi togs till Konstantinopel för att pryda spina på hippodromen.

Alla som ville etablera sig i den nya staden gavs privilegier. Liksom Rom delades Konstantinopel upp i 14 regioner, vilkas medborgare fick gratis säd, vin och olja på samma sätt som det gamla Roms medborgare.

Senators- och riddarstånden under Konstantin

Tidigare har framhållits hur senatorsklassen successivt gick tillbaka under kejsardömets första århundraden, och att både de civila och militära ämbetena övergick till medlemmar av riddarklassen. I senatorsståndet upptogs provinsbor från Gallien, Spanien, Afrika och östern, vilka slog sig ner i Rom som bofasta medborgare. Även om senatorerna förlorade sin politiska betydelse under denna tid, kunde medlemmarna av deras stånd bibehålla sina förmögenheter och t.o.m. öka dessa genom att egoistiskt utnyttja de svårigheter som mindre jordägare råkade i.

Riddarklassen bestod efter Hadrianus av två olika element; dels civila jurister som kom att spela sin största roll under Severerna då de fick stort inflytande inom den kejserliga rådgivningen, och dels militära ämbetsmän. Dessa hade fått ett starkt vidgat arbetsfält efter 260, då senatorerna utestängts från alla militära poster, troligen genom ett edikt från kejsar Gallienus, såsom historikern Aurelius Victor uppger. Dessutom

DEL IV – KEJSARTIDEN

utvecklades den romerska byråkratin enormt under det tredje århundradet i samband med att skatterna allmänt började upptas in natura. Chefer för alla dessa byråer, *officia*, blev under Diocletianus medlemmar av riddarklassen, som var den mest privilegierade klassen under hela tredje århundradet.

Denna situation ändrades helt under Konstantin. Redan 312 började riddarna trängas undan. Några riddare upphöjdes till senatorer. Den lägsta riddarrangen, *egregius*, försvann efter 326 och även *perfectissimus* blev allt färre. De högre ämbeten som tidigare varit reserverade för just riddarna övergick under Konstantin till senatorerna, t.ex. prefekturerna för *vigiles* och *annona* (s. 174), Egypten och pretoriangardet samt de flesta ståthållartjänsterna.

Senatorsståndet växte snabbt genom rekryteringen inom det municipala borgerskapet i väster och enligt vissa uppgifter även av barbarer, som t.o.m. skall ha utsetts till konsuler. Förändringen inom de högre klasserna blev ännu mer markant sedan en självständig senat bildats i Konstantinopel 330. I denna östra senat upptogs söner till många yrkesmänniskor av lägre klass, valkare, kopparslagare, badvaktmästare, vilkas barn kunde komma in i den nya aristokratin tack vare sin kunskap i stenografi, som en författare uttrycker det.

Även om förändringstakten inom samhällsklasserna dämpades avsevärt efter Konstantins död, blev resultaten av den konstantinska utvecklingen ännu mer märkbara då. Både de civila och militära chefsposterna innehades av personer från senatorsklassen. Efter 361 upphörde nästan helt och hållet upptagandet av nya senatorer, och de sociala samhällsklasserna "fastlåstes" under tiden efter Julianus Avfällingens bortgång.

Antalet senatorer ökade således snabbt under Konstantin såväl i Rom som Konstantinopel. Det finns uppgifter som tyder på att senaten i Rom redan under Konstantin ökade från 600 till 2 000 personer. Om senaten i Konstantinopel uppges att den 358 skall ha uppgått till 2 000 medlemmar. Senatorerna i Rom ägde stora gods i väster, medan Konstantinopels senatorer ofta var storgodsägare i öster. Efter 361 lämnade Roms aristokrater nästan aldrig "sin rikshalva", där de också fullgjorde sina officiella tjänster. På samma sätt höll sig österns senatorer kvar i öster. Därför lades grunden till den oundvikliga, slutliga uppdelningen i Öst- och Västrom, som genomfördes i slutet av det århundradet. Den romerska aristokratin utgjordes i allmänhet av de förnämsta och både på guld och jordegendomar rikaste famljerna, men inneslöt i sig även en del personer som hade stora svårigheter att nå upp till minimiförmögenheten av en miljon sestertier som senatorer fortfarande måste äga. Även ute i provinserna fanns en rik och förnäm aristokrati som bodde i städerna, såsom Trier, Milano, Kartago, Antiokia. Denna provinsaristokrati levde av sina egendomar som de fortsatte att utöka på småböndernas bekostnad. Deras sociala anseende och inflytande över traktens övriga medborgare ökade och från femte århundradet levde de i allmänhet som furstar på sina gårdar och bodde mer sällan i städerna. Dessa adelsmän kunde i allmänhet leva och verka oberoende av den romerske kejsaren.

REFORMER

Autokratin blir total

I många avseenden fortsatte Konstantin på de vägar som Diocletianus slagit in på, fullkomnade och utvidgade många av de reformer som denne påbörjat. Sitt herravälde ville han grunda på ärftlig makt som bekräftades genom gudomlig sanktion. Den nya författningen visar större inflytande från östern än några tidigare förändringar av den romerska författningen. Det är den orientaliska autokratin som kom in. Kejsaren, som *dominus et deus*, iklädd orientaliska kläder, härskade i den nya huvudstaden som förskönades enligt österländsk uppfattning om prakt. Palatset stod på helig grund och blev heligt, *palatium sacrum*. Hans sovgemak, *cubiculum*, styrdes av eunucker under en överste eunuck, vars makt och ställning närmast kan jämföras med den mäktigaste statsministerns i våra dagar. Efter segern över Licinius och grundandet av den nya staden upptog Konstantin (325) som tecken på sin auktoritet diademet, som hade varit symbolen för den absoluta makten för både persiska och hellenistiska kungar. Denna nya härskartyp möter vi också i det nya kejsarporträttet som blev bestående långt in i medeltiden. Västerns konstantinporträtt, som man ser redan på den kända triumfbågen i Rom, invaderade även östern och blev förhärskande i hela riket, samtidigt som det övertog drag från öster. Det östliga diademet blev härskarinsigniet, kejsarens blick riktades mot himlen. Kejsaren blev gudalik, upphöjd över de dödligas värld. Hans porträtt är just symbolen för det gudomliga majestätet. Hela makten och administrationen koncentrerades till kejsaren, som ansåg att om en person hade fått makten var det hans skyldighet att behålla och använda den. Denna Konstantins uppfattning kom till uttryck även vid genomförandet av hans reformer inom provinsförvaltningen och inom härväsendet. Under Diocletianus hade antalet provinser ökats samtidigt som ståthållarnas och ämbetsmännens makt väsentligt reducerats. Denna reducering av provinsernas betydelse stegrades under Konstantin, huvudsakligen därför att han önskade koncentrera makten till sig själv.

Härväsendet

Diocletianus hade förstärkt gränsförsvaret genom att lägga starka garnisoner runt gränserna. Konstantin däremot försvagade det och överförde i stället många av gränsförsvarets enheter till lättrörliga trupper av infanteri och kavalleri. Han värvade ett stort antal halvbarbariska soldater, huvudsakligen germaner, som bäst kämpade i små, rörliga avdelningar under ett befäl som de kände. Därför minskade han legionens storlek från det vanliga 5 500 till omkring 1 000 man. Legionernas antal ökades härigenom väsentligt utan att antalet soldater måste höjas. Han åstadkom att fronterna lättare än på århundraden kunde bevakas. Dessutom skapade Konstantin en strategisk reserv, som kunde tjäna direkt under kejsaren och som också bestod av en stor mängd (260) små men lättrörliga enheter. Pretoriangardet, som han avskaffat redan 312 efter slaget vid *Saxa rubra,* ersatte han med elittrupper, som till stor del bestod av germaner, och som kallades *scholae palatinae,* vilka skulle vara hans personliga livvakt. Den redan tidigare påbörjade skilsmässan mellan civila och militära befogenheter fullbordade han genom att beröva pretorianprefekterna deras kommando liksom provinsståthållarnas auktoritet över gränsgarnisonernas befälhavare. De gamla pretorianprefekternas militära befogenheter övertogs av två överbefälhavare, en över infanteriet, *magister peditum,* och en över kavalleriet, *magister equitum*. För administrationen delades riket i fyra prefekturer (Gallien, Italien, Illyricum och Östern) som var och en styrdes av en pretorianprefekt med mycket vidsträckta befogenheter bl.a. inom domstolsväsendet. Domar som dessa prefekter fällt kunde inte överklagas hos kejsaren.

Ekonomiska förhållanden

Byggandet av den nya staden och genomförandet av de nya reformerna ställde stora krav på landets ekonomi, som dessutom ytterligare försvagades genom kejsarens smak för lyx och prakt. Konstantin lyckades trots detta skapa ett stabilt mynt vilket Diocletianus misslyckats med. Han präglade ett guldmynt, *solidus,* med den fasta viktenheten 1/72 av ett pund guld. Genom införandet av detta mynt åstadkom han en gradvis förbättring av penningekonomin som förblev stabil under ett par århundraden framåt. Detta guldmynt, *solidus,* devalverades aldrig. Det levde kvar i östra rikshalvan till 1200-talet. I fornfranskan kallades det "bezant" (Byzantine). Ordet *solidus* fortlever i t.ex. franska *sou,* italienska *soldo.*

Svårare var det att skaffa staten tillräckliga inkomster. I början av sin regering införde han en penningskatt, som inte bara drabbade handelsmän och yrkesmänniskor i städerna utan även bönderna på landet, när de sålde sina produkter i städerna. Denna skatt blev en oerhör börda för landsbygdens befolkning. När man inte kunde pressa ut mer skatt från bönderna, gjordes dessa med lagstiftningens hjälp till livegna. Genom ett dekret från år 332 band Konstantin arrendatorerna *(coloni)* definitivt fast vid jorden, och deras husbönder fick rätt att driva in arrendatorernas skatt till staten, rekrytera deras söner till militär tjänstgöring, utöva polis- och domsrätt över dem. Dessa hårt trängda *coloni* som arrenderade små åkerlappar i godsens utkanter, måste betala sina arrenden in natura och med dagsverken. De förbjöds i lag att lämna den egendom under vilken de var inskrivna i skatteregistret. Om en egendom såldes följde dessa *coloni* med, och deras rätt och skyldighet att arrendera jorden gick i arv till deras barn. De blev i realiteten livegna även om de personligen var fria. *Coloni* på de kejserliga godsen hade ännu sämre levnadsvillkor än de privatägda storgodsens, då förpaktarna som arrenderade de förra pressade ut så många extra dagsverken som de bara kunde. Medan rikedomen på detta sätt samlades på några få händer ökades misären för de många fattiga. Sammansmältningen av slavarna och den fria bondeklassen höll på att fullbordas. Medan slavar kunde friges, hölls de fria bönderna på att sjunka in i ett slaveri. Samma bundenhet rådde för städernas styresmän, dekurionerna, som måste svara för att skatterna flöt in till staten. Om bönder försökte rymma blev de uppspårade och återförda till sina hemorter. Knappast något kunde befria en dekurion från hans plikter. Liknande bundenhet låste fast hantverkarna som var förenade i gillen, vilka tvingats bli statliga tvångskorporationer som för staten ansvarade för att medlemmarna fullgjorde sina skyldigheter. Statens fiskala lagar hade en förkrossande effekt för såväl dekurionerna som korporationerna. Överallt och hos alla härskade missnöje och modlöshet utom hos de rikaste godsägarna som kunde fortsätta sitt lyxliv på sina stora gods.

KRISTENDOMENS SEGER

Det som gjort Konstantin mest känd för eftervärlden är det faktum att han var den förste kejsare som gav de kristna full likställighet med övriga religioners bekännare. Själv var han från födseln hedning och dyrkade först Hercules och sedan *Sol Invictus*. Någon verkligt kristen kejsare blev han inte förrän möjligen under sina allra sista levnadsår. Han insåg att kristendomen med den fasta organisation som den tidigt hade fått, var den enda rörelse som var utbredd i nästan alla folklager och som kunde rädda det romerska riket.

Anledningarna till kristendomens snabba frammarsch var många.

KONSTANTINSKA EPOKEN

Greker och romare respekterade andras religioner, framför allt de underkuvade folkens. De hindrade inte andra religioner att spridas, såvida de inte blandade sig i statens angelägenheter. Kristendomen var från början de fattigas, småfolkens och slavarnas trösterika religion. Dess segrer över andra religioner berodde till stor del på dess sociala program och på den hjälp som den gav de kristna församlingarnas anhängare. Med tiden motarbetade inte heller kristendomen de rådande förhållandena utan tog i stället upp seder och institutioner som var rådande inom den grekisk-romerska religionen. De kristna byggde vidare på den mängd föreningar, *collegia*, av olika slag som fanns i det romerska riket. Särskilt var man mån om att hjälpa de sjuka och dem som för sin tro kastats i fängelse eller landsförvisades till öde trakter. Likaså strävade man efter att slavarna skulle få bättre levnadsförhållanden, utan att man för den skull hade slaveriets avskaffande på sitt program. För alla hårt prövade romerska medborgare kom kristendomen med trösten att den fullkomliga likställigheten och saligheten skulle ges dem alla i livet efter döden.

Lika försiktig var Konstantin med att inte bryta med de gamla religionerna. Under hans regering blev det ingen förintelse av hedendomen, som ännu var numerärt mäktig, framför allt bland västerns aristokrater och godsägare. Bland de bildade senatorerna fanns det många som ville rädda kvar den tusenåriga traditionen. Det skulle ha varit mot romerskt tänkande att med ett enda slag kasta denna tradition över ända. En av de mera kända hedniska senatorerna är *Symmachus*, som var väl bevandrad i den latinska litteraturen och retoriken. I kretsen kring honom studerades Livius och Vergilius flitigt, och man intresserade sig också för grekiska författare, t.ex. Homeros och Demostenes.

Människornas hela livsstil var rotad i det gamla, de gladde sig fortfarande åt gladiatorsspel och kappkörning på cirkus, anlitade astrologer och drömtydare. Konstantin trodde att han skulle kunna avskaffa det gamla haruspiceskollegiet när kristendomen blivit statsreligion. Men det kom ett ramaskri från folket och han tvingades återinföra det. Under hela fjärde århundradet fanns det därför fortfarande många hedniska präster. En personlista i Afrika från slutet av 300-talet uppvisar 72 prästnamn, varav 47 icke-kristna präster.

För Konstantin var dogmatiska frågor tämligen ointressanta. Han kastades emellertid in i en del trosstrider som han tvingades avgöra själv för att hindra en splittring inom den kristna kyrkan, något som kunde ha varit skadligt för staten.

Donatistiska striden

En sådan strid uppkom i Afrika, där en grupp kristna under ledning av en fanatisk präst opponerade sig mot valet av en biskop i Kartago, vilken påstods ha varit alltför svag under den diocletianska förföljelsen. I stället utsåg de en viss *Donatus* som hade utstått svåra plågor under förföljelsen. Konstantin försökte medla genom att utse skiljedomare. När dessa dömde till donatisternas nackdel, vädjade de till Konstantin som efter lång tvekan till slut upprepade de tidigare besluten mot donatisterna och befallde militärt ingripande mot dem samt konfiskering av deras kyrkor. Dessa åtgärder ökade bara deras fanatism, och Konstantin måste erkänna att förföljelserna och hans domslut var misslyckade. De donatistiska lärorna kunde leva vidare i Afrika in i bysantinsk tid.

Arianismen

Donatismen trängde inte utanför Afrika och fick därför ganska liten betydelse för den kristna kyrkan i sin helhet. Mer spridd blev en annan separatistisk rörelse som hade en präst *Arius* i Alexandria till upphovsman. Denne predikade att Kristus inte var av "samma utan liknande substans som fadern" och att han var underställd denne. Detta betydde att Kristus inte var en sann gud utan endast något slags halvgud. Då Arius på grund av sin lära landsförvisades från Egypten av biskopen i Alexandria, begav han sig till Palestina och Mindre Asien där han vann nya anhängare. Ett par synoder fastslog att Arius lära var i enlighet med Den heliga skrift och bad biskopen i Alexandria att taga Arius till nåder, vilket denne vägrade. Den verbala striden rasade i hela östern, häftiga stridsskrifter spreds. Licinius, under vars regering ordkriget började, tog dessa som förevändning att förnya angreppen på kyrkan. Kristna anhängare avlägsnades från hovet, hären och även från civila tjänster, många kyrkor förstördes. Kvinnor förbjöds att deltaga i gudstjänster tillsammans med män. Dessa stridigheter var anledningen till att Konstantin efter att ha blivit ensam härskare år 325 inbjöd de kristna biskoparna till ett möte i Nicaea i Bitynien, där omkring 300 biskopar samlades, huvudsakligen från orienten men även från t.ex. Rom, Arles och Kartago. Konstantin själv hälsade deltagarna välkomna och manade eftertryckligt de församlade biskoparna till samförstånd och att arbeta för att återställa kyrkans enighet. Sedan överlämnade han ordförandeskapet till en biskop, men förbehöll sig rätten att när han ville ändå närvara vid arbetet, även om han undvek att påverka församlingen. Denna fastslog läran om den "odelbara treenigheten" och uteslöt Arius samt de biskopar som höll fast vid dennes lära. Konstantin fogade sig i församlingens beslut och bannlyste dem. Även en del andra viktiga beslut fattades som blivit giltiga in i vår tid. Påsken bestämdes att infalla "den första söndagen efter den första fullmånen efter vårdagjämningen". Mötet i Nicaea uppenbarade kyrkans inflytande på Konstantin men också statens inflytande på kyrkan. Den statliga provinsindelningen kom att ligga till grund för bildandet av församlingar. Biskopen i provinshuvudstaden fick utökad makt gentemot landsortsbiskoparna, och biskoparna i Rom, Alexandria och Antiokia blev överhuvud för provinssynoderna. Alltsedan detta möte fortsatte ett livligt samarbete mellan kyrkan och staten. Konstantin blev den över alla människor upphöjde kejsaren, som hade rätt att sammankalla kyrkomöten och ge deras beslut statlig rättskraft. Kyrkan underordnades därigenom staten, vilket blev bestående i öster fram till Konstantinopels fall 1453 och därefter i tsarernas Ryssland. Å andra sidan beviljades kyrkan en mängd privilegier av kejsaren och staten. Prästerna befriades från leiturgier, och biskoparna fick delvis domsrätt. De nya kyrkor som byggdes fick ofta mottaga praktfulla gåvor från kejsaren såsom böcker, skrudar och jordegendomar.

KONSTANTINS OMSORG OM SUCCESSIONEN

I likhet med Diocletianus ville Konstantin under sin livstid bestämma hur det romerska väldet skulle styras efter honom, men till skillnad från Diocletianus ville Konstantin behålla makten inom sin egen familj. Sin äldste son Crispus hade han låtit avrätta 326 tillsammans med sin gemål Fausta. De tre kvarlevande sönerna, Konstantin, Constans och Constantius jämte två brorssöner utsåg han till efterträdare. Under förberedelser inför ett nytt krig mot perserna dog Konstantin i maj 337.

Konstantins regering är onekligen en viktig epok i det romerska riket. Den fullständiga enväldsmakten genomfördes, den slutliga skilsmässan mellan öst och väst fick sin grund lagd genom byggandet av den nya huvudstaden i öster, Konstantinopel. Den för västvärldens kultur mest genomgripande förändringen var accepterandet av kristendomen som statsreligion. Som kejsare har Konstantin bedömts mycket olika av eftervärlden, ganska naturligt eftersom han var en så sammansatt natur, vilket kunde ge näring till varierande omdömen beroende på från vilken ståndpunkt man bedömer honom. Han var en utmärkt fältherre, som helt behärskade soldaterna, vilka fullkomligt litade på honom. Som regent var han maktlysten och slösaktig samt svag för österländsk lyx och prakt. Ibland visade han sig godmodig, men inte sällan häftig och grym. Hans fel översåg de kristna gärna med och gav honom tillnamnet "den store", inte utan visst skäl.

ARVET EFTER KONSTANTIN

Konstantins noggrant planerade successionsordning kullkastades omedelbart efter hans död. Hären vägrade att erkänna andra kejsare än Konstantins egna söner. Ett myteri bröt ut, vid vilket alla manliga släktingar till Konstantin dödades utom två minderåriga söner till en halvbroder. Dessa båda hette *Gallus* och *Iulianus*, vilka vi längre fram möter i rollerna som Caesar och Augustus. Det blev Konstantins tre söner som delade riket mellan sig, så att den äldste, *Konstantin II*, fick västern, *Con-*

stantius östern med Thrakien samt den yngste, *Constans,* fick Afrika, Italien och Illyricum.

Broderssämjan varade bara ett par år. Konstantin II kastade sig snart över den yngste brodern, Constans, men Konstantin II förlorade både slaget och livet vid Aquileia (340). Därefter övertog Constans hans provinser eftersom den mellerste brodern var upptagen av krig med perserna, något som under flera år höll honom borta från västern. Genom alltför sträng disciplin gjorde sig Constans hatad av soldaterna, och genom lastbart leverne och rykte om dryckenskap blev han lika illa omtyckt av de civila. En sammansvärjning bildades mot honom, vilken spred sig särskilt bland de lägre klasserna. Constans dödades och en general av frankisk härstamning, *Magnentius,* utropades till Augustus i Gallien och en annan, *Vetranio,* utropades av hären till kejsare i Illyricum. Vid budskapet härom lämnade Constantius kriget mot perserna åt sina generaler och bröt upp mot Gallien. Vetranio abdikerade och hans här förenades med Constantius. Magnentius däremot besegrades i ett av antikens blodigaste slag vid Mursa i Pannonien. Själv undkom Magnentius men begick självmord ett par år senare för att undgå att överlämnas till segraren av sina egna soldater.

Constantius stod nu (360) som ensam härskare. I mycket var han olik sin fader, han ägde visserligen mod men var misstänksam och inbunden samt oerhört självmedveten och mån om sin höga värdighet. Han isolerade sig från alla och kände därför föga till hur staten styrdes. Själv ansåg han sig som en hängiven kristen och undertryckte hedendomen, vars tempel han stängde och egendom han drog in. Han ansåg som sin plikt att uppfostra hedningarna i den kristna religionen, de som en gång skulle bli arvtagare till riket. Själv hade han inga barn och då inte heller hans bröder hade efterlämnat sådana, stod hoppet till de båda släktingar som räddats vid myteriet efter Konstantin den stores död, nämligen Gallus och Iulianus. Dessa sändes till ett palats i Kappadokien för att leva helt isolerade och öva sig i kristen fromhet.

När Constantius lämnat östern för att ta upp striden mot Magnentius, ansåg han det lämpligt att den äldste av dem, *Gallus,* skickades till

DEL IV – KEJSARTIDEN

östern som Caesar. Där visade denne sig snart som en grym tyrann, som satte sig över alla mänskliga lagar, trotsade kejsarens påbud och mördade hans utsända. Kejsaren kallade honom tillbaka till Europa, berövade honom caesarvärdigheten och dömde honom till döden.

Samtidigt som Gallus hade lämnat förvisningen för att bli Caesar, fick Iulianus lämna klosterlivet och ägna sig åt filosofiska studier. Efter Gallus fall – som var nära att draga Iulianus med sig – utsågs också denne till Caesar och tilldelades Gallien som ansvarsområde, eftersom både franker och alamanner hade invaderat Rhenområdet. Snart visade det sig att den dittills endast boklärde Iulianus även kunde utveckla en militärisk skicklighet, och han ledde snart framgångsrika strider mot germanerna med resultat att romarna kunde återupprätta den tidigare gränsen vid Rhen. Alamannerna, som en tid gjort dessa områden ytterst osäkra för romarna och som med en stark här kastat sig över den unge Caesar, besegrade han grundligt vid Strassburg (357).

Redan som Caesar i Gallien visade Iulianus prov på sin rättrådighet och sin omtanke om folket, vilket kom till uttryck ännu tydligare när han blivit Augustus. Då pretorianprefekten ville införa en extraskatt för att öka statens inkomster, hindrade Iulianus detta och övertog i stället själv skatteuppbörden. Genom en noggrann kontroll av ämbetsmännen kunde nu skatterna i sin helhet inflyta till staten och inte som tidigare till stor del hamna i ämbetsmännens egna fickor. Den extra skatten kunde undvikas och Iulianus vann Galliens folk genom sin rättrådighet, liksom han fick soldaternas hängivenhet tack vare sitt mod och enkla levnadssätt.

Kriget mot perserna bröt ut igen när dessa invaderade det romerska Mesopotamien. Constantius fann sig tvungen att lämna Donauområdet där han hade kuvat en del stammar vid mellersta Donau. Då han led brist på soldater, sände han order till Iulianus i Gallien att skicka honom de bästa av sina germanska trupper. Dessa vägrade emellertid att lämna de lugnare förhållandena i väster för att bege sig till kriget mot perserna. När Constantius utsända trots motståndet drog samman de germanska trupperna till Lutecia (nuv. Paris), utropade dessa sin Caesar och befälhavare Iulianus till Augustus. Förgäves försökte Iulianus förmå dem att avstå från detta upprorsförsök. Constantius vägrade att acceptera en ny Augustus och beredde sig på väpnad konflikt för att återställa enheten. Iulianus beslöt sig för att förekomma och marscherade med en här mot Konstantinopel. Inbördeskrig stod för dörren men ödet log mot Iulianus: i läglig tid dog Constantius i Tarsus. Under soldaternas, folkets och senatens hyllning gjorde Iulianus sitt intåg i Konstantinopel och erkändes snart som kejsare i hela romerska riket (361).

Iulianus Apostata (Avfällingen) 361–363

Iulianus var en bokligt bildad person, väl bevandrad i den filosofiska litteraturen, och samtidigt föraktade han all yttre glans t.ex. alla nöjen som gladde folket, cirkus och gladiatorsspel. I allt var han en pliktmänniska, hans kost var enkel, hans arbetsförmåga oerhörd. Medan rådgivarna vilade, kastade sig kejsaren energiskt över nya uppgifter. Hans första åtgärd som kejsare var att reformera hovet, vars tjänarstab vuxit till väldiga dimensioner så att utgifterna för den faktiskt var lika stora som kostnaderna för de romerska legionerna. Denna lyx inom hovet väckte Iulianus vrede och förakt. Hårt och obevekligt avskedade han mängder av dessa i hans ögon överflödiga hovmän, liksom att han avskaffade en stor del av den stab av spioner som hans företrädare hade omgett sig med. Han ville återupprätta vördnaden för de gamla republikanska ämbetena, särskilt konsulatet. Dessutom motarbetade han byråkratin som vuxit sig alltför stark.

Under hela sin barndom blev Iulianus uppfostrad i kristendomens lära. Ända till tjugo års ålder uppfostrades han till helgon och absolut inte till någon hjälte. Han hade blivit döpt och uppträtt offentligt i kyrkan i Nikomedia. Trots denna bakgrund grodde tidigt hos honom ett inre hat mot kristendomen, vilket han skickligt dolde i mer än tio år. Så snart han uppstigit på tronen antog han det hedniska pontifex maximusämbetet, lät öppna de hedniska templen, men var för klok för att anställa regelrätta förföljelser mot de kristna. Tvärtom dekreterade han

DEL IV – KEJSARTIDEN

att religionsfrihet skulle gälla i riket. Emellertid retade han de kristna genom att konsekvent (bokstavligt) taga deras egen lära på orden. Bibeln förbjöd att gripa till svärd, alltså kunde de kristna inte vara soldater; kejsaren skulle offra åt gudarna, men de kristna kunde inte tjäna vid ett hov som enligt deras tro ansattes av demoner; de kristna kunde inte heller befatta sig med den hedniska litteraturen eller hedniska myter, varför de inte kunde undervisa eller undervisas i skolorna. Han ville besegra de kristna med deras egna vapen. Helt naturligt rasade de kristna över denna utstuderade konsekvens.

Från sin företrädare Constantius ärvde Iulianus kriget mot perserna. På våren 363 ryckte han in i Persien, fast besluten att för alltid kuva detta folk som länge nog varit en oroskälla för romarna. Hans armé bestod av 65 000 väldisciplinerade soldater, av vilka de bästa och trognaste kom från Gallien, vars invånare dyrkade den nye kejsaren (än i dag betraktas han i Frankrike som en av romerska rikets bästa kejsare). Även övriga soldater vann han genom att han själv utsatte sig för samma strapatser som han krävde av sina soldater. Perserna mötte romarnas anfall genom att draga sina egna trupper in i landet, bränna sädesfälten och söka skydd i befästa städer längre österut. Efter en del segrar mot perserna drog sig romarna tillbaka. Under en obetydlig drabbning träffades kejsaren av ett kastspjut och dog följande natt. In i det sista var han trogen sin filosofiska inställning, i det att han för de församlade officerarna höll ett långt filosofiskt tal.

Åter var romarriket utan kejsare. Hären som befann sig i en svår belägenhet i ett förött och plundrat land, försökte åter göra sig till kejsarmakare men kunde inte enas. Till slut utropades befälhavaren för den kejserliga livvakten, *Jovianus*. Dennes första åtgärd var att föra hären i säkerhet och åstadkomma något slags fred med perserna. Genom att avstå från provinserna på andra sidan om Tigris köptes fred eller rättare stillestånd på trettio år. Rom måste återigen betala tribut för att hjälpa perserna hålla barbarernas trupper borta från deras område. Efter endast åtta månaders regering dog Jovianus, varefter en ny dynasti kom på Roms tron.

I VÄNTAN PÅ RIKETS DELNING 364-395

Efter Jovianus död var det romerska riket utan kejsare i tio dagar eftersom den ene kejsarkandidaten efter den andre förkastades. Slutligen utsågs en pannoniker, *Valentinianus*, en duglig officer mest känd för sin oerhörda kroppsstyrka, men i fullkomlig avsaknad av boklig bildning. Efter en kort tid gav han efter för härens önskan och gav titeln Augustus även åt sin broder *Valens*, en man som aldrig prövats i vare sig civila eller militära ämbeten, men vars största merit var en hängiven beundran för sin broder. Till skillnad från Diocletianus och Konstantin utsåg den mäktigare Valentinianus västern till sitt område med Milano och inte Rom som huvudstad, och överlämnade styrelsen i öster åt Valens som från Konstaritinopel skulle regera över 50 provinser, som han var fullkomligt okunnig om och om vars språk han inte hade den blekaste aning.

En mörk tid började i romarriket, som inte endast berodde på angrepp utifrån utan även på inre missförhållanden. Vidskepelse, tro på trolldom, spådomar och besvärjelser spred sig inom riket som en farsot. Till detta kom även angiveriet. Från Britanniens övärld till Asiens avlägsnaste hörn släpades mängder av unga och gamla romerska medborgare till domstolarna i Rom och Antiokia. Särskilt senatorsklassen i Rom behandlades med sällsynt grymhet. Många senatorer och många kvinnor av senatorsklassen, likaväl som vördade filosofer torterades till döds. Inkvisitionens tid var inledd.

Å andra sidan ville kejsarna minska skattetrycket för de fattiga. Valentinianus var övertygad om att den privata förmögenheten bättre kunde användas om den drogs in till staten, men som alltid fick konfiskationerna bara kortvarig verkan och lindrade inte i längden skattetrycket. Kostnaderna för försvar och underhåll av städer framtvingade nya skatter. Själv militär önskade Valentinianus öka militärens inflytande, men han kunde inte vinna sina soldaters förtroende eftersom han krävde en alltför hård disciplin. Högre officerare, särskilt av germansk härstamning, belönade han med gåvor och andra privilegier vilket irriterade romarna.

DEL IV – KEJSARTIDEN

Valentinianus besjälades av ett patos att skapa rättvisa åt sina medborgare men utövade denna ofta under den största grymhet. Trots sin obildning ville han att det i varje provinshuvudstad skulle finnas en högre skola med undervisning i retorik och grammatik, både i latin och grekiska. Den yngre brodern Valens var mycket svagare än Valentinianus och saknade som nämnts såväl boklig som militär utbildning. I nästan allt önskade han följa sin äldre broders politik utom i fråga om religionen. Båda ville gälla som goda kristna, men Valens var hängiven arian, medan Valentinianus tillhörde den ortodoxa kristendomen, d.v.s. den som följde besluten i Nicaea och som tillämpades i väster. Båda var ganska toleranta mot hedningarna, och rättigheten att undervisa och att undervisas gjordes oberoende av religionen. Valentinianus intresserade sig föga för teologiska tvister eller spörsmål, medan Valens aktivt deltog i dogmatiska tvister och önskade bereda väg för arianismen som den enda rätta läran.

YTTRE FIENDER

Trycket mot de romerska gränserna ökade. Valentinianus ansåg som sin väsentliga uppgift att eliminera detta hot mot romarriket. Särskilt farlig var situationen i Gallien som höll honom kvar där i tio år, under vilka han eller hans generaler besegrade både alamanner, saxare och franker. Genom dessa segrar blev Gallien förskonat från fientliga anfall under lång tid framåt. För att trygga riket lät han bygga en rad kastell utmed hela gränsen längs Rhen från dess källor ända till kusten (Nordsjön). Samtidigt hade en av hans bästa generaler, *Theodosius,* slagit tillbaka barbarernas anfall i Britannien. Samme härförare lyckades även kuva ett uppror i Numidien och Mauretanien, ett upprorsom avslöjade en utbredd korruption bland romerska ämbetsmän. Under sina sista år fick Valentinianus slå ned angrepp från kvaderna vid Donau. Vid fredsförhandlingarna med dessa greps han av raseri på grund av en kommentar från kvadernas sändebud och dog i ett slaganfall (375).

Redan 367 hade Valentinianus under en sjukdom upphöjt sin äldste, då endast nioårige son *Gratianus* till Augustus. Men vid Valentinianus plötsliga bortgång vistades denne i Trier, långt borta från hären. För att hindra soldaterna från att utropa en ny kejsare, lät hovmännen omedelbart upphöja Valentinianus yngste, endast fyraårige son Valentinianus till Augustus under namn av *Valentinianus II*. Regeringen sköttes naturligtvis helt och hållet av den äldre Gratianus, som stod helt under ledning av sin lärare, skalden Ausonius. I dennes anda lät Gratianus genast utfärda amnesti åt ett stort antal fångar. Som kristen höll han fast vid den ortodoxa läran. Han var den förste kejsare som avstod från den urgamla titeln *pontifex maximus*. Men förhållandena inom kyrkan var inte uppbyggliga. Särskilt graverande var de i Rom.

Valens och östern 364–378

Redan från början av sin regering hade Valens att möta gotiska anfall mot Thrakien. Sedan det blivit fred med goterna efter romersk seger, tvingade en persisk invasion i Mesopotamien Valens att flytta sin militära verksamhet dit, men han måste återvända till Europa för att möta nya gotiska anfall. Goterna själva drabbades nu av ett fruktansvärt hot. Från öster kom en folkvandring av hunner, ett mongolfolk som trots sina ännu barbariska sedvänjor var mycket effektivt organiserade. Mot dessa hunner tycktes allt motstånd vara förgäves. Först underkuvade de alanerna, därefter östgoterna. När turen kom till västgoterna, flydde dessa i tusental in i det romerska riket och bad om tillåtelse att slå sig ned i riket. Valens beviljade dem detta i förhoppning att de skulle kunna bli en lämplig förstärkning av gränsskyddet.

På grund av trakasserier från de romerska ämbetsmännen, som gav dem för lite säd för att de skulle kunna livnära sig, började goterna härja på landsbygden för att skaffa sig livsmedel och gick samman med germanska jordbrukare. För att göra slut på dessa härjningar skyndade Valens från Asien på hösten 378. Vid Adrianopel besegrades emellertid Valens av goterna, som kunde avgöra striden tack vare sitt överlägsna kavalleri. Valens omkom tillsammans med större delen av sin här. Från

Adrianopel rullade den segrande goterhären vidare mot Konstantinopel, där de emellertid överraskades av en mindre trupp saracener som Valens tagit i sin tjänst och förlagt i huvudstaden.

Theodosius I 379–395

Den unge Gratianus hade kommit för sent till Adrianopel för att kunna vara till någon hjälp åt sin farbroder. Han insåg emellertid klart att östern måste ha sin egen kejsare. Fem månader efter Valens död visade Gratianus upp sin nye medregent för trupperna, den yngre Theodosius, son till den general som kuvat upproret i Afrika. Han blev härskare över Thrakien, Asien och Egypten samt fick uppgiften att lösa det gotiska problemet.

För romarna var goterna en lika stor skräck som hunnerna var för de senare. Goterna hade under åratal fått härja fritt i städer och på landsbygd. Romarna vågade inte möta dem. Theodosius såg först till att städernas befästningar förstärktes och att garnisonerna utökades samt att disciplinen höjdes bland de romerska soldaterna. Därefter lät han små men väldisciplinerade trupper anfalla mindre förposter av de härjande goterna och besegra dem. Romarnas självförtroende stärktes och 382 kunde de slutligen få fred med goterna. Dessa tilläts slå sig ned på av romarna inte upptagna områden mellan Donau och Balkan och styras där av egna härskare och egna lagar men vara allierade med romarna och således hjälpa Rom att försvara rikets gränser.

Gratianus död – Theodosius

Västroms kejsare Gratianus, som hade fått sin uppfostran av Ausonius, blev en svag regent som helt var i händerna på biskoparna och andra kyrkans män. Han väckte sina soldaters förakt, bl.a. genom att uppträda i skytisk dräkt, vilket fyllde de romerska soldaterna med vrede över sin kejsares ovärdiga hållning och sedvänjor. Missnöjet med honom spred sig även till de civila.

I Britannien hade en kraftfull upprorsmakare, *Maximus*, kallat ungdomen till resning mot romarna och deras svage regent. Från Britannien spred de upproriska sig till Gallien, vars invånare hälsade upprorsmakaren som befriare. Den villrådige och vacklande Gratianus togs till fånga och mördades (383). Theodosius var i en svår belägenhet. Skulle han hämnas på sin välgörare Gratianus mördare eller skulle han låta den framgångsrike Maximus hållas? Det var nästan otänkbart att den östra rikshalvan skulle kunna bistå Västrom mot Maximus. Därför gick Theodosius med på att Maximus skulle få behålla sina erövrade områden men på villkor att han inte skulle gå över alperna. Gratianus broder Valentinianus skulle fortfarande härska över Italien, Afrika och västra Illyrien.

Även om Gratianus hade gjort sig till fiende med både soldater och civila, hyste prästerskapet stor vördnad för honom då han tillhörde den ortodoxa läran. Prästerskapet fann i sin sorg över hans plötsliga död en tröst i att han hade förordnat Theodosius som den kristna kyrkans kejsare. Theodosius var nämligen ortodox, och de västromerska kristna kunde hoppas på att han skulle utrota deras värsta fiender arianerna. Arianismens högborg hade länge varit Konstantinopel. Under fyrtio år hade Rom och Alexandria försökt att utrota irrlärorna i den östra rikshalvan, men dessa hade försvarats i just Konstantinopel.

När Theodosius hade låtit döpa sig – efter en svår sjukdom som påskyndat denna viktiga handling – lät han utfärda ett edikt, i vilket han påbjöd att den katolska kyrkan skulle vara den enda rätta och allena saliggörande. Det är första gången som ordet "katolsk" möter oss i den nu vedertagna betydelsen. Vidare hotade han alla kättare med stränga straff. En allmän utrensning följde i Konstantinopel. Arianerna, som var de ojämförligt flesta kristna, klagade över att det inte fick använda någon av de hundratals kyrkorna i staden som stod tomma. Men Theodosius var obeveklig. Han betraktade var och en som skilde sig från den rätta läran som upprorisk mot högsta maktens innehavare.

I väster hade Theodosius stöd i sin kamp mot arianismen i Milanos biskop Ambrosius. Denne man tillhörde en förnäm romersk familj. Efter vanlig ämbetsmannakarriär blev han ståthållare i Ligurien, till vilket även Milano hörde. Innan han hade mottagit dopet blev han vid 34 års ålder till sin egen och mångas förvåning upphöjd från ståthållare till biskop. Snart kom han i strid med Valentinianus I:s änka Justina och hennes son, den unge kejsaren Valentinianus II. Justina var arian och ville uppfostra sin son i denna lära. Hon utgick ifrån att han som kejsare skulle ha fri utövning av sin religion, åtminstone i *en* av Milanos kyrkor. Men Ambrosius förklarade att kyrkorna var Guds och inte kejsarens hus och att han i sitt stift var ensam uttolkare av Guds vilja. Förgäves sökte det kejserliga hovet krossa Ambrosius auktoritet men fick i stället se sig förödmjukat.

Maximus, som lovat att hålla sig norr om Alperna, avvaktade rätt tillfälle att få kontroll över även Italien och lät sina härar strömma ned mot Milano. Justina och hennes son flydde till Thessalonike. Theodosius var tveksam om han skulle hjälpa arianerna Justina och Valentinianus mot usurpatorn Maximus. I Justinas sällskap fanns inte endast sonen Valentinianus utan även dottern Galla. Tack vare dennas skönhet och tårar veknade snart Theodosius och tog upp striden mot Maximus sedan han ingått äktenskap med Galla. Vid Aquileia stod den avgörande drabbningen, i vilken Maximus togs tillfånga och utlämnades till soldaterna som halshögg honom 388.

Då Valentinianus lämnat Milano slog sig Theodosius ned i denna stad, medan Valentinianus II sändes till Gallien under beskydd av den utmärkte generalen *Arbogast.* Konstantinopel blev residens för Theodosius äldste son *Arcadius,* som redan 383 hade utropats till Augustus. Även den mäktige kejsaren Theodosius fick erfara att kyrkans man var starkare än den romerske kejsaren. Under ett upplopp hade folkmassan i Thessalonike dödat en general. Från Milano gav Theodosius order om att hämnd skulle utkrävas på befolkningen i Thessalonike. Den inbjöds till kappkörningar på cirkus. När folket samlats, stängdes alla utgångar; under en massaker som varade tre timmar dödades tusentals människor. När Ambrosius fick vetskap om det meningslösa blodbadet meddelade han kejsaren i brev, att kyrkan var stängd för den romerske kejsaren tills han offentligt hade gjort avbön. Först efter åtta månaders botgörelser ansågs kejsaren åter värdig att återupptas i den kristna gemenskapen. Ambrosius hade visat att en kyrkans man hade rätt att göra även en kejsare ansvarig för sina handlingar. Efter detta blev Theodosius aggressivare mot hedendomen. Avfall från kristendomen straffades, hedniska tempel stängdes, Serapistemplet i Alexandria förstördes.

FORTSATT KAMP MELLAN HEDENDOM OCH KRISTENDOM

Trots kejsarens hårda ingripanden mot de gamla religionerna fortlevde dessa särskilt inom senats- och militärkretsarna, och i all synnerhet höll germanerna fast vid hedendomen. Den hedniske Arbogast, som av Theodosius satts som rådgivare åt den svage Valentinianus II och som dennes medregent i väster, kom i gräl med Valentinianus. När denne vid ett tillfälle överlämnade ett avskedsbrev till Arbogast, rev Arbogast hånfullt sönder detta inför ögonen på den svage och tveksamme kejsaren. Några dagar senare påträffades kejsaren död, tämligen säkert mördad av Arbogasts anhängare. Till ny Augustus utsåg Arbogast en framstående romersk ämbetsman *Eugenius,* som Theodosius vägrade att acceptera. I stället utsåg denne sin yngre son *Honorius* till Augustus 393. Eugenius som stöddes av Arbogast, annekterade Italien, där han mottogs hjärtligt av de hedniska senatorerna och även erkändes i Spanien. Även om Theodosius fruktade den germanske hövdingens militära duglighet insåg han ändå till slut att han måste ta upp striden med usurpatorn, kejsarmördaren. År 394 besegrade Theodosius i grund motståndarnas numerärt överlägsna trupper vid floden Frigidus i nordöstra Italien. Eugenius togs tillfånga och dödades, medan Arbogast begick självmord efter slaget. Theodosius och kristendomen hade segrat över hedendomen och än en gång förenades det romerska riket till en enhet. Men denna enhet varade inte länge, eftersom Theodosius dog i Milano 395 och efterlämnade som Augusti sina två söner, den endast elvaårige *Honorius* och den artonårige *Arcadius.*

ROMERSKA RIKETS DELNING

Västrom och Östrom – 355
Förvaltningen under sen kejsartid – 365

Arcadius blev kejsare över den östra rikshalvan med Konstantinopel som huvudstad, medan Honorius blev herre över västra. Men det blev inte kejsarna själva som regerade utan i stället deras närmaste män. Som förmyndare för Honorius hade Theodosius utsett härmästaren *Stilicho*, medan Arcadius var i händerna på pretorianprefekten över Illyricum, *Rufinus*.

Det uppstod inte någon strid eller rivalitet mellan kejsarna utan istället mellan deras mäktigaste män. Skilsmässan mellan de båda rikshalvorna poängterades genom en fullständig åtskillnad i administrationen. Före 395 hade edikt, som utfärdats av den ene kejsaren efter sanktion av den andre, blivit giltiga även i den andra halvan. Hädanefter offentliggjordes de i regel endast i den ena halvan, varför riket i realiteten hade delats i två helt oberoende stater. I det västra riket trädde den personliga kejsarmakten fullkomligt tillbaka. I stället blev härmästaren den som utövade sin makt i rollen som militärdiktator.

Mot de kommande diktaturerna stod byråkratin maktlös. De bestämde helt över kejsartronen men vågade i regel inte själva bestiga denna. Till slut hade man inte någon legal grundval för maktens utövande. Både Italien och de gamla provinserna i väster kom att styras av germanska hövdingar som fick hären helt i sin hand. I östra rikshalvan var statsmakten fortfarande stark nog att kontrollera generalerna. Där tillät inte byråkratin någon av dessa generaler att behärska statsapparaten eller att tillfredsställa sina egna politiska ambitioner.

Den västra rikshalvan gick oundvikligt sin undergång till mötes. På kortare tid än hundra år var upplösningen ett faktum. Denna upplösning kom inifrån, samtidigt som rikets försvarskrafter försvagades så att de inte kunde klara anfallen utifrån. Den ekonomiska tillbakagången i väster hade pågått i århundraden. Den sociala strukturförändring, som man ibland kallar för feodalism, hade utvecklats snabbt, vilket hängde samman med storgodsens expansion som tagit en väldig fart. Staten konfiskerade stora områden som var dåligt uppodlade och lämnade ut dessa områden till storgodsägarna för att få skatt från jorden. Många småbönder, som ville komma ifrån skattetrycket på sin jord, skänkte denna utan vidare till godsägarna. Men staten såg sedan till att dessa småbönder ändå inte fick flytta från sina nya ägare. De blev livegna. Med tiden blev godsägarna alltför mäktiga och saboterade myndigheternas order eller mutade helt enkelt ämbetsmännen. Korruptionen spred sig och staten stod maktlös mot den.

VÄSTROM

Germanisering av Västrom

Efter Theodosius död ansåg västgoternas kung Alarik tiden lämplig att lägga Balkan under sig. När han inledde härjningarna i Trakien och Makedonien möttes han av den ledande mannen i Västrom, Stilicho. Denne var ingift i det västromerska kejsarhuset, eftersom han var gift med en adoptivdotter till Theodosius och hade den unge Honorius till svärson. Han såg som sin främsta uppgift att hålla riket samman men lyckades aldrig uppnå de rätta förbindelserna med Östrom, som på alla sätt försökte motarbeta honom.

Arcadius i Konstantinopel befallde Stilicho att sända en del trupper till denna stad, vilket han också gjorde. Detta ledde till att Alarik kunde marschera ned till södra Grekland, där han intog Athen, brände Korint och plundrade stora delar av Peloponnesos. Stilicho försökte då överföra Illyrien till den västra rikshalvan men lyckades endast delvis, nämligen så att landet väster om floden Drina hörde till Honorius, medan landet öster om denna flod fortfarande hörde till Arcadius. Denna gräns bildar ännu skiljelinje mellan det romersk-katolska Kroatien och det grekisk-katolska Serbien. Det uppror som uppstått i Afrika efter Julianus död och som slagits ned av Theodosius d.ä. hade visserligen lugnat provinsen för en tid. Men det jäste ständigt under den till synes lugna ytan. Efter Theodosius död höjdes åter upprorsfanan, denna gång med stöd från regeringen i Konstantinopel, som därmed avsåg att försvaga Stilichos ställning och auktoritet. Stilicho förklarades dessutom som fiende av Arcadius.

I Konstantinopel blev det våldsamma antigermanska demonstrationer år 400, och 7 000 goter påstås ha mördats på en enda natt. Officerskåren och ämbetsverken rensades från germaner. Denna nationella reaktion präglade Östroms politik även under den närmaste framtiden och bidrog naturligtvis till att där bevara den romerska karaktären längre än i väster.

År 401 gick Alarik med sin här över Alperna och ryckte in i Italien. Men han fann sin överman i Stilicho, som först räddade Milano där kejsaren var instängd. Följande år besegrade han åter västgoterna i ett stort slag och slutligen i ytterligare ett vid Faesulae år 403. Stilicho utnyttjade emellertid inte helt segern utan ingick i stället en överenskommelse med Alarik. Västgoterna blev romarnas *foederati,* som förband sig att ge Rom militär hjälp men skulle styras av sina egna furstar, och fick rättighet att slå sig ned i gränsområdet mellan Öst- och Västrom. För att fira denna seger höll Honorius triumf i Rom. Det var tredje besöket på hundra år som denna stad fick av en romersk kejsare. Rom var inte någon säker stad för kejsaren, vilket inte heller Milano var, varför han slog sig ned i Ravenna som skyddades av sumptrakterna runt staden.

Det kom nya angrepp från germanerna, så allvarliga att Stilicho ansåg det nödvändigt att hämta trupper från Rhengränsen och Britannien. Därmed var emellertid fältet fritt för germanerna att strömma över Rhen. Vandaler, sueber och även alanerna, ett iranskt folk, drog tvärs genom Gallien och delade detta land mellan sig. Vandalerna slog sig ned i söder. Förbindelserna med Britannien avbröts och detta land gick för alltid förlorat för Rom 407.

Till slut föll Stilicho offer för de hovintriger och antigermanska stämningar som fanns i Konstantinopel. Med hans död hade Italien förlorat sin bäste försvarare och var nu utsatt för västgoternas godtycke. Alarik förde förhandlingar med kejsaren om jord i Italien, vilka dock inte ledde till något resultat, varför han angrep och intog Rom 410 genom list och förräderi eftersom han inte kunde storma dess starka murar. Goterna utsatte staden för tre dagars plundringar, men Rom skadades inte så mycket som man förr velat göra gällande. Alarik fortsatte söderut för att gå över till Afrika och därifrån kontrollera sädestillförseln till Rom och Italien. Men då hans lilla flotta förstördes av en storm, gav han upp denna plan och tänkte i stället marschera norrut då han plötsligt insjuknade och dog 410.

Efter Alarik blev hans svåger Ataulf västgoternas konung. Vid underhandlingar med Honorius fick Ataulf södra Gallien överlämnat åt sig och goterna. Han förde med sig kejsarens syster Galla Placidia, som goterna tagit som krigsfånge i Rom. Endast motvilligt medgav Honorius att Ataulf ingick äktenskap med henne. Dessa germankungar hade inga planer på att störta de romerska kejsarna. Germanerna slog sig ned under relativt ordnade former och följde i stort samma bestämmelser som Arcadius 398 hade infört som inkvarteringsbestämmelser för de romerska trupperna; en tredjedel av jorden tillföll främlingarna, medan resten överlämnades till den romerska befolkningen.

Regeringen i Ravenna var angelägen att få en ny härmästare efter Stilicho. Denna gång blev det en romare, *Flavius Constantius*. Denne tvingade bort västgoterna från Galliens Medelhavskust. Dessa gick då över Pyrenéerna och besegrade vandaler och alaner, som med romarnas medgivande slagit sig ned där och blivit deras *foederati*. Västgoterna nästan krossade dem och tvingade dem ned i södra Spanien. Men de återhämtade sig snart igen och erövrade hela södra delen av landet.

Vandalerna i Afrika

Stridigheterna mellan regeringen i Ravenna och den militäre ståthållaren i Afrika fick olyckliga följder för kejsaren. För att freda sig mot angrepp som ståthållaren fruktade skulle komma från Italien, bad han vandalerna om hjälp. Deras konung *Gaiserik* (428–477) beslöt sig för att erövra Afrika, lockad av landets rikedom och betydelse för sädesproduktionen. Med en flotta som han skaffade sig på kort tid inskeppade han hela sitt folk, totalt 80 000, och landade i Afrika 429. Endast omkring 15 000 var krigare, och dessa kunde inte erövra de starka städerna Cirta, Hippo Regius eller Kartago, men blev snart herrar över landet i övrigt.

Efter att först ha ingått åtskilliga avtal med Ravenna överföll Gaiserik ganska oväntat Kartago 439 och lyckades erövra såväl stad som hamn, förråd och flotta – utan att använda våld. Västrom klarade inte av att återerövra denna provins utan måste 442 erkänna vandalriket som ett oberoende kungadöme. Med fast hand organiserade Gaiserik sitt rike, men hans vandaler var alltför fåtaliga för att kunna sätta någon varaktig prägel på landet. Däremot lyckades han skapa ett verkligt sjövälde i västra Medelhavet, i vilket ingick Sardinien, Korsika och Balearerna samt även fästningen Lilybaeum på Sicilien. Rom hade fått ett nytt Kartago att frukta. Efter kejsar Valentinianus III:s död 455 seglade vandalerna över till Italien och erövrade Rom som de utsatte för tolv dagars plundringar. Flera tempel och museer tömdes på konstverk som fördes till Kartago. Där hamnade t.ex. judarnas ark och det övriga byte som Titus tagit i Jerusalem. Även Jupitertemplet på Capitolium och kejsarpalatsen på Palatinen plundrades. Den största olyckan för Rom var dock att sädesimporten från Afrika upphörde. Två tredjedelar av stadens befolkning levde fortfarande på gratis utdelning av säd, som hädanefter måste hämtas bl.a. från Apulien och Calabrien.

Germanernas angrepp på romerska riket kan inte följas genom en strikt redovisning av vad de olika folkslagen (stammarna) utförde eftersom de ofta var sammankopplade med varandra. Franker och alamanner slog sig ned på den västra Rhenstranden, medan burgunder trängde längre söderut och fick av kejsar Honorius tillåtelse att bosätta sig i Gallien. När de 425 försökte tränga in i den angränsande provinsen Belgica slogs de tillbaka av härmästaren i Gallien, Aëtius. Denne bar den förnäma titeln *patricius*, och hade något så när lyckats hålla samman riket och vann flera segrar över germanerna i Gallien. Hans säkraste stöd var vänskapen med de fruktade hunnerna, med vilkas hjälp han kunde hävda sin kejsares auktoritet och slå ned germanernas anfall.

År 436 ödelade han med hjälp av hunnerhövdingen Attila burgundernas rike. Burgunderna pressades samman till sydöstra Gallien, där de kunde grunda en germansk stat i provinsen Sapaudia (nuv. Savoyen).

Hunnerna

Hunnerna hade skapat ett storrike från södra Ryssland till Rhen. De hade germaniserats ganska markant genom sina kontakter med bl.a. östgoter och sueber. Deras mäktigaste furste var *Attila*, som hade förenat tidigare splittrade hunnerstammar i Ungern och Sydryssland och gjort sig till herre över germanfolken ända till Rhen. Länge hade han också pressat Östrom på landavträdelser och skatter. När Theodosius II dog 450, vägrade den nye kejsaren att betala någon tribut. Med Västrom hade Attila däremot haft vänskapliga förbindelser, till stor del tack vare härmästaren *Aëtius*. Denna vänskap bröts emellertid och Attila ryckte härjande in i Gallien. I farans stund förenades romare och germaner. Mot sina forna vänner hunnerna drog nu Aëtius i spetsen för en här, i vilken befann sig även franker och burgunder men framför allt västgoter under sin konung Theoderik I. Härarna möttes på de Katalauniska fälten vid Troyes i Champagne. I det mycket häftiga slaget stupade Theoderik, men Attila måste draga sig tillbaka och som segrare stod Attilas tidigare vän Aëtius. Detta slag innebar början till slutet för hunnernas makt i Europa. Följande år inledde Attila ett nytt fälttåg från Rhen mot Italien och härjade de norra delarna av landet men nådde inte fram till Rom. Enligt traditionen räddades Rom genom ingripande av påven Leo, som tillsammans med några förnäma romare sökte upp Attila och förmådde honom att skona staden. Härjningarna i norra Italien drev bort en del invånare från Aquileia, som inte ansågs tillräckligt starkt och säkert, till lagunerna norr om Po där de stannade kvar och lade grunden till Venedig. Sedan Attila dött 453 gick hans rike mot sin upplösning. Hunnerna trängdes tillbaka till stäpplandet norr om Svarta havet. Trycket mot Donau lättade vilket blev en fördel för Östrom. De av hunnerna kuvade germanska folken blev fria, och östgoterna slog sig ned i Pannonien som Östroms bundsförvanter. Östrom självt kunde ägna mer krafter åt att erövra makten på havet.

Efter slaget på de Katalauniska fälten var Aëtius Västroms starke man, vilket gav honom många avundsmän som påverkade kejsar Valentinianus III. Denne lät därför mörda den duglige härmästaren som också hade varit kejsarens bästa hjälp. Efter detta hade Västrom ingen härmästare som kunde hejda rikets fortsatta upplösning. Följande år dödades Valentinianus av anhängare till Aëtius. Med honom dog Theodosius dynasti ut i väster. Som efterträdare utsågs den romerske senatorn *Maximus*, som gifte sig med Valentinianus änka Eudoxia. Hon drömde om hämnd för mordet på sin make Valentinianus. Maximus tvingades fly och dog kort därefter. Han efterträddes av sin härmästare *Avitus* som under oroligheterna i Rom hade befunnit sig i Gallien. När han med västgoternas hjälp utropats till kejsare, var han inte längre den mäktigaste mannen i riket utan makten övertogs av den nye härmästaren *Ricimer*, som blev den verklige härskaren i västromerska riket från 456 till sin död 472. Denne tvingade Avitus att nedlägga kejsarvärdigheten. I stället utsågs Avitus till biskop. Därefter av- och tillsatte Ricimer flera kejsare efter sin egen vilja. Yttre fiender hotade. Västgoterna erövrade under sin kung Eurik större delen av Pyreneiska halvön, vidare Aquitanien, Rhônedalen och Provence. Den romerske kejsaren hade bara att erkänna deras fulla oberoende. Av det västromerska riket återstod endast Italien, där den mäktige Ricimer härskade och t.o.m. lät kejsartronen stå ledig ett par år. Kejsaren i Konstantinopel Leo I sände då greken Anthemius som kejsare till Rom, vilken Ricimer måste acceptera. Efter någon tid råkade dessa två i tvist med varandra och Anthemius belägrades i sin huvudstad och dödades.

Ricimer avled kort tid därefter men striderna om kejsarmakten fortsatte. Till slut lät en härmästare Orestes utropa sin unge son Romulus till kejsare men styrde i själva verket själv landet med hjälp av germanska legotrupper. Dessa krävde samma rättigheter som övriga germaner fått i de romerska provinserna, nämligen att tilldelas en tredjedel av jorden medan romarna själva fick behålla resten. Då Orestes motsatte sig detta, mördades han av några soldater som i stället gjorde sin hövding *Odovakar*, german liksom Ricimer, till kung. Denne avsatte Romulus, den lille kejsaren *Augustulus*, som han kallade honom. Hans fader Orestes besegrades och dödades, men själv fick Romulus ett lantgods i Kampanien. Detta inträffade den 23 augusti 476, och den dagen kan betraktas som det västromerska rikets fall. Odovakar blev kung i Italien och hans soldater bemäktigade sig enligt reglerna en tredjedel av jorden. Främlingarna hade full kontroll över västra rikshalvan.

Västromerska rikets fall kom emellertid inte som en blixt från en klar himmel. Dess undergång var följden av en mycket lång underminerings- och upplösningsprocess. Det som mest förvånar är att denna process varade så länge och att den administration som byggts upp av Augustus och genomgått många förändringar under århundraden kunde stå emot förstörelsen så länge. Under lång tid hade romarna själva undandragit sig krigstjänstens hårda liv, varför staten hade måst lita till främmande legotrupper, till största delen germanska. Germanernas expansion inom det romerska riket hade framkallat antigermanska rörelser som börjat i Konstantinopel men som spritt sig. Problemet hade varit att romarna inte kunnat undvara germanerna som soldater för att försvara det romerska riket. Samtidigt med denna nationalism hade religionsstriderna skapat problem för härskarna alltifrån Konstantin den stores dagar.

ÖSTROM

Arcadius 395–408

Liksom i väster var den östromerske kejsaren Arcadius i händerna på de militära befälhavarna; först pretorianprefekten gallern *Rufinus* och, sedan denne mördats på anstiftan av västerns härmästare Stilicho, sin f.d. kammartjänare *Eutropius* som dessutom upphöjdes till det högsta civila ämbetet, konsulatet. Genom intriger lyckades befälhavaren för de kejserliga trupperna, goten *Gainas*, avlägsna Eutropius från hovet. Därefter strävade Gainas efter att skaffa sig samma makt i öster som Stilicho vunnit i väster. Men både Gainas och hans trupper var ytterst impopulära i Konstantinopel, delvis på grund av att de tillhörde den arianska läran. En antigermansk resning riktades mot de gotiska soldaterna av vilka tusentals dödades. Gainas drevs norr om Donau där han mötte hunnerna och dödades av dem. Arcadius ersatte därefter goterna med inhemska trupper som ett första led i strävan att stärka nationalismen i öster.

Theodosius II 408–450

När Arcadius dog 408 övergick kejsarvärdigheten till hans åttaårige son Theodosius II. Den verkliga makten kom att ligga i händerna på pretorianprefekten *Anthemius*. Men även kvinnor kom att spela en ganska stor roll. Theodosius äldsta syster Pulcheria gjordes 414 till regent med titeln Augusta. Hon var en ytterst viljestark kvinna och behärskade helt kejsaren. År 421 övertogs hennes roll av hans drottning Eudokia. Hon var dotter till en hednisk filosof och hette Athenais, men vid sitt äktenskap med Theodosius övergick hon till kristendomen och tog ett kristet namn, Eudokia. Efter att under 20 år ha varit den ledande personen i kejsarhuset förlorade hon 440 sitt inflytande över kejsaren och avlägsnades från Konstantinopel. Hon slog sig ned i Jerusalem där hon dog 460.

Även om Östrom inte ansattes i lika hög grad som västern av fientliga anfall, var det ändå inte helt befriat från krig. Visserligen var Persien väsentligt försvagat, men freden bröts två gånger under Theodosius, första gången 421 och andra gången tjugo år senare. Båda gångerna kunde romarna slå tillbaka perserna. Svårare fiender var hunnerna som ryckte in i Balkan och även i Armenien, besegrade de romerska trupperna och förhandlade till sig stora summor pengar av romarna som skadestånd.

Theodosius långa men svaga regering innebar en märkesperiod för Konstantinopel. Den konstantinska staden med dess gamla mur hade blivit för liten. Under ledning av kejsar Anthemius fick staden 413 en ny försvarsmur som sträckte sig från Marmarasjön till Gyllene Hornet. Dessutom byggdes ett befästningssystem som gjorde staden ointaglig från landsidan. År 425 upprättades ett kristet universitet i Konstantinopel som skulle tävla med universiteten i Athen och Alexandria. Det fick flera lärostolar i såväl grekisk som latinsk grammatik och retorik, juridik och filosofi. Theodosius namn är dock mest knutet till den berömda rättsboken, *codex Theodosianus* från år 438, som innehåller en samling av alla kejserliga edikt från 312. Denna codex gavs ut i både den öst- och västromerska kejsarens namn och var avsedd att bidra till att bevara riksenheten.

Theodosius och hans efterträdare, den utmärkte krigaren *Marcianus* (450–457), lyckades säkra gränserna i öster mot perserna, dels genom överenskommelser och dels genom ett eget starkt försvar. Armenien blev ändå en persisk provins, som emellertid kunde utveckla en självständig kristen kultur. Bl.a. översattes bibeln till armeniska. Marcianus efterträdare *Leo I* (457–474) var en kraftfull person och duktig officer som lyckades hålla sig oberoende av germanerna genom att skaffa trupper från Mindre Asien. Under dennes regering fick en got, *Aspar*, som härmästare samma ställning som härmästaren i Västrom och lyckades även uppsätta sin son som tronföljare. Detta resulterade emellertid i oroligheter som störtade Aspar. Hans motståndare *Zenon* blev hans efterträdare, som dessutom satte sin son Leo II på tronen. När denne dog strax därefter blev Zenon ensam härskare. Hans långa regering (474–491) var en ständig strid mot rivaliserande furstar och upproriska östgoter. Till slut befriades Östrom från dessa som i stället vände sig mot Italien. Goternas egen kung Theoderik styrde därefter under tjugo år Italien, Sicilien och södra Gallien, formellt som kejsarens ståthållare. Han förärades även titeln *Rex* och erkändes också av senaten i Rom. Denne östgot Theoderik byggde sitt styre på romersk administration och romersk statskonst, förvaltningen utövades av romare och efter romersk rätt.

Förvaltningen under sen kejsartid
– återblick och sammanfattning

KEJSARMAKTEN

Förändringarna av den inre styrelsen i kejsartidens Rom skedde sakta och utan omskakande revolutioner. Kejsarmakten sådan den skapades av Augustus växte sig under seklen allt starkare för att under Diocletianus och Konstantin övergå till ett fullständigt envälde. Kejsaren var inte längre enbart den främste medborgaren, *princeps,* utan han blev den allsmäktige *dominus,* vars makt sträckte sig till alla grenar av förvaltningen, lagstiftning, domsrätt, administration, härväsende och religion. Kejsaren var statens medelpunkt, alla medborgare utan undantag var helt underkastade honom. Han blev något övermänskligt, ja, kejsaren blev Gud själv på jorden. Hans person och allt som tillhörde och angick honom blev gudomligt, hans *maiestas domini* kom också klart till uttryck i konsten. Framställningen av denna maiestas domini antog från omkring 300 e.Kr. en dominerande ställning i den officiella kejserliga konsten, som tack vare kristendomen fortlevde långt in i medeltiden, vilket den framstående kännaren av senantik konst H. P. L'Orange har visat. Kring kejsaren, som ofta framställdes i övernaturlig storlek, grupperades övriga medlemmar av hovet. Allt samlades kring kejsaren som var symbolen för den heliga absoluta makten.

Kejsaren var ensam lagstiftare och därför också den högste uttolkaren av lagarna. Själv stod han över lagarna i så måtto att han inte kunde ställas till ansvar för sina administrativa handlingar, men å andra sidan var han tvingad att stå fast vid de allmänna regler och lagar som han infört.

Även under sena kejsartiden var titlarna de samma som i början av principatet, Caesar, Augustus och Imperator. Men *princeps* ersattes med *dominus* eller *dominus noster,* vilket motsvarade hans härskarställning gentemot undersåtarna. Den purpurröda militärkappan, som tidigare förbehållits triumferande befälhavare, blev kejsarens privilegium och den purpurröda färgen blev symbol för kejsarmakten – röd porfyr fick endast användas till statyer av den kejserliga familjen. Den alexanderska *proskynesis*, som innebar att den som närmade sig kejsaren skulle kasta sig ned till marken och kyssa hans fötter, krävdes redan av Konstantin den store.

Kejsarmakten ärvdes inte men en kejsare kunde utse en efterträdare. Vanligen utsåg emellertid de högre officerarna en kejsare som de därefter presenterade inför hären, vilken hälsade honom som Imperator eller Augustus. I Konstantinopel skedde detta på Hippodromen. Vid presentationen inför soldaterna försågs han med en gyllene halskedja, *torques*, och diadem; från Leo I var det patriarken av Konstantinopel som krönte honom med diademet. När en kejsare utsåg en son till Caesar eller med-augustus, blev denne visserligen hans efterträdare, men inte på grund av arvsrätt utan endast på grund av att det var faderns innersta vilja. Men med lika rätt blev en upprorsmakare som segerrikt övertog makten också en legitim innehavare av denna, vilket i högsta grad främjade uppkomsten av usurpatorer.

SENATEN OCH SENATORSKLASSEN

Trots viktiga förändringar under hela kejsartiden inom senatorsklassen och senatens funktioner, bevarade senaten alltid sin ställning som ett organ för den förmögna samhällsklassen. Liksom under Augustus krävdes under sena kejsartiden att varje familjefar inom denna klass skulle äga en minimiförmögenhet på en miljon sestertier – på samma sätt som en riddare skulle vara ägare till 400 000 sestertier. Senatens sammansättning ändrades emellertid.

Under kejsartidens tre första århundraden fick senaten en stor mängd nya medlemmar invalda på grund av kejsarens välvilja, inte endast från Italien utan även från provinserna Gallien, Spanien, Afrika och slutligen även från östern. Alla dessa nya senatorer bosatte sig i Rom för att fullt ut kunna njuta av de rättigheter och privilegier som en senator åtnjöt. Även då de inte bodde i huvudstaden, ansågs de ha sin hemvist där vilket gav dem vissa juridiska fördelar särskilt under Severernas tid.

Tidigare har framhållits (s. 254) att senaten och senatorerna gradvis förlorade en stor del av sin politiska betydelse under de två första århundradena e.Kr. Nedgången skedde ännu snabbare under andra hälften av tredje århundradet Från omkring 260 började senatorerna utestängas från de högre militära och civila posterna inom provinsförvaltningen, vilket inskrifterna tydligt visar. En rimlig förklaring till denna uteslutning lämnas av Aurelius Victor som uppger (Caesares 33, 33) att kejsar Gallienus utfärdat ett edikt som just utestängde senatorerna från högre poster. Forskarna har varit ganska eniga om att denna uppgift av Victor är korrekt.

Sin ekonomiska maktställning behöll emellertid senatorsståndet även under det tredje århundradets svåra kris och lyckades t.o.m. ytterligare befästa den. För en ringa penning kunde de köpa upp jord som tillhörde småbrukare, vilka hade tvingats att sälja på grund av det hårda ekonomiska klimatet. Fortfarande låg senatorernas förmögenhet till största delen i jordagods, och rikedomen samlades således hos några få personer i riket. Därtill kom att den politiska makten, som således under sista hälften av tredje århundradet tillfälligt övergått till riddarna, åter övertogs av senatorerna under Konstantin. Högre ämbeten som tidigare reserverats för riddarna, såsom prefekturen för pretoriangardet, för Egypten, *vigiles* och *annona* samt de flesta ståthållarskapen över provinserna, innehades före Konstantins död enbart av senatorer. Deras övertagande av makten skedde så småningom och gradvis efter 312. Samtidigt som den politiska makten åter lades i händerna på senatorerna ökades deras antal, framför allt sedan en ny senat år 330 bildats i Konstantinopel. Denna rekryterades huvudsakligen bland uppkomlingar i östern, vilkas fäder innehaft olika slags hantverksyrken och som själva lyckades komma sig upp i den nya aristokratin.

Efter Konstantins död avtog tillsättandet av nya senatorer i Rom och avstannade nästan helt efter 361. Men vid den tidpunkten hade senatorsklassen i väster övertagit även de lägre tjänsterna och behärskade därför helt byråkratin. Hundra år efter det att senatorerna förlorat sin politiska makt hade de fullständigt återtagit den.

DEL V – ROMERSKA RIKETS DELNING

Därefter följde en lugn utvecklingsperiod med inval av nya senatsmedlemmar endast i syfte att fylla uppkomna luckor i de stora senatorsförsamlingarna. Redan under Konstantin den store ökade antalet senatorer utöver det antal om 600 medlemmar som fram till dess gällt under hela kejsartiden. Antalet senatorer i Rom kom att uppgå till omkring 2 000, och ungefär samma antal räknade senaten i Konstantinopel från omkring 360. Bara senatorer som tillhörde de verkligt förnäma familjerna fick emellertid plats i sammanträdeslokalen, curian. Många av de nykomna senatorerna infann sig aldrig vid senatssammanträdena vare sig i Rom eller i Konstantinopel.

Under senantiken kom senatorerna att delas in i tre olika klasser efter den rang som de uppnått i den politiska karriären. Den titel som sedan Hadrianus varit förbehållen senatorerna, *vir clarissimus*, var den enda använda till o. 360. I början av Valentinianus regering tillkom titeln *spectabilis* och *illustris*, den högsta titeln. Från mitten av 400-talet hade endast senatorer av högsta klassen, *illustres*, tillträde till senaten, där bara de högsta ämbetsmännen och f.d. ämbetsmännen samlades. Även vid offentliga spel, t.ex. vid gladiatorsspel på Colosseum, var senatorerna placerade efter sin rangordning, *illustres, spectabiles* och lägst *clarissimi*.

Under senantiken bodde en stor del av senatsaristokratin i de förnämsta provinsstäderna såsom Antiokia i öster, Trier, Bordeaux, Milano eller Kartago i väster. Under det femte århundradet lämnade de allt oftare städerna och ägnade sig helt åt sina jordagods, där de även bodde och där de hade större politiskt inflytande. Som ett mycket viktigt privilegium hade senatorerna befrielse från kontrollen som utfördes av de municipala ämbetsmännen, vilket naturligtvis i hög grad bidrog till att öka senatorernas makt i provinserna. Det "feodala" samhället växte fram. Efter Konstantin och framför allt under Constans II uppstod en märkbar geografisk gräns mellan Rom och Konstantinopel. Senatorerna i Rom hade såväl sina gårdar som sina ämbeten placerade i väster och besökte ytterst sällan den östra rikshalvan utan fullföljde hela sin politiska karriär i väster. Senatorerna i Konstantinopel var i allmänhet jordägare i östern. Denna uppdelning i öster och väster av den högsta klassens medlemmar förberedde den slutliga uppdelningen av riket i två självständiga delar, som var och en hade sin egen kejsare, sitt hov, sin här och senat. I öster fanns det få verkligt förmögna aristokrater, vilket fick konsekvenser för invalet av nya medlemmar i senaten. Medan det i Rom var tjänst inom pretorsämbetet som gav tillträde till senaten, inkom i Konstantinopels senat regelbundet personer som bara hade innehaft lägre (mindre kvalificerade) ämbeten. Man fick således där en senatorsklass som var underlägsen den i Rom såväl i fråga om förmögenhet som ämbetsmannakarriär. Först under det femte århundradet när Rom utsatts för Alariks anfall och staden börjat avfolkas, kom senaten i Konstantinopel att överglänsa den i Rom både ekonomiskt och politiskt.

RIDDARNA

Den andra privilegierade klassen i det romerska samhället, riddarna, *equites,* hade fått kraftigt ökade politiska befogenheter under kejsartiden. Det skedde under och efter Hadrianus när de blev chefer för departementen (s. 244) och för övrigt fick stort utrymme inom alla förvaltningsgrenar. Ännu större politisk betydelse fick de efter Gallienus. Från slutet av dennes regering förvaltades provinserna i regel av personer ur riddarklassen, som dessutom hade militärt kommando i provinsen. Från samma tid blev riddarna allt oftare chefer för de olika byråerna *(officia)* inom den ständigt växande byråkratin.

Riddarnas privilegierade ställning fick emellertid ett ganska plötsligt slut. Redan i början av Konstantins regering, efter 312, började riddarståndet drastiskt minska i antal för att snart slutgiltigt störta samman. Riddare av högsta klassen upphöjdes till senatorer i större utsträckning än tidigare, medan den lägsta klassen, *egregii,* upphör från 326. Ämbeten som tidigare reserverats för riddarna övergick alltmer till senatorerna.

BYRÅKRATIN

Byråkratin började ta form redan under Augustus och växte sedan under hela kejsartiden. Under de två första århundradena hade administrationsapparaten varit ganska enkel. Huvudsakligen gällde det att hålla kontrollen över de olika provinserna. Städernas dekurioner åtog sig ansvaret att driva in skatter och andra avgifter, liksom att de ofta bekostade olika religiösa fester i städerna. Att vara dekurion betraktades som en stor hedersbevisning, som dock var mycket kostsam. Den allmänna ekonomiska tillbakagången i riket under tredje århundradet resulterade i att allt fler personer undvek att bli dekurioner. Kontrollen och hela administrationen övertogs av statliga ämbetsmän som från det tredje århundradet var kejsarens tjänare och som utsågs av honom. Senatorerna var som vi sett under ett halvt sekel utan politisk betydelse. I stället utsåg kejsarna sina personliga rådgivare och högsta ämbetsmän bland riddarna.

Men generellt sett kunde var och en som visade sig duglig nå upp till de högsta posterna i riket. Soldatkejsarnas tid gav uppkomlingarna stora chanser. Äregirighet och penningbegär gjorde sig gällande inom alla samhällsklasser. Mutor och korruption hörde till den dagliga rutinen. Hat och avundsjuka rådde mellan de olika samhällslagren. Egoismen bredde ut sig, de flesta medborgarna hade endast tanke på att klara sig själva. Möjligen kunde deras omtanke gälla personer ur deras egen sociala klass, men den sträckte sig inte till rikets samtliga invånare eller det romerska riket som helhet, för vilket de flesta inte kände några förpliktelser alls. Under tredje århundradet antog byråkratin enorma proportioner i samband med att skatterna alltmer betalades in natura. I varje provinshuvudstad uppstod stora centraler för administrationen, och förvaltningsapparaten vid hovet växte oerhört. Före Gallienus hade de olika byråerna till stor del skötts av soldater som utbildades för detta ändamål samt av frigivna. Under Gallienus fick emellertid dessa lämna plats åt friborna och som ledare för förvaltningen placerades riddare. Denna starka byråkrati begränsade naturligtvis de enskilda medborgarnas frihet. Men staten fick fördelen att det trots svåra kriser fanns en förvaltning som nästan obehindrat kunde fungera under lång tid.

Från Gallienus tid var senatorer utestängda från högre militärtjänster vilket fick konsekvenser även för provinsförvaltningen, särskilt i de kejserliga provinserna där större garnisoner i allmänhet var förlagda. Den civila förvaltningen under en *praeses* av riddarklassen skildes från den militära makten som låg i händerna på en *dux*, också från riddarklassen.

Administrationen byggde på den uppdelning av riket i prefekturer, dioceser och provinser (s. 318) som Diocletianus genomfört. De fyra prefekturerna var *Gallien*, som omfattade Spanien, Gallien och Britannien, *Italien*, som omfattade Pannonien, Italien och Africa, *Illyricum*, i vilket ingick Dacien, Thrakien och Makedonien med Grekland (tidvis sammanfördes Illyricum med prefekturen Italien) samt *Orienten* med Egypten, Syrien och Mindre Asien. I spetsen för var och en av dessa prefekturer stod kejsardömets högsta civila ämbetsmän, pretorianprefekterna. Dessa innehade den högsta domsrätten över den civila befolkningen inom prefekturen samt uppsyn över de skatter som betalades in natura. Som chefer för de fjorton dioceserna stod *vicarii,* medan de olika provinserna, som i slutet av 300-talet uppgick till 120, styrdes av ståthållare med varierande titlar, *prokonsuler, consulares, correctores* och *praesides,* beroende på vilken militär och ekonomisk betydelse provinsen hade.

Vissa grenar av administrationen låg inte under prefekternas kontroll utan sköttes av ett antal ministrar som var direkt underställda kejsaren och som residerade i olika städer både i öster och väster. Den viktigaste av dessa innehade kontrollen över bl.a. den allmänna posten, det vitt utbredda spionväsendet samt över kejsarens livgarde, medan en annan med titeln *quaestor* var kejsarens juridiske rådgivare och spelade en viktig roll vid utarbetande av lagarna. Såväl kejsarens offentliga kassa, *fiscus,* som hans privata förmögenhet med de jättelika jordegendomarna hade sina mäktiga chefer. Tillsammans bildade dessa fyra ministrar kejsarens inre kabinett, *consistorium.*

Undantagna från pretorianprefekternas administration var de båda huvudstäderna Rom och Konstantinopel, som i stället styrdes av var sin stadsprefekt, *praefectus urbi.*

De gamla ämbetstitlarna som levde kvar härstammade från republiken. Varje år utsågs två konsuler, en för Rom och en för Konstantinopel, vilka fortfarande var eponyma ämbetsmän, även om deras huvudsakliga uppgift var att förse stadsbefolkningen med nöjen. Konsulatet betraktades fortfarande som det högsta äreämbetet i riket. Även pretors- och kvestorsämbetena levde kvar under senkejsartiden.

MILITÄRA FÖRHÅLLANDEN

Liksom den civila administrationen byggde den militära organisationen under sena kejsartiden på de reformer som Diocletianus och Konstantin infört. I varje fall från Konstantins tid fick officerarna enbart militära uppgifter och var uteslutna från politiska befogenheter. En skarp åtskillnad fanns mellan de förlagda trupperna vid gränserna och den rörliga fälthären som kraftigt utökades under Konstantin. Fälthärens trupper var kejsarens följe och kallades därför *comitatentes,* av vilka några valdes ut för att bilda hans personliga livvakt *(palatini).* Tjänstgöringen i den rörliga fälthären ansågs förnämare än den vid gränserna, lönen var högre och tjänstgöringstiden kortare, 20 mot 24 år för gränstrupperna.

Pretorianprefekterna, som spelat en viktig militär roll under principatet, berövades av Konstantin all militär makt och blev som vi sett chefer för den högsta civila förvaltningen i de fyra prefekturerna. I deras ställe satte han *en magister equitum,* rytteriöverste, *och en magister peditum,* chef för infanteriet, som befälhavare över den rörliga fälthären. Detta system ändrades i öster, så att man där fick flera härmästare, *magistri exercitus,* medan man i väster fortfarande till namnet hade en *magister peditum* vid hovet och en *magister equitum* i Gallien, fastän båda i själva verket var chefer för såväl infanteri som kavalleri. Kavalleriet utökades numerärt och utgjorde ungefär en fjärdedel av hela härens styrka. Det är förenat med stora svårigheter att beräkna den romerska härens storlek under den sena kejsartiden. Säkert är att Diocletianus utökade den ansenligt, men senare växte svårigheterna att rekrytera såväl soldater som officerare. I första hand rekryterades söner till f.d. soldater, vilket tidigare också hade förekommit, men då hade det gällt som ett privilegium. Efter Konstantin ansågs soldattjänsten som en börda eftersom man skrevs ut mot sin vilja. År 313 bestämde Konstantin att varje soldatson skulle bli soldat om han inte var olämplig. I så fall skulle han bli medlem av stadskollegiet, *curialis*, varigenom han fick hjälpa till att dra in skatterna till staten. Fortfarande anmälde sig naturligtvis frivilliga till hären. När dessa båda grupper (soldatsöner och frivilliga) inte räckte till för att fylla luckorna i trupperna, tvingades bönderna att antingen sända soldater eller betala avgifter med vilka legosoldater kunde värvas. Med tiden värvades majoriteten av soldaterna bland barbariska folk utanför riket, antingen som frivilliga eller tvångsvis. I det senare fallet fick de slå sig ned inom romerska rikets gränser på villkor att de skulle tjänstgöra i hären. I början av femte århundradet återinförde man samma system som använts efter det förödande slaget vid Cannae 216 f.Kr.: man vädjade till slavarna att göra frivillig krigstjänst mot löfte om frihet från slaveriet.

I och med den tilltagande barbariseringen av hären minskade den gamla romerska disciplinen. Såväl soldater som officerare hade stora förmåner. Tre fjärdedelar av solden betalades in natura, resten i pengar. Naturalönen var vid denna tid en förmån, eftersom den hade beständigt värde, vilket pengarna inte hade i inflationstider. Utöver solden hade soldaterna vissa privilegier såsom lägre skatter för sina familjer samt tilldelning av jord vid slutad tjänst. Men trots förmånerna valde romarna ofta bort den impopulära militärtjänsten. En del män stympade sig för att undgå att värvas, andra deserterade från tjänsten. Sådana förrymda soldater slöt sig ofta samman i verkliga rövarband, som utgjorde en skräck särskilt för landsbygdens befolkning. Resor till lands ansågs på 400-talet osäkrare och farligare än till sjöss. Ändå var Medelhavet vid denna tid osäkrare än på länge på grund av sjörövare och fientliga flottor, som i synnerhet opererade med Afrika som basområde.

EKONOMISKA FÖRHÅLLANDEN

Under hela kejsartiden steg statens behov av inkomster och tilltog ännu mer under sena kejsartiden, då staten måste skaffa medel till sina stora utgifter, främst till den ständigt ökade byråkratin, det kejserliga hovet och till trupperna. Skatterna måste ständigt höjas och drabbade den skattebetalande befolkningen så mycket hårdare som antalet skattebetalare ständigt sjönk. Den tidigare förmögna medelklassen hade under tredje århundradet nästan helt försvunnit till stor del på grund av det växande skattetrycket, och med anledning av att denna klass hade ålagts att ansvara för städernas indrivande av skatterna till staten. I stället samlades stora förmögenheter hos några få personer som dessutom fick det ena privilegiet efter det andra.

Den privata initiativkraften dog alltmer bort i takt med att staten lade under sig mer och mer för att kunna tillfredsställa sitt skattebehov. Den romerska staten var i och för sig inte intresserad av socialisering. Den önskade inte beröva det privata näringslivet, handel, industri och åkerbruk möjligheten att blomstra, så länge bara skatterna flöt in. Privata företag existerade och godsägarna kunde fritt utan inblandning från staten sälja de produkter som blivit över när staten fått sitt. Kejsaren ägde vidsträckta jordområden samt de flesta gruvorna av olika slag, vidare fabriker för tillverkning av siden- och purpurvävnader samt papyrus. Arbetskraften i alla dessa fabriker utgjordes till största delen av slavar.

Eftersom inkomsterna minskade för det stora flertalet medborgare och det allmänna välståndet sjönk och fattigdomen tilltog, måste staten nödvändigtvis utkräva högre skatter och nya skatter. Samtidigt som skattebehovet steg inträdde en försämring av penningvärdet. Denna kom inte plötsligt eller tillfälligt under någon enstaka kejsare, utan den ökade ganska konstant men blev mer markant under vissa tider. En försämring hade inletts i slutet av andra århundradet, tilltagit något under Caracalla och blivit mer svårartad i mitten av tredje århundradet (under Valerianus). Aurelianus försök att stabilisera penningvärdet hade bara fått en kortvarig effekt. I slutet av 200-talet hade guldmyntet endast hälften av sin vikt under Augustus, och silvermynten bestod av högst fem procent silver.

Först Diocletianus, och än mer Konstantin, lyckades ge guldmyntet ett stabilt värde. Guldmyntet blev det officiella värdemyntet, men helt naturligt användes det inte i den allmänna handeln. Guldmynt präglades för handel med utlandet, särskilt lyxvaror betalades i guld, samt för politiska ändamål såsom till gåvor eller för att köpa frihet från eventuella angrepp av barbarstammar.

I den allmänna handeln användes mynt av brons, koppar eller mindre värdefulla metaller såsom tenn, zink eller bly. För dessa mynt fortsatte inflationen under hela 300-talet, inte minst under Konstantin. På hundra år sjönk ett bronsmynts värde i Egypten så att ett guldmynt, som år 301 gällde för 4 000 drachmer, betalades år 400 med 180 miljoner. Med inflationen följde naturligtvis ökade priser. Diocletianus vällovliga försök med maximipriser på varor och löner misslyckades fullständigt. Priserna steg i snabb takt. Det är intressant och lärorikt att studera priserna på t.ex. livsmedel. I Egypten, där priserna är bäst kända, kostade ett mått vete sex drachmer under första århundradet, 200 drachmer år 276, 9 000 år 314, 78 000 år 334 för att fem år efter Konstantins död stiga till två miljoner.

Men den ekonomiska tillbakagången var inte lika markant i hela riket. Man kan notera stora skillnader i den ekonomiska utvecklingen i olika provinser. I vissa områden stabiliserades myntet genom Konstantins reform. Vissa städer i öster, såsom Konstantinopel och Antiokia, kunde fortfarande ståta med vacker arkitektur och byggdes ut och smyckades under hela 300-talet. Men i väster höll de gamla städerna på att förfalla. Dekurionerna, som tidigare tävlat om att pryda sina städer med monument av olika slag hade inte längre råd till sådant. Endast fästningsmurar uppfördes för att skydda den decimerade befolkningen. I väster, särskilt i Gallien och Britannien, skedde en utflyttning från staden till landet. Dels berodde detta på att livsmedlen blev dyrare i städerna och svåra att transportera dit varför hungersnöd inte sällan uppstod. Dels inträdde en förändring i jordbrukarnas levnadsvanor.

JORDBRUK

Även om småbruk fortfarande fanns så utvidgades systemet med *latifundier* avsevärt under kejsartidens slutskede. Storgodsen låg delvis i händerna på privatkapitalister, dvs. senatorerna, men kejsarna ökade alltmer sina domäner, bl.a. genom att de i regel övertog administrationen av egendomar som tidigare tillhört templen och städerna. Från år 321 hade den kristna kyrkan också rätt att mottaga donationer, som fr.o.m. denna tid gav den avsevärda inkomster.

De privata godsägarna kunde äga flera byar, vilket ännu idag visar sig i bynamnen i t.ex. Frankrike: Martigny och Martigné går tillbaka på personnamnet Martinus samt Savigny-Savigné på Sabinus. Bönderna i väster levde inte längre i städerna utan flyttade ut till landet, där de bodde i starkt befästa villor. Omkring dessa grupperades byar som blev medelpunkt för regional handel och den industri som fortfarande kunde blomstra. Systemet med *coloni* (s. 263), som börjat redan under republiken, tilltog alltmer från Diocletianus dagar. Villkoren för dessa försämrades avsevärt. Jordbruket var fortfarande huvudnäringen som måste bära merparten av skatter och övriga pålagor. Godsägarna krävde större arrenden och fler dagsverken av arrendatorerna, som i sin tur ofta inte kunde betala utan lämnade sina arrenden och därmed minskade skatteunderlaget. För att hindra denna utveckling tvingade staten dessa *coloni* att stanna kvar vid de gårdar där de arbetat. Detta tvång tycks inte ha införts vid samma tid överallt, men efter 325 förefaller det ha gällt tämligen allmänt utom i öster och vid Donauområdet, där *colonis* ställning varit bättre än i övriga delar av riket. *Coloni* intog en mellanställning mellan fria och slavar. De var bundna vid torvan som de odlade men inte kunde sälja. När jordägarna sålde jorden ingick även de livegna *coloni* i försäljningen. Å andra sidan kunde *coloni* inte säljas som slavarna av jordägarna, husbondens makt över *coloni* var mindre än över vanliga slavar. *Coloni* kunde emellertid inte byta yrke. Att rymma var nästan otänkbart eftersom de återfördes om de infångades. Bara om de lyckades hålla sig undangömda i trettio år kunde de känna sig fria.

Åkerbruket bedrevs mindre intensivt än tidigare och i allmänhet var det på tillbakagång under senantiken, dock inte överallt. I Syrien och Mindre Asien blomstrade det fortfarande, medan Grekland och Italien hade en ekonomisk depression. I det en gång så blomstrande Kampanien låg i slutet av 300-talet stora områden öde, och i Etrurien härjade malaria. I Egypten, som under hela principatet varit den viktigaste sädesproducenten för Rom, började stora områden övertäckas av sand och bevattningsdikena fyllas igen.

CORPORA

På liknande sätt som *coloni* blev också hantverkare och affärsmän bundna vid sina yrken. Redan under republiken hade dessa slutit sig samman i *collegia* (s. 262 f), som under senkejsartiden kallades *corpora* och deras medlemmar *corporati*. Alla som utövade något yrke skulle tillhöra en korporation. Varje korporation hade privilegier som t.ex. befrielse från kommunala skatter för sina medlemmar. Men å andra sidan tvingade staten dessa *corporati* att fullgöra offentlig tjänst i den förening som de tillhörde. Korporationen blev en förmedlande länk mellan staten och medborgarna. Yrkesmän av alla slag blev allt nödvändigare för staten, bl.a. för transport och förvaring av naturaskatterna i lagerlokaler som måste uppföras. Övergång från ett yrke till ett annat förbjöds. Även yrkena blev ärftliga. Korporationerna var alltid lokala. Någon riksorganisation existerade inte utan varje stad hade sina egna *corpora*.

De uppgifter som *collegia* tidigare hade haft, som att ordna för medlemmarnas trevnad och ombesörja deras begravning, upphörde under senkejsartiden. Korporationerna blev helt fackliga organisationer, medan de religiösa och kulturella intressena övertogs av kristendomen, som på sitt program också hade att ombesörja sina anhängares begravning.

RELIGION

Under nära tre århundraden hade kristendomen kämpat för att bli likställd med övriga religioner i det romerska riket. Genom Konstantin fick den en favoriserad ställning och blev statsreligion. De gamla religionerna fortlevde emellertid. Under fjärde århundradet hade de orientaliska kulterna och orficismen flest anhängare, som utövade en stark dragningskraft på sina troende. Även de gamla grekisk-romerska gudomligheterna hade fortfarande ett ganska stort antal utövare. De hedniska religionerna fick stöd av filosofin, särskilt den stoiska, som med sin pliktlära hade ett starkt grepp över människorna i de högre samhällsklasserna, och nyplatonismen som inte bara var en filosofisk lära utan även en religion med frälsningslära på sitt program. Det starkaste stödet hade emellertid de gamla religionerna inom litteraturen, som var helt förankrad i dessa. Hela skolundervisningen, de högre studierna inom filosofi i synnerhet, byggde på den hedniska litteraturen. I Athens skolor undervisades i den hedniska filosofin tills Justinianus förbjöd det på 550-talet. Därför var det ganska naturligt att det främsta motståndet mot kristendomen kom från just de filosofiskt skolade kretsarna, medan de politiska ämbetsmännen ställde sig lojala mot den politik som kejsarna förde även inom religionen.

Kristendomen spred sig snabbare i städerna än på landsbygden. *Paganus*, som betydde "lantlig" eller "bonde", kom att beteckna "icke-kristen", eller "hedning", vilket blev ett officiellt bruk omkring 370 och kom sedan att leva kvar i romanska språk, t.ex. i franska *payen* och engelskans *pagan*. Förbud och förföljelse mot de hedniska religionerna började redan under Konstantins söner som förbjöd dyrkan av de gamla gudastatyerna vilka avlägsnades från templen. Anhängarna till de gamla religionerna utestängdes dock inte från statliga ämbeten.

Reaktionen mot kristendomen under Julianus Avfällingen var av kort varaktighet, varefter förföljelsen mot hedendomen återupptogs med större styrka under Gratianus och Theodosius I. Denne senare var den förste kejsare som avstod från den gamla titeln *pontifex maximus*. Gratianus drog in allt offentligt stöd till de romerska prästerna och upphävde de hedniska prästernas privilegier. Han orsakade en häftig debatt när han avlägsnade Victorias staty och altare från senatens samlingslokal, curian, som för många hedniska senatorer var symbolen för den romerska kejsarstaten.

I slutet av 300-talet ingrep kejsarna med det ena påbudet efter det andra mot de hedniska religionerna och sederna. År 391 gavs order om att förstöra Serapistemplet i Alexandria och 393 upphörde de Olympiska spelen med dess hedniska traditioner. De hedniska religionerna fick fortsättningsvis en alltmer underordnad roll fram till det nionde århundradet.

Den kristna kyrkan

Genom mötet i Nicaea år 325 hade kristendomen blivit en erkänd religion av den romerska staten. Redan då saknade emellertid dess anhängare en enhetlig lära. Under de två följande århundradena avlöste den ena lärostriden den andra, främst i öster där självständigt tänkande alltid stått högt i kurs. Sekter bildades och häftiga trosstrider utkämpades mellan medlemmarna av de olika sekterna. Tolerans var ett okänt begrepp, man hatade anhängarna av andra sekter på samma sätt som man hatade hedningarna. En av de viktigaste och mycket utbredda sekterna var den tidigare omnämnda arianismen. Denna hade visserligen blivit dödsdömd genom besluten på mötet i Nicaea, men striden mellan dess anhängare och de rättrogna, ortodoxa, fortsatte med fördrivande och återkallande av ledarna för de olika lärorna. Till striden om lärosatser kom rivaliteten mellan de båda huvudstäderna Rom och Konstantinopel, som ledde till skilsmässa inom kyrkan mellan väst och öst.

Den romerske kejsaren hade som *pontifex maximus* varit överhuvud för samtliga religioner i riket. Konstantin lyckades skaffa sig denna ledande ställning även över de kristna. Besluten i Nicaea utfärdades i kejsarens namn, och kejsaren kände sig ansvarig för dem. Denna kejsarens överhöghet fortsatte under hans efterträdare som kraftfullt ville hävda sin auktoritet över kyrkan.

Den kristna kyrkan upptog snart många seder och bruk från de gamla religionerna och från den romerska administrationen. Hedniska fester kom in i den kristna kalendern. Liksom hedningarna hade haft flera gudar började de kristna tillbedja fromma människor, framför allt martyrerna, såsom förmedlare till den ende sanne Guden. Så uppstod helgondyrkan. På samma sätt som människorna förut fyllt templen med statyer av sina gudar, började man i de kristna kyrkorna sätta upp statyer och altartavlor av Kristus och apostlarna samt även av helgonen. Organisationen för den kristna kyrkan byggdes upp efter mönster från den romerska administrationen, med biskopar som ledare i de olika församlingarna. För de kristna i väster blev det snart en naturlig utveckling att biskopen i Rom skulle få överhöghet över de andra. I Rom hade både Petrus och Paulus lidit martyrdöden. Roms biskop blev "fader", "påve" av grekiska *papas*, endast han hade jurisdiktion över de andra biskoparna i väster. Denna påvens auktoritet framför de andra biskoparna hävdades med framgång av en del biskopar i början av 400-talet. Biskopen i Rom spelade en blygsam roll fram till Konstantin. Kejsarens avflyttning till Bysans befordrade biskopens/påvens position. Han blev den högste auktoriteten i Rom. Påven Leo I predikade att Petrus varit den främste av apostlarna och att hans auktoritet övergått till biskopen i Rom. Med stöd av detta påstående förmådde han kejsaren att år 455 befalla samtliga kristna i väster att åtlyda Roms biskop, som därigenom både till namnet och i realiteten blev hela den västra kyrkans överhuvud.

Rivaliteten mellan Rom och Konstantinopel hindrade naturligtvis att biskopen i Rom fick samma auktoritet i öster. På ett möte i Konstantinopel år 381 tillerkändes patriarken (av grekiska *patär* = fader) i Konstantinopel överhöghet över de andra biskoparna i öster. Samtidigt bildades andra patriarkat, bl.a. i Alexandria, Antiokia och Efesos, vilkas patriarker fram till 451 bestred den konstantinopolitanske patriarkens supremati. I öster blev patriarken aldrig den maktfaktor som påven i Rom, vilken var mer självständig och oberoende av kejsaren.

Munkväsendet

I allmänhet smälte de kristna in i det romerska samhället, levde som övriga medborgare och hade olika ämbeten i den romerska administrationen och samhället i övrigt. Senatorerna i Konstantinopel hade helt övergått till kristendomen tidigare än i Rom, där senaten dock blivit helt kristen under femte århundradet. Många kristna ansåg det emellertid nödvändigt att avstå från världen och leva isolerat från denna och helt ägna sig åt kontemplationer. De önskade leva som eremiter, ensamma, i utkanten av någon öken, eller i en oas eller på toppen av ett berg, fjärran från allt som kunde störa deras andaktsövningar i fasta och böner, celibat och avstående från världsliga frestelser.

Munkväsendet (av grekiska *monos* = ensam) utvecklades först i Egypten i slutet av tredje århundradet. En av de första ledande munkarna var *Antonius*, som var född av rika föräldrar men som påverkad av berättelsen om den rike mannen drog sig undan till en enslig plats. Han fick lärjungar och därigenom stort inflytande på munkväsendets utbredning och har ofta kallats munkväsendets fader. Människor, som ville leva ett enkelt liv, drogs till samma platser där de oberoende av varandra levde i små rum i anläggningar som inhägnades. På så sätt uppstod klostren. Munkväsendet spred sig snart till Palestina och Mindre Asien samt Syrien, där munkarna ofta levde flera år på toppen av någon pelare (stylit).

Overksamheten och den alltför stränga asketismen fördömdes snart, och i stället började man predika för munkarna om fördelarna av nyttigt arbete och framför allt lärda studier. Den främsta företrädaren för munkväsendet i väster, dit det kommit i mitten av 300-talet, var grundaren av klostret i Monte Cassino (som förstördes under andra världskriget), *Benedictus av Nursia*, som skrev i sina regler för Benediktinerorden om nödvändigheten av studium och arbete likaväl som andaktsövningar. Bibliotek började samlas i klostren. Tack vare dessa kloster har mängder av både grekiska och latinska författares arbeten räddats undan glömska och förstörelse fram till vår tid, och mycket av den antika kulturen har tack vare klostren kunnat förmedlas till eftervärlden.

Andlig odling
UNDERVISNING

Övergången från en helt hednisk till en fullständigt kristen kultur gick ytterst långsamt i det romerska riket. Till stor del berodde denna långa period på att undervisningen i skolorna länge var baserad på den gamla hedniska litteraturen. Länge ansågs det nödvändigt i de högre samhällsklasserna med studier i retorik och filosofi. För den politiska karriären var även kunskaper i juridik och stenografi obligatoriska. Undervisningen skedde enligt gamla beprövade mönster med studier av klassiska verk inom såväl de latinska som grekiska kulturerna, då man lade stor vikt vid att utveckla de studerandes karaktär. Både kristna och hedningar undervisade och undervisades i dessa skolor.

Med tiden fick emellertid de kristna egna skolor i vilka barnen fick lära sig berättelser ur bibeln och andra kristna skrifter. De kristna gjorde emellertid inga ansatser att motarbeta de hedniska skolorna. Även om en del kristna författare betraktade studiet av de klassiska författarna som demoraliserande var de flesta positivt inställda till den hedniska kulturen, i vilken de själva hade sina rötter och där de hämtat sin bildning.

Undervisningen i grekiska höll sig kvar i skolorna i väster under hela 300-talet men försvann där under följande århundraden, då västern ockuperades av barbariska folk, och latinet blev det helt dominerande språket inom den kristna påvedyrkan. På samma sätt dog kunskapen i latin snabbt bort i den östra rikshalvan under femte århundradet, sedan kunskaper i det språket ansågs obehövligt för ämbetsmännen i öster efter rikets delning. Intresset för den latinska litteraturen svalnade också mycket snabbt i öster, men latinet förblev ett ämbetsspråk i Östrom (vid sidan av grekiska) ända till 700-talet.

LITTERATUR

Hednisk litteratur

Särskilt inom den härskande senatorsklassen hölls intresset för den klassiska litteraturen levande. Man intresserade sig i synnerhet för historia. Hednisk litteratur som försvarade den gamla ordningen främjades i hög grad inom senatorskretsarna. Från det fjärde århundradet finns också en del historiska arbeten kvar, men tyvärr är de flesta oftast korta sammanfattningar utan något större litterärt värde. Det viktigaste och mest omfattande av dessa är den s.k. *Historia Augusta,* som innehåller en samling berättelser om kejsarnas liv och öden från Hadrianus till Numerianus (117–284, med undantag av åren 244–253). Detta arbete, som tillkommit under sent 300-tal, har på senare tid blivit föremål för intressanta och ingående undersökningar av framstående antikhistoriker. Ett annat, ytterst kortfattat verk är *Aurelius Victors Caesares,* som i korta biografier behandlar ledande personer i Roms historia från Augustus till Constantius II. På uppdrag av kejsar Valens skrev Eutropius ett kompendium över Roms historia, *Breviarium ab urbe condita,* i tio böcker, som behandlar Roms utveckling från dess grundläggning till Valens tronbestigning 364. Denna skrift översattes till grekiska av en samtida till Eutropius och studerades ganska flitigt under medeltiden.

Självständigare och mer betydande är *Ammianus Marcellinus,* som var född av förnäm grekisk familj i Antiokia men som efter 378 levde i Rom där han författade sitt historiska verk i 31 böcker. Dessa behandlade tiden från Nerva år 96 till slaget vid Adrianopel 378. Av dessa är endast böckerna 14–31 bevarade, vilka skildrar den av författaren själv upplevda perioden. I den historiska framställningen finns inströdda uppsatser från nästan alla områden av samhällslivet. Tydlig förebild för hans historia har Tacitus varit. Ammianus var hedning men hyser högaktning för den kristna tron, och har i allmänhet gett en objektiv skildring av de kristna.

En helt annan litteraturgenre lockade några författare ur den aristokratiska senatorsklassen, som naturligtvis också ville bevara och gynna den gamla kulturen i dess tävlan med den alltmer framträngande kristna. Den mest kände i denna författarkrets är *Symmachus* (o. 345–402), som härstammade från Roms förnäma aristokrati och själv uppnådde de högsta ämbetena, blev *praefectus urbi* i Rom och konsul. Han var sin tids mest firade talare och blev känd genom att bl.a. omsorgsfullt utarbeta lovtal i panegyrisk stil till Valentinianus och Gratianus (s. 347). Som *praefectus urbi* höll han 384 ett värdigt tal i senaten för att försöka förmå denna att återställa Victorias altare och kultbild (s. 378) i curian.

Han vädjade bl.a. till senatorerna att visa tolerans, en vädjan som dock klingade ohörd. Efter hans död utgavs en samling på omkring 900 brev av i allmänhet privat innehåll. Den innehåller även hans officiella korrespondens med kejsarna och senaten.

En författare som stod nära Symmachus aristokratiska krets var *Macrobius*, som även han förvaltade rikets högsta ämbeten under ett tjugotal år. I sitt verk, *Saturnalia* (Samtal vid en Saturnaliefest) i sju böcker, behandlar han ytterst blandade ämnen. En stor del av arbetet ägnas åt Vergilius, som prisas som den store mästaren. Verkets yttre ram utgörs av ett samtal som förs vid en saturnaliefest.

Av latinska skalder under fjärde århundradet finns endast ett par som blivit mer kända. Främst står *Ausonius* från Bordeaux, som efter att under trettio år ha bedrivit undervisning i retorik i sin hemstad kallades till Trier som lärare för den blivande kejsaren Gratianus. Denne belönade honom rikligt med höga ämbeten efter sin tronbestigning. Efter Gratianus död återvände Ausonius till sin hemstad där han ägnade sig åt diktning och blev som skald känd utöver Galliens gränser. Hans förnämsta dikt, *Mosella*, ger en behagfull skildring av en resa nedför Mosel med livfull beskrivning av djurlivet i floden, av ängar och villor samt de vinklädda kullarna utmed stränderna.

En yngre samtida till Ausonius var greken *Claudianus* från Alexandria, som skrev på latin sedan han kommit till Honorius och Stilichos hov (s. 356). I sina dikter framstår han som en varm beundrare av den gamla romarandan. Liksom Ausonius var Claudianus endast till namnet kristen, och hela hans diktning präglas av en varm känsla för den gamla romerska kulturen. Hans episka dikter är delvis panegyriska till Honorius och Stilichos ära.

Hednisk litteratur på grekiska språket behandlade huvudsakligen filosofi, som alltid väckt större intresse i den grekisktalande östern än i väster. Den mest betydande författaren var *Libanios* (314–393) från Antiokia i Syrien. Han undervisade i retorik i Athen, Konstantinopel, Nikomedia samt i sin hemstad Antiokia och var personlig vän med tidens mest betydande personer, till vilka han skrivit hundratals brev. Dessa utgör ett viktigt historiskt källmaterial. I hela sin litterära produktion visar han ett glödande intresse för den klassiska grekiska kulturen och tar bestämt avstånd från kristendomen.

Kristen litteratur

Medan således den hedniska litteraturen höll sig kvar i det förgångna och fördjupade sig i ämnen från den gamla kulturen, kunde kristna författare skriva om något nytt, om den nya lära som med väldig kraft erövrade den romerska världen. I början skrev de mest – ofta kraftfulla – stridsskrifter mot hedendomen. Den första kristna skrift, som vi känner till, är från andra århundradet och författad av en konvertit, *Minucius Felix* från Rom, som på elegant latin försvarar sin nya tro i en skrift *Octavius*. Medelpunkt för den kristna litteraturen på latin blev emellertid inte Rom utan Afrika. Där var under Severernas tid *Tertullianus* den främste kristne författaren, som på ett avgörande sätt präglade det kristna latinet; bl.a. införde han nya ordbildningar. Hans stil är tämligen hård och korthuggen. Även i teologiska frågor utövade han stort inflytande, trots att han inte tillhörde den ortodoxa kyrkan med vilken han ofta utkämpade häftiga strider. Religionen uppfattade han som ett rättsförhållande mellan Gud och människan.

Som ivrig försvarare av den ortodoxa kyrkan uppträdde i första hälften av tredje århundradet *Cyprianus*, som stammade från en rik hednisk familj. Själv undervisade han i retorik, innan han övergick till kristendomen och blev biskop i Kartago. Både som biskop och i sina skrifter verkade han för kyrkans enande.

Av de senare humanisterna betraktades *Lactantius* som den "kristne Cicero", dessa uppskattade Lactantius latinska språk i ciceroansk stil. Av Diocletianus kallades han som retor till Nikomedia, och efter sin övergång till kristendomen verkade han som lärare i Trier för en son till Konstantin. Av hans skrifter bör nämnas en filosofisk framställning av kristendomens huvudlära, *Divinae institutiones*, där han försvarar kristendomen gentemot hedendomen, samt *De mortibus persecutorum* (Om martyrernas dödssätt). Det fanns kristna författare även i andra

DEL V – ROMERSKA RIKETS DELNING

delar av den romerska världen än i Afrika. Från Trier stammade *Ambrosius* av förnäm riddarsläkt. Efter juridiska studier blev han ståthållare i Milano där han emellertid övergav sin politiska bana för kyrkan och utsågs till biskop i Milano, trots att han inte var döpt. Sin stora förmögenhet skänkte han till de fattiga och förde därefter ett asketiskt leverne. Som en stridens, men också rättfärdighetens man, uppträdde han mot kejsar Theodosius den store som han tvingade till botgöring. I hans skrifter möter oss tankar från både latinska och grekiska författare, som Cicero och Plotinos samt många anspelningar på Vergilius.

Från Dalmatien stammade *Hieronymus* (335–420), född av rika föräldrar. Sina studier bedrev han i Rom och blev med tiden den mest lärde av de kristna författarna, väl förtrogen med såväl grekiska som hebreiska. Sin språkliga inspiration hämtade han främst från de klassiska författarna, i synnerhet Cicero. Sista delen av sitt liv tillbragte han som ledare för ett kloster i Betlehem och bidrog genom sitt författarskap i hög grad till munkväsendets utbredande i väster. Mest känd är han kanske för den första översättningen av bibeln till latin, som han översatte direkt från originalspråken. Denna översättning låg till grund för Versio vulgata.

Även *Augustinus* (354–430), sin tids främsta litterära personlighet, har spelat en ojämförligt mycket större roll för eftervärlden än för sin samtid. Han var väl bevandrad i Ciceros språk och hade genom läsning av en av dennes skrifter blivit intresserad för filosofi. Av hans talrika skrifter är hans självbiografi *Confessiones* (Bekännelser) och *De civitate Dei* (Om Gudsstaten) de mest kända. Till det senare arbetet inspirerades han av reaktionen över Alariks förstöring av Rom, som hade haft till följd att en del människor börjat undra om skövlingen inte var ett tecken på att kristendomen var till skada för det romerska riket. Mot denna uppfattning opponerade sig Augustinus kraftigt.

Den kristna litteraturen på grekiska hade sin främsta hemvist i städerna Alexandria och Caesarea i Palestina. Många författare råkade in i de ovan nämnda lärostriderna i öster. De främsta företrädarna för den kristna litteraturen på grekiska var *Origenes* (185–254) och *Eusebius*

(260–339). Den senare skrev en kyrkohistoria som omfattade tiden från kyrkans bildande fram till år 324. Det är ett grundläggande arbete för vår kännedom om den äldsta kristna kyrkan.

KONST OCH ARKITEKTUR

Under senantiken följde som nästan alltid konst och arkitektur den politiska utvecklingens svängningar. Vid tiden för Diocletianus tetrarki framhävs i kejsarporträtten enigheten och likheten mellan de båda Augusti. Liksom Konstantin åstadkom en mer varaktig stadsform, blev det också hans kejsarporträtt som dominerade under återstoden av kejsartiden. Ögonen är stora och uppspärrade, blicken stelt riktad framåt. I stället för tetrarkiets flata hjässa kom den kupolformade. I kejsarporträtten ser vi "kejsaren av Guds nåde". I stället för det tidigare noggrant individuellt utformade porträttet kom det "orörliga blockaktiga massivet", som den förnäme kännaren av den sena romerska konsten H. P. L'Orange uttrycker det. Känslan för den kompakta överväldigande massan framträder i både porträtt och arkitektur.

EPILOG

Många har på olika sätt försökt klarlägga orsakerna till det romerska rikets fall. Nästan varje författare som behandlat detta ämne har framfört sin egen hypotes. Orsakerna är förvisso många och djupt liggande. Många vitt skilda faktorer har bidragit till att under århundraden försvaga statens och medborgarnas motståndskraft. Det romerska riket hade tidigare utstått minst lika svåra invasioner som det fick utstå under fjärde och femte århundradena. Tidigare hade riket emellertid haft en ekonomisk balans och medborgarna hade besjälats av en önskan att försvara sitt land och sin ställning. Denna bakgrund fanns inte längre under den sena kejsartiden. Av de många viktigare orsakerna till rikets fall vill jag särskilt peka på följande.

Näringslivets tillbakagång under lång tid får knappast underskattas som en starkt bidragande faktor till rikets undergång. Dess betydelse inses tydligt av det faktum att västra rikshalvan, som fick avsevärt sämre ekonomiska förhållanden än den östra, föll samman redan under femte århundradet, medan den östra kunde stå emot angreppen ytterligare ett århundrade och bestå orört fram till o. 640, då det förlorade Syrien, Egypten och Nordafrika. Rom misslyckades med att skapa ett ekonomiskt system som gav den arbetande delen av befolkningen livsvillkor som var tillräckligt gynnsamma för att uppmuntra dem till ökade prestationer. I stället tröttades invånarna av allt mer stegrade skatter och bands till slut fast vid sin jordlott eller vid sitt yrke. Den personliga friheten gick förlorad. Den ekonomiska ruinen föregick den militära och politiska. När de stora anfallen utifrån hotade det romerska riket var dess ekonomi redan underminerad, medborgarna var uttröttade och utarmade av de bojor som staten lagt på dem.

EPILOG

Samtidigt med ekonomin försämrades även myntet. Inflationen pressade upp både priserna och skatterna. Kejsarna och deras medhjälpare sökte botemedel mot besvärligheterna genom ökad byråkrati, centraliserad planläggning och detaljstyrda förordningar och lagar samt hårda straff för dem som bröt mot dessa. Dödsstraff gällde för dem som köpte, sålde eller gömde undan mynt som hade präglats enbart för att vara betalningsmedel. Diocletianus hade infört dödsstraff för var och en som sålde eller köpte varor till högre priser än hans maximipriser tillät. På nästan alla områden lade staten sin tryckande och förlamande hand. Handeln med utlandet underkastades en mängd begränsningar. Först förbjöds export av vad vi skulle kalla strategiska varor, såsom järn, vapen och hästar. Sedan inbegreps även livsmedel, som säd, vin och olja i exportbegränsningen, eftersom rikets befolkning själv hade kommit att lida nöd. Samtidigt reglerades importen av lyxvaror för att hindra utflödet av guld- och silvermynt som alltid använts för betalning av sådana varor. Utmed vägarna och i hamnarna placerades tullmän och andra tjänstemän för en noggrann kontroll av såväl affärsmän som vanliga resande.

Skärpt kontroll av medborgarna blev nödvändigt på grund av dessas ständiga försök att komma undan skatter och andra pålagor, som med tiden ökades så att menige man betraktade dem som outhärdliga. Statliga ingripanden och fiskala åtgärder gjorde att hela riket stönade under trycket. Många önskade rent av att barbarerna skulle befria dem från de outhärdliga bördorna. År 378 övergick skaror av gruvarbetare i Balkan till västgoterna. Ännu fler romerska medborgare ställde sig neutrala vid de fientliga anstormningarna.

Åkerbruk och industri hade stagnerat, vilket i hög grad berodde på att den tekniska utvecklingen inte hade gjort några framsteg. Detta hade i sin tur sin grund i att även undervisning och forskning hade avstannat, och en kulturell stagnation hade inträtt under det tredje århundradet. De statliga försöken att råda bot på de många svårigheterna hade varit ganska planlösa och därför ineffektiva. När fienderna strömmade in i riket krävdes större militära insatser. Men staten hade inte resurser till yt-

DEL V – ROMERSKA RIKETS DELNING

terligare ansträngningar. De yttre anfallen var "droppen i den överfyllda bägarn". Dessa invasioner kunde under rådande förhållanden bara leda till rikets fall och undergång.

Det romerska riket gick emellertid inte helt under. Liksom Horatius förklarar i slutdikten till den första samlingen av sina lyriska sånger att han inte helt skall dö, utan en stor del av honom skall undgå dödsgudinnan, så dog inte heller det romerska riket helt bort utan en stor del av det bästa som riket haft att uppvisa levde vidare. Det romerska rättsväsendet fortsatte under århundraden, ja årtusenden, att vara en rättscodex för västerlandet. Det kristna latinet blev en kraftfull och levande litteratur under hela medeltiden, och det latinska språket lever ännu kvar i de romanska språken, liksom det grekiska språket fortlever via det bysantinska väldets språk och litteratur i nygrekiskan. Den grekiska klassiska filosofin, som genom Cicero och Seneca blivit tillgänglig för den bildade befolkningen i väster, var en värdefull källa för filosofiskt studium även under medeltiden då kunskaper i grekiska var ytterst minimala. Det senantika porträttet av den av Gud tillsatte kejsaren blev från Konstantin den store förebild för kejsarporträtten under medeltiden och kom även in i den kristna kyrkans konst, liksom det senantika kejsarpalatset blev förebild för den kristna basilikan.

APPENDIX VI

De romerska kejsarna – 393
Kronologisk översikt – 400
Författare i romerska riket – 431
Romerska provinser – 445
Ordförklaringar – 459
Romerska måttenheter – 473
Litteraturlista – 475
Personregister – 483
Sak- och ortsregister – 491

De romerska kejsarna

Förkortningar av romerska förnamn (praenomina)

A.	Aulus	N.	Numerius
Ap.	Appius	P.	Publius
C.	Gaius	Q.	Quintus
Cn.	Gnaeus	Sex.	Sextus
D.	Decimus	Ser.	Servius
L.	Lucius	S(P)	Spurius
M.	Marcius	T.	Titus
M'.	Manius	Ti.	Tiberius

KEJSARNAMN | REGERINGSTID | PRIVATNAMN, (FÖDELSEÅR), HÄRSKARNAMN, TITLAR FRÅN ÅR.

Julisk– Claudiska ätten 27 f.Kr.– 68 e.Kr.

Kejsarnamn	Regeringstid	Privatnamn m.m.
Augustus	27 f.Kr– 14 e.Kr.	C. Octavius (f. 63), efter adoption 44: C. Iulius Caesar Octavianus, efter 40: Imp. Caesar, efter 27: Imp. Caesar Augustus, fr. 23 tribunicia potestate, 12 pontifex maximus, 2 f.Kr. pater patriae
Tiberius	14–37	Ti. Claudius Nero (f. 42 f.Kr.), efter adoption 4 e.Kr: Ti. Iulius Caesar, som kejsare: Ti. Caesar Augustus
Caligula (Gaius)	37–41	C. Iulius Caesar (f. 12 e.Kr.), som kejsare: C. Caesar Augustus Germanicus
Claudius	41–54	Ti. Claudius Drusus (f. 10 f.Kr.), efter 9 e.Kr.: Germanicus, sedan 4 e.Kr.: Ti. Claudius Caesar Augustus Germanicus
Nero	54–68	L. Domitius Ahenobarbus (f. 37 e.Kr.), efter adoption 50: Nero Claudius Drusus Germanicus Caesar, som kejsare: Imp. Nero Claudius Caesar Augustus Germanicus

Revolutionskejsare 68–69

Galba	68–69	Servius Sulpicius Galba (f. 5 f.Kr.)
Otho	69	M. Salvius Otho (f. 32 e.Kr.)
Vitellius	69	Aulus Vitellius (f. 15 e.Kr.)

Flaviska ätten 69–96

Vespasianus	69–79	T. Flavius Vespasianus (f. 9 e.Kr.), som kejsare: Imp. Caesar Vespasianus Augustus
Titus	79–81	T. Flavius Vespasianus (f. 39 e.Kr.), som kejsare: Imp. Titus Caesar Vespasianus Augustus
Domitianus	81–96	T. Flavius Domitianus (f. 51 e.Kr.), som kejsare: Imp. Caesar Domitianus Augustus

Adoptivkejsare 96–180

Nerva	96–98	M. Cocceius Nerva (f. 35), som kejsare: Imp. Nerva Caesar Augustus
Trajanus	98–117	M. Ulpius Traianus (f. 53), adopterad och medkejsare 97, som kejsare: Imp. Caesar Nerva Traianus Augustus
Hadrianus	117–138	P. Aelius Hadrianus (f. 76), som kejsare: Imp. Caesar Traianus Hadrianus Augustus
Antoninus Pius	138–161	T. Aurelius Fulvus Boionius Arrius Antoninus (f. 86), efter adoption 138: T. Aelius Caesar Antoninus, som kejsare: Imp. Caesar T. Aelius Hadrianus Antoninus Augustus Pius
Marcus Aurelius	161–180	M. Annius Catilius Severus (f. 121), efter 130: M. Annius Verus, efter adoption 138: M. Aelius Aurelius Verus Caesar, som kejsare: Imp. Caesar M. Aurelius Antoninus Augustus

DE ROMERSKA KEJSARNA

| Lucius Verus | 161–169 | L. Ceionius Commodus (f. 130), efter adoption av Antonius Pius: L. Aelius Aurelius Commodus, som kejsare: Imp. Caesar L. Aurelius Verus Augustus |

Arvkejsare 180–192

| Commodus | 180–192 | L. Aelius Aurelius Commodus (f. 161), som kejsare: Imp. Caesar M. Aurelius Commodus Antoninus Augustus |

Soldatkejsare 193–284

Pertinax	193	P. Helvius Pertinax f. 126, som kejsare: Imp. Caesar P. Helvius Pertinax Augustus
Didius Iulianus	193	M. Didius Severus Iulianus (f. 133), som kejsare: Imp. Caesar M. Didius Severus Iulianus Augustus
Clodius Albinu	193–197	D. Clodius Albinus (f. 140), efter adoption av Septimius Severus: D. Clodius Septimius Albius Caesar, lät utropa sig till Augustus 196: Imp. Caesar D. Clodius Septimius Albinus Augustus
Pescennius Niger	193–194	C. Pescennius Niger Iustus, som kejsare: Imp. Caesar C. Pescennius Niger Iustus Augustus

Severiska ätten 193–235

Septimius Severus	193–211	L. Septimius Severus (f. 146), som kejsare: Imp. Caesar L. Septimius Severus Pertinax Augustus
Caracalla	(198) 211–217	Septimius Bassianus (f. 186), medregent 198: Imp. Caesar M. Aurelius Antoninus Augustus
Geta	(209) 211–212	L. Septimius Geta (f. 189), medregent 209: Imp. Caesar P. Septimius Geta Augustus
Macrinus	217–218	M. Opellius Macrinus (f. 164), som kejsare: Imp. Caesar M. Opellius Macrinus Augustus

DEL VI – APPENDIX

Elagabal el. Heliogabalus	218–222	Varius Avitus (f. 204), som kejsare: Imp. Caesar M. Aurelius Antoninus Augustus
Severus Alexander (*Den siste av Severiska ätten*)	222–235	Alexander Bassianus (f. 208), adopterad av Heliogabalus 221, som kejsare: Imp. Caesar M. Aurelius Severus Alexander Augustus
Maximinus Thrax	235–238	C. Iulius Maximinus (f. 172), som kejsare: imp. Caesar C. Iulius Venis Maximinus Augustus
Gordianus I	238	M. Antonius Gordianus (f. 159)
Gordianus II	238	M. Antonius Gordianus (f. 192)
Balbinus	238	D. Caelius Calvinus Balbinus (f. 178)
Pupienus	238	M. Clodius Pupienus Maximus (f. 164)
Gordianus III	238–244	M. Antonius Gordianus f. 225
Philippus Arabs	244–249	M. Iulius Philippus
Philippus II	246–249	M. Iulius Philippus (f. 237 el. 238)
Decius	249–251	C. Messius Decius (f. 200), som kejsare: Imp. Caesar C. Messius Quintus Traianus Decius Augustus
Decius II	251	Q. Herennius Etruscus Messius Decius
Hostilianus	251	C. Valens Hostilianus Messius Quintus
Trebonianus Gallus	251–253	C. Vibius Trebonianus Gallus (f. 207)
Volusianus	251–253	C. Vibius Afinius Gallus Veldumianus Volusianus
Aemilianus	253	M. Aemilius Aemilianus
Valerianus	253–260	P. Licinius Valerianus (f. 193)
Gallienus	253 (260)– 268	P. Licinius Egnatius Gallienus (f. 218). Ensam regent 260
Postumus	258–268	M. Cassianus Latinius Postumus, Augustus i Gallien
Victorinus	268–270	M. Piavonius Victorinus, Augustus i Gallien efter Postumus

Claudius II Gothicus	268–270	M. Aurelius Claudius (f. 219 el. 220), som kejsare: Imp. Caesar M. Aurelius Claudius Augustus
Tetricus	270–273	C. Esuvius Tetricus Pius, Augustus i Gallien.
Quintillus	270	M. Aurelius Claudius Quintillus
Aurelianus	270–275	L. Domitius Aurelianus (f. 214 el. 215), som kejsare: Imp. Caesar Domitius Aurelianus Augustus
Tacitus	275–276	M. Claudius Tacitus
Florianus	276	M. Annius Florianus
Probus	276–282	M. Aurelius Probus (f. 232), som kejsare: Imp. Caesar M. Aurelius Probus Augustus
Carus	282–283	M. Aurelius Carus
Carinus	283–285	M. Aurelius Carinus
Numerianus	283–284	M. Aurelius Numerius Numerianus

Tetrarkin 284–305

Diocletianus	284–305	Diocles Valerius Diocletianus (f. 225), som kejsare: Imp. Caesar C. Aurelius Valerius Diocletianus Augustus
Maximianus	286–305	M. Aurelius Valerius Maximianus (f. 240), som kejsare: Imp. Caesar M. Aurelius Maximianus Augustus
Galerius	(293) 305–311	Galerius (f. 242), Caesar 293, Augustus 305
Constantius Chlorus	(293) 305–306	Constantius (f. 264), Caesar 293, Augustus 305
Carausius	287–293	Imp. Caesar M. Aurelius Augustus i Britannien
Allectus	293–296	Imp. C. Allectus Augustus i Britannien
Flavius Severus	305 (306)–307	Imp. Caesar Flavius Valerius Severus Augustus. Caesar 305, Augustus 306

Maximinus Daia
                305 (309)–313   Daia, adopterad av Galerius, Caesar 305, Augustus 309: Imp. Caesar Galerius Valerius Maximinus Augustus

Maxentius   306 (307)– 312   Maxentius (f. o. 280), Caesar 306, Augustus 307, Imp. Caesar M. Aurelius Valerius Maxentius Augustus

Alexander   308–311   Augustus i Africa

Licinius   308–324   Valerius Licinianus Licinius (f. 248), Augustus 308 (med Galerius, 313 med Konstantin).

Konstantin den stores (Flavius Constantinus) ätt 306–395
Konstantin I (den store) 306–337   Flavius Valerius Constantinus, Caesar 306, Augustus 307, 313 – 324 med Licinius, ensam regent 324 – 337, som kejsare: Imp. Caesar C. Flavius Valerius Constantinus Augustus

Trekejsardöme 337 – 340
Konstantin II   (317) 337–340   Flavius Claudius Constantinus, Caesar 317, Augustus 317

Constans   (333) 337–350   Flavius Iulius Constans (f. 323), Caesar 333, Augustus 337

Constantius II (324) 337–361   Flavius Iulius Constantius (f. 317), Caesar 324, Augustus 337, ensam regent 350

Magnentius   350–353   Flavius Magnentius Maximus Augustus

Iulianus (Apostata) 361–363   Imp. Caesar Flavius Claudius Iulianus Augustus

Iovianus   363–364   Imp. Caesar Flavius Iovianus Augustus

Valentinianus I   364–375   Imp. Caesar Flavius Valentinianus Augustus

Valens   364–378   Imp. Caesar Flavius Valens Augustus

Gratianus   367–383   Imp. Caesar Flavius Gratianus Augustus, tillsammans med Valentinianus och Valens 367 –375, med endast Valens 375 – 378, ensam regent i väster 378 – 383

DE ROMERSKA KEJSARNA

Maximus	383–388	Imp. Caesar Magnus Maximus Augustus
Flavius Victor	384–388	Imp. Caesar Flavius Maximus Augustus
Eugenius	392–394	Imp. Caesar Flavius Eugenius Augustus
Theodosius	379–395	Imp. Caesar Flavius Theodosius Augustus

Västromerska riket		Östromerska riket	
Honorius	395–423	Arcadius	395–408
Konstantin III Imp. Flavius Claudius Constantinus, utropad till Augustus i Britannien regerade i Gallien	407–411	Theodosius II	408–450
Priscus Attalus	409–410		
	414–415		
Constantius III Imp. Flavius Constantinus Augustus	421		
Johannes	423–425		
Valentinianus III Flavius Placidus Valentinianus, son till Constantius III och Galla Placidia	425–455		
		Marcianus	450–457
Petronius	455		
Avitus	455–456		
Maiorianus	457–461	Leo I	457–474
Libius Severus	461–465		
Procopius Anthemius	467–472		
Olybrius	472		
Glycerius	473–474		
Nepos	474–475	Leo II	474
Romulus Augustulus	475–476	Zenon	474-491
		Anastasius	491–518
		Iustinus I	518–527
		Iustinianus	527–565

Kronologisk översikt

Den pre-urbana epoken

Chalkolitiska perioden
1800–1500

Förindoeuropeisk, mediterran befolkning på Esquilinen och i dalen mellan Capitolium och Palatinen. Kvarlevor från denna befolknings religion finns i romarnas.

Bronsåldern 1500–800
Järnåldern
Första tidsskedet 800–700

Andra tidsskedet 700– c. 575

Latinarna invandrar, hyddbebyggelse på kullarna. Naturahushållning, handgjord keramik. En kung med ett råd av de äldsta familjefäderna, senat, styr varje by, som är uppdelad i ett antal kurior under ledning av en kurion. Sabinsk invandring. Hyddbebyggelse även mellan kullarna. Drejad keramik.

Tidig-arkaisk period
c. 575–530/25
Sakrala kungadömet:
Numa, staden får sakral organisation
Vestakulten, Lagstiftare
Tullus Hostilius, Ancus Marcius

Byarna slås samman, staden bildas med Forum Romanum som centrum. Hyddorna försvinner. Handelsförbindelser med det grekiska kulturområdet. Rytteriet införs, 100 ryttare från varje tribus, endast patricier blir ryttare. Comitia curiata (folkförsamlingen) bekräftar kungens åtgärder.

Hög-arkaisk period 530/25–500
Usurpatoriska kungar:
Tarquinius Superbus: Härreform, hären fördubblad

Jupiter Optimus Maximus tempel på Capitolium, Tabernae på Forums långsidor, Cloaca maxima. Med hjälp av klienter driver patricierna storgods. Livliga handelsförbindelser med Etrurien och

KRONOLOGISK ÖVERSIKT

Sen-arkaisk period 500–450
Servius Tullius: Härreform: 21 nya tribus utskrivningsområden Centurian och turman enheter för fotfolket resp. rytteriet. Militär tjänstgöring graderad efter förmögenhet.
Tarquinius Superbus störtas.

Grekland. Senatens makt försvagas. Latinsk skulptur i Latium. Servius Tullius stadsmur. Saturnus- och Castortemplen på Forum Romanum. Plebejerna strävar efter politiskt inflytande. Grekiska kulter införs i Rom: Castor och Pollux, Ceres, Liber och Libera. Grekisk konst från Syditalien och Sicilien kommer. Krig mot Veji.

Historisk tid 750-150

Utrikespolitik	Inrikespolitik

0. 750–550 Grekernas invandring.
0. 750 Ischia, Cumae.
742 Naxos.
736 Syracuase på Sicilien
0. 600 Massilia vid Rhônes mynning grundat av Phokaia.
0. 540 Grekerna besegras vid Alalia på Korsika av kartager och etrusker.
493 Fördrag mellan Rom och latinare.
474 Etruskerna besegras vid Cumae av Hieron I.

509 Iupiter Optimus Maximus tempel på Capitolium, enligt traditionen invigt 509 f.Kr, förstört tre gånger av eld, 83 f.Kr, 69 e.Kr. och 80 e.Kr. men alltid återuppbyggt större och vackrare.
450 Decemvirerna. Tolv tavlornas lag.
445 Lex Canuleia, conubium mellan patricier och plebejer
444 Militärtribuner med konsuls makt tillsätts.
443? Två censorer tillsätts
433 Apollo på Marsfältet, lovat guden 433 på grund av en pest och invigt 431.

426 Rom erövrar Fidenae.
0.400 Kelterna rycker in på Poslätten.
396 Veji erövras av Rom.
387 Slaget vid Allia (18 juli) Kelterna (Gallerna) bränner Rom.
372 Latinarna romerska undersåtar genom förbund med Rom.
348 Andra fördraget med Kartago, som erkänner Roms hegemoni i Medelhavet.
343–341 Första samniterkriget. Capua sluter sig till Rom.
340–338 Krig med latinarna, som blir socii.
334 Alexander av Epirus går över till Italien. Capua och andra städer i Kampanien sluter sig till Rom.
326 Förbund mellan Rom och Neapel.
326–304 Andra samniterkriget.
321 Romarna kapitulerar vid Caudinska passen.
315 Luceria i Apulien latinsk koloni. Capua lämnar Rom.
311 Etruskerna inträder i samniterkriget.
308 Fred med etruskerna ger romarna fria händer mot samniterna.
298–290 Tredje samniterkriget (mot samniter, galler och etrusker).

400 Tribus Clustumina inrättas.

389 Fyra nya tribus tillkommer i Syd-etrurien: Arnensis, Tromentina, Stellatina, Sabatina.

367 Leges Liciniae-Sextiae. Plebejer får tillträde till konsulatet.
366? Preturen inrättas.

345 Iuno Monetas tempel lovat 345 och invigt 346. I en byggnad invid detta tempel fanns troligen sedan 269 myntverket, som efter templet kallades Moneta, varav svenska "mynt".

312 Appius Claudius Caecus censor. Via Appia och Aqua Appia anläggs.
Söner till frigivna får tillträde till högre ämbeten.
300 Lex Ogulnia ger plebejerna tillträde till prästämbetena.

296 Slaget vid Sentinum.

291 Venusia latinsk koloni.
290 Fred med samniter, som blir till hälften romerska medborgare.
283 Rom slår med etruskisk hjälp tillbaka anfall från galler.
282 Rom besätter Thurii.
279 Galler lämnar Italien.
280–275 Pyrrhuskriget.
280 Slaget vid Heraclea.
279 Slaget vid Ausculum.
278 Fördrag med Kartago. Pyrrhus till Sicilien.
275 Slaget vid Beneventum Pyrrhus återvänder hem.
273 Vänskapsförbund mellan Rom och Egypten.
272 Tarent kapitulerar. Fred mellan Rom och Tarent.
270 Rhegium intaget av Rom.
265 Volsiniis fall avslutar erövringen av Italien.

296 Bellonas tempel på Marsfältet lovades av Appius Claudius Caecus.
293 Aesculapiuskulten införs i Rom.
287 Lex Hortensia ger comitia tributas beslut laglig kraft.

275 Rom i kontakt med grekiska kulturen i Syditalien.

268 Latinska kolonier Ariminum och Beneventum grundas.

Rom grundar sitt medelhavsvälde

264–241 Första puniska kriget.
263 Förbund mellan Rom och Hieron II av Syracusae.
260 C. Duilius segrar vid Mylae.
259 Korsika erövras.
256 Romarna segrar vid Eknomus, övergår till Afrika, besegras vid Tunis.
246–241 Hamilkar Barcas på Sicilien.

DEL VI – APPENDIX

241 Romarna segrar vid Aegatiska öarna. I freden avträder Kartago sina besittningar på Sicilien som blir romersk provins.
241–237 Soldatuppror i Kartago.
237 Sardinien och Korsika romerska provinser.
237ff Kartago under Hamilkar Barcas tar delar av Spanien.
229–8 Första kriget mot Illyrien.
226 Rom herre över Adriatiska havet.
226 Ebrofördraget med Hannibal.
225–22 Krig med gallerna på Poslätten.
225 Rom segrar vid Telamon.
222 Roms seger vid Clastidium. Mediolanum (Milano) erövras.

219 Andra kriget mot Illyrien. Sagunt erövras av Hannibal.
218–201 Andra puniska kriget/ Hannibalskriget.
218 Hannibal korsar Alperna. Strider vid Ticinus och Trebia.
217 Hannibal segrar vid Tasimenska sjön.
216 Slaget vid Cannae.
215 Hannibal sluter förbund med Philip V av Makedonien.
215 Syracusae sluter sig till Kartago.

241 De sista romerska tribus Velina och Quirina inrättas.
241–240 Comitia centuriata reformeras.

235 Janustemplet stängs för första gången.

221 Circus Flaminius, Roms äldsta kappkörningsbana med helt uppbyggda åskådarplatser, byggd av C. Flaminius Nepos på Marsfältet.
220 Pons Mulvius förband via Aemilia med Rom över Tibern, i litteraturen nämnd för första gången 207 f.Kr.
220 C. Flaminius censor. Centuriereform. Via Flaminia anläggs.
218 Latinska kolonier i Placentia och Cremona.

KRONOLOGISK ÖVERSIKT

215–205 Roms första krig med
Makedonien.
214 Sicilien krigsskådeplats.
212 Romarna under M. Marcellus
erövrar Syracusae.
211 Hannibal ante portas Capua
återtas av romarna.
Katastrof för romarna i Spanien.
210 Scipio d.y. befälhavare i Spanien.
209 Scipio tar Cartago nova.
207 Hannibals bror Hasdrubal besegrad och dödad vid Metaurus i Italien.
206 Kartagiskt sammanbrott i Spanien.
205 Roms fred med Makedonien.
204 Romarna under P. Cornelius
Scipio går över till Afrika.
203 Hannibal lämnar Italien.
202 Slaget vid Zama.
201 Fred med Kartago, som avstår
Spanien.

212 Archimedes dödas.

204 Magna Mater införs till Rom.

200 ff Latifundieväsendet ökar i
Italien.

Efter freden med Kartago

200–196 Strider med gallerna.
197 Spanien bildar två provinser
Hispania citerior och ulterior.
200–197 Andra kriget mot Makedonien.
198 Rom vinner flera grekiska städer mot Makedonien.
197 Slaget vid Kynoskephalai
Makedonien måste avstå från
Grekland och Mindre Asien.

199 Slavmärke börjar i Rom brännas in i slavarnas pannor.
199 Slavuppror i Latium.

196 T. Quinctius Flamininus utropar i Korint Greklands frihet.
196 Antiochus III av Syrien går över till Europa.
195 Hannibal beger sig till Antiochus.
193 Rom befaller Antiochus lämna de av honom besatta delarna av Europa.
192–198 Roms krig med Anthiocus III
191 Romersk seger vid Thermopylae.
190 Romersk seger vid Magnesia.

189 Rom överlämnar västra Mindre Asien åt Rhodos och Pergamon.
189 Aetolerna besegras.
188 Fred i Apamea mellan Rom och Antiochus III.

171–168 Roms tredje krig med Makedonien.
169 Rhodos kräver att Rom inställer kriget.
168 Slaget vid Pydna. Kung Perseus slagen av M. Aemilius Paulus. I freden delas Makedonien

196 Slavuppror i Etrurien. Guldmyntfot införs i Rom genom Quinctius Flamininus.

193 Emporium, Roms anläggningsplats vid Tibern, därefter i bruk till 270-talet, då Aurelianus-muren uppfördes; delvis bevarad.
191 Magna Matertemplet på Palatinen invigt.
190 Stort bibliotek samlas i Pergamon.
Rhodos under romerskt skydd och blir handelscentrum mellan Asien och Europa.
189 Bononia (nuv. Bologna) latinsk koloni.

186 Senatus consultum de Bacchanalibus förbjuder utsvävande festligheter, filosofer utdrives.
184 Uppror av herdeslavar i Apulien.
184 Cato d.y., grundare av latinska prosan, censor.
179 Pons Aemilius, den första stenbron över Tibern uppförd. Ett valv under namn av Ponte Rotto tillhörde denna.

167 Skattefrihet för romerska medborgare.

i fyra stater. Illyrien delas i tre delar. Invånarna i 70 makedonska städer säljs som slavar.

154–153 Delar av Spanien reser sig mot Rom, som för kriget med stor hårdhet och grymhet.

150–146 Tredje puniska kriget.

148 Makedonien blir romersk provins efter den misslyckade delningen av staten 168.

146 Kartago intages och förstörs genom Scipio Aemilianus. 50 000 kartager säljs som slavar. Kartago till romerska provinsen Africa.
Korint förstörs. Grekland utom Athen och Sparta rom. provins. Acheiska förbundet uppgår i rom. riket.

138 Romarna grundar Valentia (Valence).

135–132 Första slavkriget på Sicilien.

133 Numantia erövras av Rom. Lusitaner och keltiberer kväses. Spanien kuvat.

166 Slut på Rhodos förmånsställning. Delos blir frihamn.

166 Tusen acheer, däribland Polybios, förs som gisslan till Rom.

161 Grekiska filosofer utvisas från Rom.

159 Första vattenuret i Rom.

153 De romerska konsulerna tillträder sitt ämbete den 1 januari (tidigare 1 mars), som därefter blev nyårsdagen.

151 Senaten förbjuder återval av konsuler.

o. 150 Mimen uppstår som konstart i Rom. Skådespelare bra betalda, men utan medborgerligt anseende. Den upphöjda scenen blir spelplats i st.f. orchestran.

146 Kartagern Magos arbete om lantbruk översatt till latin. Latifundieväsendet i Italien expenderar, vin- och olivodling liksom boskapsskötsel ökar.

144–140 Aqua Marcia, en akvedukt, byggd av praetorn Q. Marcius Rex. Senare byggdes två andra akvedukter ovanpå denna, Aqua Tepula och Aqua Iulia.

REVOLUTIONSTIDEN 133–60 F.KR

133 Attalos III i Pergamon död, Rom insatt som arvtagare till riket Pergamon, som blir provinsen Asia 123.

129 Uppror i Pergamon krossat av Rom.

125–121 Roms första fälttåg till Gallien. Södra Gallien erövras, blir Provincia (Provence).

123–122 Romarna erövrar Balearerna.

118 Romerska medborgarkolonin Narbo Martius (Narbonne) grundas

113 Germanska cimbrer i Noricum.

112–105 Krig mot Jugurtha av Numidien, som mutar senatorer och härförare.

107 Marius konsul första gången, övertar befälet i Numidien.

105 Jugurtha besegrad av Marius.

105 Germanerna besegrar romarna vid Arausio (Orange.)

104–100 Andra slavupproret på Sicilien.

102 Marius besegrar teutonerna vid Aquae Sextiae och **101** cimbrerna vid Campi Raudii (förut Vercellae).

96 Rom får Kyrene genom den siste kungens testamente.

95–91 Mithridates VI utvidgar sitt rike Pontus.

134 (10 dec) Ti. Sempronius Gracchus folktribun.

133 Ti. Gracchus åkerlag, död hösten 133.

125 Via Domitia mellan Italien och Spanien över Massilia anläggs.

123–122 C. Gracchus folktribun.

121 C. Gracchus dödas vid uppror.

107–106 Marius skapar en yrkeshär av egendomslösa romare.

105 Gladiatorsstrider offentliga spel i Rom.

92 Sulla ståthållare i Kilikien.

KRONOLOGISK ÖVERSIKT

91– 89 Bundsförvantkriget.
91 Folktribunen Livius Drusus mördad. Mordet medför en allmän resning i Italien.
90 Lex Iulia. På förslag av konsul L. Iulius Caesar utvidgas medborgarrätten.

89–82 Krig mot Mithridates av Pontus. Denne lät döda 80 000 romare i Mindre Asien och på Delos. Grekland reser sig.

88 Sulla konsul, marscherar in i Rom.
87 Cinna konsul, anarki i Rom, där Marius och Cinna blir herrar.

86 Sulla intar Athen, besegrar Mithridates vid Chaeroneia och Archomenos.
85 Fred med Mithridates.
85–84 Förhållandena i provinserna Asia och Achaia ordnas.

86 Marius död.

83 Sulla återvänder till Italien, besegrar sina motståndare och intar Rom. Proskriptionslistor.
81–79 Sulla diktator på obestämd tid för att ordna staten, genomför reformer, gynnar senatorerna.
o. 80 Fortunatemplet i Praeneste uppfört.
80 Isiskulten utbreder sig i Italien.
79 Sulla nedlägger diktaturen, dör 78.
78 Tabularium, Roms statsarkiv, på Capitoliums sluttning mot Forum Romanum uppfört.

76–72 Krig mot Sertorius i Spanien, som besegras av Pompejus.
74–67 Tredje kriget mot Mithridates.
74 T. Licinius Lucullus härförare.
74–67 Kriget mot sjörövarna.

DEL VI – APPENDIX

73–71 Spartacus slavuppror, krossat av L. Licinius Crassus som korsfäste 6 000 slavar.
67 Lex Gabinia ger Pompejus överbefälet i detta krig för tre år, men denne besegrar dem på 90 dagar.
67 Kreta och Kyrenaika förenade till *en* provins.
66 Pompejus befälhavare i kriget Mithridates.
64 Dubbelprovinsen Bithynia och Pontus samt Syria bildas.

70 Pompejus och Crassus konsuler, upphäver stora delar av Sullas författningar.

63 Cicero konsul. Catilinas sammansvärjning, Caesar pontifex maximus.
62 Caesar praetor. Pompejus landar i Brundisium.
61 Pompejus firar triumf i Rom, Caesar propraetor i Hispania ulterior.
60 Första triumviratet mellan Caesar, Pompejus och Crassus.
59 Caesar konsul, får Gallia Cisalpina som provins.

REPUBLIKENS SLUT 60–27 F.KR.

58 Egypten förlorar Cypern till Rom.
58–51 Caesars krig mot Gallien, som tillfaller Rom 51.
55–53 Caesar går över Rhen.
55–54 Caesar går över till Britannien.
53 Crassus besegrad och dödad vid Carrhae i kriget mot partherna.

56 Triumviratet förnyas i Luca.
o. 55 Pompejus teater och curia upp förda av Cn. Pompejus.

52 Anarki i Rom, Pompejus ensam konsul.
51 Forum Iulium med tempel åt Venus Genetrix påbörjat, in-

KRONOLOGISK ÖVERSIKT

48–47 Caesar i Egypten, bellum Alexandrinum.

47 Caesar besegrar Pharnakes vid Zela.

47–46 Caesars fälttåg mot Africa.

46 Slaget vid Thapsus. Numidien romersk provins. Cato d.y:s självmord.

46 Caesar firar 4-dubbel triumf.

45 Slaget vid Munda i Spanien.

44 Caesar grundar det nya Kartago.

vigt i ofullbordat skick 46, färdigbyggt av Augustus.

49–48 Inbördeskrig mellan Caesar och Pompejus.

48 Slaget vid Pharsalos. Pompejus mördad i Egypten.

46 Caesars kalenderreform tilllämpas från 45. Caesar diktator på 10 år. Åkerutdelning till veteraner.

45 Caesar ensam härskare, adopterar sin systerson Octavianus.

45 Caesar sätter sin bild på guldmynt.

44 Den 6:e månaden kallas Juli (F. Sextiles).

44 Caesar mördas 15 mars. Antonius övertar makten i Rom.

44 Curia Iulia, senatens sammanträdeslokal påbörjad av Caesar, invigd av Augustus 29. Den bevarade byggnaden är uppförd av Diocletianus, byggdes på 600-talet in i kyrkan i S. Adriano.

INBÖRDESKRIGET EFTER MORDET PÅ CAESAR 44–30 F.KR.

43 Kriget vid Mutina (Modena).

44 Caesarmördarna Brutus och Cassius till östern. Cicero rasar mot Antonius i de filippiska talen.

43 Octavianus konsul för första gången.

DEL VI – APPENDIX

42 Dubbelslaget vid Filippi i Makedonien. Antonius besegrar Brutus och Cassius i två slag.

41 Antonius i Alexandria. Striden om Perugia.

37 Rom ger delar av Syrien och Fenikien till Egypten. Antonius gifter sig med Kleopatra.
36 Agrippa besegrar Sex. Pompejus vid Naulochus. Lepidus avsätts som triumvir.
35–33 Octavianus krigar i Illyrien.

31 Slaget vid Actium (2 september).
30 Egypten romersk provins.

29 Nedre Donau romerska rikets nordgräns i Balkan.

43 Andra triumviratet mellan Antonius, Octavianus och Lepidus, fastställt genom Lex Titia, 27 november. Proskriptioner. Fler än 2 000 dödas som statens fiender, däribland Cicero.
42 8 000 soldater bildar praetoriangardet i Rom.

40 Antonius och Octavianus delar i Brundisium riket mellan sig.
39 Fördrag i Misenum mellan Octavianus och Sex. Pompejus.
37 Andra triumviratet förlängs på fem år genom fördrag i Tarent mellan Octavianus och Antonius.

33 Brytning mellan Antonius och Octavianus
32 Västern lovar Octavianus sitt stöd

30 Antonius och Kleopatra begår självmord. Octavianus låter döda den 17-årige Caesarion.
29 Senaten förklarar Octavianus ensam herre, Janustemplet stängt.

AUGUSTUS 27 F.KR.–14 E.KR.

27 Delning av provinserna i kejserliga och senatoriska.
27–25 Augustus i Spanien.
25 Galatien romersk provins.
25–24 Aelius Gallus fälttåg till Arabien.
25–23 Misslyckat fälttåg till Nubien.

20 Partherna återlämnar de vid Carrhae tagna fälttecknen.
19 Agrippa besegrar kantabrer och asturier. Lusitania Roms 3:e provins på Iberiska halvön.
16 Det guld- och järnrika Noricum tillfaller Rom.
16–13 Gallien nyordnas.
15 Raetien erövras. Hela Donau nordgräns för rom. riket.
12–9 Romerska härar under Tiberius besegrar pannonierna i västra Ungern.
12–9 Romarna under Drusus erövrar Germanien till Elbe.
8–7 Tiberius i Germanien.

27 Octavianus får Imperium proconsulare och tillnamnet Augustus (13 januari)
25 Pantheon byggt av Agrippa.

23 Augustus sjuk, nedlägger konsulatet, erhåller tribunicia potestas, som förnyas varje år. Marcellus giftermål med Iulia.
22–19 Oroligheter i Rom.
22 Pantomimen blir populär i Rom.
28–22 Augustus mausoleum byggs.
20 Agrippas giftermål med Iulia.

18 Agrippa medregent. Stränga äktenskapslagar.
17 Sekularfest.

13–9 Ara pacis Augustae uppförs.
12 Agrippa död. Augustus pontifex maximus efter Lepidus.

11 Iulia förmäld med Tiberius.
8 Den 8:de månaden uppkallas efter Augustus.
6 Tiberius i frivillig landsflykt till Rhodos.

DEL VI – APPENDIX

1 Germanien romersk provins.

2 Mars Ultorstemplet och Forum Augusti invigs. Augustus pater patriae. Frigivning av slavar begränsas. Iulia landsförvisad.

Efter Kristus

4 Tiberius i Germanien.
6–9 Pannonien gör uppror.

9 Varus nederlag i Teutoburgerskogen genom Arminius.

2 Lucius Caesar död.
4 Gaius Caesar död. Tiberius adopterad och medregent åt Augustus.
9 Augustus äktenskapslagar.
10 Asinius Pollio grundar första offentliga biblioteket i Rom.
14 Augustus död, 19 augusti. Tiberius och Livia arvingar enligt testamentet, 19/8–17/9 interregnum, innan Tiberius blir princeps.

JULISK–CLAUDISKA ÄTTEN 14–68

14–16 Germanicus krigståg till Germanien. Rhen förblir gräns, germanerna behåller sin frihet.
15 Moesien romersk provins.
17 Kappadokien i Mindre Asien romersk provins.
17–24 Numidien under Tacfarinas gör uppror.
18–19 Germanicus ståthållare med imperium maius i Orienten, dör 19.
21 Uppror i Gallien.

15 Val av ämbetsmän övergår från folket till kejsaren och senaten.

23 Pretoriangardet till Rom.
23–31 Sejanus ensam praefectus praetorio.

26–36 Pontius Pilatus procurator i Palestina.

40–42 Mauretanien erövras.

43 Romarna under Claudius erövrar Lykien i Mindre Asien.
43 Nya provinser: Mauretanien, Lykien.
43–50 Roms erövring av Britannien.
44 Thrakien romersk provins.
44 Rhodos införlivas med romarriket.

51 Britannien under Caratacus reser sig förgäves mot Rom.

58–63 Rom. offensiv i orienten.

61 Britannien reser sig åter förgäves.
63 Armenien romersk vasallstat.
64 Pontus romersk koloni.

27–37 Tiberius på Capri.
o. 27 Aprikosträdet införs till Italien från främre Asien.
29 Livias död.
30 eller 33 Jesus korsfästes.
31 Sejanus störtas och dödas.
37 Tiberius dör.

42–54 Ostias hamn byggs.

45 Claudius fördriver judarna från Rom.
48 Claudius censur.
49 Kristendomen kommer till Europa, bl.a. Rom och Filippi.
51 Paulus grundar i Korint första kristna församlingen i Grekland.
51–57 Pauli missionsresor.
52 Förbud i Rom att döda svaga och gamla slavar.

59 Agrippina mördas på order av sonen Nero.

64 Svår brand i Rom. Förföljelse av de kristna.
64–68 Neros Domus Aurea, efter det i branden 64 förstörda

DEL VI – APPENDIX

66–70 Judiska kriget i Palestina.

67 Nero utropar Greklands (Achaias) frihet i Korint, 28 november.
68 Uppror i Gallien.

domus transitoria, brann 104 och ovanpå ruinerna byggde Trajanus en badanläggning. Flera underjordiska rester kvar med målningar.
65 Pisos sammansvärjning mot Nero.
66 Tiridates av Armenien kröns i Rom.
66–67 Neros resa till Grekland.

68 Nero begår självmord.

FLAVIERNA 69–96

70 Jerusalem förstörs genom Titus.

71–84 Nya försök av Rom att underkuva hela Britannien. Norra England och södra Skottland erövras.
77–83 Agricolas fälttåg i norra Britannien.

83 Romarna bygger limes mot Germanien.
83ff Krig mot chatterna (mellan Rhen och Donau).

70 Särskild skatt för judar i romerska riket.
70–80 Colosseum byggs.
71 Forum Pacis eller Vespasiani påbörjat efter Jerusalems fall.
73 Filosofer utvisas från Italien.
73–74 Vespasianus och Titus censorer.
79 Vesuvius utbrott. Pompeji, Stabiae och Herculaneum förstörs.
80 Colosseum eller Amphitheatrum Flavium invigd, påbörjad av Vespasianus med plats för omkr. 45 000 åskådare.
81 Titusbågen uppförd av Domitianus till minne av Jerusalems intagande.

85–88 Första kriget mot dakerna vid Donaus mynning. Dakerna förintar en romersk här men blir till slut besegrade.
86 Provinsen Moesien delas.
89 Germania Superior och Inferior grundas. Domitianus triumferar över daker och chatter.

88 Sekularfest firas.
89 Filosofer och en del vetenskapsmän förvisas från Rom som statsfiender.
92–96 Domitianus stadium, där Piazza Navona nu finns, byggt, restaurerat 228.
95 Filosofer fördrivs från Italien.
96 Domitianus mördas.

NERVA OCH ADOPTIVKEJSARNA 96–180

101–102 Krig mot Dacien.
105–106 Andra kriget mot Dacien. Dacerkungen Decabalus död. Dacien rom. provins.
106 Provinsen Arabia Felix skapas.
106 Provinsen Pannonien delas.

96 Trajanus medregent.

106 ff Trajanus bygger ny hamn vid Ostia.

107 Indiskt sändebud kommer till Trajanus i Rom.
113 Trajanus forum och kolonnen med reliefer från kriget mot dacerna invigd.

114 Hela Armenien romersk provins.
114–117 Krig mot partherna.
115 eller 116 Judeuppror börjar.
117 Mesopotamien (Assyrien och Babylonien) romersk provins.

114 Trajanus får titeln Optimus.

117 Trajanus dör i Kilikien på väg till Rom.

DEL VI – APPENDIX

121–125 Hadrianus första resa till Gallien, Rhen, Britannien, Spanien, Mauretanien, Orienten och Donauområdet.
122 Hadrianus mur i Nordengland Erövrade områden i Skottland lämnas.

128 Hadrianus i Lambaesis i Africa.
128–132 Hadrianus andra resa: Grekland, Mindre Asien, Syrien, Egypten, Cyrene, Mindre Asien, Grekland.

132–135 Bar Kochbas uppror mot Rom. Jerusalem blir romersk koloni.
135 Jerusalem förbjuds för judar.

139–142 Krig i Norra England.
142 Antonius Pius mur (Valium Antonini) uppförs.
145–152 Strider i Mauretanien.

152 Oroligheter i riket.
161–166 Partherangrepp mot rom. besittningar i främre Asien. Partherna slutligen besegrade.

118 Hadrianus efterskänker restskatterna. Fyra generaler sammansvär sig mot Hadrianus.
120 Pantheon återuppbyggs.
121 Venus och Romas tempel påbörjat.

124 Hadrianus första uppehåll i Athen.
125 Hadrianus utdelar Roms kejserliga domäner till småförpaktare.
128–129 Hadrianus andra vistelse i Athen.

130 Förbud att utan dom avrätta slavar. Hadrianus bygger "Hadrianusstaden" i Athen.
131–132 Hadrianus tredje vistelse i Athen.
133 Roms fattiga bildar begravningskassor.
135 Athenaeum grundas i Rom.
138 Hadrianus död i Baiae.
139 Hadrianus mausoleum färdigt.

o. 146 Slavar erhåller besvärsrätt i Rom.
146 Marcus Aurelius Caesar och medregent.

166 Seleukia och Ktesifon intagna.
166–175 Krig mot markomannerna. Folkvandringar börjar i Nordeuropa mot rom. riket.
175 Avidius Cassius gör uppror i Syrien och utropas till Augustus men dör.
177–180 Andra kriget mot markomannerna.
180–185 Praetorsprefekten Tigidius Perennis regering.

166 Pest i Syrien, sprider sig till Europa.
168 Celibat för kristna präster börjar.
176 Kristendomen förbjuds i hela kejsarriket. Tre kristna avrättade i Pergamon.
177 Femtio kristna avrättade i Lyon. Ryttarstatyn av M. Aurelius färdig.
180 Marcus Aurelius dör av pest i Vindobona.
180 Limes förstärks och byggs ut.
192 Commodus mördad.
193 Marcus Aureliuskolonnen uppförd. Relieferna skildrar kriget mot kvader och markomanner 172–175.
193 26 kejsarfientliga senatorer avrättade.

COMMODUS OCH SOLDATKEJSARNA 180–284

193 Septimius Severus kämpar mot sina medregenter: Helvius Pertinax Didius Iulianus, Pescennius Niger och Clodius Albinus.
194–195 Krig mot partherna.
195 Slaget vid Issos, Pescennius Niger besegrad.
195 Bysantiums fall, förstörs 196.
195 Norra Mesopotamien under Rom.
197 Clodius Albinus besegrad vid Lyon.

196 Caracalla Caesar.

DEL VI - APPENDIX

197–199 Andra kriget mot
partherna.
199 Hela Mesopotamien åter romersk provins.
199–200 Septimius Severus i
Egypten.

198 Caracalla Augustus.

0. 200 Nordafrikas blomstringstid. Kartago åter världsstad. Leptis Magna viktig hamnstad. Talrika juristskolor i rom. riket.
201 Övergång till judendom straffbart i romerska riket.
202 Övergång till kristendomen straffbart.
203 Kristendomsförföljelser i Kartago och Alexandria.
203–204 Severus i Nordafrika, hedrar Hannibal med nytt gravmonument.
203 Septimius Severus triumfbåge på forum Romanum uppförd.
204 Sekularspel i Rom.
202–205 Caracallas svärfar Plautianus allsmäktig praetorianprefekt.
205 Plautianus störtas.

206–207 Felix Bullas uppror i Italien nedslaget.
208–211 Krig i Britannien.

209 Geta Augustus.

210 Hadrianus mur förstärkt.

211 Septimius Severus dör i Eburacum (York).
212 Geta mördas av Caracalla.
212 Constitutio Antoniana ger full romersk medborgarrätt åt fria medborgare i hela riket.
212 Alla fria invånare i riket betalar full arvsskatt.

KRONOLOGISK ÖVERSIKT

213 Alemannerna tränger in i romerska riket men besegras vid Main.
215 Uppror i Egypten mot Caracalla, som låter döda misshagliga personer.
216–217 Krig med partherna.

223–227 Persernas frihetskamp mot partherna, som besegras.
226 Nypersiska riket grundas under kung Ardaschir I (224–41 av Sassaniderna).

231–232 Perserkrig mot Rom.
233–233 Krig mot germanerna vid Rhen.
235 Alemannerna besegras.
237–238 Striderna mot dacer och sarmater.
238 Goter anfaller, går över Donau.
241–271 Sapor II kung i Persien.

250–269 Krig med goterna.

252 Franker anfaller Gallien.
253 Kriget mot perserna som erövrar Antiokia återupptas.
257 Väst- och östgoter skiljs åt.

216 Caracallas thermer färdiga.
217 Caracalla mördas vid Carrhae.
217–218 M. Opellius *Macrinus* Roms förste kejsare av riddarståndet.
219 Elagabalus och hans mormor Iulia Maesas intåg i Rom.

229 Praetorianprefekten Ulpianus mördas.

235 Severus Alexander och hans moder Iulia Mamaea mördas.

244 Plotinos kommer till Rom och grundar en nyplatonsk filosofskola, verksam till 270.
248 Rom firar tusenårsfest.
249–50 Decius förföljelser av de kristna.
251 Decius och hans son stupar i strid mot goterna.

257 Valerianus förföljelse av de kristna börjar.

DEL VI – APPENDIX

258 Gallienus besegrar alemannerna vid Milano.
259 Roms härförare Postumus upprättar eget rike i Gallien.
259 Frankerna anfaller i Spanien.
259–260 Valerianus krig mot perserna.
260 Valerianus persisk fånge.

261 Arabfursten Odenathus romersk överbefälhavare i öster.
266 Odenathus grundar arabriket Palmyra, som erkänns av Rom.
269 Palmyra erövrar Egypten och delar av Arabien.
270 Rom erkänner Zenobia som drottning.
270 Alemanner tränger in i Italien. Romerska härar slår tillbaka vandaleranfall vid Donau.
272–273 Aurelianus besegrar Zenobia.
272 Palmyra intas.
273 Gallien återerövras av Rom.
273 Egypten återerövras av Probus.
276–278 Romersk seger över germanska härar vid Rhen och Donau. Franker, alemanner, burgunder och vandaler trängs tillbaka.
276–278 Stora skaror germaner slår sig ner i rom.riket. Fredspolitik.
283 Romerskt fälttåg under kejsar Carus mot Persien ända till Ktesiphon.

258 Kristna präster avrättas enligt lag. Biskopen av Kartago, Cyprianus, dör martyrdöden. Finanskatastrof. Myntet försämras.

260 Antikristna lagar upphävda.
260 Baals soltempel i Palmyra uppförs.

268 Gallienus mördas.

270 Goterna förmedlar handelsförbindelser på bärnstensvägen mellan Östersjön och romerska riket.
271 Aurelianusmuren i Rom påbörjas 18 837 m. lång med 381 torn, restaurerat av Maxentius och år 403.

274 Sol Invictus romersk, statskult Förbättring av romerska myntet.

282 Manikeismen sprider sig i Egypten och Främre Asien.

TETRARKIN 284-305

284-286 Strandat uppror av coloni i Gallien.

286-288 Romarna besegrar de ånyo anfallande germanerna.
287-288 Diocletianus i krig mot alemannerna i Raetien.
287 Britannien självständigt under egen kejsare, Carausius.
292 Lyckat rom. fälttåg mot alemannerna.

294 Rom slår ned oroligheter i Egypten som nyordnas.
296 Britannien återförenat med Rom.
297 Constantius besegrar Carausius. Galerius besegrar perserna. Limes byggs i Syrien och Arabien.
298 Konstantius seger över Alemannerna.
298 Rom utvidgar provinsen Mesopotamien till övre Tigris.

284 Augusta Treverorum (nuv. Trier) huvudstad i västra delen av romerska riket.
285 Maximianus utses till Augustus.
286 Diocletianus flyttar sin regering till Mindre Asien.

290 Amfiteatern i Verona färdig.

293 Galerius (i Sirmium) och Constantius Chlorus (i Trier) Caesares.
293 Riket delas i fyra delar var och en under en Augustus eller Caesar.
294 Föräldrar förbjuds i lag sälja sina barn.

297 Åtskillnad mellan civil och militär förvaltning i riket.

299 Diocletianus thermer påbörjas.
301 Diocletianus maximaltariffer.
303 Kristendomsförföljelser börjar.
304 Lucia led martyrdöden i Syracusae.
305 1 maj. Diocletianus och Maximianus abdikerar.

Strider om makten, Konstantins tid 305–363

	305–306 Galerius och Konstantius Augusti, Flavius Severus och Maximinus Daia Caesares. Maxentius och Konstantin uteslutna.
	306 Konstantius dör i Eburacum. Flavius Severus Augustus, Konstantin Caesar, Maxentius usurpator i Rom.
	306 Celibat för högre präster i Rom.
307 Konstantin mot franker och alemanner.	307 Galerius och Licinius Augusti.
310 Konstantin besegrar frankerna.	310 Maximianus dör.
	311 Toleransedikt.
312 Slaget vid Saxa rubra (Ponte Molle) Maxentius omkommer.	312 Lateranpalatset i Rom blir påvens residens.
	313 Toleransediktet i Milano.
	313 Full religionsfrihet i rom. kyrkor. Kristnas beslagtagna gods återlämnas.
314 Krig mellan Konstantin och Licinius.	314 Vapentjänst förklaras vara en kristen plikt.
	315 Korsfästning avskaffat som straff i rom. riket.
	316 Dödande av slav förbjuds, liksom slavmärket i pannan.
	316 Konstantin residerar i Trier.
	319 Konstantin flyttar till Serdica (nuv. Sofia).
	319 Förbud att skingra slavfamiljer.
	321 Söndagen laglig helgdag i rom. riket.
324 Slaget vid Chrysopolis (Skutari).	324 Kristendomen blir statsreligion i rom. riket. Konstanti-

KRONOLOGISK ÖVERSIKT

nopel börjar byggas som huvudstad.
325 Konciliet i Nicaea.
325 Myntreform, solidus införs.
326 Crispus och Konstantins maka Fausta dödas.
330 Konstantinopel invigd som andra huvudstad.

332 Romerska härar under Konstantin besegrar goterna vid nedre Donau. Goterna övertar som förbundna gränsskyddet vid Donau.
334 Goterna skyddar romerska riket vid anfall från vandalerna i Donauområdet.

337 Konstantin död. Riket delat i fyra delar som snart blir tre: Konstantin II får västern, Konstantius östern och Konstans mitten.
338 Förföljelse av icke-kristna i rom. riket.
339 Äktenskap förbjuds mellan kristna och judar.

340 Sapor II anfaller i Mesopotamien men romarna håller sina ställningar.
342 Romerska härar besegrar frankerna vid Rhen.
350 Östgoterna enas i ett rike under Ermanrich.
350-360 Nytt goterkrig
352 Hunnerna besegrar alanerna vid Kaspiska havet.

353 Romerska riket åter under en kejsare.
354 25 december inte längre Solgudens högtidsdag utan firas som Jesus födelsedag.
356 Förbud mot dyrkan av ickekristna bilder.

355-358 Julianus besegrar franker och alemanner.

359–63 Nytt krig mot perserna.

363 Rom förlorar Mesopotamien till Persien. Rom stöder Persiens strid mot hunnerna.
365 Persiska härar slår tillbaka angrepp från hunnerna.
368 Framgångsrikt romerskt angrepp mot alemannerna.
373 Ostgotiska riket behärskat av hunnerna.
376 Västgoter slår sig ned söder om Donau.
378 Västgoter segrar över Rom. Romersk seger över alemanner.
378 Slaget vid Adrianopel.

380 Goter slår sig ned i Balkan.

387 Armenien delas mellan Rom och Persien.

362 Iulianus ordnar genom lag rikets skolväsen.
363 Iulianus stupar i strid med perserna.

373 Utsättande av barn förbjuds i romerska riket genom lag.

379 Gratianus avsäger sig titeln Pontifex maximus.
383 Goternas biskop Ulfila dör.
385 Första avrättningen av kättare (Priscianus).
389 Endast kristna högtider firas i rom. riket.
391 Serapistemplet i Alexandria förstöres. Biblioteket med cirka 42 000 band bränns.
394 Sista Olympiska spelen, innan de förbjuds av Theodosius. Ickekristna kultplatser förstörs i Rom.

KRONOLOGISK ÖVERSIKT

Romerska riket delas i Väst- och Östrom 395

Västrom

397 Ambrosius dör.
397–398 Stilicho kämpar i Afrika.
401 Alarik går över till Italien men slås tillbaka av Stilicho.
402 Ravenna blir Västroms huvudstad.
403 Roms förfallna stadsmur återuppbyggs.
404 Gladiatorspel förbjudna i väster.
405–406 Romerska härar under Stilicho segrar i Italien över 20 000 östgoter och andra stammar.
406 Sueber, alaner och vandaler går över Rhen, burgunder bildar nytt rike vid mellersta Rhen med Worms som huvudstad.
407 Romerska trupper utrymmer Britannien.
408 Stilicho störtas och avrättas.
408–412 Västgoter under Alarik drar segrande genom Italien till Rom.
410 Roms erövring genom Alarik. Alarik dör, hans svåger Athaulf för västgoterna till Gallien, där han gifter sig med Theodosios den stores dotter Galla Placidia.
409 Vandaler, alaner och sueber tränger in i Spanien.

Östrom

395–403 Västgoterna under Alarik härjar på Balkan, tar rika byten i Athen, Korint och Olympia men möter hårt motstånd i Italien.

411 Alaner grundar sitt rike i Portugal, sueber sitt rike i Spanien.
415 Västgoter tränger undan alaner, vandaler och sueber i Spanien.
416 Icke-kristna utesluts från alla ämbeten i både Väst- och Östrom.
418 Toulouse huvudstad för västgoterriket.
420 Augustinus rekommenderar prygelstraff för kyrkans motståndare (kättare).
0. 425 Vandalerna i Spanien bygger en medelhavsflotta.
429–432 80 000 vandaler beger sig från Spanien till Nordafrika, som de erövrar.
431 Frankerna i norra Gallien slagna av Västrom. Katolska kyrkan förklarar Maria som Guds moder.
432 Vandalerrike grundas i Nordafrika.
432 Irlands övergång till kristendomen börjar.
433 Pannonien (västra Ungern) införlivas med hunnerriket.
436 En här av romare och hunner besegrar burgunderna vid Rhen.
439 Vandalerna erövrar Kartago, deras flotta besätter Korsika och Sardinien.
442 Vandalerriket i Nordafrika erkänt av Västrom.

412 Nya murar i Konstantinopel uppförs.
415 Hypatia, av nyplatonsk lära, stenas av kristna i Alexandria.

420 Hunnernas storrike grundläggs.
421–422 Strider med perserna.

428 Armenien persisk provins.

430 Östrom betalar till hunnerna 175 kg guld i årlig tribut.

434 Östroms tribut till hunnerna ökas till 350 kg guld.
438 Codex Theodosianus blir lag.

441 Armenien tillfaller Persien som provins.

KRONOLOGISK ÖVERSIKT

444 Kyrkofientliga böcker bränns
i Rom.
444 Manis läror förföljs i Rom.
445 Roms biskop högste domare i
kyrkliga frågor.
446 Frankerna slagna av Västrom
vid Somme.
449 Attilas fördrag med vandalerna mot Västrom. Attila förlovar sig med romerska prinsessan Honoria.
455 Vandaler från Nordafrika erövrar och plundrar Rom, sätter sig fast på Sicilien.

445 Attila ensam härskare i hunnerriket.
447 Attilas fredsfördrag med Östrom, som tvingas betala höjd årlig tribut till Attila.
450 Hunnernas rike som störst.

Författare i romerska riket

Rom grundlägger sitt Medelhavsvälde o. 250-100

Livlus Andronicus (slutet av 200-talet)
Född i Grekland, kom som krigsfånge från Tarent till Rom. Översatte Odyssén till latin, som blev skolbok till slutet av rep.; den första litterära övers. på latin.

Cn. Naevius (- o. 200)
Tragedi- och komediförfattare. På grund av sina angepp mot medlemmar av aristokratin fängslad och landsförvisad till Nordafrika, där han skrev *Bellum Punicum*, 7 böcker, romarnas första nationella epos, som skildrar Roms historia till 1:a puniska kriget.

T. Maccius Plautus (o. 250-184)
Från Umbrien, skall ha skrivit 130 komedier, av vilka 21 är bevarade. Efter förebilder från den nya attiska komedin handlar de om intriger, förväxlingar, karaktärstyper, sluga slavar, hetärer, soldater; folklig och något grovkornig humor och språk.

Q. Ennius (239-169)
Från Calabrien, kom 204 till Rom. I *Annales* (Årsböcker), 18 böcker, förhärligade han Roms historia från Aeneas till sin egen tid. E. införde hexametern i latinet. Omkring 600 verser bevarade. Vidare skrev han tragedier (20), komedier (2) och epigram.

M. Porcius Cato (234-149)
Bekämpade hellenismen i tal och skrift och motarbetade Scipionernas inflytande, men i högre grad Kartago. Som storgodsägare företrädde han de mäktiga slavhållarnas intressen. Betraktas som latinska prosalitteraturens skapare. Hans *Origines* (Ursprungshistoria), 7 böcker, var den första historien på latin av vilken fragment finns. Bekämpade även grekisk medicin och naturvetenskap. I *De agri cultura* (Om jordbruk) ger han råd för storgodsägare och rekommenderar hänsynslöst utnyttjande av slavarna.

DEL VI – APPENDIX

P. *Terentius* Afer (o. 190–159)
Från Kartago. Kom som slav till Rom, där han stod Scipionerna nära. Skrev efter förebild från den nya attiska komedin 6 komedier, alla bevarade, som saknar drastisk komik, grova skämt och vulgärt språk. T. blev därför uppskattad av den bildade publiken.

C. *Lucilius* (o. 180–102)
Från Campanien skrev 30 böcker *Saturae*, de första satirerna på latin i modern mening, i vilka han skarpt kritiserar ämbetsmännen för mutor och utpressning.

Revolutionstiden 133–60 f.Kr.

M. Terentius *Varro* (116–27)
Från Reate i Sabinerlandet, polyhistor, författare och politiker, fick i uppdrag att ordna och leda ett bibliotek i Rom. Huvudarbete: *Antiquitates*, 41 böcker, förlorade, om romerska folkets kultur och religion. Av hans över 600 verk i olika ämnen kan nämnas ett samlingsverk över 700 kända greker och romare, den första illustrerade boken på latin (förlorad). Tre böcker om lantbruk, *Res rusticae*, är helt bevarade och arbetet *Lingua Latina* delvis bevarat.

T. *Lucretius* Carus (98–55)
Skald och filosof, som predikade Epikuros lära. I sin dikt *De rerum natura* (Om tingens natur) i 6 böcker ville han lära människorna hur de skulle kunna befria sig från ängslan och fruktan för döden och gudarna. Det är det enda verk av en antik materialist, som är fullständigt bevarat och är ännu en huvudkälla för kunskapen om Epikuros och den antika atomläran.

Publilius Syrus (1:a århundradet)
Skald och skådespelare av syrisk härkomst, uppträdde själv som skådespelare för sina diktverk, *mimer*, som han utvecklade till Roms speciella konstart. Skådespelarna uppträdde utan masker och kvinnor spelade kvinnliga roller.

Cornelius Nepos (o.100–0.30)
Från norra Italien. Huvudarbete: *De viris illustribus* (Om berömda män), minst 10 böcker, en samling biografier, där romare ställdes mot icke-romare, främst greker. Boken om härförare bevarad. Förlorad är *Chronica* (Krönika), världshistoria i 3 böcker, som Catullus alluderar på i inledningssången till sin diktsamling.

M. Tullius *Cicero* (106–43)
Talare, politiker och författare. Ciceros förtjänst ligger inte på det politiska planet utan som skapare av den latinska konstprosan, vilken därefter gällde som mönster för det latinska språket ("ciceron"). Hans rhetoriska och filosofiska skrifter publicerades under hans livstid med vännen T. Pomponius Atticus som förläggare, medan hans frigivne slav Tiro utgav talen. Av de 57 fullständigt bevarade talen kan nämnas *Contra Verrem*, *Contra Catilinam* och de filippiska (14) mot Antonius. Av de rhetoriska skrifterna märks *De oratore* (Om talaren) 3 böcker, i vilka han tecknar den bildade filosofen som idealet för en talare, och *Orator*, i vilken han diskuterar den bästa talarstilen. Av de många filosofiska skrifterna bör framhållas *De re publica* (Om staten), *De legibus* (Om lagarna), *De natura deorum* (Om gudarnas väsen) samt *De officiis* (Om plikterna), som han skrev till sonen Marcus i Athen. Av särskilt politiskt och kulturhistoriskt intresse är de många bevarade brev som Cicero skrivit till sina vänner och anhöriga eller dessa till honom.

C. Iulius *Caesar* (o. 100–44)
Statsman och fältherre. Sina krig mot gallerna skildrar han nyktert och ganska objektivt i *De bello Gallico* (Om det galliska kriget), 7 böcker, till vilka hans vän Hirtius tillfogat en åttonde. Inbördeskriget mot Pompejus tecknar han i *De bello civili*, 3 böcker. Hans arbeten utmärker sig för klart språk och enkel stil.

C. *Sallustius* Crispus (86–35)
Motståndare till nobiliteten, anhängare av Caesar, utesluten ur senaten men återinsatt genom Caesars förmedling. Efter 44 lämnade han politiken och ägnade sig åt historieskrivning. Helt bevarade är monografierna *De coniuratione Catilinae* (Om Catilinas sammansvärjning) och *Bellum Iugurthinum* (Kriget mot Jugurtha). Av *Historiae*, som omfattade tiden 78–67, är fragment bevarade. Nobilitetens förfall, korruption och människors

snikenhet ansåg S. som orsaker till tidens ondska och Roms motgångar. Stilistiskt är han motsats till Cicero och ansluter sig i stället till Thukydides och Cato d.ä.

C. Valerius *Catullus* (o. 87–54)
Från Verona, tillhörde kretsen Neoteriker (De unga). Hans verk omfattar 116 dikter. I en del av dessa blottar han sin glödande kärlek och sedan sitt bittra hat till folktribunen Clodius syster Clodia, som han i dikterna kallar Lesbia; hans lyrik är frisk, äkta, och ofta lidelsefull.

Kejsartiden

P. *Vergilius* Maro (79–19 f.Kr.)
Från Mantua, studerade retorik och filosofi i Cremona, Milano och Rom. Hans mer betydande dikter är *Bucolica*, herdedikter, i vilka han skildrar lyckans värld på landet, *Georgica*, där han prisar den italiske bondens fredliga men mödosamma arbete. De fyra böckerna behandlar åkerbruk, skogsskötsel, boskapsskötsel och biodling. Hans sista – ofullständiga – arbete var *Aeneiden* i 12 böcker, varav de sex första är en efterbildning av Odyssén och de sex sista av Iliaden. Vergilius var en förnäm språkkonstnär, berömd under livstiden och än mer under medeltiden och hade ett mycket stort inflytande på europeisk litteratur under tidig renässans.

Q. *Horatius* Flaccus (65–8 f.Kr.)
Son till en frigiven slav från Venusia i Apulien. Blev i Rom god vän med Maecenas, som bl.a. gav honom en gård i Sabinerbergen, och med Augustus, vars freds- och uppbyggnadsprogram han besjöng. Fick av Augustus i uppdrag att skriva en lyrisk dikt till sekularfesten år 17 (*Carmen saeculare*). I *Satirerna*, 2 böcker, och *Sermones* behandlar han taktfullt och utan skarpa angrepp sociala och filosofiska frågor och gisslar fint människornas svagheter, vilket han även gör i *Epistulae*, 2 böcker. De lyriska dikterna är samlade i *Carmina*, 4 böcker, som ofta är omarbetningar och översättning av grekiska diktares verk, som Alkaios och Sappho. Samtliga Horatius kända arbeten bevarade.

Albius **Tibullus** (50–19 f.Kr.)
Av riddarklass, elegisk diktare. I dikterna besjunger han dels sin kärlek till Delia och Nemesis, dels sin kärlek till det lugna livet på landet, i bjärt kontrast till stadslivets jäkt och krigets larm. Som motståndare till krig prisar han fredens gyllene tidsålder. Dikterna andas sentimental vekhet, språket är rent och elegant.

Sex. **Propertius** (o. 47–15 f.Kr.)
Troligen från Assisi; greps vid 18 års ålder av olycklig kärlek till den vackra Hostia, som han i dikterna kallar Cynthia, efter berget Kynthos på Delos. I 4 böcker elegier prisar han hennes skönhet, klagar över hennes otrohet och försäkrar om sin egen fasta kärlek. Dikterna präglas av kraftfullt men dunkelt språk, fin psykologi och många mytologiska anspelningar. P. blev berömd under sin livstid och lästes flitigt under antiken men var nästan okänd under medeltiden. Först under renässansen blev han återupptäckt och gjorde senare starkt intryck på Kellgren och Goethe i t.ex. dennes Römische Elegien.

P. **Ovidius** Naso (43 f. Kr–18 e.Kr.)
Från Sulmo i Mellanitalien, av riddarklass. I ungdomsdikterna besjunger han kärleken. I Amores 3 böcker, kärlekselegier, till stor del i Corinna, i Heroides, kärleksbrev till kvinnogestalter ur myten och sagan, samt i Ars Amandi, 3 böcker; i de två första lär han unga män konsten att vinna och behålla en kvinnas kärlek och i den tredje ger han råd åt kvinnorna. Remedia Amoris (Botemedel mot kärlek) ger anvisningar hur man skall kunna bli fri från oönskad kärlek. Sin höjdpunkt når O. i Metamorphoser (Förvandlingar), 15 böcker, och Fasti. I detta senare arbete berättar han om romerska kultbruk, en bok för varje månad. Verket blev ofullbordat, då han endast kom till den sjätte månaden, juni, innan han landsförvisades av Augustus år 8 e.Kr. till Tomi (nuv. Konstanza) vid Svarta havet. Därifrån skrev han klagosånger, Tristia och Epistulae ex Ponto (Brev från Svarta havet), i vilka han klagar över sitt bittra öde och ber om nåd och medlidande. O. dikter utmärks av mästerlig framställning och fullständig formfulländning i språk och rytm. O. var berömd under sin livstid och mycket läst och efterapad under hela kejsartiden, även uppskattad under medeltiden samt långt fram under nyare tid.

T. *Livius* (59 f.Kr–17 e.Kr.)
Från Padua. Roms förste betydande historiker utan egen militär eller politisk erfarenhet. I sitt arbete *Ab urbe condita* (Från stadens grundläggning, 142 böcker, varav 1–10 och 21–45 bevarade jämte kort innehållsredogörelse för de andra) tecknar han Roms öden från äldsta tid till år 9 f.Kr. Livius var ingen historieforskare utan ville ge sina landsmän en njutbar framställning av Roms växlande öden i patriotisk anda. Han prisar de gammalromerska dygderna som stod i skarp kontrast till det hotande sedefördärvet under hans egen tid. Stilistiskt står Livius nära Cicero.

Pompejus *Trogus* (under Augustus)
Från Sydgallien. Fadern tjänade under Caesar i kriget mot gallerna. Trogus skrev den första världshistorien på latin i 44 böcker, som endast bevarats i ett kort utdrag från 3:e århundradet e.Kr. (Justinus). Verket omfattade Assyriens, Mediens, Persiens, Makedoniens, parthernas och diadochernas historia.

Vitruvius Pollio
Byggmästare på Caesars och Augustus tid och var som ingenjör sysselsatt med Roms vattenförsörjning. På gamla dagar skrev han *De architectura*, tillägnade Augustus, i 10 böcker, som behandlade byggmaterial, offentliga och privata byggnader, vattenledningsteknik, urkonstruktion och maskiner samt enkla redskap.

A. Cornelius *Celsus* (under Tiberius)
Skrev en romersk encyklopedi, *Artes*, i 6 delar, om lantbruk, medicin, krigsväsen, retorik, filosofi och juridik, av vilka endast de 8 böckerna om medicin är bevarade. Verket går huvudsakligen tillbaka till grekiska källor från hellenistisk tid, genom det lär vi känna 72 i övrigt okända författare i medicin. Celsus är en huvudkälla för vår kunskap om den antika medicinen efter Hippokrates.

Phaedrus
Slav från Nordgrekland, frigiven av Augustus. Fabeldiktare efter Aesopos mönster. Fablerna är skrivna på enkelt och klart språk. De omarbetades och lästes flitigt under medeltiden.

L. Iunius Moderatus **Columella** (1:a århundradet e.Kr.)
Från Gades i Spanien men levde länge i Italien, där han skrev *De re rustica* (Om lantbruk) i 12 böcker, varav den 10:e, Om trädgårdsodling, är på hexameter.

Julisk-Claudiska ätten 14–68

C. *Velleius Paterculus* (praetor år 15 e.Kr.)
Deltog i kejsar Tiberius fälttåg till Germanien och Pannonien. Skrev Roms historia i 2 böcker, bok 1 sträckte sig till Kartagos och Korints förstöring, bok 2 till 30 e.Kr.

L. Annaeus *Seneca* (4 f.Kr– 65 e.Kr.)
Från Corduba i Spanien, talare, stoisk filosof och författare, landsförvisad till Corsica men återkallad år 49 genom ingripande från Agrippina. Neros lärare och hans rådgivare 54–59, drog sig undan politiken 62 och tvingades av Nero att begå självmord 65. Författare till tragedier (9 st), som dock är läsdramer, inte avsedda för scenen, en satir över den avlidne kejsar Claudius, *Apocolocyntesis* (Förgurkningen), som skildrar hur Claudius förvandlades till en gurka i stället för *divus*, en satir, som står i stark kontrast till det smicker som han överhopade Claudius med under dennes levnad. Vidare skrev han 12 böcker dialoger och 20 böcker brev, i vilka han manar människorna till godhet och människokärlek och pläderar bl.a. för bättre behandling av slavarna. Stilen är kortfattad.

A. Persius *Flaccus* (34–62)
Rik riddare från Etrurien, stoisk filosof och författare, skrev 6 satirer, som uppskattades av samtiden och under medeltiden men föga lästa i nyare tid. Språket är dunkelt och svårbegripligt.

M. Annaeus *Lucanus* (39–65)
Från Corduba i Spanien, hörde till Neros vänkrets men deltog ändå i Pisos sammansvärjning, förrådde sina medsammansvurna, t.o.m. sin moder, men trots detta tvingades han till självmord. Hans epos Pharsalia i 10 böcker behandlar kriget mellan Caesar och Pompejus från år 49 till upp-

roret i Alexandria år 48. Lucanus framställer Caesar som en tyrann, som förtrycker friheten, vars försvarare Pompejus är.

Petronius Arbiter (−66)
Stod Nero nära som smakdomare, elegantiae arbiter. Sedan han inblandats i Pisos sammansvärjning tvingades han till självmord. Skrev en sederoman, *Satiricon*, av vilken delar finns bevarade med själva kärnan *Cena Trimalchionis* (Trimalchios gästabud) en miljöskildring från första århundradets Italien med uppkomlingen Trimalchio som huvudfigur. P. behärskar både de bildades fina språk och de olärdas talspråk, för vilket han är en utomordentligt viktig källa.

Flavierna 69–96

P. Papinius **Statius** (40–96)
Från Neapel, skald och lärare. Av hans verk kan nämnas *Thebais* i 12 böcker, som skildrar striden mellan Eteokles och Polyneikes, och Silvae, 5 böcker tillfällighetsdikter, ofta skrivna på beställning, som ger oss inblick i de högre kretsarnas liv under den tiden. Statius lästes och omarbetades flitigt under medeltiden.

C. Valerius **Flaccits**
Skrev ett (ofullbordat) epos, *Argonautica*, tillägnat kejsar Vespasianus, med Apollonius Rhodius verk med samma namn som förlaga. Av dennes 4 böcker har F. gjort 8. Vidare har han påverkats av Vergilius. F. strävar efter ovanliga, ofta korta uttryck och invecklad ordställning, så att språket ofta är dunkelt.

Ti. Catius **Silius** Italicus (25–101)
Från Neapel, lämnade politiken och slog sig åter ner i Kampanien, där han blev ivrig samlare av böcker och konstverk. I *Punica*, 17 böcker, skildrade han 2:a puniska kriget från Hannibals intagande av Sagunt till slaget vid Zama, med Vergilius Aeneid som förebild. Ofta låter han gudarna deltaga i striderna, för eller emot romarna.

M. Fabius **Quintilianus** (35-96)
Från Spanien. Från år 68 talare och förste av staten anställde lärare i retorik i Rom. Efter tjugo års lärargärning skrev han *Institutio oratoria* (Undervisning i talekonst) i 12 böcker, av vilka den 10 böcker innehåller ett avsnitt grekisk och romersk litteraturhistoria med fin kritik. Q. gjorde Cicero till förebild som talare och stilist och har starkt bidragit till eftervärldens höga uppskattning av denne, då Q. hade väsentligt inflytande på renässansens och humanisternas pedagogik.

C. **Plinius** Secundus
Från Como i norra Italien. Amiral vid flottan i Misenum vid Vesuvius utbrott 79, genom vilket han omkom, då han ville studera fenomenet på nära håll och hjälpa de nödställda. Av hans arbeten har endast *Naturalis historia* i 17 böcker bevarats. Den behandlar olika ämnen som geografi, antropologi, botanik och zoologi.

Flavius **Josephus** (37/38-o.100)
Från Jerusalem, av judisk prästsläkt. Tillfångatagen i kriget mot judarna, frigiven av Vespasianus och fick romersk medborgarrätt. Skrev på grekiska om judiska kriget, 7 böcker i vilka han intar en vänlig inställning till romarna, samt 20 böcker om judarnas historia (*Antiquitates iudaicae*) från människans skapelse till 66.

Cornelius **Tacitus** (55 - 120)
Talare och historiker av rang, framträdde som författare först efter Domitianus död. De s.k. mindre skrifterna, *Agricola, Germania* och *Dialogus de oratoribus*, är helt bevarade, medan de historiska endast delvis. I *Agricola* skildrar han sin svärfars liv och ståthållarskap i Britannien medan *Germania* ger oss värdefulla upplysningar om germanernas liv och seder. *Dialogus de oratoribus* behandlar den vid denna tid mycket diskuterade frågan om orsakerna till talekonstens förfall. Av de rent historiska arbetena behandlar det tidigare skrivna *Historiae* tiden 69-96, i 14 böcker, av vilka endast 1-4 och början av bok 5 (tiden 69-70) bevarats. Av det sista och mera mogna arbetet *Annales*, i 16 böcker, som skildrade Roms historia från Augustus död 14 e.Kr. till Neros död 68, är böckerna 1-6 (Tiberius) och 11-16 (Claudius och Nero) bevarade men 5, 6 och 16 med stora luckor. Tacitus skildrar det första århundradets historia från sin subjektiva synpunkt, utväljer det som passar hans skildring. Domitianus tyranni har

satt djupa spår hos honom, han framställer kejsarna som despoter som förtrycker friheten. I språk och stil är han lärjunge till Sallustius och använder gärna ålderdomliga och poetiska ord och uttryck.

M. Valerius *Martialis* (40–102)
Från Bilbilis i Spanien, levde 34 år i Rom, där han hade flera gynnare, som han uppvaktade med korta epigram. Återvände år 98, då han inte kunde vinna Nervas och Trajanus gunst, till Bilbilis där han fått ett praktfullt gods. Skrev 15 böcker epigram, i regel på elegiskt distikon, kvicka och slagfärdiga, i vilka han gisslar människornas svagheter och dumheter, skämtar friskt med filosofer, läkare, konstnärer etc och rika uppkomlingar. Redan mycket berömd under sin livstid i hela den romerska världen och väl känd även under renässansen har han starkt påverkat senare epigramdiktare, t.ex. Lessing, Goethe och Schiller.

Nerva och adoptivkejsarna 96–180

C. *Plinius* Caecilius Secundus d.y. (61–114)
Från Como, lärjunge till Quintilianus och Tacitus vän. Av hans tal är endast panegyriken över Trajanus bevarad. Dessutom har vi från honom en samling brev (247) i 9 böcker, inte kronologiskt ordnade. Bland dessa märks särskilt breven till Tacitus med beskrivning av Vesuvius utbrott samt de brevväxlingar med Trajanus, som utgör värdefulla historiska dokument, bl.a. om behandlingen av de kristna.

Sex. Iulius *Frontinus* (0.40–0.103)
Romersk ståthållare i Britannien, 97 curator aquarum, chef för Roms vattenförsörjning, författade *De aquis urbis Romae* (Om Roms vattenledningar) och *Strategemata* (Krigslister), som bevarats till vår tid.

C. *Suetonius* Tranquillus (75–140)
Vän till Plinius d.y., under Trajanus föreståndare för det kejserliga kansliet, men föll i onåd 121. Skrev 12 kejsarbiografier (Caesar till Domitianus) som är en samling tämligen okritiskt återgivna historier från kejsarnas hov, föga värdefulla som historisk källa. Av *De viris illustribus* är endast några biografier kvar, t.ex. över Terentius, Vergilius, Horatius, Iuvenalis.

P. Annius *Florus*
Skrev under Hadrianus en kort framställning av Roms historia till Janustemplets stängning under Augustus.

Apuleius (o.125-)
Från Madaura i Afrika, advokat, filosof och författare. Efter studier i Kartago och Athen levde han i Rom och Kartago. När han gifte sig med en rik änka, anklagades han för trolldom av sina söner i tidigare äktenskap, men frikändes, tack vare sin försvarsskrift, *Apologia*. Hans roman *Metamorphoser* (Förvandlingar, eller Den gyllene åsnan) i 11 böcker berättar om en man, som genom trolldom förvandlats till en åsna. Boken ger god inblick i dåtida grekiskt vardagsliv och är kulturhistoriskt intressant. Många antika myter är inarbetade, t.ex. Amor och Psyche.

M. Cornelius *Fronto* (consul 143)
Från Cirta i Numidien, lärare till Marcus Aurelius och Lucius Verus, talare och advokat. Inget av hans tal finns i behåll. En del av hans brevväxling påträffades 1815, till Marcus Aurelius 5 böcker och Lucius Verus 2 böcker. F. svärmade för den äldre litteraturen före Cicero och blev medelpunkt för den arkaistiska strömningen.

Aulus *Gellius* (o.130-)
Skrev i Athen 20 böcker *Noctes Atticae* (Attiska nätter) av skiftande innehåll, historia, litteraturhistoria, filosofi och mytologi. Värdefullt genom att verket innehåller utdrag ur annars okända författares arbeten.

Kristna författare

Q. Septimius Florens *Tertullianus* (o. 160– efter 222)
Från Kartago son till hednisk fader, fick juridisk utbildning, verksam som jurist i Rom. Efter 200 övergick han till montanismen. 31 skrifter bevarade, i vilka han ofta skarpt kritiserar hedniska läror, t.ex. *Apologeticum* (Försvar mot hedningarna).

Minucius Felix (o. 200-)
Från Afrika, advokat. Av födelsen hedning övergick han med sin vän Octavius till kristendomen. Hans dialog *Octavius* vill visa, att kristendomen inte är kulturfientlig, han framhäver de filosofiska dragen i kristendomen.

Caecilius **Cyprianus** (o. 200-258)
Från Afrika av rik hednisk familj, övergick o. 246 till kristendomen, biskop 248, undkom Decius förföljelse men led martyrdöden 258, författade ett stort antal kristna skrifter, bland vilka kan nämnas *Ad Donatum*, i vilken han berättar om sin omvändelse, *De ecclesiae unitate* (Om kyrkans enhet). Både under antiken och i medeltiden gällde Cyprianus som den store auktoriteten, och hans skrifter har haft stort värde för kyrkohistorien.

Caecilius Firmianus **Lactantius** (död efter 317)
Från Afrika, kallad av Diocletianus till Nikomedia som lärare i retorik, övergick till kristendomen 303, kallades sedan till Trier av Konstantin som uppfostrare av sonen Crispus. Av hans många skrifter är bara fyra bevarade. Nämnas kan *Divinae institutiones* (Undervisning i religion), 7 böcker, mot vidskepelse, polyteism, filosofiska irrläror. Detta arbete utgör ett första försök att på latin ge en kort framställning av den kristna världsåskådningen. L. var väl bevandrad i det klassiska latinska språket och skrev själv ett rent latin, så att han har kallats "den kristne Cicero".

Aelius **Donatus** (o. 350-)
Hieronymus lärare, skrev en kommentar till Terentius och en grammatik, *Ars grammatica*, i två versioner, *Ars minor* för elementarundervisningen, och *Ars maior* för den högre undervisningen. Ingen grammatik från antiken är mer citerad än denna.

Hieronymus (347-420)
Från Dalmatien, blev i Rom lärjunge till Donatus. Efter sitt dop förde han ett asketiskt liv, levde som eremit i Egypten 375-378, grundade ett kloster i Betlehem 389, där han helt gick upp i sina studier. Han är känd för sin översättning av *bibeln* från originalspråket, vilken blev den allmänt antagna (*Vulgata*). Vidare skrev han en kristen litteraturhistoria, *De viris illustribus*, som upptog 135 kristna författare.

Aurelius **Prudentius** Clemens (348– efter 405)
Antikens mest betydande kristne skald på latinska språket. Efter en tids vistelse vid hovet drog han sig undan till privatlivet och ägnade sig åt diktning. Av hans många dikter, som han samlade 405, finns åtskilliga bevarade. Särskilt känt var hans arbete mot Symmachus och dennes krets, som ville försvara de hedniska bruken. P. har förenat den klassiska formen och den antika kulturen med den kristna läran och andan

Aurelius **Augustinus** (354–430)
Född i Numidien. Studiet av Cicero förde honom till filosofin. A. slöt sig tidigt till manikeismen, men mottog dopet först 387, blev biskop i Hippo Regius 395. Av hans många skrifter kan nämnas *Confessiones* (Självbetraktelser) i 13 böcker, *De civitate Dei* (Om gudsstaten), 22 böcker, i vilka han framställer hedendomen som skuld till. Roms olyckor och den antika världens undergång och ger sin syn på det ideala förhållandet mellan Guds kyrka och det världsliga samhället. Augustinus utövade starkt inflytande på samtid och eftervärld ända in i vår tid.

Icke-kristna författare

Ammianus Marcellinus (o. 330–)
Från Antiokia i Syrien av förnäm grekisk familj, stred med Iulianus mot perser och alemanner, författade i Rom efter 371 Roms historia från 96 e.Kr. (som fortsättning till *Tacitus Historiae*) fram till 378 (Valens död) i 31 böcker, varav endast böckerna 14–30 (tiden 353–378) bevarats. Marcellinus framhäver de enskilda kejsarna och härförarna som de drivande krafterna för rikets väl och ve. I böckerna 14–25 intar *Iulianus Apostata* helt naturligt främsta platsen. Fastän han var grek, skrev han på latin, som dock är bemängt med grecismer, han blandar rent historiska uppgifter med novellartade, intressanta historier och späckar gärna framställningen med citat från äldre författare. Arbetet, som återupptäcktes under renässansen, är av stort värde för kännedomen om sen kejsartid.

Scriptores historiae Augustae
En samling biografier över kejsarna från Hadrianus till Carinus (117–285), som antagits vara skrivna av sex olika författare. Både antalet förfat-

tare och tidpunkten för arbetets tillkomst är omdiskuterat. Verket behandlar inte bara kejsarna utan även Caesares och usurpatorer. Jämte mycket värdefullt material innehåller det många felaktigheter och ovidkommande uppgifter och utgör ingen kritisk behandling av materialet. Benämningen *Scriptores historiae Augustae* är från 1603, ofta kallas det nu *Historia Augusta*.

Sex. *Aurelius Victor*
Var ståthållare under Iulianus Apostata i provinsen Pannonien och praefectus urbi i Rom 389, skrev en kortfattad romersk historia från Augustus till 360. Ju närmare han kommer sin egen tid, desto utförligare blir framställningen.

Eutropius
Skrev under kejsar Valens (364–378) ett kort sammandrag av Roms historia, *Breviarium ab urbe condita*, från Roms grundläggning till 364 (Jovianus död). Arbetet var så omtyckt att det år 380 översattes till grekiska och vann stor spridning under senantiken.

Festus Rufus
För oss ganska okänd utom att han under kejsar Valens skrev ett Breviarium över Roms historia, som vi har bevarat. Det sönderfaller i två delar: kap. 3–14 skildrar rikets tillväxt under århundradena, medan de följande kapitlen sysslar med Roms strider i öster, särskilt med partherna.

D. Magnus *Ausonius* (o. 310 slutet av 300-talet)
Från Bordeaux (Burdigala), lärare i grammatik och retorik därstädes, kallades av Valentinianus till Trier som lärare för Gratianus, författade senare en panegyrik över denne, skrev dikter och poetiska brev. Hans mest kända arbete är Mosella, en panegyrisk skildring av Mosel. I ett annat verk beskriver han tjugo av rikets mest betydande städer.

Q Aurelius *Symmachus* (o. 345–402)
Från Rom, var prokonsul i Africa 373, praefectus urbi i Rom 384–385 och konsul 391, bekämpade kristendomen och sökte rädda de klassiska författarnas verk genom nya utgåvor. Litterärt rykte vann han genom sina till största delen förlorade tal och genom (o. 900) brev, varav 10 böcker bevarats. Han vann även anseende genom sitt försvar för bevarandet av Victorias altare i romerska senaten.

Romerska provinser

ACHAIA, från år 146 förenad med Macedonia men från år 27 f.Kr. en egen provins under en senatorisk prokonsul av praetors rang, som hade till medhjälpare en legatus *pro praetore* och en *quaestor*, Korint var huvudstad. Till provinsen hörde Hellas samt Aetolien, Akarnien, delar av Epirus, Thessalien och Cykladiska öarna. Åren 15-44 e.Kr. var Achaia förenat med Macedonia och Moesia till ett militärkommando under konsulariska legater. Nero förklarade 67 Achaia för en fri stat, vilket upphävdes av Vespasianus (70 el. 74). Under Diocletianus styrdes Achaia tidvis av *praesides* från riddarståndet, men Konstantin återlämnade förvaltningen till senatoriska prokonsuler. Sedan 395 tillhörde Achaia Östrom.

AFRICA, området kring Kartago, nuv. norra Tunisien. Efter Kartagos förstöring 146 f.Kr. blev stadens område provinsen Africa som styrdes av en praetor. Till denna gamla provins, *Africa vetus*, lades år 46 f.Kr. efter slaget vid Thapsus även området Numidien, Africa nova. Under en kort tid, 30-25 f.Kr. var Numidien åter fritt under Juba II men var därefter åter förenat med Africa vetus till 198 e.Kr., då Septimius Severus gjorde det till en egen provins Numidia med Lambaesis som huvudstad. Genom Diocletianus' reform bildade provinserna Numidia, Byzacena, Mauretania Caesariensis och Mauretania Sitifensis samt Tripolitana *diocesen* Africa, vars militära styrkor ställdes under en *comes Africae*. Vandalerna besatte landet 429-439; sedan var det en bysantinsk besittning från 633 till 670, då araberna erövrade det.

Landet var ett rikt jordbruksdistrikt, vars vete främst exporterades över Kartago, den största staden i väster efter Rom. Jorden ägdes av några få personer, främst kejsaren, som med hjälp av coloni odlade den. Andra exportartiklar var marmor och annan dyrbar sten, virke och färg (purpur) samt vilda djur för arenan. Urbaniseringen var stor och flera ruiner vittnar om blomstrande städer, som Leptis Magna, Lambaesis och Timgad. Kristendomen spred sig snabbare i Africa än i någon annan provins i väster med betydande författare som Tertullianus och Cyprianus.

AQUITANIA, sydvästra delen av Gallien, mellan Pyrenéerna, Garonne och Biscayabukten (nuv. Gascogne). Underkuvat av Pompeius 71, av Crassus 56 och slutligen av Agrippa 38 och 27 f.Kr. Augustus bildade år 19 f.Kr. provincia *Aquitanica*, som sträckte sig upp till Loire.

ARABIA, först beteckning för norra Arabien men senare för hela halvön, som då indelades i kustområdena (*Arabia Felix*) och de inre ökenområdena (*Arabia Deserta*). År 105 e.Kr. lät Trajanus besätta den nordvästra delen och bildade provincia Arabia (från 106) under en senatorisk legatus Agusti pro praetore av praetors rang; senare styrdes det av *praesides* från riddarklassen. De viktigaste städerna var Bostra, (nuv. Jordanien), som blev huvudstad, samt Petra. Under Diocletianus delades området i två delar, varav den ena, kring Bostra, behöll namnet Arabia, den andra införlivades med Palestina.

Viktiga exportartiklar var rökelse och myrra, guld och gemmer. En viktig handelsväg ledde från Aila vid Röda havet till Damascus.

ARMENIA, berglandskap vid Eufrats och Tigris övre lopp. Romarna skilde på *Armenia maior*, landet öster om och *Armenia Minor*, väster om Eufrat. Efter Lucullus och Pompejus segrar blev landet ett romerskt protektorat, som under ett århundradet var en buffertstat mellan Rom och Persien. År 114 organiserade Trajanus landet som en provins, vilket dock uppgavs av Hadrianus.

År 387 delades landet mellan Persien och Bysans, 653 erövrades det av araberna, men blev åter självständigt i slutet av 700-talet. Armenien var det första kungadöme som officiellt antog kristendomen.

ASIA, romersk provins 129 f.Kr., sedan Pergamons kung Attalos III år 133 testamenterat sitt rike till Rom. Provinsen Asia omfattande även västra delen av Mindre. Asien samt öarna utmed kusten. Från 49 f.Kr. till 297 e.Kr. omfattade Asia allt land från Tyrtaion till havet och gränsade i norr till Bithynien, i söder till Lykien och i öster till Galatien. Under republiken styrdes det av en praetor, propraetor eller proconsul men blev 27 f.Kr. en senatorisk provins under en konsularisk proconsul. Under Diocletianus-Konstantin delades landet upp i sju provinser, varav en behöll namnet Asia, fortfarande under en proconsul. Viktiga exportartiklar var pergament, trä, textilier, vin och olja.

ASSYRIA, av Trajanus organiserad som provins 116 men åter uppgiven av Hadrianus.

BAETICA, se HISPANIA

BELGICA, organiserades av Augustus som provins år 16 f.Kr., vilken sträckte sig från Nordsjön och Engelska Kanalen till Rhen och som omfattade Germania superior och inferior, vilka av Domitianus avskildes från B. Diocletianus delade Belgica i Belgica prima och Belgica secunda.

BITHYNIA i nordvästra Mindre Asien, förenades av Pompejus med Pontus som provins, från 27 f.Kr. till Marcus Aurelius var det en senatorisk provins, till vilken Trajanus och Hadrianus kunde skicka särskilda sändebud, *legati Augusti consulari potestate*, t.ex. Plinius den yngre. Marcus Aurelius gjorde det till en kejserlig provins under kejserliga procuratores.

BRITANNIA organiserades av Claudius som provins 43 e.Kr., och som omfattade endast södra delen av ön, men utökades under Flavierna till Clyde och Forth. Hadrianus flyttade gränserna söderut, där Hadriani vallium byggdes 127 men under Antoninus Pius utökades provinsen åter upp till Clyde och Forth och en ny limes uppfördes, Antonini valium som övergavs av Septimius Severus. Åren 259–268 tillhörde landet usurpatorn Postumus, under åren 286–297 var det under Carausius och hans efterföljare ett självständigt rike. Ståthållarna i Britannia var konsulariska *legati Augusti pro praetore* med residens i Caulodunum (nuv. Colchester) vid kusten norr om Themsens mynning. Under Septimius Severus delades Britannia i två delar och av Diocletianus i fyra, vardera under ledning av en *praeses* eller *consularis*.

CAPPADOCIA, öster om floden Halys i Mindre Asien, från 17 e.Kr. en prokuratorisk provins, som år 72 återförenades med Galatia under en konsularisk legat.

CILICIA, kustlandskap i sydöstra Mindre Asien mellan Pamphylien och Syrien, under andra och första århundradet f.Kr. viktigt tillhåll för sjörövare, blev 101 f.Kr. romersk provins, där bl.a. Cicero var proconsul 51–50 f.Kr. Åren 64 och 56 f.Kr. utökades provinsen men år 72 e. Kr. fastställde Vespasianus dess område till endast Pedias och Tracheia.

Vissa delar av Cilicia är ett bördigt område, som producerade lin, vin, oliver och säd samt timmer för skeppsbygge. Provinsen var viktig för handeln och försvaret eftersom den enda vägen från Mindre Asien till Syrien gick genom landet.

CORSICA, år 238 f.Kr. romersk provins tillsammans med Sardinia, men blev under Vespasianus en egen provins, skild från Sardinia. År 534 erövrades Corsica av vandalerna, som sedan följdes av goter och saracener. Corsicas viktigare exportartiklar var timmer för skeppsbyggeri, granit och boskap.

CRETA, var under 1:a århundradet f.Kr. en viktig stödjepunkt för sjörövare. Åren 69–67 underkuvade Q. Caecilius Metellus ön och förstörde Knossos; under Augustus blev ön tillsammans med Cyrene romersk provins med Gortyn som huvudstad. Genom Diocletianus reform blev Creta egen provins, kom sedan att tillhöra Östrom och det bysantinska riket.

CYPRUS, år 58 f.Kr. annekterat av Rom genom Cato och förenat med provinsen Cilicia. År 47 gav Caesar Cyprus som gåva åt Kleopatra, men Augustus krävde det tillbaka till Rom år 30 f.Kr. Cyprus blev slutgiltigt senatorisk provins 22 f.Kr., som under Diocletianus ställdes under en consularis. Cyprus kom senare att höra till det bysantinska riket. Kristendomen fick tidigt fäste på ön, då Paulus vän och reskamrat Barnabas härstammade från Cypern, dit de bl.a. kom år 45. Öns consularis var den förste romerske ämbetsmannen som övergick till kristendomen. Cypern var känt för sin kopparexport samt för sin export av timmer och olja.

CYRENE, på norra Afrikas kust, år 74 f.Kr. romersk provins, till vilken Kreta förenades år 67 f.Kr. År 34 f.Kr. överlät Antonius Cyrene åt sin dotter Cleopatra Selene, men landet återtogs av Augustus, som förenade det med Creta till en senatorisk provins *Creta et Cyrene*. Landet förstördes svårt under det judiska upproret 114 e.Kr. och under senare kejsartid utsattes det för angrepp av nomadstammar från öknen.

Under rep. var Cyrene vida känt för sin export av krydd- och medicinalväxten silfion, som emellertid till största delen var utrotad under kejsartiden, ett bördigt och välvattnat jordbruksland med sädes- och olivodling och stora hjordar av hästar, får och kor.

DACIA, mellan Donau, Karpaterna och Dnjepr (nuv. Rumänien) blev romersk provins 106 e.Kr. genom Trajanus erövring 101–102 och 105–106. År 118 förenades det tillfälligt med Pannonien för att kunna motstå angrepp från jazygerna. Dacia delades 118–119 i *Dacia superior och inferior* samt 158–159 i tre provinser, som dock 166, före kriget mot markomannerna, återförenades till en, *provincia trium Daciarum*, under en legatus consularis. Dacia utsattes för flera angrepp av bl.a. goter, vilket hade till följd att Aurelianus gav upp provinsen 271-272, då en del av dess invånare flyttades söder om Donau. Dacia hade rika gruvor av järn, bly, guld och silver samt salt, en blomstrande industri och handel, som främjades genom ett ganska välutbyggt nät av vägar. Under 2:a århundradet lockades talrika kolonister dit från hela den romerska världen.

DALMATIA, i nordvästra delen av Balkan vid Adriatiska havets kust (tidigare Jugoslavien, alltså inte bara senare tiders kustland Dalmatien). Romarna invaderade området 156-155 f.Kr., varpå följde strider under ett och halvt århundradet. Octavianus erövrade 34-33 större delen av landet, som sedan blev provinsen Dalmatia. Under trycket av hårda skatter och utskrivningar av soldater reste sig invånarna flera gånger, 11-10 f.Kr. och 6-9 e.Kr. Upproren slogs ned av Tiberius. Därefter delades landet i två provinser Illyricum superius, som efter Flavierna kallades Dalmatia, och *Illyricum inferius* (Pannonien). Provinsen styrdes av legati Augusti pro praetore av konsularisk rang med Salonae som huvudstad, där även förvaltarna av finanserna, correctores, residerade. Till följd av Gallienus reformer ersattes de senatoriska legati med praesides av riddarklass. Under Diocletianus delades Dalmatia i två delar:

Dalmatia med Salona som huvudstad, och Praevalis, el. Praevalitana med Scodra (nuv. Skutari) som huvudstad.

Dalmatia romaniserades snabbt, fick städer och vägar samt befästa militärläger och blev snart ett av de fredligaste områdena i romerska riket. Landet försåg Rom med utmärkta soldater och en hel rad kejsare stammade därifrån: Aurelianus, Probus, Carus, Diocletianus, Maxentius, Konstantin, Ilulianus och Iustinianus. Landet var rikt på järn och virke som jämte ost var viktiga exportartiklar.

EGYPTEN, erövrades av Octavianus år 30 f.Kr. och organiserades som provins, vilken han och följande kejsare betraktade som sin personliga egendom, som de exploaterade utan hänsyn till invånarnas bästa, varför romarnas förvaltning av landet innebar en väsentlig tillbakagång under nära tre århundraden. Först när Roms makt började brytas under fjärde århundradet kunde Egypten åter blomstra. Landet styrdes av en *praefectus* av riddarklass (ungefär motsvarande en vicekung). Många ämbetsmän bibehöll de egyptiska titlarna från ptolomeisk tid. Egypten förblev östromersk besittning till 638, då araberna erövrade det. Egypten var den viktigaste sädesproducenten för Rom, vidare exporterades papyrus, olja, linne, frukt såsom dadlar samt vilda djur till arenorna. En viktig inkomst för kejsaren var tullavgiften på varor som kom från Indien och Arabien och skulle till Italien.

EPIRUS, (nuv. Albanien). Efter slaget vid Pydna plundrade romarna Epirus och 150 000 invånare skall ha tagits till fånga och sålts som slavar. Efter slaget vid Actium lät Octavianus grunda en koloni, Nicopolis, som senare blev huvudstad. Från 27 f.Kr. tillhörde Epirus provinsen Achaia, men blev troligen under Nero egen provins, som omfattade även Akarnanien och de Ioniska öarna. Genom Diocletianus reform förblev norra delen av landet Epirus vetus med Nicopolis som huvudstad och södra delen Epirus novus med Dyrrhachium som huvudstad.

GALATIA, i centrum av Mindre Asien, mellan floderna Sangarios och Halys, gränsade i norr till Bithynien och Paphlagonien, i öster till Cappadocien, i söder till Lycaonien. Galatia blev 25 f.Kr. romersk provins, som normalt förvaltades av en praetorisk legatus från till 72 e.Kr., då Cappadocien och Armenien förenades med Galatia under legatus av konsuls rang, vilket åter ändrades av Trajanus till en praetorisk legatus.

De viktigaste städerna var huvudstaden Ancyra (nuv. Ankara) i Galatien och Antiokia i Cappadocien.

GALLIA CISALPINA, i norra Italien mellan Alperna och Apenninerna. Galler (eller kelter) slog sig ned i detta område redan i början av 4:de århundradet f.Kr., där de stannade kvar och utgjorde länge ett hot för romarna. Rom förde ett utrotningskrig mot gallerna. Omkring 150 f.Kr. återstod ganska få galler i området, varför folk från södra Italien och Rom flyttades dit, varvid Gallia Cisalpina blev Gallia Togata. Sulla organiserade emellertid området som provins under namn av Gallia Cisalpina med Rubicon som gräns mot Italien, men 42 f.Kr. inkorporerades det med själva Italien. Flera anlagda vägar genomkorsade Gallia Cisalpina: Via Flaminia (220 f.Kr.), Via Livia (188), Via Aemilia (187), Via Cornelia (181), Via Licinia 168), Via Fulvia (159), Via Annia (153), Via Postumia (148), Via Popilia (132). Flera latinska författare har kommit från Gallia Cisalpina, såsom Catullus, Vergilius, Livius, Nepos och Plinius.

GALLIA NARBONENSIS i sydöstra Frankrike (nuv. Provence), grundad som provins 120 f.Kr. Genom Caesars erövringar 58–51 bildades Gallia Comata, som slutgiltigt ordnades 27 f.Kr., då Gallia Narbonensis blev en senatorisk provins under en praetorisk proconsul, medan de tre Galliae Lugdunensis, Belgica och Auqitania blev kejserliga provinser.

Landet romaniserades snabbt, särskilt under Claudius. Under Marcus Aurelius började emellertid nedgången då germaner trängde in. Angrepp av alamanner, franker och sachsare under 4:e århundradet tvingade befolkningen att dra sig inom starkt befästa städer. Genom Iulianus Apostatas segrar över germanerna skapades lugn för en tid, men i början av 5:te århundradet bröt alaner, vandaler och sueber in, följda av goter och hunner, så att germanska stammar i slutet av det århundradet helt delade landet.

Landets främsta produkter var vin, säd och ost samt ylle- och linnevaror och från 2:dra århundradet e.Kr. keramik.

GERMANIA, var länge ett område öster om Rhen med odefinierade gränser, som år 90 e.Kr. av Domitianus ordnades som två provinser Germania superior i söder och Inferior i norr, vardera under en *legatus Augusti pro praetore*, som hade hand om såväl civil- som militärförvaltningarna, medan finansförvaltningen låg i händerna på den i Trier (Augusta Treverorum) residerande *procurator provinciae Belgicae utriusque Germaniae*.

Från omkring 200 e. Kr. ansattes Germania av alamanner och franker, men romarna kunde hålla Rhengränsen till omkr. 250. Under Diocletianus skapades tre provinser: Germania Prima (= tidigare Superior), G. Secunda (= tidigare. Inferior) samt Maxima.

Centrum för handeln mellan Rom och Germanien blev Köln (Colonia Augustorum).

HISPANIA, redan under 1:sta århundradet e.Kr. allt oftare kallat Spania. Efter andra puniska kriget bildade romarna 197 Hispania *citerior* ned till Cartago nova (nuv. Cartagena) i söder; bakom detta låg Hispania *ulterior* med kustområdet i sydost samt Baeris med Corduba, vardera under en praetor. Romarna trängde allt längre in i landet under långvariga strider. År 27 f.Kr. delades Hispania i tre provinser: Hispania citerior el. Tarraconensis med Tarraco (nuv. Tarragona), som huvudstad, Hispania ulterior el. Baetica (efter floden Baetis, (nuv. Guadalquivir) och Lusitania (nuv. Portugal).

Efter Diocletianus-Konstantinus nyordning fanns det en diocesis Hispana, som omfattade provinserna Baetica, Lusitania, Carthaginensis, Gallaecia, Tarraconensis samt Mauretania Tingitana i Afrika. Under sen kejsartid gjordes flera angrepp av främmande folk: franker 256–262, vandaler, sueber och alaner 409, västgoter 415 och slutligen araber 711, som erövrade nästan hela landet.

Hispania var ett rikt land med givande gruvor med silver, guld, järn, bly och koppar. Vidare exporterades kork, textilier och fisk. Landet romaniserades snabbt, särskilt gynnades det av Vespasianus. Flera senatorer kom härifrån liksom kejsare: Trajanus, Hadrianus och Theodosius den store. Av författare som härstammade från Hispania kan nämnas Seneca, Lucanus, Columella, Quintilianus och Martialis samt de kristna författarna Prudentius och Orosius.

ILLYRICUM, nordvästra delen av Balkanhalvön (jfr Dalmatia och Pannonia). När landet hade lämnat Makedonien hjälp mot romarna 168, plundrade dessa området efter slaget vid Pydna, men kunde först efter långvariga strider erövra hela landet. Sedan Sulla var Illyricum förenat än med Makedonien än med Gallia Cisalpina, så t.ex. år 59 f.Kr. då Caesar blev proconsul här. År 27 f.Kr. blev Illyricum senatorisk provins. Troligen 9 e.Kr. delades det i Illyricum superius (senare=Dalmatia) och inferius (senare=Pannonia). I tullavseende omfattade portorium Illyricum alla provinserna vid Donau. Sedan 476 tillhörde Illyrerna östgoternas rike och från 537 Bysans. Illyricum hade stora skogar och givande gruvor av guld, silver, koppar och järn.

IUDAEA, södra delen av Palestina. År 6 e.Kr. organiserad tillsammans med Samaria och Idumaea, som romersk provins, styrd av procuratores, men som en del av Syria. År 70 e.Kr. blev Iudaea en egen provins under legati med Jerusalem som huvudstad. Av Hadrianus kallades den Syria Palestina men senare endast Palestina.

LUSITANIA, se HISPANIA

LYCIA i södra M. Asien blev år 43 e.Kr. (tillsammans med Pamphylien) en kejserlig provins, som bestod av ett antal mindre stadsstater.

LYDIA i västra Mindre Asien slogs 129 f.Kr. samman med provinsen Asia men blev genom Diocletianus reform en egen provins med Sardes som huvudstad. Landet var rikt på guld och har bördiga slätter. För handeln spelade karavanvägarna som ledde österut till Persien stor roll.

MACEDONIA i norra Grekland blev 148 f.Kr. romersk provins under en praetor, Macedonia omfattade även Achaia till 27 f.Kr.; då blev Macedonia en senatorisk provins men förvaltades under åren 15-44 e.kr. (tillsammans med Achaia) av de kejserliga legaterna i Moesia. Från år 44 blev det åter en senatorisk provins. Genom Diocletianus och Konstantins nyordningar av riket bildades diocesen Macedonia, som sedan räknade sju provinser: Macedonia, Thessalia, Achaia, två Epirus, Praevalis och Creta.

MAURETANIA i nordöstra Afrika delades av Claudius i två provinser: i väster Mauretania Caesariensis (nuv. västra Algeriet) med Caesarea (nuv. Cherchel) som huvudstad i öster Mauretania Tingitana (nuv. Marocko) med Tingis (nuv. Tanger) som huvudstad, som vardera styrdes av en procurator Augusti. Under Diocletianus fördes M. Tingitana till diocesen Hispania.

Mauretanien romaniserades såväl genom civil utflyttning från Italien som genom trupperna som förlades i landet.

MESOPOTAMIA mellan Tigris och Eufrat gjordes till provincia Mesopotamia av Trajanus 115 men uppgavs av Hadrianus. Mesopotamia besegrades åter av Lucius Verus 162-165 och senare av Septimius Severus 197, som av landets övre, norra del skapade provinsen Mesopotamien. Sedan växlade landets öden, tills Diocletianus 296 återställde den romerska överhögheten över riket.

MOESIA, vid nedre Donau, (namnet efter folket moesi, en trakisk stam) (nuv. Bulgarien) tillhörde först provinsen Macedonia eller Illyricum. Det är osäkert, när Moesia blev egen provins. I varje fall var den organiserad som provins under Tiberius, då dess ståthållare även hade överseende över Svarta havskusten. År 85 delade Domitianus provinsen i två konsulariska: Moesia superior (nuv. Serbien) och Moesia inferior (nuv. södra Rumänien och norra Bulgarien). Efter Trajanus krig mot Dacien utvidgades både Moesia superior och inferior, vilka under 3:e århundradet utsattes för angrepp från goterna. Genom Diocletianus reform delades landet i fem provinser: Moesia I och II, Dacia Mediterranea, Dacia Ripensis och Scytia.

Under den fredliga perioden av romartiden utvecklades sädes- och

DEL VI - APPENDIX

fruktodlingen väsentligt i hela slättområdet. Latinskt språk blev vanligt även bland den ursprungliga befolkningen. Rom kunde trots flera angrepp av främmande folk hålla provinsen till 7:e århundradet då slaver och bulgarer erövrade den.

NORICUM, mellan Raetien och Pannonien (ungefär nuv. Österrike), inlemmades på ett ganska fredligt sätt i romerska riket under Augustus (o.10 f.Kr.), men landet fick inte provinsställning förrän under Claudius, då det som ståthållare hade en *procurator Augusti*, senare *legatus Augusti pro praetore*. Från Gallienus ställdes provinsen åter under riddare. Diocletianus delade det i Noricum Ripense vid Donau och Noricum Mediterraneum i söder, vardera under en praeses av riddarklass. Sedan mitten av 2:a århundradet härjades provinsen ofta av germaner, 407 besatte Alarik med västgoterna en del av landet, sedan intogs det 493 av goterna och 536 av frankerna, 568 av longobarderna och kort före 600 av slaverna. Noricum var rikt på guld och silver, hade en stor export av boskap, ull och hudar, som byttes mot varor från Italien, lampor, glas och terrakotta. Förmedlande handelsstad var Aquileia. Viktiga städer i Noricum var Carnuntum och Vindobona.

NUMIDIA, kustlandskap i norra Afrika, väster och söder om Kartago, närmast motsvarande Algeriet och delar av Tunisien. År 46 f.Kr. utgjorde Numidien en del av provinsen Africa nova men var mellan 30 och 25 f.Kr. åter självständigt. 198 skilde Septimius Severus Numidien från Africa och gjorde det till en egen provins under en *praeses*, som sedan 268 i regel var riddare. Efter Diocletianus delades Numidien i Numidia Militiana i söder med Lambaesis som huvudstad och Numidia Cirtensis i norr med huvudstaden Cirta, vardera under en praeses. Redan under Konstantin förenades de åter till en provins, 312, då huvudstaden Cirta ändrade namn till Constantina.

Trots ett utvecklat försvarssystem i söder med limes och fort erövrades landet efter anfall av vandaler i 5:e århundradet

Genom ett storartat bevattningssystem gjordes området till ett förnämligt åkerbruksland med bl.a. stora olivodlingar. Urbaniseringen gick snabbt, mäktiga ruiner vittnar ännu om blomstrande städer.

PAMPHYLIA, kustlandskap i södra Mindre Asien. År 102 f.Kr. ingick Pamphylien i den nya romerska provinsen Cilicia men överfördes 44 f.Kr.

till provinsen Asia. År 25 f.Kr. blev det en del av Galatia, tills Claudius år 43 e.Kr. bildade provinsen Lycia-Pamphylia, vilket bevarades till 280. Under Diocletianus blev det en egen provins.

PANNONIA, mellan Östalperna, Donau och Save, motsvarande nuv. östra Österrike, västra Ungern och Slovenien. Invånarna var dels kelter och dels illyrier, vilka gjorde kraftigt motstånd mot romerska angreppen. År 35 f.Kr. började Augustus och Agrippa erövringen av landet och tog Siscia (kroat. Sisak). Efter Agrippas död fullbordades erövringen av Tiberius, varefter kortare men svåra uppror uppstod 6–9 e.Kr., då provinsen Pannonia bildades under en *legatus Augusti pro praetore* av konsularisk rang. Troligen 103 delades provinsen i Panonia superior, västra delen med Carnuntum som huvudstad under en konsularisk legatus, och Pannonia inferior med Aquincum (nu en stadsdel i Budapest) som huvudstad under en praetorisk legatus.

Septimius Severus, som utropades till kejsare i Carnuntum, skapade sitt nya pretoriangarde av soldater huvudsakligen från Pannonien. Från Gallienus ersattes de senatoriska legaterna med praesides av riddarklass. Under Diocletianus delades Pannonien ytterligare i fyra provinser. Under 300-talet led Pannonien av invasioner från barbarfolk. Efter hunnernas infall 425 lämnade Rom landet.

Pannonien spelade aldrig någon större roll för romerska rikets försörjning då landet självt huvudsakligen fick importera. Under 1:sta århundradet e.Kr. kom importen främst från Italien med Aquileia som knutpunkt, senare kom den från Gallien och Germanien.

PAPHLAGONIA, i norra Mindre Asien, vid Svarta havet mellan Bithynia och Pontus. Pompejus förenade området 63–62 f.Kr. i provinsen Bithynia-Pontus, sedan tillhörde det olika stater, tills Augustus år 6 f.Kr. förde det till provinsen Galatia. Diocletianus gjorde det till en egen provins under en *corrector*.

PHRYGIA, i mellersta Mindre Asien. År 116 f.Kr. kom större delen att ingå i provinsen Asia, medan östra delen av landet år 25 f.Kr. fördes till Galatia. Diocletianus gjorde Phrygia till en särskild provins, som av Konstantin delades i två: Phrygia Prima eller Pacatia och P. Secunda eller Salutaris.

PONTUS, en del av Kappadokien i norra Mindre Asien och vid Svarta havets kust. Efter Pompejus seger över Mitradates 63 förenades landet med Bithynien-Pontus, men det var åter självständigt 40 f.Kr.–64 e.Kr., då Pontus blev en del av provinsen Galatia-Cappadocia. Under Diocletianus bildades två provinser av området. Pontus har ett milt klimat och var ett bördigt jordbruksområde med odling av frukter, nötter och även säd.

RAETIA, dels södra Alperna, närmast motsv. kantonen Graubünden, dels nuv. Bayern mellan övre Donau och Inn. Landet erövrades av romarna 15 f.Kr. Under Claudius blev det en provins *Raetia et Vindelida* under en procurator av riddarklass och efter 179 e.Kr. under en kejserlig *legatus Augusti pro praetore* av senatorsståndet, men under Gallienus åter av riddarklass. Efter markomannerkrigen blev Castra Regina (nuv. Regensburg) vid Donau en mäktig stad. Under Diocletianus delades provinsen i Raetia Prima med Curia (nuv. Chur i södra Schweiz) som huvudstad och i öster Raetia Secunda med Augusta Vindelicum (nuv. Augsburg) som huvudstad. Under 400-talet besatte alamanner provinsen och o. 450 behärskade alamanner och andra germanstammar nästan hela slättlandet. Före 482 evakuerades de sista utposterna vid Donau och endast Alpområdena förblev under romersk kontroll.

SARDINIA, som omkring 500 f.Kr. koloniserades av Kartago, blev romersk provins 238 f.Kr., kom under kejserlig förvaltning år 6 e.Kr., då det organiserades som provins tillsammans med Corsica. Huvudort var Carales (nuv. Cagliari). Cirka år 450 besattes ön av vandaler, senare av goter och saracener. Öns silver- och järngruvor utnyttjades och under kejsartiden var sädesexporten stor.

SICILIA, Roms första provins 241 (utom Syracusa som var Roms bundsförvant) styrd av en praetor med en quaestor i Syracusa och *en* i Lilybaeum på västkusten. Från 212 f.Kr. var Syracusa residens för praetorn. Under republiken låg landet i händerna på storgodsägare som odlade jorden med hjälp av många slavar, vilket resulterade i att flera slavuppror uppstod. Säd var den viktigaste exportvaran.

SYRIA, av grekerna ofta kallat Coele Syria för att skilja det från Syrien (Mesopotamien), blev under Pompejus romersk provins från 64, som då omfattade Commagene och Arabia. Fram till 72 e.Kr. var Syria ett betydande militärt område under en legatus av konsuls rang, vilken normalt hade fyra legioner till sitt förfogande. Med tiden förenades flera områden med Syrien. Septimius Severus delade provinsen i en nordlig, Syna Coele (med 2 legioner) och en i söder, Syra Phoenice (med 1 legion).

Syrien förblev huvudsakligen ett lantligt område, i vilket urbaniseringen med undantag för de gamla städerna Antiokia, Heliopolis, Palmyra, gick långsamt. Vindruvor och andra frukter exporterades, liksom linne- och ylletyger, purpur och glas. Från 395 tillhörde Syrien Bysans, tills det 636 erövrades av araberna.

THRACIA, öster om Makedonien, begränsat i söder av Egeiska och i öster av Svarta havet, blev romersk provins 46 e.Kr. under procurator till Trajanus regering, då det kom under praetoriska legati, med Perinthus som huvudstad. Under Diocletianus splittrades landet i ett antal små provinser. Redan från 3:e århundradet härjades provinsen tidvis av främmande folk

Ordförklaringar

acta, protokoll från förhandlingar och beslut; förordningar av ämbetsmän under republiken och av kejsaren, t.ex. Pompejus *acta,* Caesars *acta.*

Acta diurna, statliga meddelanden som offentliggjordes genom anslag i Rom och provinserna, från 59 f.Kr.

Aediles (ediler), av aedes = tempel, urspr. två plebejiska ämbetsmän till folktribunernas hjälp, från 366 f.Kr. ytterligare två, vilka även kunde vara patricier. Till deras uppgifter hörde uppsikt över tempel, gator och torg, sädesanskaffning, bevakning av statskassan (*aerarium*) samt uppsikt över Roms byggnader.

aerarium, romerska statskassan förvarades under Saturnustemplet på Forum Romanum och kontrollerades av kvestorerna under senatens överinseende. Aerarium fick mindre betydelse under kejsartiden.

aerarium militare, grundad av Augustus 6 e.Kr. för att säkerställa soldaters pension.

ager publicus, romersk statsjord, som arrenderades ut till privatpersoner och ofta övergick till privat egendom.

Alamanner (alemanner), ett germanskt folk som bildade ett löst förbund av stammar i västra Germanien, som från 3:e århundradet e.Kr. förde ständiga krig mot romarna. År 357 besegrade de Julianus Apostata vid Argentoratum (nuv. Strassburg) men besegrades 497 av frankernas kung Chlodwig. Landsnamnet Alamannia uppkom i slutet av 4:e århundradet och användes sedan av fransmän och spanjorer för hela Tyskland (fr. Allemagne).

alaner, nomadiserande iranskt folk, som under principatets två första århundraden levde i sydöstra Ryssland mellan Don och Kaukasus. Några alaner förenade sig efter 350 med sueber och vandaler och drog till Gallien och Spanien. År 429 gick några tillsammans med vandalernas kung Gaiseric till Norra Afrika. I Kaukasusområdet stannade en del alaner kvar, som under Bysans välde övergick till kristendomen.

alimenta, institution för utdelning av säd och andra livsmedel till den fattiga befolkningen. Förekommer särskilt under 2:a århundradet e.Kr.

arkaism, strävan att efterbilda det gamla och ålderdomliga inom konst och litteratur. Arkaismen uppträder särskilt under Hadrianus.

Arkaist, den som strävar att i konst och litteratur efterbilda det gamla.

arsakider, den kungliga dynastin i Parthien från 250 f.Kr. till 230 e.Kr. politiska efterträdare till achameniderna.

autokrati, enväldsmakt.

bataver, en västgermansk stam, som under Augustus hjälpte romarna att erövra västra Germanica. I mitten av 1:a århundradet e.Kr. tjänstgjorde bataver under egna befälhavare i romerska hären som hjälptrupper, auxilia, men år 69 e.Kr. reste de sig under sin anförare Iulius Civilis. Iulius Civilis är för oss känd genom Rembrandts målning på Nationalmusem i Stockholm. Han är för övrigt (felaktigt) känd under namnet Claudius Civilis. Under 3:e århundradet besegrades de av frankerna.

belgare, lat. belgae, en nordgallisk stam som bodde mellan Seine, Marne, Rhen och Nordsjön. Augustus gjorde deras område till provinsen Belgica.

boier (boii), keltisk folkstam, urspr. från Böhmen (Boihaemum), som besatte Podalen, trängde ned till Apenninerna, erövrade den etruskiska staden Felsina, som under namn av Bononia (nuv. Bologna) blev deras huvudstad. Omkr. 60 f.Kr. vände de sig mot Noricum och Pannonien.

Bufferstat, neutral stat mellan två fientliga stater.

censor, troligen inrättades ämbetet 443 f.Kr. Censor valdes vart femte år men fungerade vanligen endast 18 månader. Huvuduppgiften var att taxera medborgarnas förmögenhet och efter denna indela dem i klasser (*census*), vidare att invälja nya medlemmar i senaten och i riddarklassen. Censor sak-

ORDFÖRKLARINGAR

nade imperium och lictorer men var inte underordnad någon ämbetsman och folktribunerna hade ingen vetorätt mot censor. Därför blev ämbetet med tiden det högsta och censor intog i senaten högsta rangen.

cimbrer, germanfolk som omkring 120 f.Kr. från Jylland och Schleswig drog söderut med teutonerna och slog romarna 113 vid Noreia i Noricum (nuv. Naumarkt i Österrike), sedan vid Aurausio (nuv. Orange) i Provence 105, men besegrades av Marius 101.

cirkus, romersk tävlingsarena för kappkörningar med häst och vagn, avlång med två parallella långsidor. En låg, smal mur (spina) delade själva banan (arenan) i två delar. På vardera kortsidan av spina fanns på en halvrund sockel tre halvkolonner, som tjänade som vändpelare (metae). Vagnarna (i regel 4 åt gången) körde sju varv. På spina fanns sju ägg, som kunde tas bort efter varje varv, samt 7 delfiner.

consul (konsul), titel för de två sedan 450 f.Kr. högsta ämbetsmännen i romerska riket. Ursprungligen endast öppet för patricier men från 367 f.Kr. även för plebejer. Consulerna hade imperium och var före Sulla befälhavare för hären i krig. De var eponyma ämbetsmän då året daterades efter dem. Tillträdde ämbetet från 153 f.Kr. den 1 januari (före 153 den 15 mars) och valdes på hösten på comitia centuriata för ett år. Som tecken på sin värdighet hade de sella curulis och toga praetexta, samt 12 liktorer.

Consul suffectus, ersättare för consul ordinarius. Under rep. endast i undantagsfall, men under kejsartiden regelbundet då consules ordinarii endast tjänstgjorde under en del av året.

Cognomen, tillnamn, ofta med anspelning på kroppsliga tecken, som hårfärg, t.ex. Rufus, eller härkomst, som Afer. Under rep. gavs cognomen endast åt män, regelbundet faderns cognomen åt samtliga söner.

Under kejsartiden hade även kvinnor cognomen. Faderns cognomen gavs då endast åt äldste sonen, varför cognomen blev individnamnet.

collegium, sammanslutning av människor som är likställda inom prästerskap, föreningar eller ämbeten. I Rom utvecklades yrkescollegia, skrån, snabbt redan under rep. men främst under kejsartiden.

coloni, torpare, arrendatorer.

corpora, skrå.

corrector, under Trajanus kejserligt sändebud för vissa uppgifter. Från Diocletianus var corrector civil ämbetsman i Italien och även i provinserna i öster.

curia, 1) äldsta indelningen av romerska folket, 30 till antalet. Curia bildade även grund för den äldsta militära organisationen och den äldsta folkförsamlingen;
2) senatens sammanträdeslokal vid Forum Romanum.
3) under kejsartiden även benämning för koloniernas och municipiernas råd samt detta råds sammanträdeslokal.

curalis, medlem i koloniers eller municipiers råd, liksom benämning för dennes söner.

daker, thrakiskt folk mellan Donau, Karpaterna och Dnjestr (nuv. Rumänien).

decurion, medlem i provinsstäders råd.

denar, romerskt silvermynt, urspr. = 10 as (av deni = 10 vardera) senare = 16 as. Denar var till 64 e.Kr. av ganska rent silver, men silverhalten sänktes sedan så att under Gallienus var denaren av koppar med silveröverdrag. Ordet denar lever kvar i "Dinar" på Balkan, där myntet härstammar från det turkiska väldet, och i förkortningen "d" för engelsk penny.

dioces, för att underlätta kontrollen över provinsståthållarna indelade Diocletianus hela riket, även Italien, i 12 dioceser under var sin vicarius. Varje dioces omfattade ett antal provinser.

diktator, under tidig rep. kunde vid fara en ensam ämbetsman tillsättas för högst sex månader. Diktator "stod över lagen" och kunde inte ställas till ansvar för sina ämbetsutövanden. Efter 200 f.Kr. tillsattes ingen diktator. Sullas och Caesars diktaturer är av helt annat slag.

ORDFÖRKLARINGAR

divus, upptagen till gudarna; efter döden blev de flesta kejsarna divusförklarade.

dux, redan under tredje århundradet e.Kr. militär titel. När Diocletianus skilde den civila förvaltningen från den militära fick *duces* (av riddarklass) befäl över trupperna i gränsprovinserna.

fasces, spöknippen omvirade med läderremmar tecken för de högsta ämbetsmännens makt att straffa folket, då de bars tillsammans med en yxa av liktorerna (se d.o.). De triumferande fältherrarnas och kejsarnas *fasces* var insvepta i lagerblad.

fasti, indelning av årets dagar i dies fasti och dies nefasti, dagar på vilka offentliga handlingar var tillåtna och förbjudna. Fasti överflyttades till de romerska ämbetsmännens årslistor. Under Augustus redigerades konsulslistorna och uppsattes offentligt på Forum.

follis, under 3:e århundradet e.Kr. en påse i vilken ett stort antal kopparmynt lagts, senare beteckning även för enstaka mynt.

forum, centrum för det politiska och kulturella livet i romerska rikets städer.

franker, av romarna sedan tredje århundradet e.Kr. använt namn om en mängd germanstammar på högra stranden av nedre Rhen. År 355 erövrade franker Köln, men Julianus Apostata fördrev dem. Biskop Gregorius av Tours (538–594) har på vulgärlatin skildrat frankernas historia i 10 böcker.

förpakta, arrendera ut. Förpaktare, personer som arrenderar ut.

genius, den manliga livskraften hos romarna, sedan även mannens följeslagare och skyddsande. (Motsvarande hos kvinnorna kallades *Iuno*). Huset, familjen, staten hade sin genius. Kejsarens genius (genius Augusti) spelade stor roll i kejsartidens kult, till vilken knöts kejsardyrkan och eden till kejsaren.

DEL VI – APPENDIX

gladiatorsspel, av etruskisk härkomst, tidigt övertagna av romarna, tidigast kända 364 f.Kr. Som gladiatorer kämpade krigsfångar, dödsdömda förbrytare, slavar eller frivilliga, vilka hölls i gladiatorsskolor. Gladiatorerna indelades i grupper efter sin klädsel och beväpning. Spelen utkämpades i amfiteatrar, i Rom på Colosseum, teatrar eller cirkus.

goter, germansk stam från södra Skandinavien. Vid vår tideräknings början bodde de i området vid Weichsels mynning men drog under tiden 150–200 e.Kr. till norra kusten av Svarta havet. I mitten av tredje århundradet delade goterna sig i öst- och västgoter. Västgoterna slog sig ned i nuv. Transylvanien, medan östgoterna grundade ett rike vid Svarta havets nordkust.

År 376 gick västgoterna över Donau och besegrade kejsar Valens vid Adrianopel 378. 395 tågade de till Grekland och Italien där de 410 erövrade Rom, gick sedan över Gallien till Spanien, där de blev Roms bundsförvant. Bröt de med Rom 475, erövrade hela Spanien och Sydgallien. Västgoternas rike bestod till 711, då araberna gjorde sig till herrar över halvön. Östgoterna gick över Balkan in i romerska riket och under Theoderik den store erövrade de Italien, där de grundade ett nytt rike. Justinianus besegrade dem efter ett långt krig i mitten av 500-talet.

haruspices, präster från Etrurien, som skulle tolka gudarnas vilja, sådan den uppenbarade sig i offerdjurens inälvor, särskilt i levern. *Haruspices* skulle vidare tolka andra tecken som blixtnedslag. *Haruspices* var in i sen kejsartid etrusker el. ättlingar till förnäma ursprungligen etruskiska familjer. Sista kända exemplet då *haruspices* anlitades var 408 e.Kr.

hippodrom, bana för häst- och vagnskapplöpningar. Hippodromen i Konstantinopel motsvarar en romersk cirkus.

hunner, nomadiskt ryttarfolk från Centralasien. Mycket är oklart beträffande dem, t.ex. språk och religion. Omkring 375 krossade hunnerna östgotiska riket vid Don och hotade även romerska riket. Omkring 400 gick stora skaror hunner mot väster och trängde germanerna väster om Rhen. Under sin härskare Attila (434–453) besatte hunnerna även romerska provinser på Balkan och gjorde Östrom tributpliktigt under dem. Hunnerna besegrades av Aëtius vid Katalauniska fälten 451.

ORDFÖRKLARINGAR

iberer, (av Iberus, Ebro) icke-indoeuropeiskt folk i östra delen av Spanien. Omkring 500 f.Kr. blandade ibererna sig med kelterna ("keltiberer"). En stam av ibererna var vascones, vars ättlingar är dels baskerna i Spanien och dels invånarna i Gascogne (av Vasconia).

Illyrer, indoeuropeisk folkstam som omkring 1200 f.Kr. invandrade och slog sig ned på västra sidan av Balkan.

imperium, beteckning för den högsta administrativa makten, som först tillkom kungen, under rep. konsuler, militärtribuner, pretorer, diktator och rytteriöverstar samt kejsaren under kejsartiden. "Imperium Romanum" blev namnet för Romerska Kejsarriket.

iudex, domare, en privatperson utan juridiska kvalifikationer, som utvaldes bland de högre sociala klasserna. Under kejsartid kunde varje ämbetsman med juridisk eller administrativ makt kallas *iudex.*

Jazyger, en sarmatisk (alltså med perser och parther besläktad) stam, som bott öster om Don. Under andra århundradet f.Kr. drog de västerut över Karpaterna till nuv. Ungern. Mot slutet av rep. bosatte de sig vid nedre Donau. Domitianus förde flera krig mot dem, men under Trajanus stod jazygerna på romarnas sida. Under Marcus Aurelius förenade de sig med qvader och marcomanner mot Rom, som dock kunde kuva dem 174 e.Kr.

kelter, av romarna kallade galler och av grekerna galater, ett indoeuropeiskt folk, vars språk är nära besläktat med latin och grekiska. På 500-talet f.Kr. fanns kelter i Gallien, i södra och västra Tyskland, Schweiz och Böhmen. På 400-talet trängde några stammar över Alperna ned till Po-slätten (Gallia Cisalpina) och Spanien (keltibererna) samt Brittiska öarna.
  Romarna besegrade en del av kelterna, som drog österut till Grekland och därifrån till det inre av Mindre Asien, där de grundade ett självständigt rike, Galatien.

klienter, en romersk socialgrupp som stod i beroendeställning i regel till vissa patricier som var deras beskyddare (patroni).

klientfurste, härskare i ett rike som var i beroende av romarna.

klientstat, stat utanför romerska rikets gränser, vilken var i beroendeställning till Rom.

kohort, under tidig republikansk tid var infanteriet från bundsförvanterna indelat i kohorter. Genom Marius härreform blev kohorten på 600 man den taktiska enheten inom en legion.

latinare, en italisk folkgrupp i Latium vid Tiberns nedre lopp upp till Albanerbergen, tidigt mer eller mindre beroende av Rom, som besegrade dem 338 f.Kr. varefter de blev bundsförvanter med latinsk rätt, *ius sine suffragio*, dvs. utan rösträtt. Efter medborgarkriget 90–88 blev de romerska medborgare.

latifundier, storgods, som i romerska riket blev vanliga från början av 200-talet f.Kr. *Latifundier* ägdes ofta av senatorer och under kejsartiden även av kejsaren. Storgodsen drevs med hjälp av slavar och senare av coloni.

legatus, 1) sändebud från städer el. provinser till ståthållare eller romerska senaten.
2) romerska överbefälhavares medhjälpare. Kunde tjänstgöra som befälhavarens ställföreträdare, då med titeln legatus pro praetore.
3) Under kejsartiden var legatus provinsståthållare i kejserlig provins med titeln legatus Augusti pro praetore.

legion, romersk härenhet, som från Hannibalskriget indelades i 30 manipler. Från Marius räknade legionen med 6 000 man fördelade på 10 kohorter. Under principatet fanns en stående armé på 25–30 legioner med omkring 6 000 man i varje under legater av senators rang. Under Diocletianus och Konstantin utökades antalet legioner, som snart bestod av endast 1 000 man i varje.

lictor, (liktor) högre ämbetsmäns tjänare, som bar *fasces*. Antalet liktorer varierade efter ämbetsmännens grad: en diktator 24, konsul 12 och en pretor 6. I senare tid utsågs liktorerna på livstid.

liturgi, ett slags tjänsteplikt för rika medborgare, vanlig i Athen och Egypten. I romerska riket användes ofta *munera* i stället för liturgi. Från andra århundradet f.Kr. användes liturgi även om tjänstgöring för vissa kulthandlingar, vilken betydelse övertagits av den kristna kyrkan.

lukaner, en italisk folkstam som stammade från samniterna i södra Italien väster om Tarentinska viken. Under Hannibalskriget vacklade lukanerna och stod än på Roms och än på Kartagos sida.

lustrum, reningsoffer med vilket *census* avslutades vart femte år, därav betydelsen femårsperiod.

manipel, underavdelning i en legion.

marcomanner, en germansk stam, som ursprungligen bodde vid mellersta Elbe. En del marcomanner kämpade år 58 mot Caesar. Under Augustus krig mot germanerna besegrades de år 9 f.Kr. och tvangs slå sig ned i nuv. Böhmen, som omkring 60 lämnats av de keltiska boierna. Marcomannerna bildade där en stark stat, som utkämpade flera krig mot romarna under Domitianus 89–92 och Marcus Aurelius 166–180 och sedan under Caracalla och Alexander Severus. Under 3:e århundradet invandrade de flera gånger till romerska riket och blev bofasta söder om Donau under 4:e århundradet
År 433 kom de under hunnerna; 451 deltog de i Attilas krig mot Gallien. Efter 500 lämnade de Böhmen och erövrade Bavaria (nuv. Bayern).

mausoleum, förnämlig gravbyggnad. Namnet efter kung Maussollus av Karien som lät uppföra en sådan.

munera, förpliktelser som romerska staten ålade medborgare, som dels fick åtaga sig ämbeten och dels indriva skatter. Under senare kejsartiden var munera en svår börda för folket.

optimater, "de bästa", ett ärenamn som de förnäma patricierna gav sig själva. Motsats till optimater var populares.

osker, indoeuropeisk folkstam i Kampanien besläktad med samniterna. De underkuvades först av etruskerna och sedan av romarna. Deras språk, som är känt genom inskrifter huvudsakligen från tiden 300–80 f.Kr., talades i Kampanien ännu under större delen av första århundradet e.Kr.

parther, gammaliranskt ryttarfolk, som i mitten av 3:e århundradet f.Kr. trängde öster om Kaspiska havet. Partherna kämpade länge och framgångsrikt mot romarna i nuv. Syrien och Irak.

patronus, ställföreträdare och försvarare av klienter. Frigivna slavar fick som *patronus* sin forne husbonde. Erövrade städer och provinser skaffade sig i regel en *patronus* i Rom från någon inflytelserik familj. Likaså valde skrån, collegia, sina patroni.

plebs, massan av det romerska folket i motsats till patricierna. Under senantiken betydde plebs det lägre folket.

pontifex maximus, prästkollegiernas ledare, som hade sitt ämbete på livstid. Sedan Augustus år 12 f.Kr. var kejsaren alltid pontifex maximus.

populares, se optimater

praetor (pretor), av latinet praeire "gå i spetsen". 1) Möjligen högste ämbetsmannen i Rom sedan kungadömet avskaffats. 2) Sedan 367/6 f.Kr. ledare för domstolsväsendet i Rom. Sedan 242 f.Kr. fanns en praetor urbanus för rättstvister mellan romerska medborgare och en praetor inter peregrinos för främlingar. 3) Provinsståthållare under tiden 227-ca 80 f.Kr.

princeps, den främste, under republiken beteckningen för den främste senatorn, *princeps senatus,* under kejsartiden för kejsaren.

principat, benämning för kejsardömet under de tre första århundradena e.Kr. då kejsaren var princeps till skillnad från senare *dominus.*

procurator, 1) Förvaltare av rika familjers förmögenhet.
2) Under kejsartiden en hög ämbetsman, från Claudius till Domitianus ofta frigivna slavar, från Hadrianus av riddarståndet, som även kunde förvalta mindre provinser.

proletärer, de fattigaste i Rom som stod utanför klassindelningen av folket. Proletärerna hade ingen rösträtt och behövde inte göra krigstjänst före Marius, som skapade en legohär av proletärer.

proskriptioner, Sulla utfärdade år 82 order att alla som kämpat mot honom efter hans landstigning i Italien 83 skulle dödas. Deras förmögenhet skulle staten övertaga. De som dödade en proskriberad fick premier. Proskriptioner igångsattes åter av triumvirerna Antonius, Octavianus och Lepidus, då 300 senatorer och 2 000 riddare dödades.

provincia, en romersk ämbetsmans verksamhetsområde, sedan även erövrat område utanför Italien.

publikaner, förpaktare av de statliga inkomsterna, hamnavgifter och skatter av olika slag. Skatterna såldes på auktion till den högstbjudande, som till statskassan måste betala i förskott och ställa säkerhet. Staten överlämnade åt denne sedan att driva in skatterna i en provins, som under rep. utsögs genom alltför stora skatter som dessa publikaner tog för egen räkning. Senatorer var förbjudna att driva in skatter. Publikanerna tillhörde riddarna och blev under sena rep. en penningaristokrati.

puner, romarnas benämning på fenicier i Kartago och norra Afrika, därav benämningen "puniska krigen".

quader (kvader), germansk folkstam, som av Caesar kallas sueber, vilka bodde vid nedre och mellersta Main norr om övre loppet av Donau, marcomannernas förbundna.

quaestor (kvestor), ämbetsman för finansförvaltningen i Rom, först två till antalet som utsågs av konsulerna, från 447 av folkförsamlingen. Från 421 ökades antalet till fyra, år 267 till åtta och av Sulla till 20.

raeter, en folkgrupp av flera stammar som bodde i centrala delarna av Alperna, särskilt södra Tyrolen, Graubünden och Rhendalen till Bodensjön. Deras språk tycks ha varit tidig variant av indogermanska. År 15 f.Kr. underkuvades deras land av romarna. Raeter användes sedan flitigt i den romerska hären.

retikulat, opus reticulatum, romersk murteknik i fasader, där små tuffstenar är lagda så att ett regelbundet rutmönster bildas. Retikulat användes första gången i Pompejusteatern i Rom (55 f.Kr.).

DEL VI – APPENDIX

sabinare, en italisk stam, som bodde i byar nordost om Rom och som i början av järnåldern slog sig ned på Quirinalen i Rom. Senare utbredde sig söderut till Samnium.

sakrosankt, okränkbar.

samniter, folkstammar i Mellanitalien öster om Rom. Samniterna som tillhörde den oskisk-umbriska språkgruppen, var ett krigiskt folk som i 5:e århundradet f.Kr. erövrade Kampanien, utkämpade tre krig mot Rom och var även sedan Roms motståndare i Pyrrhuskriget och medborgarkriget 90–88 f.Kr.

saracener, arabisk beduinstam i nordvästra Arabien och Sinaihalvön.

sarmater, iranskt nomadfolk, nära besläktat med skyterna, urspr. boende öster om Don.

sekularfest, romersk fest för att avsluta ett sekel (saeculum, eg. "sådd av människor" = 100 eller 110 år) och påbörja ett nytt. Mest kända sekularfest är den som Augustus firade år 17 f.Kr., till vilken Horatius skrev Carmen saeculare. Senare firade Claudius sekularfest 47 e.Kr., Domitianus 88 och Septimius Severus 204.

senat, av senex = gammal, alltså "de gamles råd".

sequaner (sekvaner), ett keltiskt folk som besegrades av Caesar.

spina, en låg skiljemur på arenan på en cirkus.

skyter, namn för flera stammar som bodde vid Svarta havet, Don, Dnjepr och Donau. Skyterna ansågs vara skickliga och fruktade ryttare.

stipendium, betalning i pengar, direkt skatt från provinserna, även soldatsold. Därav kom stipendium även att betyda ett års soldattjänst.

sueber, västgermansk stam, som bodde i området mellan Main och mellersta Rhen (nuv. Schwaben). Tacitus räknar flera germanstammar till sueberna.

synod, sammankomst, kyrkomöte.

talent, högsta grekiska mått- och myntenhet, i Attika omkring 26,2 kg. Som silvermynt motsvarade det 6 000 drachmer.

teutoner, germanfolk från Jylland som tillsammans med cimbrerna drog söderut, besegrades till slut av romarna under Marius vid Aquae Sextiae 102 f.Kr.

thermer, termer, varmbad vanliga i romerska riket från sen rep. men framför allt under kejsartiden.

tribunus (tribun), 1) tribunus militum, militärtribun, högre officerare i varje legion; 2) tribunus plebis, folktribun.

tribus, rote, avdelning, "valförsamling". Varje romersk medborgare tillhörde någon av de fyra stadstribus eller de 31 lanttribus, som fanns i riket.

tributum, direkt skatt till staten från provinserna, antingen tributum soli, markskatt, eller tributum capitis, personskatt.

triumf, en romersk fältherres segertåg efter avslutat krig. Triumf kunde beviljas av senaten till en fältherre som under egna auspicier besegrat en främmande fiende, varvid minst 5 000 fiender stupat. Triumftåget gick från Marsfältet genom staden till Capitolium. Framför triumfvagnen gick senatorer och ämbetsmän, följda av krigsbytet och triumfatorn i purpurdräkt och med lagerkrans.

tuff, vulkanisk, porös bergart som användes som byggnadsmaterial.

ubier, germanstam öster om Rhen som under kejsartiden försåg romarna med utmärkta soldater.

umbrer, ett gemensamt namn på flera stammar, som talade ett indoeuropeiskt språk, besläktat med oskiska och som är känt genom inskrifter från Iguvium.

usurpator, en person som på olagligt sätt skaffat sig makt.

vandaler, ett germanfolk, som anses ha haft sitt ursprungliga hem i södra Skandinavien, men som under första århundradet e.Kr. bodde på södra Östersjökusten och i Schlesien mellan Oder och Weichsel. Vandalerna förenade sig under 3:e århundradet med marcomannerna och erövrade Dacien. År 406 bröt de in i Gallien, som de ödelade, 409 kom de till Spanien och erövrade 429 norra Afrika.

vectigal, ursprungligen inkomst från statens jord, gruvor, saltdammar etc. Under tidig rep. var vectigal huvudinkomsten för städer. Sedan inbegreps i vectigal även indirekta skatter, som tullar. Italiens invånare, som var befriade från tributum, betalade vectigal.

veneter, möjligen av illyrisk härkomst, fastän deras inskrifter som bevarats från 5:e -1:a århundradena f.Kr. inte tyder på illyriskt språk. Senare slog veneterna sig ned på lagunöarna i Adriatiska havet utanför Po-mynningen och lade grunden till Venedig.

vestal, prästinna i Vestas tjänst. Normalt var deras antal sex, vilka skulle vaka över den eviga elden i Vestatemplet. Barn, mellan 6 och 10 år från förnäma familjer utsågs av pontifex maximus till 30-årig tjänst, under vilken tid de skulle behålla sin kyskhet. Vestalerna hade stora förmåner.

vicarius, under principatets två första århundradet var vicarius ersättare för en frånvarande el. avliden provinsståthållare. Under tredje århundradet var vicarius *procurator* av riddarklass, som av kejsaren utsågs att förvalta en provins i stället för en ordinarie senatorisk ståthållare. Från Diocletianus var han appellationsdotnare i de olika dioceserna.

volsker, en italisk folkstam som omkring 500 f.Kr. slog sig ned i Lirisdalen i södra Latium. Volskerna underkuvades av romarna 338 f.Kr.

Romerska måttenheter

LÄNGD
1 pes (fot)=0,2963 (0,3) m
I passus=5 pedes=1,4815 m
1 mille=1 000 passus=1 rom. mil=1 481,5 m

YTMÅTT
1 pes quadratus (kvadratfot) = 0,0878 m^2
1 iugerum (120 x 240 pedes) =25,233 ar

VOLYM
1 modius=8,754 lit
1 cyathus=0,0456 lit
1 congius=72 cyathi=3,2832 lit
1 amphora=576 cyathi=25,2656 lit

VIKT
1 libra (skålpund)=12 unciae =327, 45 gr
1 uncia=1/12 libra=27,288 gr

MYNT
1 aureus (guld), 25 denarer, vikt 4,5-8 gr, diameter 17-20 mm
1 denar (silver), 4 sestertier, vikt 2,4-3,9 gr, diameter 17-20 mm
1 sestertius (brons), 2 dupondier, vikt 20-31 gr, diameter 29-36 mm
1 dupondius (brons), 2 ass, vikt 12-15 gr, diameter 27-30 mm
1 ass (koppar), 4 kvadranter vikt 10-13 gr, diameter 25-28 mm
1 solidus (guld) ersätter aureus från och med Konstantin, 4,4-4,5 gr, 19-21 mm

Litteraturlista

[En aktuell lista med förslag på litteratur skulle naturligtvis få ett annat innehåll än den följande. Vi har ändå valt att ta med författarens egna, ursprungliga, litteraturförslag och kommentarer från 1973. Avsikten är att ge läsaren en antydan om den vetenskapliga grund på vilken framställningen i denna bok vilar. *Förläggaren*]

Allmän del

Varje år publiceras ett stort antal volymer och tidskriftsartiklar om romerska rikets historia eller vissa avsnitt av den. Det skulle vara omöjligt och föga meningsfyllt att i ett arbete av denna art ge en tillnärmelsevis fullständig förteckning över denna rikhaltiga litteratur. Den fullständigaste förteckningen av denna finner man i den varje år utkommande L'année philologique. För tidskrifter hänvisar jag främst till *Historia*, Zeitschrift für alte Geschichte, *Gymnasium*, Zeitschrift für Kultur der Antike und humanistische Bildung, *L'Antiquité classique*, Historische Zeitschrift, *The American Historical Review, Rheinisches Museum* och *Journal of Roman Studies*.

I det följande lämnas endast hänvisning till mera betydande arbeten från de senaste tjugo åren, i vilken intresserade läsare dessutom kan finna fullständigare litteraturanvisningar. Fullständigast i detta avseende är *André Piganiol* "Historie de Rome", 5:e uppl., Paris 1962, med ytterst knapphändig text men mycket fullständiga litteraturuppgifter till varje kapitel, jämte ett bibliografiskt supplement, ss. 523–635, över litteratur fram till 1960. Detta arbete behandlar Roms historia från äldsta tid till Västromerska rikets fall 476.

Ytterst värdefull bibliografi ger också *Hermann Bengtson* "Einführung in die alten Geschichte", 6:e uppl. München 1969.

En vetenskaplig framställning av Roms historia med rikhaltiga hänvisningar till varje avsnitt samt noter på varje sida finner man i *Hermann Bengtson* "Grundriss der römischen Geschichte mit Quellenkunde. Erste Band: Republik und Kaiserzeit bis 284 n.Chr." 2te Aufl., 1970 (Ingår i Handbuch der Altertumswissenschaft III, 5, 1). Det är ett ytterst gediget arbete, som dock beträffande Roms äldsta historia ibland alltför segt hål-

DEL VI - APPENDIX

ler sig fast vid tidigare framställningar med negativ inställning till den nyare forskningen. Fortsättningen på detta verk, som skall behandla Roms historia från Diocletianus till romerska rikets fall med Karl Stroheker som författare väntas utkomma inom kort i samma Handbuch der Altertumswissenschaft.

En lättläst, mera populär och rikligt illustrerad framställning ger *Fritz M. Heichelheim* och *Cedric A. Yeo* i "History of the Roman people", 1962, som dock behandlar tiden efter Konstantin den store mycket summariskt. I det avseendet är *Arthur E. R. Boak* och *William G. Sinnigen* "A history of Rome to a.d. 565" 5 te uppl. 1965, vida fullständigare och ger en jämn och pålitlig skildring av Roms hela historia till 565. Även *Alfred Heuss* "Römische Geschichte", 2:a uppl., 1964, är ganska kortfattad beträffande senare kejsartiden, men har i gengäld en utförlig redogörelse för det senaste århundradets forskningar över Roms historia, "Die römische Geschichte in der Forschung, ss. 499–600. En liknande men mera kortfattad överblick över forskningen angående republikens historia lämnas av *Joseph Vogt* "Römische Geschichte, Erste Hälfte: Die römische Republik", Basel 1959, medan *Hermann Bengtson* gör oss samma tjänst för såväl republiken som kejsartiden i Nachwort till *Ernst Kornemanns* gedigna men något oöverskådliga "Römische Geschichte" i två band, fjärde uppl. bearbetad av Hermann Bengtson, Stuttgart 1959.

Ett stort anlagt verk över romerska rikets historia med flera specialister som författare har planerats i tre delar, "Aufstieg und Niedergang der römischen Welt". Av del I "Von den Anfängen Roms bis zum Ausgang der Republik" har redan publicerats band I (1972), som på 977 s. behandlar den politiska historien, skriven av 31 forskare, medan i band II, 1972, 1259 s. tretton specialister behandlar romersk rätt fram till principatet, sex andra skildrar romerska religionen och tjugo skriver om språket och litteraturen till slutet av 200-talet f.Kr. Band tre av samma del, som skall skildra litteraturen under republikens två sista århundraden, väntas utkomma innevarande år. Del II skall på samma sätt behandla principatet och del III den sena kejsartiden. Verket ger i sin helhet de senaste resultaten av forskningar som belyser olika sidor av det antika Roms politiska och kulturella värld. Men som ofta är fallet vid flera författare blir de olika bidragen något ojämna. Detsamma kan sägas om *Cambridge Ancient History*, som håller på att utges i ny upplaga och av vilken delarna VII-XII behandlar Roms historia till 324 e.Kr.

Mera enhetligt men också med betydligt mindre antal författare är det av *Tenney Frank* redigerade arbetet "An economic survey of ancient Rome" del I "Rome and Italy of the Republic", del II "Roman Egypt", del III "Roman England, Roman Spain, Roman Sicily, Roman Gaul", del IV "Roman Africa, Roman Syria, Roman Greece and Roman Asia" samt del V "Rome and Italy of the Empire". Ännu mera framträder naturligtvis enhetligheten i *Methuen's history of the Greek and Roman world,* där *H. H. Scullard* har skrivit om tiden 753–146, *F. B. Marsh* tiden 146 f.Kr.-30 f.Kr., *E. T. Salmon* tiden 30 f.Kr.-138 e.Kr. och *H. M. D. Parker* tiden 138–337 e.Kr.

Speciallitteratur för vissa tider eller områden av Roms historia

ETRUSKERNA

Särskilt etruskernas och Roms äldsta historia har blivit föremål för ingående och vittomfattande undersökningar under de senaste decennierna. För etruskerna hänvisas till *M. Pallottino* "The Etruscans" 1955, och "Etruscologia", 1963, *Luisa Banti* "Die Welt der Etrusker" i "Grosse Kulturen der Frühzeit", 1960, *J. Heurgon* "La. vie quotidienne chez les étrusques", 1961, *H. H. Scullard* "The Etruscan cities and Rome", 1967, samt "San Giovenale. Etruskerna, landet och folket. Svensk forskning i Etrurien", 1960. Engelsk rev. uppl. "Etruscan culture. land and people. archaelogical research and studies conducted in San Giovenale and its environs by members of the Swedish Institute of Rome", 1962.

DET ÄLDSTA ROM

För Roms äldsta historia har Einar Gjerstads forskningar varit helt banbrytande. Resultatet av sina arkeologiska, filologiska och religionshistoriska undersöksökhingar har han framlagt i "Early Rome", varav bd. I-IV redan har publicerats, band V väntas inom kort och band VI, det sista, om ca ett år. Konklusionerna av sina ingående forskningar har han framlagt i en mera populär och överskådlig, rikt illustrerad volym "Det äldsta Rom", 1972, med bl.a. en utomordentligt klar och nyttig "översikt över den historiska utvecklingen", vilken helt ligger till grund för föreliggande arbetes kronologiska tabeller över det äldsta Rom ss. 400–401. Gjerstads dateringar och framställning av det äldsta Roms utveckling har inte accepterats av alla forskare men vinner alltmer terräng. En av de ivrigaste förkämparna för "den gamla skolans" uppfattning är H. Muller-Karpe, som i "Vom Anfang Roms", kraftigt försvarar den "traditionella" historieskrivningen med bl.a. accepterande av staden Roms tillblivelse år 753 f.Kr.

Av andra arbeten som behandlar Roms äldre historia vill jag nämna *Andreas Alföldi* Early Rome and the Latins, 1965, R. *Werner* "Der Beginn der römischen Republik", 1963, som ingående behandlar flera problem beträffande romerska republikens början och som är ett nyttigt komplement till *Krister Hanell* "Das altrömische eponyme Amt", 1966. För de inre förhållandena i Rom under republiken hänvisas till E. *Meyer* "Römischer Staat und Staatsgedanke, 3 uppl. 1964, R. *Klein* "Das Staatsdenken der Römer", 1966, L. *Ross Taylor* "The voting districts of the Roman Republic", 1960, L. *Ross Taylor* "Roman voting assemblies", 1966, J. *Suolahti* "The Roman Censors", 1963, J. *Bleicken* "Das Volkstribunat der klassichen Republik, Studien zu seiner Enrwicklung zwischen 387 und 133 v.Chr." 1955, T. R. S. *Broughton* "Magistrates of the Roman republic I-II, 1951/1952, 1960, H. *Hill*, "The Roman middle class in the Republican period", 1952, och S. *Treggiari* "Roman freedmen during the late Republic", 1969.

För den sociala och ekonomiska utvecklingen är M. *Rostovtzeff* "Social and economic history of the Hellenistic world" 3 band, 1941, av stort värde även beträffande det romerska riket. Ett viktigt arbete om romerska rikets utbredande är E. T. *Salmon* "Roman colonization under the Republic", 1966.

Roms ledande politiker och deras motståndare har under senare år skildrats i en rad biografier, av vilka jag nämner endast en del: Hannibal av D. *Proctor,* Hannibal's march in history, 1971, C. *de Beer*, Hannibal, The struggle for power in the Mediterranean, 1969 och W. *Hoffmann*, Hannibal, 1962.

Scipio Affricanus av H. H. *Scullard,* Scipio Africanus, soldier and politician, 1970. Marius av J. *van Ooteghem* "Gaius Marius", 1967. Cicero av D, *Stockton* "Cicero. A political biography". 1971, M. *Gelzer* "Cicero, Ein biographisches Versuch", 1.969, R. E. *Smith,* "Cicero the statesman", 1966. Pompejus av J. *van Ooteghem* "Pompée le Grand, bâtisseur d'empire", 1954 Caesar av M. *Gelzer* "Caesar, der Staatsmann und Politiker", 6:e uppl. 1960, J. F.

Fuller "Julius Caesar. man, soldier and tyran", 1969.

E. Wistrand ger i "Politik och litteratur i antikens Rom", 1962, korta men träffande analyser av Cicero, Caesar och det samtida romerska samhället samt romersk historieskrivning "Romersk politik i oldtiden, 1971. *P. Krarup* lämnar en orientering i den nyare forskningen från såväl republiken som kejsartiden.

KEJSARTIDEN. PRINCIPATET

T. P. Wiseman "New men in the Roman senate 139 B.C.-A.D. 14", 1971 behandlar uppkomlingarnas roll i den romerska senaten under den kritiska tiden från Graccherna till Augustus' död, till vilket *W. Eck* "Senatoren von Vespasian bis Hadrian", 1970, i viss mån kan vara en fortsättning. Ett arbete som spänner över vida större område än titeln ger anledning att tro är *J. Gagé* "Les classes sociales dans L'Empire romain", 1964. *P. R. C. Weaver* "Familia Caesaris. A social study of the emperors' freedmen and slaves", 1972, ger god inblick i den betydelse som kejsarnas slavar och frigivna spelade under principatets första århundrade.

För andra rådgivare i kejsarens tjänst ger *J. O. Crook* "Consilium principis, Imperial councils and counsellors from Augustus to Diocletian", 1955 trevliga upplysningar. För det sociala och ekonomiska livet under kejsartiden är *M. Rostovtzeff* "Gesellschaft und Wirtschaft im römischen Kaiserreich" I-II, 1930, fortfarande av omistligt värde. Ett modernare arbete om det romerska rikets kulturhistoria är *A. Aymard-J. Auboyer* "Rome et son empire" 1967, som ger korta översikter över hela den romerska kulturvärlden under såväl republik som kejsartid.

PROVINSERNA

Provinserna kom att spela allt större roll för romerska riket under kejsartiden. Intresset för dessa provinser har under de senaste decennierna stått i centrum för forskarna. Av det stora antal avhandlingar om provinserna och deras förvaltning ger jag endast ett kort urval.

Geza Alföldi "Fasti Hispanienses. Senatorische Reichsbeamte und Officiere in den spanischen Provinzen des römischen Reiches von Augustus bis Diokletian", 1969, *Arpád Dobó* "Die Verwaltung der römischen Provinz Pannonien von Augustus bis Diocletianus", 1968, *A. Jagenteufel* "Die

Statthalter der römischen Provinz Dalmatia von Augustus bis Diokletian", 1968, J. J. Hatt "Histoire de la Gaule romaine, colonisation ou colonialisme?", 1959, behandlar provinsens hela historia och inte endast ämbetsmännen, liksom J. Liversidge "Britain in the Roman Empire", 1961, T. J. Wiseman "Roman Spain", 1956, och J. J. Wilkes "Dalmatia. History of the province of the Roman Empire", 1969. Även D. Magie "Roman rule in Asia Minor to the end of the third cent. after Christ", I-II, 1950, går utöver en begränsad skildring av de romerska ämbetsmännen i M. Asien. Om förhållandena i städerna inom de östra provinsenia ger A. H. M. Jones "The cities of the Eastern Roman provinces" 2:a uppl. 1971, god kännedom. Endast ståthållarna behandlar däremot W. Reidinger "Die Statthalter des ungeteilten Pannonien und Oberpannoniens", 1956, och B. E. Thomasson, "Die Statthalter der römischen Provinzen Nordafrikas von Augustus bis Diocletianus", 1960.

Även en del kejsare har under den senaste tiden fått länge efterlängtade monografier, av vilka jag nämner:

Augustus utgiven av W. Schmitthenner, 1969, A. H. M. Jones "Augustus", 1970, C. Ch. Picard "Augustus et Neron. Le secret de L'Empire" 1961.
Nero: B. H. Warmington "Nero, reality and legend", 1966.
Marcus Aurelius: J. Romains "Marc-Auréle ou l'empereur de bonne volonté", 1961. A. Birley "Marcus Aurelius", 1960.
Septimius Severus: A. Birley "Septimius Severus, the African emperor", 1971.

Ypperliga kejsarporträtt ger H. P. L'Orange "Romerske keisere i marmor og bronse", 1967, med utomordentliga analyser och påpekanden om hur kejsarporträtten har växlat och noggrant följt kejsarnas politiska och sociala inställning.

SENA KEJSARTIDEN

Huvudarbetet för denna period är A. H. M. Jones "The Later Roman Empire 284–602", I-III, 1964, och samme författare The decline of the ancient world "The Later Roman Empire", 1 band, 1966.

Om förändringarna i hela den antika kulturen under sena kejsartiden har J. Vogt gett en lysande skildring i "Der Niedergang Roms", 1965. Samme J. Vogt har skildrat Konstantin och hans århundrade i "Constantin der

Grosse und sein Jahrhundert", 2:a uppl. 1960. Konstantin har också varit föremål för ett par biografier under senare år, R. *Mac Mullen* "Constantine", 1970, och J. H. *Smith* "Constantine the Great", 1971. Samma tidsepok skildras av W. E. *Kaegi* "Byzantium and the decline of Rome", 1968, medan A. *Lippold* "Theodosius der Grosse und seine Zeit", 1968, behandlar en av de mera framstående kejsarna under romerska rikets sista år. En intressant framställning av det kejserliga ceremonielet och kejsarnas klädedräkt ger *Andreas Alföldi* "Die monarchische Repräsentation im römischen Kaiserreiche", 1970.

Det finns knappast något område inom den antika kulturvärlden som i så hög grad har fängslat forskarnas intressen under senare år som slaveriet. Då litteraturen härom är enorm, vill jag endast hänvisa till den utomordentliga "Bibliographie zur antiken Sklaverei" som J. *Vogt* har utgett och som upptar 1707 böcker och artiklar över slaveriet i den klassiska världen.

För studiet av de romerska ämbetsmännen under senare kejsartiden är A. H. M. *Jones-J. R. Martindale-J. Morris* "The prosopgraphy of the later Roman Empire, volyme I A.D. 260–395" 1971 ett oumbärligt verk.

Den romerska utrikeshandeln var under hela kejsartiden mycket livlig. Den upptas till behandling av J. *Innes Miller* "The spice trade of the Roman Empire 29 B.C.-A.D. 641", 1969; som rymmer mycket mer än vad titeln uppger.

För handeln inom riket spelade det rikt förgrenade vägnätet en avgörande roll. *Thomas Pekáry* "Untersuchungen zu den römischen Reichsstrassen", 1968, ger en redogörelse för finansieringen av vägbyggandet samt för vilka ämbetsmän som stod för byggandet av vägarna under republiken och kejsartiden.

RELIGION

För närmare studium av den romerska religionen hänvisar jag till H. J. *Rose* "Ancient Roman religion", 1948, och framför allt till K. *Latte* "Römische Religionsgeschichte", 1960, och J. *Bayet* "Histoire politique et psychologique de la religion romaine". 2:a uppl. 1969.

DEL VI – APPENDIX

NUMISMATIK OCH EPIGRAFIK

Som ovärderliga primärkällor för all antik historia intar mynt och inskrifter första platsen. För romerska mynt hänvisas till R. *Thomsen* "Early Roman Coinage" I–III, 1957–1961, E. A. *Sydenham* "The coinage of the Roman Republic" 1952 och H. *Mattingly* "Roman Coins" 2:a uppl. 1952. För historikern lättillgängliga inskrifter har H. *Dessau* samlat i det ännu helt oumbärliga verket "Inscriptiones Latinae selectae" I-III, nytryck 1955.

Personregister

Huvudordet för romerska personnamn är släktnamnet utom för kejsarna som upptas under sitt kejsarnamn. För deras fullständiga namn hänvisas till tabellerna på s. 393–399.

Aelius, L. 246
Aelius, T. Caesar Antoninus 246
Aelius Gallus 181
Aelius, P. Hadrianus, se Hadrianus
Aelius Sejanus, L. 200
Aelius Verus, L. 246
Aemilius, M. Lepidus 152ff, 168
Aemilius Papinianus 257
Aemilius, L. Paullus, fader 85
Aemilius, L. Paullus, son 96, 147
Aeneas 189, 193
Aëtius 359f
Afranius Burrus 209f
Agrippa, se Vipsanius
Agrippina d.y. 209f
Alarik 356f, 369, 386
Albius Tibullus 194
Alexander den store 91, 217, 236, 239, 295
Alexander Severus 299, 303
Ambrosius 349f
Ammianus Marcellinus 383
Amyntas 179
Ancus 54
Annaeus Lucanus, M. 218
Annaeus Seneca, L. 209, 217
Annius Verus, M. 247f
Anthemius 361, 363
Antiochus, slav 112
Antiochus III 92ff
Antoninerna 280

Antonius, G. 133
Antonius, munk 381
Antonius, L. 156, 173
Antonius, M. fader 118
Antonius M. triumvir 142, 152f, 179, 184, 196, 204
Antoninus Pius 239, 246f, 251, 257, 275, 294
Appius Claudius Caecus 69
Appius Claudius Pulcher 109
Apollodoros 233
Apuleius, L. 278
Arbogast 350f
Arcadius 350f, 355f, 358, 362f
Archelaus 122
Archelaus 180
Archimedes 87
Ardaschir 298, 304
Aristonikos 98
Arius 338f
Arminius 199
Arrius Antoninus 246
Artavasdes 179
Artaxerxes 298, 304
Artaxias 199
Aspar 364
Ataulf 358
Athenais 363
Attalos I 93
Attalos II 98
Attalos III 98, 109

Attila 359f
Augustinus 386
Augustulus 361
Augustus 40, 51, 57, 96, 99, 106, 115, 145, 163ff
Aulus Gellius 61
Aurelianus 302, 310ff, 374
Aurelius Antoninus, M. (se Caracalla)
Aurelius Antonius M. (se Elagabal)
Aurelius, M. Cotta 128
Aurelius, Antoninus Pius T. 246f
Aurelius, Marcus 239, 244, 246ff, 262f, 269, 279f, 287, 289ff, 296
Aurelius Victor 331, 367, 383
Ausonius 347f, 384
Avidius Cassius 249, 251
Avitus 361

Bar Kochba 243
Bassianus, Alexander 297
Bassianus Caracalla 289, 291
Bassianus, Elagabal 297
Benedictus av Nursia 381
Britannicus 209
Brutus, D. 153
Brutus, M. 153f, 193

Caecilius, Q. Metellus 115
Caecilius, Q. Metellus Scipio 139
Caesar se Iulius, C. Caesar
Caesar, C. 180, 196
Caesar, L. 196
Caesarion 142, 152, 158f
Caesares 316, 318
Caligula 203f, 206, 208, 215, 217
Callistus 207
Calpurnius, C. Piso 212, 218, 220

Calpurnius, Cn. Piso 200
Calpurnius, L. Piso 219
Calpurnius, L. Piso 136
Caracalla 233, 257, 289, 294ff, 374
Carausius 315
Carus 300
Cassius, C. 153ff
Cassius Dio 211, 213, 299
Catilina, se Sergius, L.
Cato, se Porcius
Catullus, se Valerius, C.
Ceionius Commodus, L. 246
Cicero, se Tullius
Cilnius, C. Maecenas 163, 170, 187, 192f
Claudianus 384
Claudius 145, 172, 183, 185, 189, 195, 204ff, 222, 227, 233, 244, 257f, 267, 269, 271, 284, 310
Claudius Germanicus, Ti. 204
Claudius Gothicus 311
Claudius, M. Marcellus 189, 196
Claudius, Ti. Nero 195
Claudius, A. Pulcher 109
Clodia 156
Clodius Albinus 288ff, 294
Clodius, P. Pulcher 136, 139
Cocceius Nerva, M., se Nerva
Commodus 252
Constans 340f
Constans II 368
Constantia 327, 329f
Constantius 340ff, 383
Constantius Chlorus 316, 323ff
Corbulo 211f
Cornelia 107
Cornelius, M. Fronto 248
Cornelius, L. Cinna 121
Cornelius, P. Dolabella 153

Cornelius, C. Gallus 181
Cornelius, A. Palma 235
Cornelius, P. Scipio 87
Cornelius, L. Sulla 120f, 125
Cornelius, P. Tacitus 197, 201, 205, 210f, 213, 217, 227, 276f, 383
Crassus, se Licinius M. Crispus
Cunctator, se Fabius, Q. Cyprianus
Cyprianus, biskop 305f
Cyprianus, författare 385

Decebalus 230, 234f
Decius 305
Demostenes 154, 227
Didius, M. Julianus 345
Dio Cassius 213, 299
Diocletianus 233, 300, 314ff, 332ff, 340, 365, 371ff, 385, 387, 389
Dionysius 40, 51, 57, 195
Domitianus 190, 225ff, 243, 263, 269f, 277f
Domitianus Ulpianus 257, 297
Domitius, Cn. Ahenobarbus 209
Domitius, Cn. Corbulo 211
Donatus 338
Drusilla 203
Drusus 110f, 119 121
Drusus, Tiberius bror 174, 177f, 195f
Drusus, Tiberius son 200
Duilius, C. 78

Elagabal 297
Ennius, Q. 240, 278
Epikuros 148, 150
Eudokia 363
Eudoxia 361
Eugenius 351
Eumenes 95

Eumenes II 98
Eunus 112
Eurik 361
Eusebius 386
Eutropius 362, 383

Fabius, Q. Maximus Cunctator 85
Fabius, M. Quintilianus 223
Farnakes 142f
Fausta 326, 340
Faustina d.y. 251
Festus 61
Filip 180
Filip V 86, 93ff
Flamininus, se Quinctius
Flavius, se Valerius Severus
Flavius Constantius 358
Flavius, T. Domitianus, se Domitianus
Flavius, M. Quintilianus 230
Flavius, T. Sabinus 220f
Flavius, T. Vespasianus, se Titus
Flavius, T. Vespasianus, se Vespasianus
Fronto, se Cornelius
Fulvia 156, 173
Fulvius, Q. Nobilior 100

Gabinius, A. 129, 136
Gainas 362
Gaiserik 358f
Gaius, D 78
Gaius, Gracchus 101, 109ff, 118
Gaius, L 67
Gaius, Manilius 129
Gaius, Marius 101, 115f, 120, 123, 131
Gaius, T. Varro 85
Galba, Ser. Sulpicius 213, 219f, 277

Galerius 316, 322ff
Galla 350
Galla Placidia 358
Gallienus 300, 306ff, 331, 367, 369ff
Gallus 181, 340ff
Gellius, A. 61, 278
Germanicus 178, 196, 198ff, 203
Geta 257, 291, 294f
Gjerstad, E. 50, 61
Gothicus, se Claudius
Graccherna 51, 100, 106
Gracchus se Sempronius, Ti. Gratianus 167, 347ff, 378, 383f
Gregorius XIII 144

Hadrianus 165, 190, 239ff, 256ff, 264, 275, 278, 280, 282, 286, 292ff, 300, 303, 306, 318, 331, 368f, 383
Hamilcar Barcas 79, 81ff
Hanell, K. 61
Hannibal 82ff, 114
Hasdrubal 84, 87f
Helena 324
Heliogabalus 297, 312
Helvius, P. Pertinax, se Pertinax
Hercules 288f
Herodes Antipas 180
Herodes Atticus 239
Herodes den store 180, 224
Herodotos 40
Hieron 42, 77f
Hieron II 86
Hieronymus 386
Homeros 337
Honorius 351, 355f, 358f, 384
Horatius, Q. Flaccus 106, 170, 187, 192ff, 390

Iulia, Agrippas gemål 180
Iulia, Augustus dotter 170, 195f, 198
Iulia, Caesars dotter 135, 139
Iulia, Tiberius sondotter 201
Iulia Domna 291, 294, 296
Iulia Maesa 297
Iulius, C. Agricola 230
Iulianus Apostata 340ff
Iulianus, M. Didius 288f
Iulius, C. Caesar 106, 123, 125, 131ff, 163, 165, 167ff, 172f, 178, 182f, 189, 194, 197, 203, 206, 218, 234, 246, 261, 276
Iulius, L. Caesar 120
Iulius, C. Vindex, G. 213
Iunius, D. Iuvenalis 227

Josephus 205, 227
Jovianus 344f
Juba 143
Jugurta 101, 113ff, 149
Julianus Avfällingen, se Iulianus Apostata
Justina, Valentinianus gemål 350

Kleopatra 141f, 152, 156, 158f, 181, 184
Konstantin den store 167, 191, 318, 322, 324ff, 345, 365f, 367ff, 372ff, 377ff, 385, 387, 390
Konstantin II 340f

Lactantius 322, 385
Leo I 361, 364, 366, 380
Leo II 364
Lepidus, se Aemilius, M.
Libanios 384

Licinius 326f, 329f, 333, 338
Licinius, C. 67
Licinius, M. Crassus 109, 123f,
    126f, 130f, 134f, 137f, 139, 144,
    157, 179, 235
Licinius, P. Crassus 109
Licinius, L. Lucullus 128ff, 134
Licinius, C. Mucianus 220
Livia Drusilla 157, 195
Livius, T. 51, 57, 83, 106, 195, 337
Livius, M. Drusus 110
Livius, M. Drusus 119
Longina 231
L'Orange, H.P. 365, 387
Lucanus, se Annaeus, M.
    Lucianos 279
Lucius Sextius 67
Lucius Verus 239, 246
Lucretius, T. Carus 106, 148
Lucullus, se Licinius, L.

Macrobius 384
Magnentius 341
Mago, Hannibals bror 88
Mago 77
Maecenas, se Cilnius, C.
Mani 322
Manilius, C. 129
Marcellus, se Claudius, M.
Marcia 253
Marcianus 364
Marius, C. 101, 106, 115ff, 120f,
    123f, 131, 133, 146, 175, 182
Maroboduus 199
Martialis, se Valerius, M.
    Masinissa 88
Maxentius 311, 324ff
Maximianus Valerius 314ff, 322,
    324ff, 330

Maximinus Daia 324, 326f, 329
Maximinus Thrax 299, 305
Maximus, Fabius 85
Maximus 349f
Maximus 361
Messalina 208ff, 217
Metellus, se Caecilius, Q.
    Micipsa 113
Minucius Felix 385
Minucius, M. Rufus 85
Mitradates VI 121ff, 125ff, 141f
Molon 151
Mummius, L. 99, 147

Nabis 94
Narcissus 207, 209
Nero 189, 195, 207, 209ff, 223ff,
    264, 269, 272f, 277, 288, 321
Nero Claudius Caesar, se Nero
Nerva 228f, 231f, 234, 239, 291,
    383
Nicomedes III 127
Numa 54

Octavia 156, 158
Octavianus, se Augustus 153ff,
    163ff, 167, 172ff, 189, 192f
Octavius, C., 153 se även Augustus
Octavius, M. 108f
Odenathus 309
Odovakar 361f
Ofonius Tigellinus 210, 212
Opellius, M. Macrinus 296
Orestes 361
Origenes 305, 386
Otho Salvius, M. 213, 219ff
Ovidius, P. Naso 106, 194

Pallas 207

Papinianus 257, 295
Papinius Statius 229
Paulus 380
Paullus, se Aemilius, L.
Perseus 95ff
Pertinax 288f
Pescennius Niger, C. 288f, 290, 293
Petronius, C. Arbiter 212, 219
Petrus 380
Philippus Arabs 304
Phraates IV 179
Piso, se Calpurnius
Plinius, d.ä. Secundus 230
Plinius d.y. C. Plinius Caecilius Secundus 194, 227, 233, 239, 261, 277, 286
Plotina 240
Plotinos 307, 386
Plutarchos 279
Polybios 83, 97, 101
Polykleitos 191
Pompejus, C. Magnus 123, 125ff, 12ff, 146f, 149, 154, 204, 218
Pompejus, Sextus 154ff, 164, 172f, 178, 307
Poppaea Sabina 210
Porcius, M. Cato 101
Porcius, M. Cato Censorius 240, 278
Porcius, M. Cato Uticensis 135f
Porphyrios 307
Postumus 308
Propertius Sextus 106, 194
Ptolemaeus 204, 208
Ptolemaios 91
Ptolemaios XIII 141f
Ptolemaios XIV 142, 152
Pulcheria 363

Pyrrhus 39, 71, 76f

Quinctilius, P. Varus 179
Quinctius, T. Flamininus 93

Rabirius 228
Remus 54
Ricimer 361
Romulus 54
Romulus, Maxentius son 328
Romulus, Orestes son 361
Rufinus 355, 362

Sallustius, C. Crispus 106, 133, 143, 149, 151
Salvius Iulianus 243, 245, 257
Salvius Otho 213, 219
Sapor, se Schapur
Schapur 304, 308f
Scipio, se Cornelius, P.
Scipio Aemilianus 77, 115
Scipio Africanus 100, 108
Scribonia 156f
Sejanus, se Aelius, L.
Sempronius, C. Gracchus 100
Sempronius, Ti. Gracchus 107
Seneca, se Annaeus, L.
Septimius Severus, L. 257, 283, 288, 290f, 295, 300, 303
Sergius, L. Catilina 132
Sertorius, Q. 125ff
Servius Tullius 54, 63, 66
Severus Alexander 297ff, 303
Sextius, L. 67
Silius, C. 209
Silius Italicus 229
Sosigenes 144
Spartacus 126ff
Stilicho 228, 355ff, 362, 384

Strabon 195, 272
Suetonius, C. Tranquillus 189, 201, 205, 211, 213, 217, 278
Sulla, se Cornelius, L.
Sulpicius, se Galba
Sulpicius, P. Drusus 121
Sulpicius Severus 211
Symmachus 337, 383f

Tacitus, se Cornelius P.
Tarquinius Priscus 44, 50, 54
Tarquinius Superbus 54, 58
Terentius, C. Varro 85
Terentius, M. Varro 145
Tertullianus 385
Teuta 80
Theodosius I 346, 348ff, 355f, 378, 504
Theodosius II 360, 363f
Thukydides 149
Tiberius 174f, 177ff, 195ff, 211, 214ff, 222
Tiberius, Gracchus 107ff, 111, 159
Tigellinus, se Ofonius
Tigranes 127, 129
Tigranes II 122, 127, 129
Tigranes III 179
Tigranes V 211
Tiridates 211, 235
Titus 220, 222
Titus Flavius Sabinus 220
Titus Livius 57, 195
Titus Tatius 54
Titus Lucretius Carus 148
Titus Tatius 54
Titus, Vespasianus son 223, 225f, 228, 236f, 246, 359

Trajanus 145, 167, 176, 207, 231ff, 254, 258f, 261ff, 269, 272, 275ff, 280, 286, 299, 309, 312
Tullius, M. Cicero 53, 61, 73, 106, 129, 132ff, 148ff, 194, 218, 230, 240, 277, 386, 390
Tullus 54

Ulpianus 257, 297
Ulpius, M. Trajanus, se Trajanus

Vaballathos 310
Valens 345ff, 383
Valentinianus I 345ff, 350, 368, 383
Valentinianus II 347, 349ff
Valentinianus III 359ff
Valerianus 306, 309, 374
Valerius, se Maximianus Valerius
Valerius, C. Catullus 106, 148
Valerius, M. Martialis 229
Valerius Severus 324
Vatinius, P. 135
Vercingetorix 138
Vergilius, P. Maro 106, 170, 192f, 195, 240, 337, 384, 386
Vespasianus 215, 226ff, 237, 258, 272, 275f
Vetranio 341
Vipsania 196, 198
Vipsanius, M. Agrippa 157f, 163, 166, 173f, 177f, 180, 190, 196, 198, 245
Viriatus 100
Vitellius Aulus 219ff, 224
Vulca 44, 50

Zenobia 310ff
Zenon 364

Sak- och ortsregister

ab epistulis 207
a libellis 207
a rationibus 207
a studiis 207
abdikation 220, 317, 325
ab urbe condita 83, 195, 383
Achaea 206
Acqua Rossa 41
acta 134f, 328
Acta senatus et populi Romani 135
Actium 158f, 163, 174f, 185
adoptivkejsarna 254
Adria 42
Adrianopel 329f, 347f, 383
aediler 120
Aegatiska öarna 79
Aelia Capitolina 243
aerarium 183f, 255
aerarium militare 175
aerarium Saturni 206
Africa 104, 113, 115, 132, 154, 156f, 164, 166, 187, 250, 255, 264, 293, 318, 371
Africa Nova 143
afrikaner 82
ager gallicus 81
ager publicus 89, 102, 108
Agri decumates 226
Agrigentum 37, 78, 87
akeerna 92
Akeiska förbundet 92f, 97ff
Akragas (Agrigentum) 37

Alalia 38
alamanner 296, 298, 303, 308, 311, 342, 346, 359
alaner 347, 357f
Alesia 138
Alexandria 142, 144, 147, 186, 216, 223, 244, 272f, 307, 338f, 349, 351, 363, 378, 380, 384, 386
alexandrinska kriget 142
alimenta 239
Allia 66, 81, 116
alpområden 177
Altamira 30
amfiteater 224, 260, 266, 268
anaglypha Traiani 239
Anatolien 95
Ancyra 197
angiveri 345
annalister 51
annona 332, 367
antigermanska rörelser 362
Antiokia 185, 236, 270, 273, 293, 304, 333, 339, 345, 368, 375, 380, 383f
Antium 57, 68, 210
Apamea 94
Apenninska kulturområdet 33
Apollon 44, 56, 212, 266
Apollotemplet 189
Aquae Sextiae 117
Aquileia 188, 208, 214, 220, 250, 274, 315, 341, 350, 360
Aquitanien 136f, 361

491

Arabia Felix 181, 273
Arabien 237, 309, 318
Ara Pacis Augustae 190, 193
Arausio 116f, 190
Ardea 49, 51
argenteus 321
Argos 94f, 310
arianerna 349f
arianismen 346, 349, 379
aristokratin 118, 169, 227, 299, 332f, 367
arkaismen 280
arkitektur 43, 147, 216f, 233, 235, 375
Armenien 121f, 127, 157, 179f, 199, 211, 235f, 241, 249f, 304, 309, 363f
arrendatorer 187, 263f, 335, 376
arrenden in natura 335
arretinska kärl 188, 270
Arretium 188
arsakiderna 304
arvsskatt 184, 206, 232, 256, 295
ass 185
Asia 98, 104, 123, 141, 164, 166, 317
astrologer 223, 231, 337
astrologi 241
Athen 43, 57, 93, 99, 102, 122, 147, 243f, 250, 252, 290, 307, 310, 356, 363, 378, 384
Athenaeum 244
Attis 268, 283
Augusta 197, 363
Augusta Treverorum (Trier) 308
Augustus mausoleum 170, 190
Augustus-statyn från Prima Porta 179, 191
auktionsskatt 202f
aureus 185, 215, 269, 321
Ausculum 71

autokrati 204, 333
auxilia 175, 222, 242

Baal 283, 291
Babylon 224, 236, 290
Bacchanalibus de 146
Bacchus 119
Baleariska öarna 113
Basilica Iulia 145
basilika 233, 328, 390
Belgien 29, 136f
Benediktinerorden 381
Beneventum 71
bibliotek 98, 142, 145, 207, 224, 233, 239, 244, 246, 268, 276, 301, 331, 381
Bitynien 95, 118, 122, 127ff, 142, 164, 180, 233
Bologna 33, 42, 154
boskapsskötsel 29ff, 48, 187, 192
boulé 259
branden år 64 189, 216
breviarium totius imperii 197
breviarium ab urbe condita 383
Brindisi (se även Brundisium) 133, 156
Britannien 82, 138, 188, 208, 211, 213, 220, 230, 243, 247, 263, 270, 273, 277, 286ff, 290, 293f, 303, 308, 315f, 324f, 345f, 349, 357, 371, 375
bronsartiklar 188
bronsen 31f, 34, 44, 61, 185, 188f, 194, 228, 375
bronsmynt 185, 269, 321, 375
bronsåldern 31ff, 48
Brundisium 130, 140f, 156, 187
buffertstat 121, 178f
burgunder 359f

SAK- OCH ORTSREGISTER

byggnadsmaterial 210, 242, 271
byråkrati 207, 245, 257, 293, 319, 332, 343, 355, 367, 369f, 374, 389
byråkratisering 256f
Byrsa 102
Bysans 224, 289, 293, 329f, 380

Caere 41, 43, 66
Caesarea 180, 225, 386
Calabrien 359
Campi Raudii 117
Cannae 85ff, 96, 373
capitatio 320
Capitolium 44f, 48ff, 66, 109, 111, 147, 152, 154, 220, 224, 226, 228, 248, 292, 359
Capri 31, 198, 200, 216
Capua 34, 42, 64, 68f, 86, 88, 126f, 188
caput 320, 325
Carnuntum 284, 326
Carrhae 139, 179, 296, 304
Cartago Nova (Cartagena) 82, 87
Castra Regina 230
Catilinariska sammansvärjningen 132f
Cautes 284
Cautopates 284
censorer 57, 63f, 69, 72, 75, 107, 143, 169
census 63, 178, 180, 206, 227, 259
centralförvaltning 207, 260, 317
centuria 55
centurion 55, 175, 292, 300
Ceres 56, 59
Cerestemplet 60
Cerveteri 41, 50
Cestiuspyramiden 311
chalkoliticum 31

chalkolitisk 31f
Chaeronea 68, 123
Cilicia 118
cimbrer 116f, 137
cirkus 45, 202, 228, 268, 328, 337, 343, 350, 358
Cirta 113f
civitates 258
Civitavecchia 233
Clementia Caesaris 144
Cloaca maxima 49
codex Theodosianus 364
cognomina 54, 57
collegia 261f, 287, 311, 320, 337, 377
collegia tenuiorum 262
coloni 187, 263f, 320, 335f, 376f
coloniae 69
Colosseum 216, 224, 228, 368
comitatentes 318, 372
comitia 73, 167
comitia centuriata 63, 67, 72
comitia curiata 55, 63, 72
comitia tributa 72f, 135
Commagene 179, 199
conductores 264
consilium 169
consilium principis 244f, 297, 302
consistorium 371
Constitutio Antoniana 295
consulares 318, 371
consul suffectus 219, 277
Consus 56
contio 73
Corfinium 119
Cornelius 125
corpora 261, 377
corporati 377
Corpus iuris 61, 257
correctores 318, 371

493

Cremona 81, 220
Cro-Magnon-människan 29
cubiculum 333
Cumae 37f, 42, 56, 58, 64
cura annonae 174
curatores 183
curia 55, 63, 72, 320
curia, rådsförsamling i städer 259
curia, senatens samlingslokal 139, 147, 174, 319, 331, 368, 378, 383
curiae 55
Curia Iulia 145
curialis 320, 373
cursus honorum 167
Cypern 31, 91, 136, 142, 237
Cyrene 91, 153
Cyzicus 249

dacerna 231, 233f, 263
Dacien 230, 234f, 237f, 241, 243, 269f, 303, 312, 371
Dalmatien 177, 235, 314, 386
de goda kejsarnaa 239ff, 291
delatores 201
departement 185, 207, 244, 257, 300, 369
decuriones 120, 260
dediticii 295
dekurioner 336, 370, 375
Delos 97, 118, 122
Demeter 291
denarius 215, 269, 313, 321
departement 207f, 244
deus et dominus 302
Deus invictus Sol 285
devalvering 269, 313, 335
diadem 199, 211, 333f, 366
Dianatemplet 309
dies nefastus 66

diktator 57, 74, 85, 124f, 141ff, 166, 168, 174, 282, 355
dioceser 318, 371
Dionysuskulten 146
dipinti 266
divide et impera 68, 252
divus 191, 218, 247f, 291
divus Augustus 189
divus Iulius 155, 189
Dodona i Epirus 282, 331
dominus 203, 365
dominus et deus 302, 333
dominus noster 365
domsrätt 61, 118, 121, 124, 215, 292, 335, 339, 365, 371
domstolsväsendet 110, 293, 335
domus aurea 210, 216, 220
domus divina 291, 302
Domus Flavia 228
domus transitoria 210
donatistiska striden 338
Donaugränsen 208, 230f, 250, 310, 316
Donauområdet 33, 175, 188, 230, 249, 252, 290, 303, 316, 342, 376
Drina 356
duoviri 259
duoviri iuri dicundo 120
Dura-Europos 281, 308
dux 319, 371

Ebrofördraget 82
Eburacum 294, 325
edictum perpetuum 245, 257
ediler 60, 67, 75, 120, 131f, 173, 182f, 259
Efesos 158, 272, 309, 380
Egeiska havet 31, 37, 91ff, 122, 128, 310

egregius 244. 332
Egypten 76, 92, 121, 181, 272, 316f
egyptisk religion 285
Ekbatana 157, 273
ekonomi 106, 151, 171, 180, 183, 186, 189, 214f, 232f, 241f, 247, 259f, 269f, 278f, 299, 312ff, 319, 321, 335, 355, 367, 370f, 374, 377, 388f
eleusinska mysterierna 240, 307
Eleusis 250
elittrupper 334
Emesa 291, 297, 312
epikurismen 150
Epirus 71, 80, 122, 140, 282, 310
Epona 283
eponymt ämbete 167
eremiter 380
Etiopien 181
Etrurien 11f, 30f, 34, 40ff, 58, 81, 108, 119, 124, 133, 187ff, 377
Etrusker 10, 12, 34, 38
   arkitektur 45
   arx 45
   bucchero 43
   disciplina Etrusca 46
   etruskiska templet 45
   expansion 42
   haruspieces 46
   jämställdhet 47
   konst 42ff
   lucomo 41
   ludi Romani 45
   mytologi 46
   religion 43f
   samhällsskick 41
   språk 40f
   statsskick 41
   tillbakagång 43

triumfen 45
ursprung 40
exporten 92, 272f

Faesulae 357
familjen 52ff
fasces 41
Fasti 57f, 62, 194
Fasti Capitolini 57
Fasti consulares 57
Faustinopolis 251
Felsina 42
feodalism 320, 355
Filippi 155, 172f, 189, 193
filius Augusti 314, 326
filosofer, rådgivare 218
filosofer, utvisning 223, 231
finanser 90, 103, 171, 184, 198, 252, 269, 274, 293
finansministeriet 207
fiscus 183, 206, 232, 255, 293, 371
fiscus Iudaicus 225, 232
floder som transportleder 271ff
flotta 176, 231
foederati 357f
folkförsamlingar 72
folkförsamlingen 53ff, 62ff, 67, 72f, 75, 78, 85, 91, 104f, 108f, 114ff, 120, 129, 132, 134f, 148, 167, 172, 174, 206, 214, 259
folktribuner 59f, 67, 108, 114, 124
   befogenheter 166f
folktribunatet 166
follis 313, 321
Fortunas tempel 147
Forum
   Augusti 189
   Iulium 145, 189
   Nervas el. transitorium 228

Romanum 49, 66, 121, 135, 139, 145, 147, 155, 168, 220, 292, 295
Saturnustemplet 64
Titus 225
Trajanus 239
Vespasianus el. Pacis 224
franker 307f, 316, 329, 342, 346, 359f
Forumbäcken 49
Frigidus 351
frigivna 172
frigivning 185
fyrar
   Alexandria 216
   Ostia 216
fördrag med Kartago 59
Förnuftet, tempel 89
förmögenhetsskatt 183, 256
förvaltare 60, 216, 263f
förvaltningen, Rom 181

Galatien 70, 179, 197
Galiléen 225
galler 43, 65ff, 70f, 81ff, 88f, 116, 136ff, 141, 149, 189, 226, 247
galler i Podalen 84
gallerkatastrofen 61, 66
galli, präster 284
Gallia Cisalpina 81, 125, 135, 140, 155f
Gallia Lugdunisis 213, 289
Gallia Narbonensis 145, 154, 156, 246
Gallia Transalpina 154, 156, 177
Gallia Transalpina Ulterior 135
Gela 37
Gemma Augustea 191
genier, romerska 229
Genius 52

Genius Augustus 182
genius, husfaderns 52
genius, kejsarens 224, 248, 282
gens 53
germaner 138, 198f, 296, 342, 357, 362
Germanien 175, 177ff, 188, 199, 219, 225f, 232, 286, 286, 303
Germanien, Nedre och Övre 226
germanska provinserna 263
gladiatorsspel 126, 202, 228, 235, 250, 266, 274, 337, 343, 368
glastillverkning 188
goda kejsarna 200
goter 250, 309ff, 316, 330, 347f, 356ff, 363f
grammaticus 150, 275
greker 10, 12, 34, 37
Grekland 33, 43, 50, 93
gränsförsvar 175, 230, 241f, 293, 303f, 308, 318, 334
gudar
   galliska, Epona 283
   germanska, Lenus Mars 282
   Mars Caturix 282
   puniska, Baal 283
   puniska, Tanit 283
   samnitiska, Mamers (Mars) 77
gudar, egyptiska
   Isis 150, 203, 266, 268, 285
   Osiris 150
   Serapis 268, 285
gudar, gammalromerska
   Ceres 56, 59
   Consus 56
   larer 56
   Liber, libera 59
   Ops 56
   penater 56

Saturnus 56
Vesta 56
gudar, grekisk-romerska
  Apollo 44, 56, 266
  Demeter 291
  Helios 283
  Hera 244, 291
  Hercules 252, 315, 336
  Juno 46, 281, 283
  Juno Caelestis 283
  Jupiter 45f, 50, 191, 228, 232, 281, 283, 285, 315, 322
  Jupiter Capitolinus 225, 232
  Lares Compitales 182
  Mars 63, 77, 229
  Mars Cautrix 282
  Mars Ultor 189
  Minerva 46, 228ff, 281
  Roma 180, 191, 229
  Solguden 217, 285
  Victoria 89, 229
gudar orientaliska
  Attis 268, 283
  Magna Mater 89, 268, 283f
  Mitras 150, 284f
  Cautes 284
  Cautopates 284
  Solguden i Emesa 297, 312
  Sol Invictus 328, 336
guldmynt 94, 185, 215, 269, 335, 374f
guldmyntfot 269
guldålder 195

Hadrianopolis 244
Halicarnassus 51, 57
Hallstattkulturen 65
Halys 94
halvbarbariska soldater 334

hamnar (Ancona, Civitavecchia, Ostia, Terracina) 233
hamnstad, Ostia 51, 267
handel 51, 59, 90, 214, 271ff
Hannibalskriget 81ff
hantverk 269ff
haruspices 46, 281f
haruspiceskollegiet 337
hednisk litteratur 344
Heliga berget 59
Helios 283
Henna 112
Hera 244, 291
Heraclea 71, 145
Heracles tempel 147
Herculaneum 188, 226, 265
Hercules 252, 315, 336
Herculius 315
hippodromen 331, 366
Hippo Regius 278, 358
Historia Augusta 382
homines novi 74, 133
honestiores 294
honores 301
Honos, tempel åt 117
humanitet 239, 249, 251
humiliores 294
hunner 347f, 359ff
husfaderns makt 52
hären
  aversion mot militärtjänst 373
  hopliter 62
  legohär 91, 175
  numeri 242
  rekrytering 178, 222, 242, 373
  resning 222
  tjänstgöringstid 110, 116, 175
  uppror 198
härväsendet 318, 334

iberer 82, 136
illyrer 33f, 80, 303
Illyricum 316, 335, 341, 355, 371
Illyrien 86, 113, 135, 140f, 153, 156, 164, 177, 292, 305, 318, 349, 356
immunes 102
imperator 129, 165, 179, 203, 205, 209, 226, 248, 296, 365f
imperium 61, 64, 67, 91, 103, 125, 164, 167, 196f, 201
imperium proconsulare 163, 209, 221, 226, 232, 247
imperium proconsulare maius 168, 197, 255
import 43f, 50, 89, 97f, 146, 151, 157, 171ff, 187, 189, 206, 214, 272ff, 359, 389
indictio 320
Indien 92, 181, 214, 236, 247, 273, 309
indoeuropeiska folk 31ff, 40, 48, 50, 65
industri
  bronsartiklar 188
  glas 188
  järn 188
  keramik 188, 270
  textil 92, 187, 270, 273
in natura, skatt 332, 370f, 373
inrikeshandeln 274
interrex 54
Ischia 29, 37
Isère 84
Isis 150, 203, 266, 268, 285
Isiskulten 203f
Isispräster 203
Issus 289
istmiska spelen 93, 282
itali 34

italici 34
Italien 88, 119, 270, 292, 335, 341
iudex 318
iugera 67, 108, 110, 320
iugum 320
Iulius, månaden 144
iuridicus consularis 245
Ius trium liberorum 170

jazyger 250ff
Jerusalem 130, 225, 236, 243, 277, 359, 363
jordbruk 186
jord åt veteranerna 155
jordbrukskris 107, 232, 234
jordbävning 202, 217, 249, 266, 307
jordskatt 256, 320
jordutdelning till veteraner 134f, 145, 156, 172, 177, 187
Jovius 315, 322
judarna 180, 203f, 220, 224f, 229, 232, 236f, 243, 246, 286, 359
Judéen 130, 159, 180, 224f, 247, 286
judendom 285ff
judeuppror 225, 236, 243
Julianska kalendern 144
Juno 46, 281, 283
Juno Caelestis 283
Junonia 110
Jupiter 45f, 50, 191, 228, 232, 281, 283, 285, 315, 322
Jupiter Capitolinus 225, 228, 232, 243
Jupiter Optimus Maximus 45, 50, 285
Jupitertemplet 44, 50, 147, 221, 224ff, 228, 243, 266, 359
jurister 331f
järnindustrin 188

SAK- OCH ORTSREGISTER

järnmalm 188
järnåldern 29, 33, 48

kalender 55, 144, 194, 379
kamelen som transportmedel 274
kanal, Korint 212
kanal, Rhen-Nordsjön 178
kanaler som transportmedel 206f,
    233, 272
Kappadokien 122, 127, 142, 179,
    199, 249, 304, 309, 341
karavanvägar 214, 273, 309
Karien 95, 97
Kartago 38. 59, 76ff, 88, 90f, 101,
    110, 113, 283, 305, 333, 338f, 358f,
    368, 385
Kartago Nova 82
Katalauniska fälten 360
katolska kyrkan 349
kejserliga provinser 164, 171, 177,
    183, 202, 206, 208, 224, 256, 258,
    317, 371
kelter 65, 136
keltiberiska stammar 100
keramik 31ff, 43, 50, 65, 188, 270
Kilikien 94, 122, 127ff, 180, 236,
    289, 309
Kina 214, 273, 309
klient 53, 151, 271
klientfurste 309
klientstat 80, 86, 179
kommunallagar 145
konfiskation 124, 192f, 203, 223,
    255, 299, 345
konst 146f, 191, 228, 279ff, 368
Konstantinopel 331f, 339f, 343,
    348ff, 355ff, 361f, 366ff, 372, 375,
    379f, 384
kopparstenåldern 31

Korint 39. 99, 145, 147, 212, 356
Korint näset 212
Korkyra (Korfu) 37, 80
korporationer 262, 311, 336, 377
Kreta 31, 118, 129, 153
Krim 130
kristendom 210, 248, 285ff, 305,
    322f, 336f, 343, 351, 363, 377, 385
    förföljelse av Decius 305
    Diocletianus 322f
    Iuluianus Apostata 343, 378
    Licinius 330
    Marcus Aurelius 248
    Nero 210
    Valentinianus 346
    Valerianus 306
kristendom, kyrka, organisa-
    tion 379f
kristendomens seger 336f, 340
kristen litteratur 385
Ktesifon 236, 249, 290, 309
kungarna (sju) 54
kulter
    Dionysus 146
    eleusinska mysterier 240, 307
    Romas och Augustus 180, 191,
    282
kung 54ff
kuruliska ämbetsmän 67, 206
kvader, se quader 303, 346
kvestor 64, 126, 145, 259, 261
kvestorsämbetena 370ff
kvestur 64, 300
Kynoskephalai 93, 95
Kyrenaika 129

lagar
    de tolv tavlornas lag 61
lanciarii 319

lanttribus 72f
larer 56
Lares Compitales 182
Lascauxgrottan 30
La Tène-kulturen 65
latifundier 77, 90, 107, 255, 376
latinare 49, 53f, 67, 69, 120
latinska förbundet 68
latinsk-faliskiska språkgruppen 34
latinsk rätt 120, 223, 259
latinskt förbund 59
Lavinium 49, 51
legati 206, 292
legati Augusti 164, 258
legatus 116, 129, 142
legionstrupper 175, 219, 232, 303
leiturgi 271, 339
Lenus Mars 282
Leptis Magna 290
Leptis Minor 143
Lesbos 141
Lex Calpurnia 105
Lex Iulia de repetundis 135
Lex Titia 154
Liber 59
Libera 59
Libyen 138f, 283
liktorer 41, 143
limes
   Antoninus Pius 247
   Constantius 316
   Domitianus 230f, 243
   Hadrianus 242
   Severus 303
Lipariska öarna 79
litteratur 148ff, 192ff, 217ff, 229f, 276ff, 382ff
Luca 137
Luceres tribus 72

Luceria 70
ludi magister 150
Lugdunum (Lyon) 178, 289
lukanerna 34, 38, 70f
Lukanien 119, 127, 324f
Luni 44, 189
lusitaner 100
Lusitanien 126, 213
lustrum 63
Lutecia (Paris) 342
Lykien 95, 97

magister equitum 85, 142, 335, 372
magister peditum 335, 372
magistri, i collegia 261
magistri exercitus 372
Magna Charta, provinsernas 135
Magna Graecia 38
Magna Mater 89, 268, 283f
Magnesia 94
Maison Carrée 190
majestätsprocesser 201ff
Makedonien 71, 76, 80, 86, 91ff, 104, 112f, 122, 153ff, 159, 164, 310, 356, 371
makedonsk falang 295
Mamers 77
mamertinare 77
manikeism 322
manipel 116
marcomanner 199, 248, 250, 252, 269, 308, 311
marcomannerkriget 252
marcomannerriket 199
Marcus Aurelius kolonnen 251, 280
Marcus Aurelius statyn 248
marmor som byggnadsmaterial 189, 228, 233, 271, 273

Maroboduus 199
Mars 63, 77, 229
Mars Caturix 282
Mars Ultor 189
Marsfältet 63, 145, 147, 190, 210, 228, 248, 312
Massilia 38, 77, 82f, 113, 137, 141
mater Augustorum 291
mater castrorum 291
Mauretania Caesariensis 208
Mauretania Tingitana 208
Mauretanien 115, 204, 208, 243, 247, 264, 308, 346
mausoleum 170, 190, 245
maximitariffer 321f
medborgarkriget 119f, 140, 149
Mediolanum (Milano) 315
mediterrana folken 32ff, 40, 48
Megara 37
Menerva 46
Mesopotamien 157, 236f, 241, 249, 287, 290, 298, 304, 309, 317, 342, 347
metallvaror 188
Milano 66, 187, 308, 311, 315, 324, 329, 333, 345, 349, 350f, 357, 368, 386
militärisering av hela statslivet 293, 302
militia armata 302
militära förändringar 302
militära ämbetsmän 331
militäranarkin 288
militärtribuner 62f, 67
Minerva 46, 228ff, 281
Misenum 157, 176, 202, 230
Mitras 150, 284f
mitrea 268, 284
Moesien 231, 234, 243, 304, 310

Monte Cassino kloster 381
Mt. Cenis 84
Munda 143
munera 320
municipia 69
munkar 381
munkväsendet 380f, 386
munus 301
murar (Rom)
  Aurelianus 311
  Servius 66
Mursa 341
Mutina (Modena) 42, 154, 165
Mylae 78
mynt 185, 321
  brons, sestertius 185, 321, 374
  försämring 321, 374
  guld, aureus 185, 215, 269, 321
  koppar, as 185
  reformer 321
  silver, denarius 215, 269, 313, 321
mynt, prägling 185, 313, 321
  Gallien 185
  lokala myntverk 185
  i väster 185
  i öster 185

Naissus (Nisch) 310
namnskick, romerskt
  kvinnor 52f
  män, praenomen 52f
  nomen gentile 52f
  cognomen 52f
Napata 181
Narbo 113
Naircissus 207, 209
Naulochus 157, 173
Neanderthalmänniskan 29

DEL VI – APPENDIX

Neapel 42, 69, 213, 281
nefasti dies 57
negotiatores 103
neoliticum 30
　grottinvånarna 29f
　hyddmänniskorna 30
neolitisk 30f, 65
Nicaea 339, 346, 379
Nikomedia 261f, 315, 323f, 343, 384f
nivellering 301
Nola 42, 120, 126, 197
nordafrikanska provinserna 264
Noricum 188, 208, 214
Nubien 181
Nuceria 126
Numantia 100, 114f, 270
numen 56
numeri 242
Numidien 88, 101, 113ff, 119, 143, 189, 264, 283, 293, 346
nuragher 32
nyplatonismen 306, 378

Odeion 239
officia 332, 369
Olympiska spel 228, 282, 378f
Ops 56
optimater 118, 121, 141, 149
opus reticulatum 189, 216, 267
orakel
　Delfi 282
　Dodona 282
　Karos 282
Orange, se Arausio
ordo 259
Orienten 155, 243, 318, 339, 371
ortodoxa kristendomen 286, 346, 379, 385

ortodoxa läran 286, 347, 349
Osiris 150
osker 34, 64
oskisk-umbriska språken 34, 124
Ostia 51, 57, 206f, 216, 233, 261, 265, 267f, 272, 280f

Palatini 372
palatium sacrum 333
paleoliticum 29
Palestina 91, 180, 220, 224ff, 237, 268, 305, 338, 381, 386
Palmyra 309ff
panem et circenses 213, 271
Pannonien 177, 198, 231, 290, 308, 311, 341, 360, 371
pannoniker 345
Pantheon 190, 245
papas 380
parther 139, 143f, 152f, 157, 179f, 191, 199, 211, 214, 235ff, 241, 243, 249ff, 290, 296f, 304
partherkrig 153, 157, 211, 235f, 241, 243, 249ff, 290
Paris 342
Pars 304
pater familias 52
pater patriae 168, 203, 205
patres familias 55
patriarkat 380
patriarken av Konstantinopel 366, 380
patricier 53, 58ff, 63ff, 74
patricius 359
patronus 54
penater 56
penninggåvor 205, 227
penningpolitik, Diocletianus 321
penningskatt 335

penningutlånare 103, 105
penningvärde, försämring 313, 321, 374
penus 56
perfectissimus vir 244f, 332
Pergamon 92ff, 97ff, 109, 122, 142, 185, 276
perser 298, 304, 309, 311f, 340ff, 344, 363f
Persien 150, 297, 308f, 316f, 344, 363
Persis 304
personskatt 183, 255, 259, 320, 325
Perugia 156, 173
pest 225f, 249f, 252, 307, 309, 311, 314
Petra 235
Pharsalus 141
Piazza Armerina 319
pietas 191, 239
pirater, se sjörövare
Pistoria 133
Pithecussae 37
Placentia 42, 81, 84
Platonopolis 307
plebej 53, 56, 58ff, 74, 151, 166f
plebejförsamlingen 167
plebejiska pretorer 67
plebejiska senatorer 167
plebs 172, 174
Podalen 11f, 29f, 32, 34, 40, 84, 117
polis, statsbildning 37, 259
polis, säkerhet 182, 272, 322, 335
Pompeji 34, 42, 120, 124, 147, 188, 217, 226, 260f, 265ff, 274, 281
pomerium 63, 168
Pons Milvius 328
Pont du Gard 190

pontifex maximus 55, 72, 132, 153, 157, 168, 249, 281, 312, 329, 343, 347, 378f
pontifices Solis 312
Pontus 121, 126, 128, 142, 179f
populares 123, 131
porträttkonsten 147, 191, 217, 229, 239, 280, 291, 295, 310, 334, 387, 390
praefectus 216, 256
praefectus Aegypti et Alexandreae 159
praefectus annonae 168, 183, 271, 292
praefectus morum 143
praefectus urbi 182, 288, 372, 383
praefectus vigilum 183
Praeneste 49, 59, 147
Praenestefibulan 52
praeses (pl. praesides) 293, 318, 371
praetor, se pretor
prefekt, se praefectus 61, 256, 318
prefekt för flottan 171
prefekturer 371
prefekturer 318
   Gallien
   Italien
   Illyricum
   Östern
pretoriangardet 171, 175, 182, 201, 204f, 209, 212ff, 219, 226, 232, 288f, 292, 295, 318, 325, 332, 334, 367
pretorianprefekt 209f, 231, 240, 244f, 253, 257, 292, 295ff, 302, 318, 323, 335, 342, 355, 362, 363, 371f
pretoriansoldater 232

pretor 67, 72, 97, 99f, 103ff, 120,
   125f, 129, 139, 145, 164, 167
pretorsämbeten 371
pretur 67, 132, 171, 300
Prima Porta 179, 191
princeps 165, 195, 198, 204f, 209,
   221, 226, 231f, 244, 248, 254,
   296, 325, 365
princeps civitatis 165
princeps iuventutis 209
princeps senatus 165
principatet 163
prislag, Diocletianus 321
procurator (prokurator) 171, 216,
   224, 245, 256, 264
prokonsul 125ff, 134f, 138, 153,
   163f, 166, 168, 201, 256, 258, 293,
   318, 371
proletär 111f, 152
propretor 125, 132, 153, 164
proskription 132, 155, 159, 172
proskynesis 366
Provincia 103
provins 102ff, 135, 293, 299
Provinser
   Achaea 206
   Aquitania 199
   Arabia 235
   Armenia 235, 364
   Asia 98
   Assyria 236
   Baetica 177
   Belgica 199
   Britannien, delning 293
   Commagene 199
   Dacien 235
   Dacien, delning 241
   Egypten 159
   Germanien nedre + övre 199
   Judéen 180
   Kappadokien 199
   Lugdunensis 199
   Macedonien 205
   Mauretanien 204
   Mauretanien, delning 208
   Mesopotamien 290
   Moesia 231, 234
   Noricum 208, 214
   Numidien 293
   Raetia 296
   Samarien 224
   Sapaudia 359
   Syrien 130
   Tarraconensis 177
provinser, antal 181, 258
provinser, betydelse 334
provinser, förvaltning 102ff, 145,
   202
provinser, kejserliga 164, 205,
   257ff, 317ff
provinser, romanisering 214
provinser, senatoriska 164, 257ff,
   317f
provinser, självstyre 180
provinser, utsugning 135f
provinsståthållare 118, 140
pseudoneroner 213
puner 82
puniska krigen
   första 76ff
   andra 81ff
   tredje 101f
purpur 41, 45, 110, 191, 270, 297,
   363, 374
Puteoli 122, 186, 188, 272
Pydna 96, 98, 147, 184
Pyrrhuskriget 70f
pytiska spelen 282

pålbyggnadskulturen 32
påve 144, 360, 380

quader 250ff
quaestor, se kvestor 371
quinquennales 259, 261
Quintilis 144
Quirinus, tempel 144

Ramnes, tribus 72
rasenna 40
Ravenna 42, 176, 308, 357ff
regioner, Rom 181ff
religion 43, 150, 281ff, 304ff, 377ff
  egyptisk 203, 285
  etruskisk 43f
  grekisk-romersk 281
  judisk 286f
  orientalisk 203, 283ff
  punisk 283
  romersk 56
res gestae 165, 176, 184, 197
resor, Hadrianus 243f
res privata principis 293
restskatter 239, 244
retorskolan 275
rex 54, 143f, 364
rex sacrorum 55
Rhen 178
Rhodos 92f, 95, 97f, 117, 122, 151, 198, 224
riddarna (equites) 90, 124, 151, 171, 256f, 292, 300, 366ff
riddare
  tillbakagång under Konstantin 331, 366ff
  ökad betydelse 206, 256, 292, 366

riddares minimiförmögenhet 111, 171, 300
riddares (karriär) ämbeten 171
riddarklassen
  civilia jurister 331ff
  militära ämbetsmän 331ff
riddarståndet 331ff
Roma 180, 191, 229
Roma och Augustus 281f
Romas tempel 245
romaniseringen av provinser 214
Roms tillblivelse 49ff
Rubicon 71, 140
rytteriöverste 85, 142, 372

sabinare 49, 54, 59
sacrosanct 55, 60
Saguntum 82f
Salona 314
Saltvägen 11, 51, 65
Samarien 224
samfärdsmedel 271ff
samhällsklasser 53, 74, 90, 103, 151f
samniter 34, 38, 42, 64f, 67ff
samniterkrig 67ff, 123
San Giovenale 41, 49
saracener 348
Sardinien 11, 29ff, 38, 76, 79f, 103, 141, 154ff. 164. 187, 286, 359
sassanider 297f
Saturnus 56
Saturnustemplet 64
saxare 303, 346
Saxa rubra 328, 334
scholae palatinae 334
sciroccovinden 12
scrinia 207
Seleukia 249, 290

Seleukidiska riket 77, 91f, 112, 121, 130
Selinunt 37
Sena Gallica 70
senat, Konstantinopel 331ff
senat, Rom 54, 74f, 118f, 214ff, 254ff, 299f, 331ff
senatens inflytande 214ff
senatens uppgift, funktion 74f, 254ff
senatorerna 109, 111, 145f, 168f, 198, 201, 212, 223, 299f, 337
senatorer, antal 74f
  minskat 168f
  ökat, Rom 113, 124f, 145, 332, 366ff
  Konstantinopel 332, 366ff
senatorer, från
  Africa 211, 366f
  barbarer 332
  Gallien 299f, 331ff, 366f
  Spanien 299f, 331ff, 366f
  västra provinserna 145
  Östern 299f, 366f
senatorer
  befogenheter 214f
  domare 201, 214f
  ekonomisk maktställning 366f
  minskad militär betydelse 206
  minskad politisk makt 135, 254, 366f
  ökad makt 366f
senators minimiförmögenhet 168f, 332, 366f
senatorernas rätt 313
senatorsfamiljer
  från riddarklassen 223
  utdöende 215f, 299
senatoriska legati 206
senatoriska prokonsuler 318
senatoriska provinserna 168f, 258
senatorsklassen 331f, 345
senatorsståndet 119, 151, 171, 176, 33
Serapis 268, 285
Serapistemplet 351, 378
servianska härordningen 63
Serviusmuren 66
sestertier 185
sestertius 269
sibyllinska böckerna 56
Sicilien 86, 164
Sidenvägen 270
silentiarii 255
silvermynt 185, 321
silveråldern 217
Sinope 145
Sirmium 316
sjöfarten 272
sjörövare – pirater 117f, 128f
skatter 183ff, 256, 320, 332, 374f
skatter
  arvsskatt 183ff, 206, 232, 295
  auktionsskatt 184, 202f
  befrielse 184, 212
  direkta (tributa) 255
  indirekta (vectigalia) 255
  jordskatt (tributum soli) 256, 320
  judars skatt 225, 232
  personskatt (tributum capitis) 256, 320
  restskatter, befrielse 244
  vid frigivning av slav 184, 206, 256
skatter in natura 332
skattereform 321f
skattesystemet 90, 180

SAK- OCH ORTSREGISTER

skatteväsendet 320
skattskrivning 63, 145
Skottland 32, 294
slavar 52, 117f, 152
slavuppror 107, 112, 117, 126
småbruk 187, 214, 263, 367, 376
småstaden 264
socii 68f, 120
socii Augusti 316
soldaters pensionering 175
solen 312
solguden 217, 285, 297, 312
Sol Invictus 328, 336
solkulten upphör 315
Spalato 319, 324
Spanien 65, 76, 81ff, 87, 99ff, 104, 113, 126, 140, 154, 164, 214, 222f, 270, 273
Spanien, bortre 99, 104, 126, 131
Sparta 38, 92, 94, 99, 102
spel
   Istmiska i Korint 93, 282
   Ludi Romani 45
   Olympiska 228, 282, 378
   Pytiska 282
Spina 42f
Split, se Spalato
sportula (sportler) 371
Stabiae 226
Stadion 239
stadsprefekten 182, 294
stadstribus 72f
stiftelser för sädesutdelning 232, 239
stipendium (stipendia) 102, 302
stoiska filosofin 248
stoiska skolan 150
storstaden 111, 267
Strassbourg 178, 342

sueber 357, 360
suffeter 77
synagoga 268
synoder 338f
Syracusae 37, 42
Syracusas fall 88
Syrien 76, 91ff, 127, 272, 293
säd, gratis 145, 152, 183
sädesförsörjning 174, 183, 206, 358
sädesimport
   från Afrika, Apulien, Calabrien 359
   från Egypten, Sardinien, Sicilien, Tunisien 187
säkerhetspolis 182
söndra och härska (se divide et impera)

Tabularium 147
Tanit 283
Taormina 112
Tarent 33, 38, 70f, 88f, 187
Tarquinia 41, 44, 50
Tarraconnensis, provins 177
Tarragona 308
Tarsus 343
teater 147, 190, 266, 268
   Theatrum Marcelli 189f
   Pompejus teater 147
tempel
   Apollo på Palatinen 189
   Augustus och Roma 180
   Ceres, Liber, Libera 56, 59f
   Clementia Caesaris 144
   Diana i Efesos 369
   Divus Julius Caesar 155, 182
   Fortuna i Praeneste 147
   Hera i Athen 244
   Hercules i Tivoli 147

Honos och Virtus 117
Jupiter Capitolinus 44ff, 50, 147, 221, 224ff, 228, 266, 281, 359
Jupiter Capitolinus i Jerusalem 243
Mars Ultor 189
Mens (Förnuftet) 89
Pantheon 190, 245
Quirinus 144
Roma 180
Saturnus 64
Venus Genetrix 145, 189
Venus och Romas 245
Victoria på Palatinen 89
tempel, främmande religioners
  mitreum 284
  Serapis i Alexandria förstörs 351, 378
Templum Pacis 224
Terracina 233
terramarefolket 32
terramarekulturen 32f
terra sigillata 188, 270
Tetrarkin 314f
Teutoburgerskogen 179
teutoner 116ff, 137
textilvaror 92, 187, 270, 273
Thapsus 143
thermer 12, 233
thermer
  Agrippas 190
  Caracallas 233
  Diocletianus 233, 319
  Trajanus 233
thermopolia 266
Thermopylae 94
Thessalien 33, 92f, 141
Thessalonike 330, 350
Thurii 70, 127

Tibern 10
Ticinus 84
Tigris 236f, 241, 317, 344
Tinia 46
Tities, tribus 72
titlar, kejsarens 165
toleransdikt 327
Tomi 194
torques 366
Trajanuskolonnen 233, 251, 280
Trasimenska sjön 84f, 89
travertin 189
Trebia 84
tresviri monetales 185
tribus 55, 60, 64, 72f, 108
tribunicia potestas 166ff, 231, 221, 226, 232, 247, 255
tribunicia potestas, förnyelse 168
tribuni plebis 60
tributa 255
tributum capitis 255
tributum soli 256
Trier 282, 308, 316, 326, 333, 347, 368, 384
triumf 143, 159, 170, 199, 225, 251, 357
triumfbåge 190, 225, 228f, 251, 295, 334
triumvirat
  andra 154
  första 134
Troja 193, 284
tuff 189
tullar 183f, 255
Tullianum 115
Turin 327
Tusculum 49
tvångssamhället 262
tyrsenoi 40

Tyrus 38, 76, 270

Ubierna 178
umbrer 34
undervisning 150f, 274ff, 381f
Uni 46, 70
uppkomling (homo novus) 74, 133
urbanisering 181, 214
usurpator 316, 325, 350f, 366
utdelningar kött, olja, salt 313
utvandring
  till Heliga berget 59
  till provinserna 264

vallium Hadriani 243, 247
vandaler 303, 311, 357ff
varmbad, jfr thermer
vasallstat 199, 204, 208, 211, 231, 241, 249
vasallstaten Noricum 208, 214
vectigal 102, 255
Veji 43f, 49, 65f
Venedig 360
veneter 34, 66
Venus 245
Venus Genetrix 145, 189
Vercellae 117
Vesta 56
vestaler 158
Vesuvius 10, 126, 226, 230, 277
vete, stagnation av produktion 271
veteraner 134, 155, 172
Via Appia 69, 127, 139
Via Domitia 113
Via Flaminia 81
Via Salaria 51
vicarii 371
vici 182

vicomagistri 182
Victoria 89, 229
Victorias altare och staty 378, 383
Victorias tempel 89
vigiles 182, 332, 367
Villanova 33
vir clarissimus 245
vir egregius 244, 332
vir eminentissimus 244
vir perfectissimus 244f, 332
Virtus tempel 117
volsker 59, 65
Vulci 41, 50
vulkaner
  Etna 10
  Stromboli 10
  Vesuvius 10
väggmåleri 44, 46f, 217
västgoter 357f, 360f, 389
västra rikshalvan 355ff
Västrom 332f, 356f

York 294, 325
yrkeshär 116

Zama 88
Zela 142

äktenskapsbrott 170
äktenskapslagarna 170
ämbetsmannaadel 74
ämbetsmän 73f, 182
äreämbeten 301
ätoler 94
ätoliska förbundet 92, 96f

östgoter 360, 364
Östrom 332f, 356

DEN GREKISKA VÄRLDEN

Tiden och människorna som skapade vår kultur.

HILDING THYLANDER

DEN GREKISKA VÄRLDEN ger en helhetsbild av en ganska lång epok av västerlandets historia, från stenåldern fram till den romerske kejsaren Konstantin den Stores dagar på 300-talet. Boken behandlar inte bara själva Greklands öden, utan även längre perioder av utvecklingen i Syditalien, Sicilien, Egypten, Asien och ända bort till Indien och Afganistan.

Under större delen av denna period var det krig antingen mellan greker och främmande stater, eller mellan grekiska stater inbördes. Men det är inte främst de militära eller ofta förvirrande politiska händelserna som gör grekernas historia högintressant. Utan det grekiska folkets insatser på kulturens alla områden – inom konst, arkitektur, litteratur, religion och filosofi.

HILDING THYLANDER (1907–93) var docent 1953–74 i Klassisk fornkunskap samt antikens historia vid Stockholms universitet, tillförordnad professor under olika perioder. Thylander tillhörde det fåtal som var licentiat i såväl latin som klassisk fornkunskap. Sekreterare 1957–91 i Svenska Humanistiska Förbundet, styrelseledamot 1960–79 i Svenska Arkeologiska Sällskapet. Produktiv som författare i sina specialämnen.

ISBN 978-91-7040-086-5

KAP SUNION (omslagsbild). Templet dateras till ca 444–440. Det tillskrevs länge Athena Sounias, men en inskrift som påträffades 1898 bekräftar att det var helgat åt Poseidon. Det var ett doriskt tempel med 6 x 13 kolonner, varav nio står kvar på sydsidan och sex på nordsidan.

www.ingramcontent.com/pod-product-compliance
Lightning Source LLC
Chambersburg PA
CBHW022055150426
43195CB00008B/142